UTB

UTB **8263**



**Eine Arbeitsgemeinschaft der Verlage**

Beltz Verlag Weinheim · Basel · Berlin
Böhlau Verlag Köln · Weimar · Wien
Wilhelm Fink Verlag München
A. Francke Verlag Tübingen und Basel
Haupt Verlag Bern · Stuttgart · Wien
Verlag Leske + Budrich Opladen
Lucius & Lucius Verlagsgesellschaft Stuttgart
Mohr Siebeck Tübingen
C. F. Müller Verlag Heidelberg
Ernst Reinhardt Verlag München und Basel
Ferdinand Schöningh Verlag Paderborn · München · Wien · Zürich
Eugen Ulmer Verlag Stuttgart
UVK Verlagsgesellschaft Konstanz
Vandenhoeck & Ruprecht Göttingen
WUV Facultas · Wien

Thomas Herbst / Michael Klotz

# Lexikografie

Ferdinand Schöningh
Paderborn · München · Wien · Zürich

Bibliografische Information Der Deutschen Bibliothek

Die Deutsche Bibliothek verzeichnet diese Publikation in der Deutschen Nationalbibliografie; detaillierte bibliografische Daten sind im Internet über http://dnb.ddb.de abrufbar.

Gedruckt auf umweltfreundlichem, chlorfrei gebleichtem
und alterungsbeständigem Papier ∞ ISO 9706


(Verlag Ferdinand Schöningh GmbH, Jühenplatz 1, D-33098 Paderborn)
ISBN 3-506-97015-1

Internet: www.schoeningh.de



Printed in Germany.
Herstellung: Ferdinand Schöningh, Paderborn
Einbandgestaltung: Atelier Reichert Stuttgart

**UTB-Bestellnummer: ISBN 3-8252-8263-5**

# Lexikografie

# 1 Einleitung und Vorwort

## 1.1 Die Faszination der Lexikografie

Die Ausgangshypothese dieses Buches lautet: Mit Lexikografie verhält es sich so ähnlich wie mit einer Liebe auf den zweiten Blick.

Der erste Blick ist meist ein unfreiwilliger und oft auch unerfreulicher, weil erfolgloser. Unfreiwillig, weil man in der Regel zu einem Wörterbuch greift, weil man etwas nicht weiß, was an sich schon unerfreulich ist. Diese Unerfreulichkeit kann dann noch dadurch gesteigert werden, dass man die gesuchte Information in dem benutzten Wörterbuch nicht findet, vielleicht weil das Wörterbuch zu klein ist und die entsprechende Information nicht enthält, oder weil es zu groß ist und man die gesuchte Information im Wald oder Gestrüpp der anderen Informationen nicht entdeckt.

In der Tat sind Wörterbücher seltsame Konstrukte. Es handelt sich um Bücher von mehreren hundert oder mehreren tausend Seiten, die mit Sicherheit niemand außer vielleicht den Herausgeberinnen oder Herausgebern je ganz liest, nicht einmal Rezensentinnen oder Rezensenten. Sie enthalten Texte einer sehr speziellen Textform mit sehr spezifischen Konventionen[1], die sich geübten Benutzern unproblematisch erschließen, sich dem ungeübten ersten Blick aber in ihrer inhaltlichen Konzentriertheit, formalen Kondensiertheit und strukturellen Kompaktheit eher ver- als erschließen. Eine Fülle von Abkürzungen, Codes, Symbolen, Klammern, unvollständigen Sätzen in Kursiv-, Normal- und Fettdruck weckt wahrscheinlich nur in den seltensten Fällen den Wunsch zu ausgiebiger und vertiefender Lektüre. Insofern haftet Wörterbüchern ein gewisser Nimbus des Negativen an, von notwendigen Hilfsmitteln, die in Situationen der sprachlichen Bedrängtheit konsultiert werden können und dann oft aber doch nur zu halbwegs befriedigenden Lösungen verhelfen.[2]

Dieser vielleicht nicht ganz untypischen lexikografischen Benutzungserfahrung mit den entsprechenden negativen affektiven Begleiterscheinungen steht das Erlebnis der Faszination gegenüber, die von Wörterbüchern und der Beschäftigung mit ihnen ausgeht. Diese Faszination kann verschiedene Formen annehmen, zum Beispiel die (selbst für nicht-lexikografisch interessierte Linguist(inn)en kaum nachvollziehbare), nach einem langen Kongresstag in einem Brüsseler Restaurant während des gesamten Abendessens und bei vielen Gläsern französischen Rotweins engagiert über Vor- und Nachteile der Definition von *dog* in verschiedenen englischen Wörterbüchern zu diskutieren. Oder aber die (vielleicht verbreitetere) zu entdecken, welche

---

[1] Vgl. Wiegand (1998a).

[2] Zu Faszination und Langeweile in Zusammenhang mit dem Wörterbuch s. auch Hausmann (1989a).

Fülle von Wissen in Wörterbüchern enthalten ist: über einzelne Wörter, ihre historischen Zusammenhänge mit anderen Wörtern, über Formen und Strukturen anderer Sprachen oder auch über die Welt an sich, was weniger zu fortlaufender, sondern eher zu punktueller Lektüre führt, zum Hängenbleiben am Wörterbuch, weil ein Nachschlagevorgang zu neuen faszinierenden Fragen führt, die weitere Nachschlagevorgänge nach sich ziehen. Faszination und Erkenntnisinteresse dieser Art sind ein Grund dafür, dass in manchen Kulturen, etwa in Großbritannien oder Frankreich, dort wahrscheinlich etwas ausgeprägter als in Deutschland, große einsprachige Wörterbücher einen wesentlichen Bestandteil der Bibliotheken vieler Privatpersonen bilden.[3]

Die Faszination von Wörterbüchern ist also einerseits in den in ihnen enthaltenen Informationen begründet, andererseits aber in der Art ihrer Gestaltung und in ihren unterschiedlichen Erscheinungsformen. Vor allem letzteres ist Gegenstand dieses Buches: die Erörterung der Prinzipien, nach denen Wörterbücher konzipiert werden, die Untersuchung der Umsetzungen der Theorie in der Praxis, wobei sich interessante und wechselseitig fruchtbare Beziehungen zwischen linguistischer Theorie und Lexikografie ergeben.[4]

## 1.2 Lexikografie und Metalexikografie – gute und schlechte Wörterbücher

Zwischen der theoretischen Linguistik als der Wissenschaft von der Sprache und der Wörterbuchrealität als Beschreibungsversuchen von Sprachen ist eine weitere Ebene anzusetzen, nämlich die der wissenschaftlichen Beschäftigung mit Fragen der Wörterbuchkonzeption und der wissenschaftlichen Analyse von Wörterbüchern. Hausmann (1986) nennt diese Ebene Metalexikografie, um sie von der eigentlichen Lexikografie, dem Prozess des Erstellens von Wörterbüchern abzugrenzen.[5] Häufig wird der Terminus Lexikografie aber polysem verwendet. Er subsumiert dann sowohl praktische Lexikografie als auch Metalexikografie. (In diesem Buch, das demnach eigentlich Metalexikografie heißen müsste, werden wir übrigens dieser etablierten Praxis folgen und den Terminus Metalexikografie nur – wie zum Beispiel in diesem Abschnitt – in Kontexten verwenden, in denen eine Kontrastierung mit Lexikografie im anderen Sinn notwendig erscheint.)

Es liegt wahrscheinlich in der Natur der Sache, dass das Verhältnis von Metalexikograf(inn)en und den Praktiker(inne)n beziehungsweise günstigstenfalls Anwen-

---

3 Vgl. Hausmann (1985a), Algeo (1989) und Kühn (1989a).

4 Zum Zusammenspiel von praktischer Lexikografie und linguistischer Theorie s. Quirk (1986).

5 Vgl. Hausmann (1989c: 216): „Si on appelle *lexicographie* la pratique scientifique qui a pour but de confectionner un dictionnaire (...), on pourra appeler *métalexicographie* toute activité qui fait du dictionnaire un object de réflexion et de recherche mais qui, elle-même, ne vise pas à la production du dictionnaire."

der(inn)en der Metalexikografie nicht immer ganz spannungsfrei ist. Zumindest kann man sich auf Konferenzen manchmal des Eindrucks nicht erwehren, als seien viele praktizierende Lexikograf(inn)en der Auffassung, die angewandte Wissenschaft der Metalexikografie sei nicht angewandt und praxisbezogen genug, während bei Metalexikograf(inn)en gelegentlich der Eindruck aufkommt, die praktizierenden Lexikograf(inn)en wendeten die in der Metalexikografie entwickelten Ideen nicht in ausreichendem Maße an. Zuweilen erscheinen beide Standpunkte auch durchaus gerechtfertigt, andererseits zeigt ein Blick auf die Entwicklung der Wörterbuchlandschaft in den letzten Jahrzehnten auch, dass Methoden und Erkenntnisse der Linguistik im Allgemeinen und der Metalexikografie im Besonderen beträchtlichen Niederschlag gefunden haben. Dies ist schon deshalb nicht überraschend, weil viele bedeutende Lexikograf(inn)en, insbesondere in Frankreich und Großbritannien, der Polysemie des Wortes Lexikografie dadurch gerecht werden, dass sie nicht nur als Herausgeber(innen) wichtiger Wörterbücher, sondern auch durch wissenschaftliche Beiträge hervorgetreten sind.[6]

Natürlich ist unbestreitbar, dass die praktische Arbeit an einem Wörterbuchprojekt eine äußerst wertvolle Erfahrung für metalexikografische Forschung bedeutet. Es wäre jedoch verfehlt, Wissenschaftler(innen) ohne praktische lexikografische Erfahrung die Qualifikation für metalexikografische Forschung abzusprechen. Allerdings sollte sich Wörterbuchforschung und insbesondere Wörterbuchkritik stets an zwei Prinzipien orientieren:

I. Kritik an einzelnen Aspekten eines Wörterbuchs oder entsprechenden Neukonzeptionen haben immer der Einbettung dieses Aspekts in die Gesamtheit des Wörterbuchs (beziehungsweise der Relation zu den anderen in Kapitel 2 als Lexikoparameter identifizierten Faktoren) Rechnung zu tragen.
II. Bei einem Unterfangen von der Größe eines Wörterbuchs sind punktuelle Schwachstellen unvermeidlich. Insofern erlaubt Kritik an einzelnen Realisierungen in einem Wörterbuch (etwa an einer missglückten Definition oder einem schlecht gewählten Beispiel) nur sehr bedingt Rückschlüsse auf die generelle Qualität dieses Wörterbuchs.

Damit soll nicht gesagt werden, dass es nicht gute und schlechte Wörterbücher gäbe. Im Gegenteil ist es eine der vorrangigen Aufgaben der Metalexikografie, Kriterien zur Beurteilung der Qualität von Wörterbüchern zu entwickeln.

---

[6] Umgekehrt gilt dies nicht unbedingt, wie Rey (1986: 95) betont: „In my experience of more than twenty-five years of dictionary editing, many good or excellent theoreticians and scholars in linguistics ... proved unable to cope with such specific tasks as:
(a) Analysing the sub-classes of occurrences of a word or lexical unit in a given corpus in a way that would provide a lexicographically satisfactory structure;
(b) Writing good definitions ...
(c) Choosing the right examples from a corpus, etc.“

## 1.3 Ziele dieses Buches

In diesem Buch soll der Versuch unternommen werden, eine Einführung in grundsätzliche Fragen der Lexikografie zu geben. Dabei werden das Spannungsfeld zwischen linguistischer und metalexikografischer Theorie und der Praxis der lexikografischen Umsetzung im Mittelpunkt stehen, wobei auch Fragen der Benutzbarkeit und des Nutzens verschiedener Typen von Wörterbüchern für unterschiedliche Benutzergruppen und Benutzungssituationen, der Rezeption und der Verwendung von Wörterbüchern in der Gesellschaft und die Rolle von Wörterbüchern im Fremdsprachenunterricht eine Rolle spielen. Hauptziel des Buches ist also eine Einführung in die grundlegenden Methoden und Probleme der Lexikografie. Wir hoffen jedoch, dass – je nach Ausgangsstand der Leserinnen und Leser – dieses Buch auch dazu beitragen kann, die eigene Wörterbuchbenutzungskompetenz zu erhöhen und den Kenntnisstand über wichtige Wörterbücher zu erhöhen, wobei wir uns vor allem auf deutsche und englische und gelegentlich auch auf französische Wörterbücher beziehen.[7] Am erfreulichsten wäre es natürlich, wenn es uns darüber hinaus gelingen würde, mit diesem Buch etwas von der Faszination von Wörterbüchern und der Beschäftigung mit ihnen zu vermitteln.

## 1.4 Bemerkung zu den Wörterbuchauszügen

Wenn es um die Darstellung prinzipieller Fragen der Lexikografie geht, kann dies nur unter Bezugnahme auf konkrete Wörterbücher geschehen. Dazu drei Bemerkungen:

I. Die Beispiele in den Kapiteln, die prinzipielle Aspekte zum Gegenstand haben – vor allem 3, 4 und 5 – stammen aus relativ wenigen deutschen, englischen und französischen Wörterbüchern, und zwar solchen, von denen wir annehmen, dass sie vielen Leserinnen und Lesern wenigstens zum Teil bekannt und für viele Studentinnen und Studenten von besonderer Bedeutung sind. Die dargestellten Prinzipien und Kriterien sind natürlich auf die Wörterbücher anderer Sprachen übertragbar, die explizite Einbeziehung anderer Sprachen hätte aber den Rahmen der Darstellung gesprengt. Ebenso muss betont werden, dass die Auswahl der Wörterbücher, auf die wir uns beziehen, zwangsläufig sehr selektiv und bis zu ei-

[7] Was in diesem Buch jedoch nicht beabsichtigt ist, ist eine Darstellung der Geschichte und Entwicklung der Wörterbücher in den einzelnen Ländern. Zu englischen Wörterbüchern siehe dazu u.a. Stein (1985a), Burchfield (1985: 77-93), Landau (1989), Starnes/Noyes (1991), Cowie (1999a); zu französischen Wörterbüchern Bray (1990) und Rey (1990) und zu deutschen Wörterbüchern Kühn/Püschel (1990ab), Wiegand (1990) und Haß-Zumkehr (2001). Allgemein s. Landau (1989: 35-75). Zur zweisprachigen Lexikografie Deutsch/Englisch vgl. Stein (1985b) und Hausmann/Cop (1985).

nem gewissen Grad natürlich auch subjektiv ist. Schlussfolgerungen dergestalt, dass Wörterbücher, auf die im Folgenden nicht eingegangen wird, prinzipiell weniger wichtig oder von minderer Qualität seien, wären absolut unzulässig.

II. Es geht in diesem Buch um die Darlegung lexikografischer Probleme und Lösungsansätze, nicht um den Vergleich von Wörterbüchern. Soweit hier also Auszüge aus einem Wörterbuch zitiert werden, um einen bestimmten lexikografischen Lösungsansatz als für einen bestimmten Zweck besonders angemessen oder wenig geglückt darzustellen, ist damit im Sinne des in 1.2 Gesagten keinerlei Qualitätsurteil hinsichtlich dieses Wörterbuchs in seiner Gesamtheit verbunden. Insbesondere sei noch einmal betont, dass metalexikografische Kritik durchaus vereinbar ist mit Respekt vor der enormen Leistung, die mit der Erstellung eines Wörterbuchs verbunden ist. Dies gilt in besonderem Maße auch für frühere Auflagen von Wörterbüchern, die unter anderen kommerziellen, wissenschaftlichen und technischen Bedingungen entstanden sind als die heutigen.

III. Auch wenn klar ist, dass alle Elemente eines Eintrags in engem Zusammenhang miteinander stehen, erschien es aus Gründen der Übersichtlichkeit und der Stringenz der Argumentation angebracht, nicht immer die gesamten Wörterbucheinträge zu zitieren, vor allem wenn Einzelaspekte von Wörterbüchern diskutiert werden. Im Folgenden werden zwei Zitierweisen verwendet:

(a) Vollzitate, die im Originaldruckbild (nicht in der Originaldruckgröße) abgebildet sind. Hier sind Auslassungen etc. markiert.

(b) Teilzitate, die im Schriftsatz des restlichen Textes gehalten sind. Außer Lemma und Bedeutungsziffer wird nur der für die jeweilige Argumentation relevante Textausschnitt zitiert. Wenn also etwa für ein Wort zwei Bedeutungen aus einem Wörterbuch in dieser Form angegeben werden, so lässt das nicht den Schluss zu, dass dieses Wörterbuch nur diese zwei Bedeutungen anführt und keine Beispiele, Angaben zur Aussprache und Morphologie enthält. Aus Gründen der Lesbarkeit und Übersichtlichkeit werden Auslassungen dieser Art bei dieser Zitierweise aber nicht explizit gekennzeichnet.

# 2 Die lexikografische Skopostheorie

## 2.1 Wozu Wörterbücher?

### *2.1.1 Funktionen von Wörterbüchern*

Die Frage nach der Existenzberechtigung von Wörterbüchern stellt sich nicht. Diese ist in der offensichtlichen Begrenztheit menschlichen Wissens begründet – in diesem Fall speziell der Begrenztheit des Wissens über eine Sprache, die Begrenztheit der Kompetenz in der eigenen Muttersprache oder einer Fremdsprache.

Die Frage, warum und sogar ob es so viele unterschiedliche Wörterbücher geben muss, ist schon schwieriger zu beantworten. Das *Ob* bleibt nämlich abzuwarten, denn unter Umständen lässt sich im Rahmen der Entwicklung elektronischer Medien die Zahl verschiedener Wörterbuchtypen dadurch reduzieren, dass man sozusagen als Hauptdatenbank ein großes „Wörterbuch“ zugrundelegt und die Suche spezifisch in Hinblick auf die eigene Person und das, was man in dem Moment wissen will, selektiv gestalten kann. Beim gegenwärtigen Stand dieser Technik und dem zumindest im Augenblick, vielleicht aber auch auf Dauer zu konstatierendem Vorherrschen des konventionell gedruckten Papierwörterbuchs kann man sich der Frage nach dem *Warum* der Wörterbuchvielfalt vielleicht am besten dadurch nähern, dass man überlegt, wann und wozu man ein Wörterbuch überhaupt benutzt.

In der eigenen Muttersprache dürften dabei zwei Formen des Nichtwissens vorherrschend sein: Wenn man zum Beispiel, etwa bei der Lektüre eines Textes, auf ein Wort stößt, das einem unbekannt ist und von dem man die Bedeutung nicht oder nicht genau kennt, dann wird man, wenn es für das Textverständnis entscheidend und in der entsprechenden Situation irgendwie wichtig ist (wahrscheinlich auch nur dann), zu einem Wörterbuch greifen. Dieses Wörterbuch muss dann das entsprechende Wort mit einer Bedeutungsangabe enthalten. Wenn man andererseits beispielsweise beim Verfassen eines Textes unsicher ist, ob man (nach der Rechtschreibreform) *B* in *in Bezug auf* groß oder klein schreibt, *Schifffahrt* mit drei *f* und *Lexikografie* mit *f* schreiben muss oder nicht, dann wird man auch in einem Wörterbuch nachschlagen. Dieses Wörterbuch muss aber keine Bedeutungsangaben enthalten. Sie sind sogar insofern hinderlich, als ein Wörterbuch desto dicker und unübersichtlicher wird, je mehr Informationen es enthält, und damit den Nachschlagevorgang entsprechend kompliziert und verlängert. Konsequenz: unterschiedliche Wörterbuchtypen.

Suche nach unbekannten Bedeutungen oder korrekter Orthografie sind aber keineswegs die einzigen Dinge, die man mit einem Wörterbuch tun kann. In der Tat stellt sich die Frage, ob sich die Funktionen des Wörterbuchs überhaupt erschöpfend auflisten lassen: Zum Beispiel kann man im Wörterbuch lesen, aus Freude, aus Wissbegier. Man kann Wörterbücher auch systematisch durcharbeiten, um sprachliche Analysen zu betreiben; auch übrigens, um Wörterbücher zu untersuchen, aber das dürfte ein Sekundärzweck sein. Man kann Wörterbücher heranziehen, um Zweifels-, Streitfälle oder Wetten zu lösen: Was heißt es zum Beispiel, *stolz auf etwas* zu sein? Spricht man den Ort mit dem Nullmeridian /'gri:nɪtʃ/ oder /'grenɪtʃ/ und die englische Grafschaft /'kɔ:nwəl/ oder /'kɔ:nwɔ:l/ aus? (Letzteres, in beiden Fällen). Stimmt es, dass es im Deutschen nur vier Wörter gibt, die auf die Buchstabenfolge *-nf* enden? Auch hierfür braucht man unterschiedliche Wörterbuchtypen (wenn man der letzten Frage nicht einen erheblichen Teil seiner Lebenszeit widmen will). Man kann im Wörterbuch nachschlagen, wenn man wissen möchte, ob man im Englischen nicht nur *succeed in*, sondern auch *succeed that* sagen kann. Letzteres werden vor allem Lehrerinnen und Lehrer tun, wenn sie in Schülerarbeiten auf Formen stoßen, die sie selbst nicht verwendet hätten, von denen sie aber nicht sicher sind, ob sie falsch sind.

All diesen Fällen ist gemeinsam: Man kann im Wörterbuch nachschlagen. Und: Man wird – ob zu Recht oder zu Unrecht, sei dahingestellt – dem Wörterbuch glauben, jedenfalls dann, wenn man davon überzeugt ist, das richtige Wörterbuch verwendet zu haben. Was das richtige, beziehungsweise in einer Situation adäquate Wörterbuch ist, ist primär vom Nachschlagezweck abhängig.

Drei wesentliche Wörterbuchfunktionen[1] lassen sich aufgrund dieser Beispiele bereits identifizieren, wobei eigentlich nur der erste wirklich im Bewusstsein der Wörterbuchbenutzer verankert sein dürfte:

I. Sprachrezeption
II. Sprachproduktion
III. Sprachkorrektur

Diesen Funktionen entsprechen auch unterschiedliche Wörterbuchtypen, nämlich sogenannte Rezeptions- und Produktionswörterbücher – oder in der von Hausmann (1977: 145) eingeführten Terminologie: Lese- und Schreibwörterbücher – und Korrekturwörterbücher. Vielfach sind Wörterbücher jedoch nicht nur auf einen dieser Zwecke hin, sondern multifunktional, also weniger spezifisch konzipiert. Die Frage, welche Ergänzung auf das Verb *succeed* im Englischen folgt, kann in einer Situation, in der es um Sprachproduktion oder Sprachkorrektur geht, auftauchen. Für die Zwecke der Sprachproduktion ist aber nur entscheidend, dass eine – bei mehreren Möglichkeiten die frequenteste (oder die frequentesten) – der akzeptablen Ergänzungen im Wörterbuch enthalten ist; für Korrekturzwecke ist aber ganz im Ge-

[1] Damit sind natürlich nicht alle Benutzungszwecke dargestellt. Kühn (1989b) unterscheidet folgende Kategorien: Ein Wörterbuch als Nachschlagewerk benutzen, zur Sprachkompetenzkontrolle, bei der Textrezeption, bei der Textproduktion, bei der Übersetzung, bei der Fach(sprachen)arbeit, zu Forschungszwecken; ein Wörterbuch als Lesebuch benutzen; als Erbauungs- und Belehrungsbuch, als Lernbuch.

genteil Vollständigkeit erforderlich. So ergibt sich ein ganz wesentlicher Unterschied zwischen Produktions- und Korrekturwörterbuch.

Der Zweck des Nachschlagens – was will man wissen? wie genau will man es wissen? – bestimmt also die Wahl des Wörterbuchs (idealerweise jedenfalls, in der Praxis natürlich auch die Tatsache, welche Wörterbücher gerade verfügbar sind), und zwar offensichtlicherweise in Hinblick auf

- primäre Funktionen des Wörterbuchs
- Größe und Umfang des Wörterbuchs.

Es besteht also ein enger Zusammenhang zwischen dem Zweck des Nachschlagens, dem konkreten Benutzer oder der Benutzerin in einer bestimmten Situation und dem geeigneten Wörterbuchtyp. Dennoch ist eine gewisse Vorsicht angebracht, inwieweit typische Nachschlagesituationen, die für den prototypischen Benutzerkreis eines Wörterbuchs bei seiner Konzeption ins Auge gefasst werden, tatsächlich der Realität entsprechen und inwieweit sich von daher sinnvoll Einteilungen von Wörterbüchern auf der Basis bestimmter Nachschlagebedürfnisse oder Benutzergruppen vornehmen lassen.[2]

### *2.1.2 Ein- und zweisprachige Wörterbücher*

Die Erkenntnis, dass vor allem der Nachschlagezweck die Entscheidung für einen bestimmten Wörterbuchtyp beeinflusst, gilt insbesondere auch für die Wahl zwischen einsprachigem und zweisprachigem Wörterbuch.

Dabei ist offensichtlich, dass zweisprachige Wörterbücher überhaupt nur bei Nachschlagesituationen ins Spiel kommen, in denen eine Fremdsprache beteiligt ist, also beim Lesen oder Verfassen fremdsprachlicher Texte, oder, was damit nicht ganz abgedeckt ist, beim Übersetzen aus einer oder in eine Fremdsprache. Ob das ein- oder das zweisprachige Wörterbuch in einer bestimmten Situation geeigneter ist, ist dabei von zwei Faktoren abhängig:

I. den Benutzern oder Benutzerinnen: Wer in der Fremdsprache über eine relativ restriktive Kompetenz verfügt, wird etwa Bedeutungserklärungen in einem einsprachigen Wörterbuch kaum verstehen und von daher auch für rezeptive Nachschlagetätigkeiten ein zweisprachiges Wörterbuch vorziehen.
II. den Nachschlagebedürfnissen: Es gibt durchaus Dinge, die man in einem einsprachigen Wörterbuch nur sehr schwer oder gar nicht finden kann. Wer beispielsweise herausfinden will, was die Wörter *Buhne* oder *Drehlinse* in einer anderen Sprache heißen, der wird ein zweisprachiges Wörterbuch konsultieren

[2] Vgl. in diesem Zusammenhang Kühn (1989b: 114). Empirische Untersuchungen zum Nachschlageverhalten bestimmter Benutzergruppen sind schwierig durchzuführen und entsprechend selten. Vgl. in diesem Zusammenhang Müllich (1990) und Tono (2001). S. auch Svensén (1993: 13-16).

müssen. Zwar ist nicht ausgeschlossen, solche Nachschlagebedürfnisse auch über etwa nach Sachgruppen gegliederte einsprachige Wörterbücher oder über Illustrationen in einsprachigen Wörterbüchern zu erfüllen. In der Regel bietet sich jedoch das zweisprachige Wörterbuch für die Suche nach dem Wort an, mit dem eine bestimmte Bedeutung aus der Muttersprache in der Zielsprache ausgedrückt werden kann.

Allerdings könnte man durchaus argumentieren, dass diese beiden Voraussetzungen auch die einzigen sind, unter denen das zweisprachige dem einsprachigen Wörterbuch überlegen ist. Denn auch wenn zweisprachige Wörterbücher häufig als die bequemere Lösung empfunden werden, haben sie gravierende Nachteile gegenüber einsprachigen, wie in Kapitel 4 gezeigt werden wird.

### *2.1.3 Wörterbücher und Lexika*

Eine weitere für die Metalexikografie bedeutsame Unterscheidung ergibt sich ebenfalls aus den Nachschlagebedürfnissen, nämlich dahingehend, dass unterschiedliche Nachschlagewerke konsultiert werden müssen, je nachdem, ob man sprachliche Information oder Sachinformation sucht. Erstere ist im Wörterbuch zu finden, letztere in einem Lexikon oder einer Enzyklopädie (die sich vom Lexikon vor allem durch den Umfang unterscheidet).

Auch wenn das Wort Lexikon allgemein oft auch für das verwendet wird, was man in der Lexikografie als Wörterbuch bezeichnet, ist diese terminologische Differenzierung sinnvoll. Es ist ja offensichtlich, dass man nach Informationen über Persönlichkeiten, Staaten, Literatur etc. in einem anderen Nachschlagewerk suchen wird als etwa nach den Bedeutungen von Verben, Präpositionen oder Konjunktionen, wobei solche Wortklassen in einem Lexikon auch überhaupt nicht verzeichnet sind. Dennoch gibt es natürlich Überlappungen zwischen diesen beiden Typen von Nachschlagewerken:

I. Manche Wörterbücher enthalten enzyklopädische Informationen, die auch (oder eigentlich) in einem Lexikon zu finden sind; sie verbinden damit die Funktionen von Wörterbuch und Lexikon.
II. In manchen Bereichen des Wortschatzes ist die Unterscheidung zwischen sprachlichem Wissen und außersprachlichem Wissen nicht unbedingt scharf zu ziehen. Wie unterscheidet sich etwa sprachliches Wissen über die Bedeutung von *Buhne* oder *Drehlinse* von Sachwissen über die Gegenstände, die man mit diesen Wörtern bezeichnen kann? Insbesondere linguistische Ansätze wie die Prototypensemantik und die kognitive Linguistik stellen ja auch psychologische Faktoren beziehungsweise gewisse Plausibilitätsannahmen über psychologische Faktoren stärker in den Mittelpunkt der linguistischen Beschreibung, was bis zu einem gewissen Grad auch die Trennung von sprachlich und außersprachlich in Frage stellt.

Um diese Linie gleich weiterzuführen, lässt sich also schlussfolgern, dass die Trennung zwischen Wörterbuch und Lexikon prototypisch ziemlich eindeutig zu treffen ist; ob es Informationen gibt, die man, weil an der Peripherie des sprachlichen Wissens angesiedelt, in einer Bedeutungsparaphrase in einem Wörterbuch nicht verwenden sollte, ist letztlich eine Frage des Pragmatismus oder des Purismus, mit dem man Lexikografie betreibt.[3]

### *2.1.4 Lexikografie als Kunst*

Pragmatismus oder Purismus, Flexibilität oder rigorose Prinzipientreue – bis zu einem gewissen Grad sind das Alternativen, die sich in der praktischen Lexikografie tatsächlich stellen. Insofern spielt Individualität in der Lexikografie eine große Rolle: Individualität auf Seiten der Benutzerinnen und Benutzer, die, auch wenn sie derselben Benutzergruppe angehören, nicht unbedingt alle dieselben lexikografischen Lösungen für besonders gut halten; Individualität natürlich genauso auch auf Seiten der Lexikograf(inn)en, auch übrigens auf der verlegerischen Seite, die mutig oder konservativ, stark profitbetont oder innovativ und risikobereit sein kann, was wiederum auch in der Individualität von Wörterbüchern resultiert. In der angelsächsischen Welt würde man die Lexikografie als *art* einstufen – ob irgendein Wörterbuch dafür die rechte Übersetzung liefern kann, ist zu bezweifeln.

Aber gerade weil Individualität ein bestechendes Merkmal von Wörterbüchern ist, sind Klassifikationsversuchen und Typologien gewisse Grenzen gesetzt. Das gilt einerseits für das Aufstellen bestimmter Wörterbuchtypen; andererseits auch für die Kategorisierung bestimmter Eigenschaften von Wörterbüchern. Für das Verfassen oder Benutzen von Wörterbüchern sind solche Klassifikationen sekundär; obwohl sie natürlich in der metalexikografischen Verständigung über Wörterbücher ein nützliches Instrumentarium darstellen, aber eben selbstverständlich nur ein prototypisch zu verstehendes.

## 2.2 Lexikoparameter

### *2.2.1 Inhaltliche und formale Lexikoparameter*

Wörterbücher sind höchst unterschiedliche Gebilde. Rein äußerlich betrachtet, gibt es Wörterbücher in sehr unterschiedlichen Formaten, von DIN A7 aufwärts; Wörterbücher sehr unterschiedlichen Umfangs, vom einbändigen, kaum mehr als einen Zentimeter breiten Kleinstwörterbuch bis hin zu zehn, zwölf- oder zwanzigbändigen Wälzern, oder natürlich in elektronischer Form auf CD-ROM. Es gibt Wörter-

[3] Vgl. in diesem Zusammenhang auch Svensén (1993: 2-3).

bücher, die ästhetisch ansprechend gestaltet sind und solche, die es nicht sind; solche, die übersichtlich, klar, gut lesbar und gut strukturiert sind und solche, die selbst als Illustration für den Artikel *Augenpulver* dienen können. Inhaltlich können sich aber zum Beispiel Wörterbücher ähnlichen Umfangs sehr unterscheiden: Ein Rechtschreib- oder Aussprachewörterbuch zum Beispiel enthält eine sehr große Anzahl von Wörtern, für die jedoch kaum Information gegeben wird. Etymologische Wörterbücher, Kollokations- oder Valenzwörterbücher machen Aussagen über eine wesentlich geringere Anzahl von Wörtern und konzentrieren sich auf einen bestimmten Aspekt der Beschreibung, gehen dabei aber sehr ins Detail. Und Allgemeinwörterbücher wie das *Duden Universalwörterbuch, Wahrigs Deutsches Wörterbuch, das Concise Oxford Dictionary* oder der *Petit Robert* liegen irgendwo dazwischen.

Von daher kann man Wörterbücher vielleicht als das Ergebnis eines Balanceakts sehen. Je nach dem, für welche Gruppe von Benutzern ein Wörterbuch konzipiert ist, wird derselbe Bereich der Sprache anders darzustellen sein. Zum Beispiel kann Information über die Bedeutung(en) eines Wortes in einem Wörterbuch für Muttersprachler in anderer Form gegeben werden als in einem, das sich an ausländische Benutzer richtet. Es gibt also eine Reihe von Faktoren, die die Gestaltung eines Wörterbuchs in ganz entscheidender Weise beeinflussen. Wegen der zentralen Rolle dieser Faktoren in der Lexikografie sollen sie hier als Lexikoparameter bezeichnet werden. Prinzipiell ist zu unterscheiden zwischen:

I. Lexikoparametern hinsichtlich der inhaltlichen Ausgestaltung wie den Typen der in einem Eintrag enthaltenen Informationen, der Akkuratheit und Vollständigkeit der gegebenen Information, sowie des Umfangs des im Wörterbuch erfassten Wortschatzes, und
II. Lexikoparametern hinsichtlich der formalen Ausgestaltung wie der Verständlichkeit, Interpretierbarkeit und Auffindbarkeit der gegebenen Information, was oft unter dem Schlagwort der Benutzerfreundlichkeit zusammengefasst wird.

### *2.2.2 Lexikoparameter der inhaltlichen Ausgestaltung*

#### 2.2.2.1 Typen der aufzunehmenden Information

Bei der Erörterung der Frage, welche Typen von Information in Wörterbüchern aufzunehmen sind, ist zu berücksichtigen, dass Wörterbücher als Beiträge zur Sprachbeschreibung in einem konkurrierenden bzw. komplementären Verhältnis zu Grammatiken stehen. Prototypisch ist die Unterscheidung sehr leicht zu treffen: Grammatiken beschreiben diejenigen Eigenschaften von Sprache, die sich in allgemeinen, generalisierbaren Regeln darstellen lassen, Wörterbücher hingegen erfassen solche Fakten, die spezifisch auf ein einzelnes Wort zutreffen und entsprechend nicht von allgemeinen Regeln ableitbar sind. Dabei kommt es natürlich zu Überschneidungen zwischen den beiden Bereichen: Zum einen, weil nicht immer ganz eindeutig zu entscheiden ist, ob eine Erscheinung in Form einer generalisierbaren Regel zu fassen ist oder nicht; zum anderen, weil manche Erscheinungen zwar als Phänomene Teil der Beschreibung des Sprachsystems sind, gleichzeitig aber einzelwortspezifischen Charakter besitzen. So ist es zum Beispiel Aufgabe einer Grammatik, das System der unregelmäßigen Verben einer Sprache darzustellen (und auch entsprechende Wortlisten anzuführen), im Wörterbuch müssen aber trotzdem die entsprechenden Formen zu den jeweiligen Verben aufgeführt werden. In den meisten Fällen ist die Unterscheidung zwischen Erscheinungen, die in der Grammatik zu behandeln, und solchen, die im Wörterbuch zu erfassen sind, eindeutig: So handelt es sich zum Beispiel bei der Wortbedeutung um ein einzelwortspezifisches Phänomen, das nicht in der Grammatik, sondern im Wörterbuch abzuhandeln ist. Dass Bedeutung nicht ein klar definiertes oder klar definierbares Konzept darstellt, ist für lexikografische Zwecke vergleichsweise unerheblich, denn selbst ein sehr weiter Bedeutungsbegriff wie der von Leech (1981) umfasst im Wesentlichen Einzelwortspezifisches, das im Wörterbuch erfasst werden muss. Abgesehen von der Kategorie *thematic meaning*, die sich nur auf Sätze bzw. Äußerungen anwenden lässt, spezifiziert Leech (1981: 23) nämlich die in der Semantik übliche Unterscheidung zwischen denotativer und konnotativer Bedeutung folgendermaßen:

| | | |
|---|---|---|
| 1. CONCEPTUAL MEANING or Sense | | Logical, cognitive, or denotative content |
| ASSOCIATIVE MEANING | 2. CONNOTATIVE MEANING | What is communicated by virtue of what language refers to. |
| | 3. SOCIAL MEANING | What is communicated of the social circumstances of language use. |
| | 4. AFFECTIVE MEANING | What is communicated of the feelings and attitudes of the speaker/writer. |
| | 5. REFLECTED MEANING | What is communicated through association with another sense of the same expression. |
| | 6. COLLOCATIVE MEANING | What is communicated through association with words which tend to occur in the environment of another word. |
| 7. THEMATIC MEANING | | What is communicated by the way in which the message is organized in terms of order and emphasis. |

Auch wenn die Systematik dieser (und ähnlicher) Einteilungen nicht vollkommen zu überzeugen vermag[4] und wenn man durchaus darüber diskutieren kann, ob etwa der Stilwert eines Wortes oder seine bevorzugten kollokationellen Beziehungen als Teil seiner Bedeutung oder als separate Eigenschaften dieses Wortes zu sehen sind, so zeigt Leechs Modell doch ein weites Spektrum von Faktoren auf, die mit Sicherheit als einzelwortspezifisch und damit im Wörterbuch aufzuführend zu betrachten sind. Dies geschieht dabei im einsprachigen Wörterbuch nicht allein im Rahmen der semantischen Angaben im engeren Sinne einer Definition (> 3.2), die in der Regel den Versuch der Beschreibung der denotativen (und eventuell konnotativen) Bedeutung eines Wortes darstellt. Die Elemente dessen, was Leech unter *social* und *affective meaning* subsumiert, werden in Wörterbüchern häufig durch diaphasische, diastratische und diatopische Markierungen ausgedrückt (> 3.10-12); Kollokationen werden in verschiedenen Wörterbüchern auf sehr unterschiedliche Weisen – etwa in Beispielen oder durch systematische Auflistung oder Hervorhebung – aufgeführt.

Bezüge zur Bedeutung ergeben sich auch bei bestimmten grammatischen Informationen, die ins Wörterbuch aufzunehmen sind, nämlich bei der Zugehörigkeit zu bestimmten grammatischen Klassen, wie der der *count* oder *uncount nouns* oder bestimmte Restriktionen wie die Nichtsteigerbarkeit mancher Adjektive oder die Unmöglichkeit des Auftretens der *progressive form* bei bestimmten Verben bzw. Verbbedeutungen. Darüber hinaus ist aus dem Bereich der Grammatik neben der offensichtlichen Notwendigkeit der Angabe der Wortklasse vor allem der Bereich der Valenz, also der Konstruktionsmöglichkeiten von Wörtern zu nennen, die eine lexikografische Erfassung verdienen. Weiterhin zählen zu den einzelwortspezifischen Charakteristika morphologische Angaben wie Informationen zu Deklinations- oder Konjugationsklassen oder zu unregelmäßigen morphologischen Formen. Außerdem fallen Angaben zu möglichen Schreibweisen eines Wortes und, in Sprachen, in denen die Aussprache nicht ohne weiteres aus der Orthografie abzuleiten ist, Angaben zur Aussprache in diese Kategorie.

Letztlich handelt es sich auch bei der Darstellung der Etymologie eines Wortes um einen Bereich der Beschreibung von Sprache, der in Wörterbüchern dargestellt werden muss.

Vorläufig lassen sich also folgende Typen von Informationen auflisten, die als einzelwortspezifisch zu betrachten sind:

I. Wortbedeutung im Sinne denotativer und gegebenenfalls konnotativer und affektiver Bedeutung
II. Faktoren wie Stil, Frequenz, regionale und soziale Verbreitung
III. syntagmatische Eigenschaften wie die Zugehörigkeit zu bestimmten Wortklassen und Untergruppen von Wortklassen und Faktoren der Kombinierbarkeit mit anderen Wörtern

[4] An der Einteilung von Leech (1981) ließe sich neben einer gewissen Unausgewogenheit der einzelnen Kategorien kritisieren, dass es sich bei dem, was als *reflected meaning* bezeichnet wird, eher um einen psychologischen Prozess bei (bestimmten) polysemen Wörtern als um einen eigenen Bedeutungstyp handelt. Zur Erweiterung dieses Modells für übersetzungstheoretische Zwecke s. Herbst (1996c).

IV. morphologische Charakteristika
V. Orthografie
VI. Aussprache
VII. Etymologie.

Darüber hinaus gibt es natürlich eine Reihe von Informationen, die in einen Wörterbucheintrag sinnvollerweise aufgenommen werden können, ohne dass sie im engeren Sinne als Eigenschaften des betreffenden Wortes bezeichnet werden müssten, also etwa Synonymie- oder Antonymiebeziehungen oder die Darstellung der Stellung eines Wortes innerhalb eines Wortfeldes oder einer Wortfamilie. Ähnliches gilt für die Beziehungen zu Lexemen anderer Sprachen, die in zweisprachigen Wörterbüchern dargestellt werden.

2.2.2.2 Die Lexikoparameter Akkuratheit und Vollständigkeit

Ein weiterer wichtiger Lexikoparameter ist die Akkuratheit der gegebenen Information. Dabei ist offensichtlich, dass zwischen verschiedenen Wörterbüchern – im Einzelfall sozusagen zufällig oder durchaus auch generell – erhebliche Unterschiede bestehen können. So erfüllt die Definition des Wortes *Sandbank* von *Wahrigs Deutschem Wörterbuch* (WDW7) das Kriterium der Akkuratheit weit weniger als die des *Duden Universalwörterbuchs* (DUW5):

> **Sandbank** … *Anhäufung von Sand in Flussbetten u. im Meer dicht unter der Oberfläche* <WDW7>
> **<u>Sandbank</u>** … *[bis an, auch über die Wasseroberfläche reichende] aus Sand bestehende Erhöhung des Bodens in Flüssen u. Meeren* <DUW5> (Unterstreichung = blau)

Ähnliches gilt für die Definitionen von Morphem:

> **Morphem** ... *kleinste bedeutungstragende Einheit im Sprachsystem* <DUW3>
> **Morphem** ... *kleinste bedeutungshaltige Einheit einer Sprache, die auch eine grammatikalische Bedeutung bezeichnen kann* <WDW7>

weil der Relativsatz in *Wahrigs Deutschem Wörterbuch* restriktiv interpretiert werden kann. Im Falle von *Phonem* sind wohl die Definitionen in beiden Wörterbüchern aus wissenschaftlich-linguistischer Sicht nicht als vollkommen akkurat anzusehen. Im Falle des *Wahrig*

> **Phonem** ... *kleinste Einheit der Phonologie, Laut, der im Vergleich zu einem anderen Laut in derselben Stellung einen Bedeutungsunterschied ausdrückt, z.B. sind das i u. a in „ich“ u. „ach“ zwei Phoneme, das ch ein Phonem* <WDW7>

wird nicht hinreichend deutlich, dass es sich bei Phonemen eben nicht um Laute, sondern um abstrakte Einheiten handelt, während im *Duden Universalwörterbuch* jeder Hinweis auf die lautliche Ebene fehlt:

> **Phonem** ... *kleinste bedeutungsunterscheidende sprachliche Einheit* (z.B. b in „Bein" im Unterschied zu p in „Pein") <DUW5> (Unterstreichung = blau)

Mit der Akkuratheit hängt der Lexikoparameter der Vollständigkeit der gegebenen Information eng zusammen. Unter diesem Gesichtspunkt sind zum Beispiel die Einträge zu *Phon* in diesen beiden Wörterbüchern unvollständig, weil sie nur die Bedeutung ‚Maßeinheit', nicht aber die linguistische Bedeutung im Sinne von Allophon aufführen:

> **Phon** ... *Maßeinheit der Tonstärke* <DUW5> (Unterstreichung = blau)
> **Phon** ... *Maßeinheit des Lautstärkepegels* <WDW7>

Ähnlich wird die sich im Deutschen stark ausbreitende Verwendung von nicht-reflexivem *erinnern* mit Akkusativergänzung in *Wahrigs Deutschem Wörterbuch* nur durch einen Beispielsatz mit Erklärung aufgeführt

> **erinnern** ... ich erinnere dieses Buch sehr gut *ich erinnere mich sehr gut an dieses Buch* <WDW7>

während das *Duden Universalwörterbuch* weitaus explizitere Angaben macht:

> **erinnern** ... (ugs., bes.nordd. auch mit Akk.-Obj. u. ohne Reflexivpron.:) ich erinnere ihn gut; das erinnere ich nicht. <DUW5> (Unterstreichung = blau)

In einem Buch wie diesem, das prinzipielle Probleme der Lexikografie und nicht einzelne Wörterbücher zum Gegenstand hat, kann es natürlich nicht darum gehen, die zitierten Wörterbücher auf den Lexikoparameter der Vollständigkeit der in ihnen enthaltenen Information hin zu untersuchen. Hier sollte nur demonstriert werden, dass es sich dabei um ein wesentliches Kriterium für die Bewertung von Wörterbüchern handelt.

### *2.2.3 Lexikoparameter bezüglich Benutzerfreundlichkeit*

Die Lexikoparameter bezüglich der formalen Gestaltungsmöglichkeiten im Hinblick auf größtmögliche Benutzerfreundlichkeit sind vielfältig und natürlich in Zusammenhang mit den jeweiligen inhaltlichen Komponenten des Wörterbucheintrags zu sehen. Deshalb sollen sie im Folgenden auch im jeweiligen Zusammenhang diskutiert werden. An dieser Stelle sei deshalb nur auf die zwei zentralen Faktoren hingewiesen, die zu einer möglichst großen Benutzerfreundlichkeit beitragen.

I. klare, leicht durchschaubare optische Gestaltung der Wörterbucheinträge mit deutlicher Absetzung verschiedener Typen an Information
II. größtmögliche Verständlichkeit und unmittelbare Interpretierbarkeit der gegebenen Information, was insbesondere auch die weitgehende Vermeidung von Abkürzungen oder Codes, die erst durch weiteres Nachschlagen entschlüsselt werden können, beinhaltet.

### *2.2.4 Lexikoparameter erfasster Wortschatz*

Ein wesentlicher Lexikoparameter ist der in einem Wörterbuch erfasste und beschriebene Wortschatz. Die wesentlichen Faktoren sind dabei

I. Zahl der im Wörterbuch enthaltenen Wörter,
II. Auswahl des erfassten Wortschatzes.

Wie bereits angedeutet, hängt die Zahl der Wörter, die in einem Wörterbuch beschrieben werden können, einerseits von der Größe des Wörterbuchs insgesamt ab, andererseits auch von der Ausführlichkeit der Beschreibung. Die Auswahlkriterien stehen natürlich in einem Wechselverhältnis zu den Zielsetzungen des Wörterbuchs, können aber auch durch sprachimmanente Kriterien bestimmt sein. So liegen zum Beispiel die Gründe dafür, dass etwa das *Oxford English Dictionary* nur Wortschatz erfasst, der nach dem Jahr 1150 im Englischen belegt ist, in bestimmten Gegebenheiten der englischen Sprachgeschichte in Hinblick auf den Einfluss des Französischen nach der normannischen Eroberung.

Ob ein Wörterbuch Wörter einer Sprache enthält, die nicht mehr gebräuchlich sind und wie weit dabei zurückgegangen wird, dürfte für eine Kaufentscheidung relativ selten ausschlaggebend sein. Das Gegenteil ist jedoch relativ häufig der Fall. Wenn man Wörterbuchwerbung in Katalogen und auf den Umschlägen betrachtet, kann man schier den Eindruck gewinnen, die Qualität eines Wörterbuchs hänge zu einem ganz entscheidenden Grad davon ab, wie viele Neologismen in das Wörterbuch aufgenommen wurden. Bis zu einem gewissen Grad ist das ja auch berechtigt, denn man kann mit Recht erwarten, dass ein deutsches Wörterbuch, das man sich neu kauft, Wörter wie *Euro, cool* oder *Strichcode* enthält. Auf der anderen Seite darf auch nicht übersehen werden, dass viele so genannte Neologismen auch über eine relativ kurze Lebensdauer verfügen, so dass ihre Aufnahme in ein Wörterbuch nur bedingt sinnvoll ist.[5]

### *2.2.5 Lexikoparameter Kosten*

Letztlich darf bei der Diskussion der verschiedenen Lexikoparameter nicht übersehen werden, dass die Herstellung von Wörterbüchern in den allermeisten Fällen ein kommerzielles Unterfangen darstellt. Damit unterliegen Wörterbücher denselben Gesetzen des Marktes wie viele andere Produkte.

Es wäre also vollkommen verfehlt, bestimmte Schwächen von Wörterbüchern notwendigerweise den Herausgeber(inne)n anzukreiden, weil sehr viele gestalterische Elemente eines Wörterbuchs eben von den Verlagen bestimmt werden. Darüber, dass ein Artikel einfacher zu lesen ist, wenn auch in den Definitionen und Beispielen das

---

[5] Zu Analysen von Wörterbüchern unter dem Gesichtspunkt der Neuaufnahme und des Eliminierens von Wörtern s. Ayto (1996 und 1999).

Stichwort ausgeschrieben und nicht durch eine Tilde (~) dargestellt ist, kann kein Zweifel bestehen. Ob ein Verlag bereit ist, die entsprechenden Kosten für den mit dieser höheren Transparenz verbundenen Platz zu investieren, hängt von Finanzkraft und Idealismus des Verlages und der Konkurrenzsituation ab. Dass sich zum Beispiel der englische Lernerwörterbuchmarkt seit dem Erscheinen des *Longman Dictionary of Contemporary English* durch ein hohes Maß an Innovation auszeichnet, hängt mit Sicherheit mit dem enormen Marktpotential in Hinblick auf die Käufergruppe für solche Wörterbücher in der ganzen Welt zusammen. Im Bereich der französischen oder deutschen Lernerwörterbücher sind viele der Impulse, die von den englischen Lernerwörterbüchern ausgehen, aus kommerziellen Gründen weit schwerer durchzusetzen.

## 2.3 Die Skopostheorie in der Lexikografie

Die Rolle der Lexikoparameter in der Lexikografie lässt sich mit der der Äquivalenzkriterien in der Übersetzungswissenschaft vergleichen. So sind bei der Übersetzung eines Textes hinsichtlich des Ziels der Äquivalenz verschiedene Ebenen zu berücksichtigen, etwa Äquivalenz im Hinblick auf den Textsinn, die Textform usw.[6] Die wichtigste Parallele zwischen Übersetzung und Lexikografie besteht aber darin, dass sich die von Reiß und Vermeer (1984) im Rahmen der Translationswissenschaft entwickelte Skopostheorie auf die Lexikografie übertragen lässt. Wenn Reiß und Vermeer (1984: 96) ausführen, „Die Dominante aller Translation ist deren Zweck“, so lässt sich das unmittelbar auf die Lexikografie anwenden, indem man sagt:

- Die Gestaltung eines Wörterbuchs wird von seinem Zweck determiniert.[7]

Der Zweck eines Wörterbuchs ergibt sich dabei aus:

I. dem intendierten Benutzerkreis,
II. den intendierten Benutzungsfunktionen,
III. den kommerziellen Vorgaben.

Der im translationstheoretischen Ansatz von Reiß und Vermeer (1984) zentrale Begriff der Adäquatheit[8] ist geeignet, das Verhältnis zwischen den identifizierten Lexikoparametern und einem Wörterbuch zu beschreiben:

---

6 Zum Äquivalenzbegriff vgl. u.a. Wilss (1977), Koller (1983), Snell-Hornby (1986), Herbst (1994).

7 Zur Diskussion des Zwecks von Wörterbüchern s. Wiegand (1987).

8 Vgl Reiß/Vermeer (1984: 139): „Adäquatheit bei der Übersetzung ... bezeichne die Relation zwischen Ziel- und Ausgangstext bei konsequenter Beachtung eines Zweckes (Skopos), den man mit dem Translationsprozeß verfolgt.“

- Adäquatheit bezeichne eine dem Zweck eines Wörterbuchs angemessene Realisierung eines Lexikoparameters in diesem Wörterbuch.

Durch diese Übertragung der Skopostheorie auf die Lexikografie wird folgenden Tatsachen Rechnung getragen:

I. Verschiedene Lexikoparameter können miteinander in Konflikt stehen.
II. Aus diesem Grund ist eine Hierarchisierung der Lexikoparameter erforderlich. Diese Hierarchisierung kann jedoch nicht allgemein erfolgen, etwa in dem Sinne, dass der Akkuratheit der Information prinzipiell ein höherer Stellenwert zukäme als der Benutzerfreundlichkeit oder umgekehrt. Vielmehr ergibt sich eine Hierarchisierung der Lexikoparameter nur im Einzelfall im Hinblick auf den Zweck des jeweiligen Wörterbuchs.
III. Die Lexikoparameter bilden ein interdependentes Gesamtsystem. Deshalb gibt es auch keine allgemein gültigen – vom Zweck unabhängigen – Idealrealisierungen einzelner Lexikoparameter.
IV. Die adäquate Realisierung einzelner Lexikoparameter kann in einer gewissen Bandbreite erfolgen, wobei ein gewisser Minimalstandard nicht unterschritten werden darf. Unter Umständen können verschiedene Realisierungsmöglichkeiten über denselben Adäquatheitsgrad verfügen.
V. Die Adäquatheit eines Wörterbuchs im Hinblick auf seinen Zweck ergibt sich aus der Adäquatheit der Umsetzung der einzelnen Lexikoparameter und der Adäquatheit der Hierarchisierung beziehungsweise Justierung der Lexikoparameter.

Das bedeutet also zum Beispiel, dass, obwohl Akkuratheit der gegebenen Information natürlich ein vorrangiges Ziel jeglicher lexikografischen Beschreibung sein wird, es keineswegs so ist, dass die Qualität eines Wörterbucheintrags um so höher zu bewerten ist, je detaillierter und präziser die gegebenen Informationen sind. Im Gegenteil hängt der Grad der erforderlichen deskriptiven Tiefe stark vom Zweck des Wörterbuchs ab. So ist zum Beispiel eine umfassende Darstellung aller möglichen Valenzstrukturen eines Wortes in einem Wörterbuch für weniger fortgeschrittene Fremdsprachenlernende ebenso wenig sinnvoll wie in einem Allgemeinwörterbuch für muttersprachliche Benutzer. Ähnlich würde man in solchen Wörterbüchern übrigens auch nicht wissenschaftlich vollkommen befriedigende Definitionen von Fachtermini wie *Phonem* oder *Morphem* erwarten. Analoges gilt für Elemente der Benutzerfreundlichkeit. Die Vermeidung von Fachterminologie oder einer Vielzahl von Abkürzungen oder Codes erleichtert mit Sicherheit den Zugang zur gegebenen Information. Dennoch darf auch das Ziel größtmöglicher Benutzerfreundlichkeit nicht verabsolutiert werden, denn einerseits kann sie in Konflikt mit dem Ziel größtmöglicher Akkuratheit der Beschreibung stehen, andererseits ist Benutzerfreundlichkeit für manche Zielgruppen von weit größerer Bedeutung als für andere. So werden etwa die Benutzer eines Valenzwörterbuchs im Vergleich zu denen eines allgemeinen Lernerwörterbuchs mehr Wert auf ausführliche Informationen zur Valenz legen und gleichzeitig auch eher bereit sein, sich mit bestimmten Konventionen eines Spezialwörterbuchs vertraut zu machen.

Aus der Skopostheorie folgt, dass die im Folgenden dargestellten Realisierungsmöglichkeiten einzelner Lexikoparameter nicht prinzipiell im Hinblick auf ihre Adäquatheit beurteilt werden sollen, denn im konkreten Fall sind die Vor- und Nachteile verschiedener Gestaltungsmethoden immer nur in Hinblick auf einen bestimmten Zweck bzw. unter Berücksichtigung der notwendigen Justierung der Lexikoparameter in Hinblick auf den Skopos des Wörterbuchs insgesamt zu beurteilen.

In diesem Sinne soll in den folgenden drei Kapiteln aufgezeigt werden, aus welchen Komponenten ein Eintrag in einem einsprachigen oder zweisprachigen Wörterbuch bestehen kann und welche lexikografischen Grundentscheidungen bei der Ausgestaltung dieser Komponenten zu treffen sind. Mit der Darstellung der verschiedenen Ausgestaltungsmöglichkeiten für die einzelnen Komponenten eines Wörterbucheintrags wird einerseits aufgezeigt, welche konzeptionellen Entscheidungen im Rahmen der praktizierten Lexikografie (also in der Lexikografie als Prozess) bei der Entwicklung und Erstellung eines Wörterbuchs zu treffen sind, andererseits wird gleichzeitig ein Raster von Kriterien entwickelt, die in der Metalexikografie (also in der Lexikografie als Analyse eines Ergebnisses) zur Beurteilung der Qualität von Wörterbüchern herangezogen werden können.

# 3 Informationstypen in einsprachigen Wörterbüchern

## 3.1 Informationstypen und Darstellungsformen

Auch wenn auf die Struktur von Wörterbüchern detaillierter erst in Kapitel 5 eingegangen werden wird, erscheint es sinnvoll, an dieser Stelle einige der Grundelemente eines Wörterbuchs zu identifizieren und kurz zu skizzieren:

Wörterbücher bestehen im Wesentlichen aus Wörterbuchartikeln. Ein Wörterbuchartikel (oder Wörterbucheintrag) kann wiederum unterteilt werden in ein Lemma (oder Stichwort) und einen Explikationsteil. Lemmata sind die sprachlichen Einheiten (Wörter, Phrasen etc.), über die in einem Wörterbucheintrag (im Explikationsteil) etwas ausgesagt wird und die auch die Grundlage für die Gliederung des Wörterbuchs bilden (in dem Sinne, dass ein Wörterbuch die Artikel im Normalfall alphabetisch nach den Anfangsbuchstaben der Lemmata sortiert).

Der Explikationsteil enthält verschiedenste Angaben zur Klassifikation oder Beschreibung des Lemmas. Inhaltlich lassen sich diese Angaben bestimmten Informationstypen (Bedeutungsangabe, Beispiel, Wortklassenangabe etc.) zuordnen. Auf der formalen Seite können diese verschiedenen Informationstypen unterschiedlich dargestellt werden (durch Sätze, Paraphrasen, Abkürzungen usw.); dafür verwenden wir den Terminus lexikografische Darstellungsform. Ein bestimmter Informationstyp in Verbindung mit einer bestimmten lexikografischen Darstellungsform bildet eine Artikelkonstituente.

Schwerpunkt dieses Kapitels sind die Informationstypen, die in einsprachigen Wörterbüchern Berücksichtigung finden können. Dabei wird gelegentlich auch auf lexikografische Darstellungsformen einzelner Informationstypen eingegangen werden.

## 3.2 Definitionen in Wörterbüchern

### *3.2.1 Funktion und Form von Definitionen*

Der in der Lexikografie gängigerweise als Definition bezeichnete Informationstyp stellt einen zentralen Bestandteil eines Eintrags in einem allgemeinen Wörterbuch dar. So deuten zahlreiche Untersuchungen im Bereich der lexikografischen Benutzerforschung darauf hin, dass die Suche nach der Bedeutung eines Wortes bei weitem das wichtigste oder eines der wichtigsten Nachschlagebedürfnisse ausmacht[1].

Vorrangige Funktion der Definitionen in einem Wörterbucheintrag ist die Darstellung von Wortbedeutungen. Dabei ist anzumerken, dass die semantische Forschung im Rahmen der theoretischen Linguistik kein Modell zur Beschreibung von Bedeutungen entwickelt hat, das für lexikografische Zwecke unmittelbar nutzbar wäre, sondern dass im Gegenteil die eigentliche deskriptive Leistung im Hinblick auf die semantische Analyse des Wortschatzes einer Sprache eher – wenn auch vielleicht zum Teil auf unbefriedigender theoretischer Basis – durch Wörterbücher erfolgt.

Natürlich stellt sich in diesem Zusammenhang die Frage, inwieweit Bedeutungen überhaupt beschreibbar und darstellbar sind. Dabei darf nicht übersehen werden, dass die strikte Trennung zwischen sprachimmanenter Bedeutungsbestimmung, wie sie etwa die strukturalistische Wortfeldforschung propagiert, und einem referentiell-semantischen Ansatz, wie er ansatzweise von Leisi (1973) oder in der Prototypensemantik vertreten wird,[2] für die Beschreibung in der Lexikografie weit weniger wichtig ist als in der theoretischen Semantik. Im Wörterbuch kommt es vor allem darauf an, die Benutzer in die Lage zu versetzen, eine möglichst präzise Vorstellung von der Bedeutung eines Wortes zu gewinnen (> 3.2.2). Dabei ist zu berücksichtigen, dass dies in manchen Fällen vielleicht am besten durch den Versuch der Beschreibung der Bedeutung an sich gelingen kann, in anderen Fällen der beste Weg zur Erfassung einer Bedeutung aber durchaus über die Identifizierung des von einem Wort bezeichneten außersprachlichen Gegenstands, sein *denotatum* im Sinne von Lyons (1977), führen kann. Im Hinblick auf diese Zielsetzung ist für Bedeutungserklärungen im Wörterbuch also eine sehr flexible und eventuell eklektische Anwendung semantischer Analysemethoden sinnvoll.[3] Entsprechend erfolgen Definitionen in einsprachigen Wörterbüchern durch die folgenden Methoden:

I. erklärende Paraphrasen:

**<u>Priel</u>** ... *schmale, unregelmäßig verlaufende Rinne im Wattenmeer, in der sich auch bei Ebbe noch Wasser befindet.* <DUW5> (Unterstreichung = blau)

**Möwe** ... *(am Meer u. an Seen od. Flüssen lebender) mittelgroßer, gut schwimmender Vogel mit vorwiegend weißem Gefieder, hakig gebogenem Schnabel,*

---

[1] Vgl. Tomaszczyk (1979), Béjoint (1981), Heath/Herbst (1985), Algeo (1989: 31), Böhner (1999) oder Tono (2001). Feststellen der Orthografie ist dabei ebenfalls als sehr häufiges Nachschlagemotiv zu konstatieren. Vgl. Svensén (1993: 13-16) und Harvey/Yuill (1997). Entsprechend stehen „Seeking an L2 translation" und „Checking word as L2 translation" mit Abstand an der Spitze der Nachschlagebedürfnisse in einer Studie zum Gebrauch zweisprachiger Wörterbücher von Atkins/Varantola (1997).

[2] Vgl. in diesem Zusammenhang Leisis (1973: 35) Diskussion verschiedener Bedeutungskonzepte: „3. Bedeutung ist ein Bezug zwischen der Lautgestalt und allen Gegenständen einer bestimmten Kategorie. ... Wenn wir überhaupt Bedeutungslehre treiben wollen, können wir nur von dieser dritten Möglichkeit ausgehen." Vgl. auch Taylor (1989).

[3] Dabei ist davon auszugehen, dass im Wörterbuch im Wesentlichen die inhärenten und zu erwartenden Eigenschaften (*criterial semantic traits* und *expected semantic traits*) im Sinne von Cruse (1986: 16-17) enthalten sind.

*schmalen, am Ende zugespitzten Flügeln u. Schwimmhäuten zwischen den Vorderzehen* <DUW3>

**Möwe** ... *(am Meer u. an Seen od. Flüssen lebender) mittelgroßer Vogel mit vorwiegend weißem Gefieder u. Schwimmhäuten zwischen den Vorderzehen, der gut laufen, fliegen u. schwimmen kann.* <DUW5> (Unterstreichung = blau)

**Hallig** ... *kleinere, bei Sturmflut überflutete Insel (an der Westküste Schleswig-Holsteins)* <DUW5> (Unterstreichung = blau)

**Hallig** ... *flache, meist nicht eingedeichte Insel aus Marschland an der Westküste von Schleswig-Holstein* <WDW7>

II. Synonyme oder Reihe von annähernd bedeutungsgleichen Wörtern:

**Falter** ... *Schmetterling* <DUW5> (Unterstreichung = blau)
**dementieren** ... *leugnen, bestreiten, widerrufen; berichtigen* <WDW7>

Dabei ist zu berücksichtigen, dass Synonymie in solchen Fällen nur im Hinblick auf die denotative Bedeutung postuliert wird, aber durchaus Unterschiede in Bezug auf Frequenz, Region, Stilwert etc. bestehen:

**Feudel** <... norddt.> *Scheuerlappen* <WDW7>
**Pneumonie** ... *Lungenentzündung* <WDW7>

III. Kombination aus Paraphrase und Synonym:

**Inventur** ... *Bestandsaufnahme, Aufstellung eines Inventars* <WDW7>

IV. pragmatische Informationen zum Situationskontext, in dem ein Wort verwendet wird:

**sapperlot** ... *Ausruf der Verwunderung, des Unwillens, des Zorns o.Ä.* <DUW3>
**hallo!** ... **1** (Ruf, um jmdn. auf sich aufmerksam zu machen, dessen Namen man nicht weiß; Ruf od. Frage am Telefon, wenn man sich meldet, zum Zeichen der Anwesenheit od. wenn man wissen will, ob der andere Teilnehmer (noch) hört; Ruf, um Aufmerksamkeit zu erregen, wenn niemand in der Nähe ist, im Wald, beim Eintritt in einen leeren Raum usw.) ... **2** ... *(Ausruf der Begrüßung; Ausruf der freudigen Überraschung, meist bei unerwarteten Wiedersehen)* <WDW7>
**Teufelskerl** ... verwendet als Bezeichnung für e-n Mann, dessen Mut man bewundert <LGDaF 2003> (Unterstreichung = blau)
**teuflisch** ... **2** ... verwendet, um *bes* Adjektive u. Verben mit negativem Inhalt zu verstärken <LGDaF 2003> (Unterstreichung = blau)

V. enzyklopädische Information:[4]

**Kölnischwasser** ... *(ursprünglich nur in Köln hergestelltes) Duftwasser unter Verwendung ätherischer Öle aus Zitrone, Bergamotte u.a.* <DUW5> (Unterstreichung = blau)

4 Vgl. in diesem Zusammenhang Werner (1984).

**euro** ... (since 1999) a unit of money of eleven countries of the European Union <OALD6> (Unterstreichung = blau)

**Volapük** ... *(im 19. Jahrhundert geschaffene) Welthilfssprache* ... <DUW5> (Unterstreichung = blau)

Dass die Grenzen einer rein semantischen Bedeutungsangabe dabei nicht immer scharf zu ziehen sind, zeigt unter anderem auch die Tatsache, dass manche Wörterbücher zum Beispiel auch Namen enthalten, zu denen dann entsprechende Sachinformationen gegeben werden.

**Ostfriesland** ... *Gebiet im nordwestlichen Niedersachsen* <DUW5> (Unterstreichung = blau)

In diesem Zusammenhang ist auch zu berücksichtigen, dass Bedeutungserklärung bzw. -identifikation zwar das vorrangige, aber keineswegs das einzige mögliche Nachschlagebedürfnis in Bezug auf den Definitionsteil des Wörterbuchs sein dürfte. So enthält ein Eintrag wie

**Seehund** ... *Angehöriger einer Familie der Robben, die im Gegensatz zu den Ohrenrobben kein äußeres Ohr haben, Phocidae* <WDW7>

klassifikatorische und fachsprachliche biologische Informationen, die Benutzer, die mit der eigentlichen Bedeutung des Wortes *Seehund* durchaus vertraut sind, möglicherweise durch Nachschlagen im Wörterbuch herausfinden wollen. Ebenso kann eine Liste von Synonymen dazu genutzt werden, bei der Sprachproduktion Wortwiederholungen zu vermeiden und Variation zu erreichen. Letzteres gilt vor allem auch für fremdsprachige Benutzer, für die überhaupt der Aspekt der Wortschatzerweiterung nicht nur im Hinblick auf Synonyme, sondern auch in Bezug auf Hyperonyme, Hyponyme oder in einem sachlichen Bezug zum Lemma stehenden Wörter eine wichtige Funktion der Wörterbuchdefinition sein kann.

**Xylophon** ... ein Musikinstrument aus einer Reihe od. mehreren Reihen verschieden großer, flacher Holz- od. Metallstäbe, die mit zwei Stäben angeschlagen werden. Diese zwei Stäbe heißen Klöppel od. Schlegel u. haben am Ende e-e Kugel <LGDaF 2003> (Unterstreichung = blau)

Wörterbuchdefinitionen können nach verschiedensten Gesichtspunkten klassifiziert werden. Die Definition von *Xylophon* aus *Langenscheidts Großwörterbuch Deutsch als Fremdsprache* ist ein Beispiel für den Typ der intensionalen Bedeutungserklärung, den Svensén (1993: 122) folgendermaßen charakterisiert:

> The process of definition involves stating the superordinate concept next to the definiendum (*genus proximum*) together with at least one distinctive feature typical of the definiendum (*differentia specifica*). The superordinate concept specifies the class containing the definiendum as one element. The distinctive features specify in which ways the definiendum differs from other elements in the same class.

Im Gegensatz dazu erläutern extensionale Bedeutungserklärungen die Bedeutung über das Denotat einer lexikalischen Einheit, wie das etwa in folgender Definition aus *Wahrigs Deutschem Wörterbuch* der Fall ist:

> **Beneluxländer** <Pl.> *die Länder Belgien, Niederlande und Luxemburg* ... <WDW7>

Häufig werden intensionale und extensionale Elemente in einer Definition verbunden:

> **Möbel** ... *mst* ziemlich große Gegenstände (wie *z.B.* ein Tisch, ein Schrank, ein Stuhl, *od.* ein Bett), die man in e-r Wohnung, e-m Zimmer, e-m Büro *o.Ä.* benutzt <LGDaF 2003> (Unterstreichung = blau)

Diese Bedeutungserklärung ist auch insofern typisch für eine bestimmte Definitionspolitik als sie zahlreiche *downtoners* oder *hedges* enthält: *mst*, *wie*, *z.B.* und *o.Ä.* Sie kann somit zu einem Bedeutungsverständnis, wie es der Prototypensemantik eigen ist, in Beziehung gesetzt werden:[5] Hier wird nämlich der Versuch unternommen, die Bedeutung der lexikalischen Einheit *Möbel* einerseits über eine Reihe von Exemplaren, die der Kategorie *Möbel* zuzuordnen sind, zu bestimmen, und andererseits ein wesentliches Merkmal, die Größe, nicht als absolut darzustellen. Derart durch *hedges* oder Klammern eingeschränkte Merkmale haben trotz der Einschränkung eine entscheidende Funktion zur Verdeutlichung des entsprechenden Prototyps:

> **Vogel** ... **1.** *zweibeiniges Wirbeltier mit einem Schnabel, zwei Flügeln und einem mit Federn bedeckten Körper, das im Allgemeinen fliegen kann* ... <DUW5> (Unterstreichung = blau)
>
> **Tief** ... **2.** ... *[Fahr]rinne im Wattenmeer, meist zwischen Sandbänken* <DUW5> (Unterstreichung = blau)
>
> **Tee** ... **4.** ... *gesellige Zusammenkunft [am Nachmittag], bei der Tee [u. Gebäck] gereicht wird* <DUW5> (Unterstreichung = blau)

Eine Definition von *Vogel*, die keine derartigen „expected traits" im Sinne von Cruse (1986: 16-19) enthält und sich auf „criterial traits" beschränkt, entspricht zwar in stärkerem Maße den Prinzipien der strukturellen Semantik, ist aber unter Umständen weit weniger aussagekräftig (oder verständlich):

> **Vogel** ... **1** *Angehöriger einer Klasse der Wirbeltiere mit Flügeln, die aus den Vordergliedmaßen gebildet sind, Aves* <WDW7>

Abgesehen davon, dass wahrscheinlich viele Bedeutungsangaben in Wörterbüchern bis zu einem gewissen Grad als prototypisch zu interpretieren sein werden,[6] dürfte die Frage, ob im Einzelfall eine eher strukturell-semantische oder eine eher proto-

---

[5] Zur Anwendung der Prototypentheorie in der Lexikografie siehe auch Geeraerts (1987).

[6] Vgl. in diesem Zusammenhang die „categorial traits" bei Cruse (1986).

typische Bedeutungsangabe angebracht ist, natürlich sehr stark vom Skopos des Wörterbuchs bestimmt sein. So wird zum Beispiel die Definition von *Vogel* aus *Wahrigs Deutschem Wörterbuch* für viele Benutzer, für die Deutsch Fremdsprache ist, schwer zu interpretieren sein. Auf der anderen Seite hat Rothe (2001) interessanterweise nachgewiesen, dass in dieser Beziehung auch erhebliche Unterschiede zwischen einzelnen Wörterbuchlandschaften bestehen. So zeigt sich bei den von Rothe (2001: 91) untersuchten französischen Wörterbüchern eine wesentliche stärkere Tendenz zur „‚aristotelischen‘ Definition über *genus* und *differentiae*" und einer Anlehnung an die Komponentenanalyse der strukturellen Semantik als bei den englischen, bei denen, insbesondere bei Lernerwörterbüchern eine Affinität zur Prototypensemantik deutlicher erkennbar zu sein scheint.

### *3.2.2 Bedeutung und Polysemie*

#### 3.2.2.1 Bedeutungsdifferenzierung: Polysemie

Ein grundlegendes Problem bei der semantischen Beschreibung von Wörtern in Wörterbüchern ist die Frage, wie viele Bedeutungen ein Wort überhaupt hat bzw. wie viele Bedeutungen sinnvollerweise für ein Wort anzusetzen sind.[7] Dabei ist wohl davon auszugehen, dass es, wie in 3.2.2.4 demonstriert werden wird, für diese Frage keine offensichtlichen oder gar zwingenden Lösungen gibt. Darauf deutet schon die Tatsache hin, dass die Zahl der Bedeutungen, die für ein Wort identifiziert werden, sich ganz erheblich unterscheiden können, und zwar selbst in vom Zweck her vergleichbaren Wörterbüchern, wie die folgenden Beispiele zeigen:[8]

Zahl der Haupteinträge in englischen Lernerwörterbüchern:

| | CIDE | OALD5 | LDOCE3 | COBUILD2 |
|---|---|---|---|---|
| *close* | 7 | 5 | 5 | 4 |
| *coach* | 2 | 2 | 2 | 1 |
| *ear* | 2 | 2 | 1 | 1 |
| *light* | 7 | 4 | 3 | 3 |
| *needle* | 6 | 1 | 2 | 1 |
| *of* | 19 | 1 | 1 | 1 |
| *on* | 31 | 2 | 2 | 1 |

Dass die Entscheidung, wieviele Bedeutungen für ein Wort anzusetzen sind, in der Tat nicht ganz einfach ist, zeigt zum Beispiel das Verb *treffen* im Deutschen, das sich

[7] Vgl. Moon (1987).
[8] Vgl. Herbst (1996b).

gut zur Illustration des in der Psycholinguistik als *garden path sentences*[9] bezeichneten Phänomens eignet. So wären in einem Satzvervollständigungstest für einen Satz wie

[1] Sie hatten ihn zwar getroffen, ...

die folgenden Weiterführungen konstruierbar:

[1/1] ... aber er hat ihnen keinen Koffer mit Geld überreicht.

[1/2] ... aber er wurde nicht ernsthaft verletzt.

[1/3] ... aber er konnte solche Bemerkungen leicht wegstecken.

[1/4] ... aber sie waren viel zu klein, um auf dem Mond sichtbare Einschläge zu hinterlassen.

Auch wenn sich für all diese Verwendungen von *treffen* eine gemeinsame Bedeutungskomponente finden ließe, spricht viel dafür, *treffen* als polysemes Verb zu analysieren. Wesentlich schwieriger zu entscheiden ist jedoch die Frage, ob etwa [1/2] und [1/4] derselben Bedeutung zuzurechnen sind und ob [1/3] ebenfalls noch darunter zu subsumieren ist oder nicht. Wie unterschiedlich die lexikografischen Lösungsansätze sein können, zeigt ein Vergleich des *Duden Universalwörterbuchs* (DUW3) mit *Langenscheidts Großwörterbuch Deutsch als Fremdsprache* (LGDaF 2003).

> **treffen** ... **1.** ... **a**) *(von einem Geschoss, Schuss, Schlag, o.Ä.) jmdn., etw. erreichen (u. verletzen, beschädigen, o.Ä.)* ... **b)** *(mit einem Schlag, Stoß, Wurf, Schuss) erreichen (u. verletzen, beschädigen, o.Ä.)* ... **2.** ... **a)** *jmdm., den man kennt, zufällig begegnen* ... **b)** *mit jmdn. ein Treffen (1) haben, aufgrund einer Verabredung zusammenkommen* ... **3.** *unvermutet an einem bestimmten Ort, einer bestimmten Stelle vorfinden, antreffen; (auf etw.) stoßen (3b)*... **4.** (Sport) *(bei einem Wettkampf) jmdn. als Gegner [zu erwarten] haben* ... **5.** *(in Bezug auf etw., wofür man Kenntnisse od. einen sicheren Instinkt o.Ä. braucht) [heraus]finden, erkennen, erraten* ... **6.** *(im Innersten) verletzen, erschüttern* ... **7.** *jmdm., einer Sache [bewusst, absichtlich] Schaden zufügen; schaden* ... **8.** <in Verbindung mit „es“> *in bestimmter Weise vorfinden* ... **9.** ... *sich in bestimmter Weise fügen* ... **10.** <als Funktionsverb meist in Verbindung mit einem Verbalsubst.> bringt zum Ausdruck, dass das im Subst. genannte ausgeführt wird ... <DUW3>

> **treffen** ... **1** ... j-n/etw. mit e-m Schuss, Schlag, Wurf *o.Ä.* erreichen (u. verletzen, beschädigen *o.Ä.*) ... **2** ... genau das herausfinden, was (am besten) passt ... **3** ... mit j-n (zufällig od. aufgrund einer Verabredung) zusammen-

[9] Zur Diskussion eines Satzes wie *The horse raced past the barn fell* oder einer Phrase wie *die Tochter der Lehrerin aus Deutschland* s. Hemforth/Strube (1999: 246-247). Vgl. auch Clark/Clark (1977: 80-82) und Rickheit/Strohner (1993: 210-211).

kommen ... **4** ... etw. beschließen u. durchführen ... **5** ***ein Abkommen t.*** ein Abkommen beschließen ... **6** ***j-d/etw. trifft j-n/etw. (irgendwie/irgendwo)*** jmd/etw. macht j-n traurig, verletzt seine Gefühle od. schadet e-r Sache ... **7** ***j-n trifft keine Schuld/die Schuld (an etw. ...)*** j-d ist nicht schuld (ist schuld an etw.) ... **8** ... verwendet zusammen mit e-m Subst., um ein Verb zu umschreiben ... **9** ... irgendwo etw. finden (*mst* ohne dies zu erwarten) ... **10** ... j-n als Gegner in einem Wettkampf bekommen ... **11** ... etw. *mst* Unangenehmes u. Unerwartetes erleben ≈ auf etw. stoßen ... **12** ... zwei od. Personen kommen (wie vereinbart) zusammen ... **13** ***es trifft j-n/etw.*** j-d/etw. ist an der Reihe (etw. Unangenehmes zu tun *o.Ä.*) <LGDaF 2003> (Unterstreichung = blau)

Ohne hier in der Analyse ins Detail zu gehen, lässt sich feststellen, dass weder die Zahl noch in jedem Fall der Inhalt der für das Verb *treffen* identifizierten Bedeutungen übereinstimmt.[10] Das gilt in derselben Weise für die Behandlung des Verbs *meet* in englischen Lernerwörterbüchern.

### 3.2.2.2 Bedeutungsdifferenzierung und Bedeutung

Ein Grund für die unterschiedliche Zahl von Bedeutungen, die sich in verschiedenen Wörterbüchern für dasselbe Wort finden, ist sicherlich darin zu suchen, dass auch die lexikalische Semantik über keine eindeutigen Kriterien zur Bedeutungsdifferenzierung verfügt. Zwar wird gelegentlich mit Kriterien wie der Existenz von Synonymen oder Antonymen operiert, was aber, wie Cruse (1986) ausführlich darstellt, keineswegs unproblematisch ist.

Zudem handelt es sich bei der Entscheidung, wie viele und welche Bedeutungen für ein Wort in einem Wörterbuch angesetzt werden, keineswegs um eine allein durch systemlinguistische Kriterien lösbare Frage. Vielmehr ist auch dieses Problem entscheidend vom Zweck eines Wörterbuchs und entsprechend von der Funktion der Bedeutungsangaben bestimmt. Auffällig an den Definitionen von *treffen* und *meet* ist nämlich, dass sie alle Differenzierungen enthalten, die eigentlich überflüssig oder unlogisch erscheinen. So unterscheidet das *Duden Universalwörterbuch* (DUW3) zwischen 2a ‚zufällig begegnen' und 2b ‚aufgrund einer Verabredung zusammenkommen', was im *Langenscheidts Großwörterbuch Deutsch als Fremdsprache* (LGDaF 2003) unter 3 durch die Klammer ‚zufällig oder aufgrund einer Verabredung' ebenso geschieht. Eine analoge Differenzierung führen das *Longman Dictionary of Contemporary English* (LDOCE4) und das *Oxford Advanced Learner's Dictionary* (OALD6) für *meet* durch:

[10] Der Sachverhalt wird zusätzlich dadurch kompliziert, dass beide Wörterbücher noch idiomatische Wendungen aufführen, so dass ein Vergleich der tatsächlich identifizierten Bedeutungen schlecht festzustellen ist.

> **meet** ...
> **1 SEE SB AT AN ARRANGED PLACE** ... to go to a place where someone will be at a particular time, according to an arrangement, so that you can talk or do something together ...
> **2 SEE SB BY CHANCE** ... to see someone by chance and talk to them ...
> ...
> **4 SEE SB AT AN AIRPORT/STATION ETC** ... to be waiting for someone at an airport, station etc when they arrive in a plane or train ...
> **5 COME TOGETHER TO DISCUSS STH** ... to come together in the same place in order to discuss something <LDOCE4> (Unterstreichung = magenta; Unterlegung blau)

> **meet** ...
> BY CHANCE **1** ... to be in the same place as sb by chance and talk to them ... BY ARRANGEMENT **2** ... to come together formally in order to discuss something ... **3** ... to come together socially after having arranged it ... **4** to go to a place and wait there for a particular person to arrive ... <OALD6> (Unterstreichung = blau)

Angesichts der Tatsache, dass es zur ‚Zufälligkeit' oder ‚Geplantheit' eines Treffens kaum eine Alternative geben dürfte, handelt es sich dabei – streng linguistisch betrachtet – wohl kaum um ein relevantes Merkmal zur Beschreibung dieser Bedeutung von *treffen* beziehungsweise *meet*. Wenn es sich dennoch nicht um eine vollkommen unsinnige Spezifizierung handelt – und dagegen spricht nicht nur die Tatsache, dass der Unterschied in allen hier zitierten Wörterbüchern sowohl für *treffen* als auch für *meet* gemacht wird – dann legt das die Vermutung nahe, dass Definitionen in Wörterbüchern nicht oder zumindest nicht ausschließlich als die Beschreibung einer Bedeutung im Sinne der lexikalischen Semantik interpretiert werden, sondern als die Darstellung von Situationen, auf die ein bestimmtes Wort angewendet werden kann.

Dies stünde im Einklang mit den Grundüberlegungen der *scenes and frames*-Semantik[11] sowie in gewisser Weise auch mit der Auffassung von Bedeutung als *use* oder Gebrauchsbedingung. Für die Entwicklung einer Szene mag aber die Differenzierung zwischen ‚Zufälligkeit' oder ‚Geplantheit' durchaus sinnvoll sein. Interessant ist in diesem Zusammenhang auch die unterschiedliche Gliederung in den Einträgen von LDOCE4 und OALD6, wobei semantisch die Zusammenfassung der OALD-Bedeutungen 2 (≈ *zusammentreten*), 3 (≈ *sich treffen*) und 4 (≈ *abholen*) durchaus gerechtfertigt erscheint. Ob die Struktur des Eintrags in OALD6 eine Art gestufter Polysemie darstellt, sei dahingestellt.

Ähnliches gilt im Falle von *meet* für die Postulierung einer Bedeutung ‚kennenlernen', die sich sowohl im *Oxford Advanced Learner's Dictionary* als auch im *Longman Dictionary of Contemporary English* findet:

---

11 Zu *frames, scripts, scenarios* und *schemata* vgl. etwa Brown/Yule (1983).

**meet** ...

FOR THE FIRST TIME **5** ... to see and know sb for the first time
<OALD6> (Unterstreichung = blau)

**meet** ...

**3 SEE SB FOR THE FIRST TIME** ... to see and talk to someone for the first time, or be introduced to them ...
<LDOCE4> (Unterstreichung = magenta; Unterlegung blau)

Auch hier könnte man argumentieren, dass eine erste Begegnung zwischen zwei Menschen das Kennenlernen impliziert – ebenso übrigens, dass zufälliges Einanderkennenlernen etwas anderes ist als Einander-Vorgestellt-Werden. Letzteres spräche dafür, Bedeutung 3 aus LDOCE in zwei Bedeutungen aufzuspalten, während man das erste Argument dazu benutzen könnte, die Bedeutung des Kennenlernens unter einer anderen Bedeutung von *meet* zu subsumieren. Dafür spräche auch, dass die Beispiele, die die Wörterbücher für diese Bedeutung angeben, Kontexte suggerieren, die eine solche Implikatur nahelegen; etwa:

[2]$_{\text{OALD6}}$ Where did you first meet your husband?
[3]$_{\text{OALD6}}$ There's someone I want you to meet.
[4]$_{\text{OALD6}}$ I don't think we've met.
[5]$_{\text{LDOCE4}}$ We first met in Florence.
[6]$_{\text{LDOCE4}}$ I met my husband at university.
[7]$_{\text{LDOCE4}}$ Jane, come and meet my brother.

Was diese Analysen so schwierig gestaltet, ist die Unmöglichkeit einer eindeutigen Trennung von sprachlichem Wissen (*meet* hat unter anderem die Bedeutungen ‚begegnen' und ‚kennenlernen') und Weltwissen (wem man noch nie begegnet ist, den hat man auch nicht kennengelernt). Unklar ist der Zusammenhang zwischen sprachlich semantischem Wissen und allgemeinem Weltwissen aus folgendem Grund: Zwar kann man der Auffassung sein, dass das Weltwissen in Bezug auf die Merkmale ‚Geplantheit' und ‚Zufälligkeit' bei *treffen* und *meet* oder die Bedeutung ‚kennenlernen' bei *meet* eine entscheidende Rolle spielt, allerdings könnte man wohl kaum argumentieren, dass sich alle oder fast alle der in den vier Wörterbüchern aufgeführten Definitionen sprachlich auf die Bedeutung des Zusammenkommens von Lebewesen oder Gegenständen reduzieren ließen und dass sich die präzise Art des Zusammenkommens im Einzelfall aus der Art der betreffenden Lebewesen und Gegenständen ergibt. Zwar ermöglichen Kollokationen und Kontext(e) in Sätzen wie

[8]$_{\text{LGDaF 2003}}$ Wir treffen uns morgen um neun Uhr.
[9]$_{\text{LGDaF 2003}}$ Ich habe sie beim Einkaufen getroffen.
[10]$_{\text{LGDaF 2003}}$ Er traf sie mit dem Schneeball mitten ins Gesicht.

mit hoher Wahrscheinlichkeit Rückschlüsse auf die Art des Treffens. An der prinzipiellen Mehrdeutigkeit von *treffen* in Sätzen wie [1] ändert das aber nichts.

Außerdem ist unter lexikografischen Gesichtspunkten ganz wesentlich, dass für die Bestimmung der Bedeutung in einem vorgegebenen Satz oder Text, die im Falle von *treffen* oder *meet* vielleicht in der Tat keine allzu großen Probleme aufwerfen dürfte, im Hinblick auf die Benutzungssituation der Sprachproduktion, die vielleicht für fremdsprachige Benutzer und mithin für Lernerwörterbücher äußerst wichtig ist, aus dem Wörterbucheintrag alle möglichen Verwendungskontexte und -situationen eines Wortes erkennbar werden müssen. Dass diese keineswegs aus einer wie auch immer zu fassenden „Grundbedeutung" des ‚Zusammenkommens', die ja für einen Teil der in den Wörterbüchern aufgeführten Bedeutungen von sowohl *treffen* als auch *meet* postuliert werden könnte, vorhersehbar sind, zeigen die unterschiedlichen Verwendungskontexte dieser beiden Verben. Eine solche Grundbedeutung deckt zum Beispiel die in den beiden deutschen Wörterbüchern an erster Stelle aufgeführte Bedeutung im Sinne von [10] ohne weiteres ab. Diese Art des Zusammenkommens kann aber im Englischen nicht mit *meet* beschrieben werden. Es scheint also vielmehr so zu sein, dass mit ‚Zusammenkommen' eine Menge außersprachlicher Situationen beschrieben werden kann, die nur zum Teil durch die Verben *meet* und *treffen* abgedeckt werden. Etwas verallgemeinert könnte man sich das vielleicht so vorstellen (Abb. 1):[12]

Dabei soll die graue Fläche den Bereich abdecken, der durch eine allgemeine Bedeutungsbeschreibung – wie hier ‚irgendwie geartetes Zusammenkommen zweier

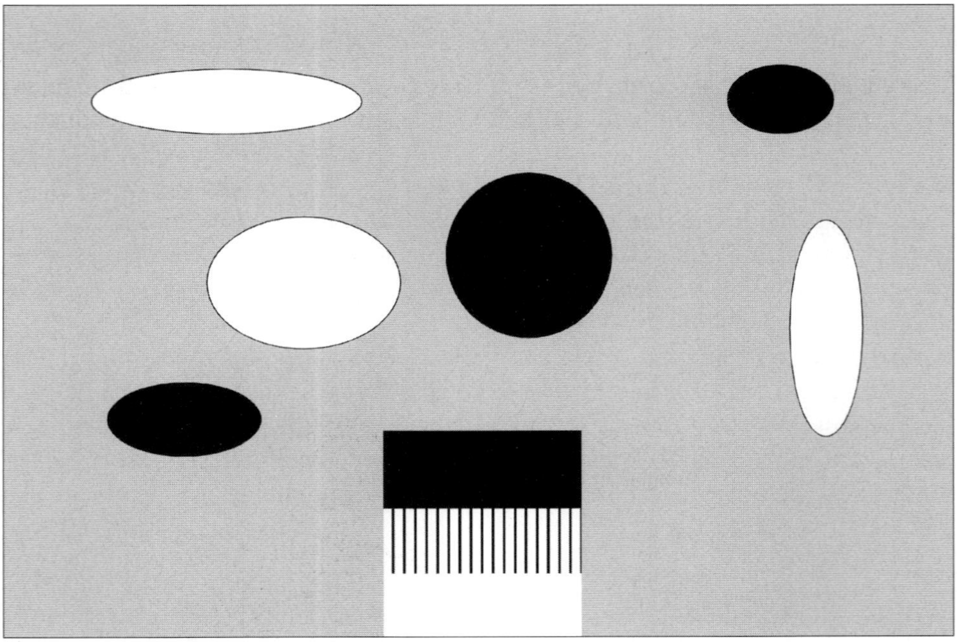

Abb. 1: Bedeutungsmodell 1

[12] Zu einer Diskussion dieser Fragen s. auch Schneider (1988a, b).

Entitäten' – (eventuell!) zu fassen wäre. Der Einfachheit halber soll angenommen werden, es gebe – wie bei *treffen* und *meet* – in zwei Sprachen L1 und L2 Lexeme, die weite Teile dieses Bereichs abdecken. Die weißen und schwarzen Figuren sollen dabei die Lücken beziehungsweise schwarze oder weiße Löcher andeuten, die durch diese Lexeme eben nicht erfasst werden. Man kann sich das so vorstellen, dass *meet* den gesamten Bereich außer den weißen Flächen abdeckt und *treffen* den gesamten Bereich außer den schwarzen Flächen. Dabei kann es, wie durch die gestreifte Fläche angedeutet, auch zu Überschneidungen in dem Sinne kommen, dass die Lexeme beider Sprachen einen bestimmten Bereich nicht erfassen.

Die nächste Frage ist natürlich die, ob wirklich alle Verwendungen solcher Verben im Rahmen eines solchen Grundbereichs adäquat untergebracht werden können. Wie plausibel ist es zum Beispiel, die folgenden Verwendungen von *treffen* und *meet* noch unter ‚irgendwie geartetes Zusammenkommen zweier Entitäten' zu fassen?[13]

| | |
|---|---|
| [11] | Sie trifft keine Schuld. |
| [12] | Sie haben eine Vereinbarung getroffen. |
| [13]$_{\mathrm{VDE}}$ | But the move has met criticism from a number of political parties. |
| [14]$_{\mathrm{VDE}}$ | And his entire speech ... was met by a stony silence. |
| [15]$_{\mathrm{VDE}}$ | Dr Hooper believes that the Sellafield site meets all of the safety requirements. |
| [16]$_{\mathrm{VDE}}$ | Their eyes met. |

Hier könnte man durchaus der Auffassung sein, dass es nicht angebracht ist, diese Verwendungen (alle oder zum Teil) dem Bereich ‚irgendwie geartetes Zusammenkommen zweier Entitäten' zuzuordnen. Das bedeutet aber, dass die Verwendungen eines Lexems über einen semantischen Bereich, der durch das Viereck dargestellt wird, hinausgehen kann. Das lässt sich folgendermaßen veranschaulichen (Abb. 2):

Damit ergeben sich übrigens deutliche Berührungspunkte mit Wittgensteins Auffassung von Bedeutung als Gebrauch.[14] Die rauchartigen Ellipsen oben könnten dann einem Verhältnis verschiedener Bedeutungen der Art entsprechen, wie sie Wittgen-

---

[13] Vgl. in diesem Zusammenhang auch Schneider (1988a: 119-120): „Die bisher angestellten Überlegungen bzw. die daraus gezogenenen Konsequenzen zum Verhältnis der Sememe eines Lexems relativ zueinander lassen sich wie folgt zusammenfassen: Die Sememe überlappen einander semantisch in unterschiedlichem Ausmaß, d.h. sie haben jeweils eine wechselnde Anzahl semantischer Merkmale miteinander gemeinsam. Gewöhnlich existiert im Falle eindeutiger Polysemie eine Teilmenge von Semen, die allen Semenen des Lexems gemein ist; sie wird als Archi-Semgruppe bezeichnet und entspricht der „Kernbedeutung" im Sinne der gängigen Polysemie-Definitionen. Durch unterschiedliche Vorkommenshäufigkeiten sowie Ähnlichkeiten in unterschiedlichem Ausmaß entstehen innerhalb eines lexikalischen Potentials sehr komplexe, differenzierte und vom einzelnen Lexem abhängige Semem-Beziehungen, die durch die herkömmliche Vorstellung eines weitgehend gleichrangigen Nebeneinander-Stehens nicht angemessen erfaßt werden können. Dagegen ist die Annahme eines der Sememe als zentrale ‚Hauptbedeutung' strukturell nicht gerechtfertigt." Vgl. auch Schneiders (1988b) Diskussion der Polysemie von *consider.*

[14] S. Wittgenstein (1953/1984). S. dazu auch Firth (1957/1968: 179). Vgl. in diesem Zusammenhang auch die Vorstellung von Bedeutung als Gebrauch bei Leisi ([4]1971 und 1973: 36).

Abb. 2: Bedeutungsmodell 2

stein (1953/1984: 277-278) in den *Philosophischen Untersuchungen* mit dem Begriff der „Familienähnlichkeiten" am Beispiel von *game* beschrieben hat:[15]

> 66. Betrachte z.B. einmal die Vorgänge, die wir „Spiele" nennen. Ich meine Brettspiele, Kartenspiele, Ballspiel, Kampfspiele usw. Was ist all diesen gemeinsam? – Sag nicht: „Es *muß* ihnen etwas gemeinsam sein, sonst hießen sie nicht ‚Spiele'" – sondern *schau*, ob ihnen allen etwas gemeinsam ist. – Denn wenn du sie anschaust, wirst du zwar nicht etwas sehen, was allen gemeinsam wäre, aber du wirst Ähnlichkeiten, Verwandtschaften sehen, und zwar eine ganze Reihe. ... Schau z.B. die Brettspiele an, mit ihren mannigfachen Verwandtschaften. Nun geh zu den Kartenspielen über: hier findest du viele Entsprechungen mit jener ersten Klasse, aber viele gemeinsame Züge verschwinden, andere treten auf. Wenn wir nun zu den Ballspielen übergehen, so bleibt manches Ge-

[15] Vgl. dazu Taylor (1989: 38-40).

> meinsame erhalten, aber vieles geht verloren. – Sind sie alle ‚*unterhaltend*'? Vergleiche Schach mit dem Mühlfahren. Oder gibt es überall ein Gewinnen und Verlieren, oder eine Konkurrenz der Spielenden? Denk an die Patiencen. In den Ballspielen gibt es Gewinnen und Verlieren; aber wenn ein Kind den Ball und die Wand wirft und wieder auffängt, so ist dieser Zug verschwunden. Schau, welche Rolle Geschick und Glück spielen. Und wie verschieden ist Geschick im Schachspiel und Geschick im Tennisspiel. Denk nun an die Reigenspiele: Hier ist das Element der Unterhaltung, aber wie viele der anderen Charakterzüge sind verschwunden! Und so können wir durch die vielen, vielen anderen Gruppen von Spielen gehen. Ähnlichkeiten auftauchen und verschwinden sehen. Und das Ergebnis dieser Betrachtung lautet nun: Wir sehen ein kompliziertes Netz von Ähnlichkeiten, die einander übergreifen und kreuzen. Ähnlichkeiten im Großen und Kleinen.
> 67. Ich kann diese Ähnlichkeiten nicht besser charakterisieren als durch das Wort „Familienähnlichkeiten"; denn so übergreifen und kreuzen sich die verschiedenen Ähnlichkeiten, die zwischen den Gliedern einer Familie bestehen: Wuchs, Gesichtszüge, Augenfarbe, Gang, Temperament, etc. etc. ...

Unabhängig davon, ob im Einzelfall Modell 1 oder Modell 2 (oder eine Variante eines dieser Modelle) adäquat erscheinen, ergibt sich aus diesen Überlegungen eine zwingende Konsequenz, nämlich: Die für ein Wörterbuch zu entwickelnden Bedeutungsbeschreibungen können nicht allein aufgrund der Kategorien und Methoden der lexikalischen Semantik erstellt werden. Was in der Lexikografie angestrebt werden muss, ist, die Verwendungskontexte eines Wortes deutlich zu machen.

Den bearbeitenden Lexikografen bleibt also nichts anderes übrig als zu versuchen, ein gewisses Maß an Ordnung aus diesen seltsamen Formen zu gewinnen, um einen (wenigstens einigermaßen) strukturierten Wörterbucheintrag schreiben zu können, der den Benutzern des Wörterbuchs tatsächlich Erkenntnisgewinn bringt. Dies kann aber zum Beispiel eine Aufteilung in Bedeutungen zur Folge haben, die im Rahmen einer semantischen Analyse für nicht-lexikografische Zwecke als Überdifferenzierung empfunden werden würde. Gleichzeitig ergibt sich daraus, dass es eine sinnvolle Form der lexikografischen Definition sein kann, durch Einbeziehung semantisch redundanter oder außersprachlicher Faktoren, Mikro-Situationen zu evozieren, mit deren Hilfe den Benutzern die möglichen Verwendungskontexte verdeutlicht werden.

Diese Überlegungen scheinen mit der Position Wiegands (1985: 61) durchaus vereinbar, der schreibt:

> Nachfolgend fasse ich die Bedeutung eines sprachlichen Ausdruckes als die Regel(n) für seinen Gebrauch auf. Gebrauchsregeln sind Regeln für das sprachliche Handeln, und in Bedeutungsbeschreibungen werden diese Handlungsregeln angegeben.[16]

[16] Wiegand (1985: 61-62) schreibt weiter: „Im Falle von Prädikatoren besteht das Bedeutungswissen, d.h. die Kenntnis der semantischen Regeln (auf die pragmatischen kann ich hier nicht eingehen) für einen Prädikator $P_i$ der Sprache L darin, daß man weiß

#### 3.2.2.3 Bedeutungsdifferenzierung und Zweck

Zahl und Art der differenzierten Bedeutungen hängen entscheidend vom Zweck eines Wörterbuchs ab: In einem Spezialwörterbuch wie einem Valenzwörterbuch, das primär der Explikation der syntaktischen Eigenschaften von lexikalischen Einheiten dient, haben semantische Angaben zum Beispiel eine grundlegend andere Funktion als in einem Allgemeinwörterbuch oder einem Lernerwörterbuch. Im *Valency Dictionary of English* (2003) zum Beispiel haben Bedeutungserklärungen im Wesentlichen die Funktion, die Unterschiede zwischen den verschiedenen Valenzpatterns und Ergänzungsclustern deutlich zu machen, weshalb sie in diesem Wörterbuch auch nach den Patternangaben und Beispielen stehen. Grundlegend dabei ist, dass die Bedeutungsanalyse im Wesentlichen auf der Basis der Valenzeigenschaften der Wörter erfolgt. Unter diesem Gesichtspunkt lassen sich für *meet* vier Hauptbedeutungen differenzieren.

> **meet** ...
> **A** *Meet* generally means that two or more people or things come together at a particular point.
> (i) When **a person^I meets one or more other people^II** or when **they meet**, they come together. ...
> (ii) *Meet* can also be used to refer to the occasion when two people meet for the first time, i. e. get to know each other. Note that in this sense no passive construction is possible.
> (iii) **Two moving objects such as planets, vehicles, etc. meet** can mean
> (a) that they crash into each other or
> (b) that they pass each other somewhere on the way.
> (iv) *Meet* can also be used to refer to a situation where it has been arranged that a person or a means of transport should meet someone travelling or a means of public transport on arrival:
> (a) If **someone^I meets someone^II at the station, etc.^V** they are there when they arrive.
> (b) If **a bus, etc.^I meets a train, etc.**, there is a direct connection. ...
> **B** When **two competitors, teams or armies^I + II meet**, they compete or fight with each other. ...
> **C** If **two roads, rivers, lines, areas, etc.^I + II meet**, they join. ...
> **D** **Someone or something^I that meets a demand, certain expectations or requirements^II** fulfills them. ...
> **E** (i) **Some plan, course of action, proposal, etc.^I can meet, meet with or be met with a reaction, criticism, approval, agreement^II**, i.e. lead to this reaction. ...

---

(a) daß $P_i$ dazu verwendet werden kann, um die sprachliche Teilhandlung des Prädizierens zu vollziehen (...) und daß man weiß,
(b) was man mit $P_i$ prädizieren kann, und das heißt auch, daß man weiß, worauf man mit $P_i$ Bezug nehmen kann.“

(ii) **A person or organisation[I] can meet some challenge, difficult situation, etc.[II] with some response**, i.e. react to it in this way. ...
<VDE>

3.2.2.4 Bedeutungsdifferenzierung und –identifikation

Diese Überlegungen zur Differenzierung und Charakterisierung von Bedeutungen eines Lexems sollten im Wesentlichen folgendes deutlich machen:

I. Die Frage, wieviele Bedeutungen ein Lexem „hat", ist unsinnig.
II. Die Differenzierung zwischen verschiedenen Bedeutungen eines Lexems in einem Wörterbuch ist eine arbiträre lexikografische Entscheidung, die deutlich vom Skopos des Wörterbuchs (Rezeptions-/Produktionszwecke, muttersprachiges/fremdsprachiges Zielpublikum etc.) geprägt ist.

Insofern kann man sogar anzweifeln, ob das, was in Wörterbüchern beschrieben wird, Bedeutung genannt werden soll. Beschrieben werden Verwendungen, die im Wiegandschen Sinne als „Regeln für den Gebrauch" zu interpretieren sind. Dass dabei jedenfalls nicht immer Bedeutungen von Lexemen dargestellt werden, gilt in zweierlei Hinsicht: Zum einen enthalten nämlich, wie in 3.2.1 gezeigt wurde, nicht alle Definitionen tatsächlich semantische Information, jedenfalls nicht im engeren Sinne:

**teuflisch** ... **2** ... verwendet, um *bes* Adjektive u. Verben mit negativem Inhalt zu verstärken <LGDaF 2003> (Unterstreichung = blau)

Zum zweiten sind in vielen Wörterbüchern nicht nur Lexeme Gegenstand einer Definition:

**treffen** ... **9** ***auf etw.*** *(Akk.)* ***t.*** ≈ irgendwo etw. finden (*mst* ohne dies zu erwarten) <LGDaF 2003> (Unterstreichung = blau)

**meet** ...
**9** meet a problem/challenge to deal with a problem or something difficult that you have to do ...
**10** meet a need/demand/requirement/condition etc to do something that someone wants, needs, or expects you to do or be as good as they need, expect etc. ...
**13** meet a debt/cost/expense etc to make a payment that needs to be made <LDOCE4> (doppelte Unterstreichung = magenta; Unterstreichung = blau)

Letztlich könnte man im Sinne des in Kapitel 2 im Zusammenhang mit Leechs *seven types of meaning* Gesagten argumentieren, dass die Bedeutung eines Lexems im Wörterbuch nicht allein durch eine semantische Definition erfasst wird, sondern eben auch durch Elemente, die in den meisten Wörterbüchern durch *labels* dargestellt werden wie Stilebene (> 3.10), regionale Einordnung (> 3.11) oder Frequenz (> 3.12).

Aus diesen Gründen erscheint es sinnvoll, nicht in jedem Fall von Bedeutungsangaben oder Bedeutungserläuterungen zu sprechen, sondern den in der Lexikografie weithin üblichen Terminus Definition zu verwenden. Dabei ist aber zu beachten, dass es sich bei dieser Verwendung von Definition um einen in der Lexikografie definierten Terminus handelt, der nicht mit dem allgemeinen Gebrauch des Wortes Definition identisch ist.[17]

### *3.2.3 Definitionswortschatz*

#### 3.2.3.1 Kontrollierter Definitionswortschatz

Im Falle von Lernerwörterbüchern besteht bei der Abfassung von Definitionen die zusätzliche Schwierigkeit, dass die Wörter, die zur Erklärung eines Lemmas herangezogen werden, nicht anspruchsvoller und für die Benutzer schwerer verständlich sein dürfen als das zu erklärende Wort. So hat sich zum Beispiel gezeigt, dass die älteren Vertreter englischer Lernerwörterbücher gerade in diesem Punkt von den Benutzern als wenig hilfreich empfunden wurden. So ist es zum Beispiel schwer, sich Fremdsprachenlernende vorzustellen, die die Wörter *university, storm* und *forget* nicht kennen, aber dennoch von den folgenden Bedeutungsangaben profitieren:

**university** ... (colleges, buildings, etc. of an) institution for the promotion and dissemination of advanced learning, conferring degrees and engaging in academic research; member of such an institution collectively <OALD3>
**storm** ... **1** ... occasion of violent weather conditions <OALD3>
**forget** ... **1** ... lose remembrance of; fail to keep in the memory; fail to recall <OALD3>

Der Durchbruch kam im Bereich der englischen Lernerwörterbücher im Jahre 1978, denn mit dem Erscheinen der ersten Auflage des *Longman Dictionary of Contemporary English* (LDOCE1) wurde zum ersten Mal der Versuch unternommen, das Prinzip eines systematisch begrenzten Definitionswortschatzes auf ein Wörterbuch dieser Größe anzuwenden.[18] Diese Politik zeichnet sich durch zwei essentielle Bestandteile aus:

I. Alle im Wörterbuch gegebenen Definitionen basieren auf der Grundlage eines – in diesem Falle auf 2000 Wörter – begrenzten Definitionswortschatzes, der in einem Anhang des Wörterbuchs aufgelistet ist.
II. Wo immer es aus bestimmten Gründen (3.2.3.2), vor allem dem der semantischen Präzision, geboten erscheint, werden in den Definitionen auch Wörter ver-

[17] Vgl. dazu Wiegand (1985: 52-61) unter der Überschrift „Warum sog. lexikographische Definitionen besser nicht zu den Definitionen gezählt werden sollten".

[18] Zu den Anfängen der Entwicklung begrenzter Wortschätze, insbesondere dem Ansatz von Michael West, s. Cowie (1989a), Cowie (1999a) und Stein (2002). Vgl. West (1953). Zu einem modernen *common core vocabulary* siehe Stein (2002).

wendet, die nicht dem begrenzten Definitionswortschatz angehören, also nicht in der Liste von 2000 Wörtern enthalten sind.

Diese zweite Komponente der Definitionspolitik von LDOCE wird gelegentlich, etwa von Béjoint (1994), übersehen, ist aber im Hinblick auf die Entkräftung des Arguments, dass es kaum möglich sein dürfte, alle Bedeutungen der in einem Wörterbuch wie LDOCE enthaltenen Lemmata im Rahmen von 2000 Wörtern semantisch befriedigend zu erklären, von entscheidender Bedeutung. Es ist deshalb ganz wichtig zu erkennen, dass eine derartige Definitionspolitik eben nicht davon ausgeht, alle Bedeutungen mit Hilfe eines eng begrenzten Definitionsvokabulars unter Beachtung des Lexikoparameters der semantischen Akkuratheit beschreiben zu können. Vielmehr ist diese Definitionspolitik als ein methodisches Instrumentarium zu sehen, schwierige Wörter in Definitionen dann (und auch nur dann) zu vermeiden, wenn sie durch einfachere, aber semantisch äquivalente ersetzbar sind. Dabei ist es wahrscheinlich relativ unerheblich, wenn nicht sogar hinderlich, dass Wörter, die nicht dem Definitionswortschatz angehören, durch Kapitälchen markiert sind, um die Benutzer auf die Schwierigkeit dieser Wörter hinzuweisen. Entscheidend ist vielmehr, dass die Lexikografen durch die computergesteuerte Überprüfung des von ihnen in Definitionen verwendeten Wortschatzes auf alle Verstöße gegen den Definitionswortschatz aufmerksam gemacht werden und somit die Entscheidung, ob die Verwendung eines schwierigen Wortes wirklich nötig ist, noch einmal überdenken können.

Dass es sich bei dieser Art des modifizierten Einsatzes eines begrenzten Definitionswortschatzes um eine äußerst erfolgreiche Politik handelt, zeigt die Tatsache, dass trotz anfänglicher Kritik am *Longman Dictionary of Contemporary English* (LDOCE) in diesem Punkt mittlerweile alle englischen Lernerwörterbücher dieser Größe behaupten, von einem begrenzten Definitionswortschatz dieser Art auszugehen, was im Falle von LDOCE4, des *Oxford Advanced Learner's Dictionary* (OALD6) und des *Cambridge International Dictionary of English* (CIDE)[19] auch zutrifft. Im Rahmen einer solchen Politik ergeben sich dann Definitionen der folgenden Art:

**storm** ... **1** ...very bad weather, with strong winds, rain and thunder etc. <OALD5>

**forget** ... **1** ... to not remember facts, information, or people or things from the past <LDOCE4>

#### 3.2.3.2 Verwendung von Wörtern außerhalb des begrenzten Definitionswortschatzes

Der Einsatz eines begrenzten Definitionswortschatzes in Lernerwörterbüchern trägt zur Erhöhung der Verständlichkeit und damit der Benutzerfreundlichkeit bei. Dabei

[19] Die Definitionspolitik von COBUILD2 weicht davon allerdings ab; vgl. Fox (1989) und Herbst (1996b). S. auch Heuberger (2000: 9-10). CALD2 (2003: ix) ist in Bezug auf den Definitionswortschatz weniger spezifisch als sein Vorgänger CIDE.

ist unbestreitbar, dass, wie Stein (1979) und Cowie (1999a) ausführen, die Gefahr simplifizierender Definitionen besteht, wofür sich auch Beispiele finden. So grenzt die Erklärung von *syringe* in LDOCE1

**syringe** ... a sort of pipe, used in science and medicine, into which liquid can be drawn and from which it can be pushed out in a particular direction <LDOCE1>

*syringe* nur unzureichend von *pipette* ab, während die Definition von *university* in LDOCE4 wichtige Aspekte unerwähnt lässt:

**university** ... an educational institution at the highest level where you study for a DEGREE <LDOCE4> (Unterstreichung = magenta)

Dass die mangelhafte Akkuratheit in diesen Fällen allerdings keine notwendige Begleiterscheinung der Definitionspolitik ist, zeigt die Tatsache, dass die folgenden Definitionen ebenfalls im Rahmen dieses Ansatzes abgefasst wurden:

**syringe** ... an instrument for taking blood from someone's body or putting liquid, drugs etc. into it, consisting of a hollow plastic tube and a needle <LDOCE4> (Unterstreichung = blau)
**university** ... the highest level of educational institution, in which students study for degrees and academic research is done <OALD5>
**university** ... an institution at the highest level of education, where you can study for a degree or do research <OALD6> (Unterstreichung = blau)

Der Konflikt zwischen den Lexikoparametern der Benutzerfreundlichkeit im Sinne der Verständlichkeit der Definitionen und der Akkuratheit gestaltet sich in Wörterbüchern, die einen begrenzten Definitionswortschatz zur Grundlage ihrer Definitionspolitik machen, nicht prinzipiell anders als in Wörterbüchern, die dies nicht tun, weil ja auch Wörter außerhalb des Definitionswortschatzes verwendet werden können. Die Analyse von 500 Einträgen in LDOCE1 (Herbst 1986)[20] zeigt, dass diese Wörter sehr oft lediglich supplementären Charakter in dem Sinn haben, dass sie eine vorher im Rahmen des Definitionswortschatzes gegebene Erklärung präzisieren oder selbst im Rahmen der Definition erläutert werden:

**volcano** ... a mountain with a large opening (CRATER) at the top (and often others on the sides) through which melting rock (LAVA), steam, gases, etc., escape from time to time with explosive force from inside the earth. <LDOCE1>

Die Einbeziehung solcher Wörter dient der in 3.2.1 angesprochenen Funktionen der Auffindbarkeit von Wörtern, die in wichtigen strukturell-semantischen oder sachli-

[20] In den untersuchten 500 Einträgen fanden sich immerhin 222 Fälle, in denen Wörter außerhalb des Definitionswortschatzes in Definitionen Verwendung fanden. Allerdings wurden diese Wörter nur in 51 dieser Fälle als für das Verständnis der Definition erforderlich angesehen (Herbst 1986). Vgl. in diesem Zusammenhang auch Stein (1979) und Ellegård (1978).

chen Bezügen zum Lemma stehen. Ihre Kenntnis ist aber für das Verständnis der Definition nicht erforderlich. Ähnlich fallen Fälle wenig ins Gewicht, bei denen das Grundwort von Wortbildungen in deren Definition vorkommt.

> **syringe** ... to clean something with a syringe, for example your ears <LDOCE4> (Unterstreichung = blau)

Bei einem erheblichen Anteil der restlichen Vorkommen von Wörtern in Definitionen, die nicht dem begrenzten Definitionswortschatz angehören, handelt es sich um Zahlen und Namen.

> **puffin** … a black and white sea bird with a large, brightly coloured beak, common in the N Atlantic <OALD6> (Unterstreichung = blau)

Solche Abweichungen vom begrenzten Definitionswortschatz können kaum als gravierend angesehen werden; Abweichungen, die für das Verständnis einer angeführten Bedeutung essentiell sind, treten relativ selten auf, und dann vor allem, aber nicht ausschließlich, bei technischen Bedeutungen.

> **volt** ... (a standard measure of electrical force used in causing a flow along wires, equal to) the amount needed to produce one AMPERE of electrical current where the RESISTANCE of the CONDUCTOR is one OHM. <LDOCE1>
>
> **syncopation** ... a RHYTHM in a line of music in which the beats (BEAT[2] (3)) that are usually weak are emphasized <LDOCE3>
>
> **fiancée** ... the woman a man is going to marry and who he is ENGAGED (1) to <LDOCE3>
>
> **plug** ... **1 (a)** a plastic or rubber device with metal pins that fit into holes in a SOCKET (2) to make an electrical connection <OALD5>[21]

Natürlich ist zu sagen, dass die Möglichkeit der Verwendung von Wörtern, die dem begrenzten Definitionswortschatz nicht angehören, Probleme der semantischen Inakkuratheit nur dann überwinden kann, wenn sie auch genutzt wird. Im Einzelfall ist das natürlich eine Ermessensfrage der bearbeitenden Lexikografen. So kann man zum Beispiel durchaus der Meinung sein, dass eine Definition von *euro* das Wort *currency* enthalten sollte, was weder im *Longman Dictionary of Contemporary English* (LDOCE4), noch im *Oxford Advanced Learner's Dictionary* (OALD6) oder im *Cambridge Advanced Learner's Dictionary* (CALD2) der Fall ist.[22]

> **euro** ... a unit of money that can be used in many countries of the European Union <LDOCE4> (Unterstreichung = blau)

[21] Vgl. aber OALD6: „a small plastic object with two or three metal pins, that connects a piece of electrical equipment to the main supply of electricity".

[22] Zum einen ist bei *unit of money* semantisch keineswegs klar, dass es sich um die Abgrenzung *euro – pound – dollar* und nicht um die Abgrenzung *euro – cent* handelt, zum anderen aber ist *unit of money* im Englischen offenbar überhaupt nicht etabliert, worauf auch die Tatsache hindeutet, dass es im British National Corpus keine Belege für *unit of money* gibt.

**euro** ... (since 1999) a unit of money of eleven countries of the European Union <OALD6> (Unterstreichung = blau)
**euro** ..., **Euro** ... the unit of money used in most European Union countries <CALD2> (Unterstreichung = blau)

#### 3.2.3.3 Umfang und Gestaltung eines Definitionsvokabulars

Angesichts der Tatsache, dass durch den flexiblen Umgang mit dem Definitionsvokabular, wie ihn die meisten neueren englischen Lernerwörterbücher verfolgen, ohnehin Wörter, die nicht auf den Listen enthalten sind, vorkommen, ist die Frage, wie umfangreich der begrenzte Definitionswortschatz sein soll – LDOCE4 und CIDE geben die Zahl 2000 an, OALD5 3500, OALD6 3000 – vielleicht sekundär. Solche Angaben sind sowieso wenig aussagekräftig. Nachdem der Definitionswortschatz von LDOCE1 beispielsweise eine Anzahl hochfrequenter Wortbildungsmorpheme enthält, Komposita aus Elementen der Liste zulässig sind und manche Wörter der Liste mehreren Wortklassen angehören, kann man für LDOCE1 zumindest von einer potenziellen Größe des Definitonswortschatzes ausgehen, die eher zwischen 5000 und 10.000 liegen dürfte (Herbst 1986).

Wesentlich entscheidender als die Größe des Definitionswortschatzes ist, wie auch Stein (1979) dargelegt hat, dessen Zusammensetzung. Nachdem der vorrangige Zweck der Etablierung eines begrenzten Definitionswortschatzes darin besteht, dass man davon ausgehen kann, dass der in den Definitionen verwendete Wortschatz vor allem auch fremdsprachigen Benutzern vertraut ist, ist ein vorrangiges Kriterium im erwarteten Bekanntheitsgrad bei dieser Zielgruppe zu sehen. Das bedeutet, dass bei der Zusammenstellung eines solchen Definitionswortschatzes folgende Gesichtspunkte zu beachten sind:

I. lexikalische Einheiten mit generell hoher Frequenz,
II. lexikalische Einheiten mit hoher Frequenz in Texten und Schulbüchern für die Zielgruppe des Wörterbuchs[23],
III. sogenannte Internationalismen, also Wörter, die in vielen Sprachen in ähnlicher Form und mit derselben Bedeutung auftreten (*Atom, Prinzip* etc.).

Neben solchen Elementen, bei denen die erwartete Bekanntheit bei der Zielgruppe im Vordergrund steht, ist aber noch eine weitere Gruppe von lexikalischen Einheiten in einen Definitionswortschatz aufzunehmen, nämlich

IV. lexikalische Einheiten, die vielleicht nicht hochfrequent sind, aber sich bei der Definition anderer Wörter als besonders nützlich erweisen, also Einheiten, die Ayto (1984) als „words of particular lexicographical usefulness" bezeichnet.[24]

---

[23] So baut etwa die Liste von LDOCE1 u.a. auf der *General Service List of English Words* von Michael West (1953) auf; vgl. LDOCE1 (1978: ix).

[24] Ellegård (1978: 232) führt als Beispiel aus LDOCE1 etwa die Nützlichkeit des Wortes *atom* für die Definition von *molecule* oder *electron* an. Im Definitionswortschatz von LDOCE3 sind sicher aus diesem

Wenn hier von lexikalischen Einheiten und nicht von Wörtern die Rede ist, dann deshalb, weil eine pädagogisch sinnvolle Liste eigentlich nicht Wörter an sich, sondern nur *lexical units* im Sinne von Cruse (1986) enthalten kann, also Verbindungen von einer Form und einer Bedeutung (nicht mehreren Bedeutungen). Im Hinblick auf die Zielsetzungen dieser Definitionspolitik wäre ja wenig gewonnen, wenn ein zwar hochfrequentes Wort in einer sehr seltenen Bedeutung in einer Definition vorkäme. Aus diesem Grund muss die Verwendung der Wörter eines begrenzten Definitionswortschatzes klaren Restriktionen hinsichtlich der in Definitionen zulässigen Bedeutungen unterliegen. Dasselbe gilt für Wortbildungen, denn Suffigierungen oder Kompositionen sind keineswegs immer hinreichend transparent, um aus dem Vorkommen ihrer Bestandteile (etwa *give* und *up*) auch auf die leichte Verständlichkeit einer Wortbildung (wie des *phrasal verbs give up*) schließen zu können. Das Hauptproblem in diesem Zusammenhang ist weniger, dass die Definitionspolitik in Wörterbüchern, die mit einem begrenzten Definitionswortschatz arbeiten, diesen Schwierigkeiten gerecht werden muss, sondern dass die Überprüfung des in den Definitionen vorkommenden Wortschatzes durch Computer – im Augenblick jedenfalls – eben nur die formale, nicht aber die inhaltliche Seite erfasst, so dass ein wichtiger Kontrollmechanismus in dieser Hinsicht nicht greift. Insofern wirft eine Definitionspolitik, die auf einem begrenzten Definitionswortschatz aufbaut, durchaus auch eine Reihe von Problemen auf. Trotzdem lässt sich wohl sagen, dass sich die Anwendung dieses Prinzips in englischen Lernerwörterbüchern als äußerst erfolgreich erwiesen hat.[25]

### *3.2.4 Definitionssyntax*

#### 3.2.4.1 Komplexität der Definitionen

Neben dem Definitionswortschatz kann auch die Definitionssyntax erhebliche Interpretationsprobleme bereiten. Das gilt insbesondere dann, wenn der Versuch unternommen wird, durch den Einsatz von Klammern, Abkürzungen, Präpositionen ohne Ergänzung, etc. sehr komplexe Informationen zu kondensieren.

**neigh** ... (Utter) cry (as) of horse <COD5>
**accommodate** ... Adapt (thing or person to another); prove such adaptation in, harmonize (occas. w. implication of sophistry); reconcile, settle differences between; compose (quarrel), equip, supply, (person *with*); oblige, confer favour on; find lodging for <COD5>
**translate** ... **1** ... Express the sense of (word, sentence, book) in or *into* another language ... **2** ... Convey, introduce (idea, principle) *from* one art etc. *into*

Grund beispielsweise *vowel* und *singular* enthalten, obwohl sie nicht als zu den 3000 häufigsten Wörtern gehörig markiert sind.

[25] Dabei sei dahingestellt, ob die Vorteile einer solchen Definitionspolitik für alle Sprachen gleichermaßen gelten oder ob sie etwa für das Deutsche weniger attraktiv ist als für das Englische; vgl. Götz (1999).

another ... **3** ... Infer or declare the significance of, interpret (signs, movements, conduct, hint) ... <COD5>

**verbinden** **2** ... *eine [Art] Binde vor, um etw. binden, um auf diese Weise eine Funktion o.Ä. einzuschränken od. unmöglich zu machen* <DUW5> (Unterstreichung = blau)

**COMPORTER** ... **1.** ... Permettre d'être, d'aller avec; inclure en soi ou être la condition de <NPR 1993>

**APPROCHER** ... **I.** ... **2** Venir près, s'avancer auprès de (qqn.) <NPR 1993>

### 3.2.4.2 Satzerklärungen

Einen sehr interessanten Weg zur Vermeidung eines durch komplexe Definitionssyntax und -strukturen entstehenden übermäßigen Abstraktheitsgrades beschreitet das 1987 erstmals erschienene *COBUILD English Language Dictionary*.[26] Dort erfolgen Bedeutungserklärungen prinzipiell in der Form ganzer Sätze.

**neigh** ... When a horse **neighs**, it utters a loud sound <COBUILD1>

**translate** ... **1** If you *translate* something that someone has said or written, **1.1** you say it or write it in a different language ... **1.2** you express it in a different way, using a different system, alphabet etc. ...
**2** If you **translate** something such as an idea, you express it in a different way, for example by putting the idea into practice...
**3** If you **translate** a remark, gesture, action, etc. in a particular way, you decide that this is what it means ... <COBUILD1>

**accommodate** ... **1** If a building or space can **accommodate** someone or something, it has enough room for them ...
**2** To **accommodate** someone means to provide them with a place to live or stay ...
**3** If something is planned or changed to **accommodate** a particular fact or situation, it is planned or changed in such a way to take this fact or situation into account ...
**4** If you do something to **accommodate** someone you do it with the main purpose of pleasing or satisfaying them ...
**5** If you **accommodate** to something new, you change your behaviour or ideas so that you are able to deal with it ... <COBUILD2>

Die Vorteile einer solchen Definitionspolitik sind offensichtlich:

I. Auf diese Weise erreichen die Definitionen sprachlich einen hohen Natürlichkeitsgrad. Sie ähneln stark Erklärungen, die man auch in der mündlichen Kommunikation geben würde.[27]

[26] Zur Problematik der lexikografischen Definition s. Hanks (1987).

[27] Diese Art der Definition eignet sich unter Umständen in besonderer Weise als Modell für Worterklärungen im Fremdsprachenunterricht.

II. Weiterhin könnte man argumentieren, dass es durch die Ausformulierung der Definition in einem ganzen Satz stärker gelingt, die Situationen, in denen ein Wort gebraucht wird, explizit zu machen, was im Hinblick auf die in 3.2.2.2 beschriebenen diesbezüglichen Funktion von Wörterbuchdefinitionen positiv zu bewerten ist.[28]

III. Die Satzdefinition bringt es mit sich, dass das Lemma in einen Kontext gestellt wird, so dass auch grammatische Eigenschaften, vor allem wichtige Valenzstrukturen und semantische Eigenschaften der Ergänzungen bzw. die Kollokatoren eines Wortes in der Definition auf eine sehr transparente Weise illustriert werden.

Diesen Vorteilen von Satzdefinitionen stehen andererseits auch gravierende Nachteile gegenüber: Neben einer gewissen Repetitivität der Formulierungen ist dies vor allem die Länge der Definitionen, die nicht nur viel Platz beansprucht, sondern durch den dadurch bedingten merklichen Leseaufwand sich wieder negativ auf die Benutzerfreundlichkeit auswirkt.

Insofern spricht viel für eine flexible Handhabung dieser Definitionspolitik, wie sie in den neueren Auflagen von Lernerwörterbüchern wie dem *Longman Dictionary of Contemporary English* (LDOCE4) oder dem *Oxford Advanced Learner's Dictionary* (OALD6) oder auch dem *Langenscheidt Großwörterbuch Deutsch als Fremdsprache* <LGDaF 2003> realisiert ist, nämlich nicht alle, sondern nur manche Bedeutungen durch Satzdefinitionen zu erklären.[29]

## 3.3 Beispiele

### *3.3.1 Funktionen von Beispielen*

Was Zahl und Art der in Wörterbucheinträgen enthaltenen Beispiele angeht, so bestehen erhebliche Unterschiede zwischen einzelnen einsprachigen Wörterbüchern, die durch den jeweiligen Zweck bedingt sind. So ist relativ offensichtlich, dass in Lernerwörterbüchern, die auch als Hilfen bei der Sprachproduktion konzipiert sind, Beispiele eine andere und vielleicht wichtigere Funktion erfüllen als in Wörterbüchern für Muttersprachler, die primär rezeptive Zwecke verfolgen. So gibt es durchaus Anhaltspunkte dafür, dass Benutzer von Lernerwörterbüchern häufig versuchen, die gesuchte Information aus den Beispielen zu entnehmen und systematische Angaben etwa zur Valenz als weit weniger hilfreich empfinden.[30] Solche Beobachtungen unterstreichen die Bedeutung der Beispiele für diesen Wörterbuchtyp.

---

[28] Vgl. in diesem Zusammenhang Hanks (1987: 135): ‚All statements about word meaning are statements about word use.'

[29] Zu einer Diskussion verschiedener Aspekte der Wörterbuchdefinition s. Svensén (1993: 112-139).

[30] Heath/Herbst (1985). Zur Bedeutung von Beispielen und Definitionen im Gegensatz zu systematischen grammatischen Angaben bei der Sprachproduktion vgl.auch Harvey/Yuill (1997).

Dass Beispiele aber ganz allgemein eine wichtige Funktion im Hinblick auf die Ergänzung anderer Informationen in einem Eintrag haben und häufig eine Wechselwirkung zwischen den sozusagen systematischeren und gleichzeitig auch abstrakteren Informationstypen und Beispielen besteht, zeigt die Tatsache, dass vielleicht auch muttersprachliche Benutzer nicht unbedingt in der Lage wären, die Postulierung der in 3.2. zitierten Bedeutungen ‚in bestimmter Weise vorfinden' <DUW3>, ‚sich in bestimmter Weise fügen' <DUW3> oder ‚etw. beschließen u. durchführen' <LGDaF 2003> für das Verb *treffen* ohne weiteres nachzuvollziehen, ohne auf die Beispiele (beziehungsweise Kollokationsangaben, die ja in gewisser Weise auch als Beispiele fungieren), zu rekurrieren:

> **treffen** ... **8.** ... <in Verbindung mit „es"> *in bestimmter Weise vorfinden ...* : es gut, schlecht t.; sie haben es im Urlaub mit dem Wetter bestens getroffen; du triffst es heute gut *(die Gelegenheit ist günstig).* ... **9.** ... *sich in bestimmter Weise fügen* ...: es trifft sich gut, ausgezeichnet, schlecht, dass ... <DUW3>
> **treffen** ... **4** ***etw. t.*** etw. beschließen u. durchführen <Maßnahmen, Vorkehrungen, Vorsichtsmaßnahmen> <LGDaF 2003> (Unterstreichung = blau)

Man könnte sogar argumentieren, dass in manchen Fällen die Definition durch die Beispiele erst plastisch oder wirklich verständlich wird. In jedem Fall verdeutlicht diese Diskussion die Wichtigkeit der Möglichkeit, durch Beispiele das Lemma in einem oder mehreren Kontexten zu präsentieren, im Hinblick auf die Interpretierbarkeit von Einträgen. Im Einzelnen lassen sich folgende Funktionen von Beispielen differenzieren:[31]

I. Illustration der Bedeutung des Lemmas durch Ergänzung der Definition durch Evozieren einer Situation, die für die Verwendung des Wortes in dieser Bedeutung typisch ist
II. Verdeutlichung anderer wichtiger sprachlicher Eigenschaften der entsprechenden sprachlichen Einheit, vor allem im Hinblick auf Stil, Valenz und Kollokationen
III. gegebenenfalls Erhöhung der Authentizität bzw. Plausibilität der im Eintrag enthaltenen Angaben durch Belege aus Korpora oder anderen Originalquellen.

### *3.3.2 Formale Gestaltungsmöglichkeiten*

Prinzipiell ist zu unterscheiden zwischen Beispielen, die ganze Sätze umfassen und solchen, die nur aus Wortgruppen (einzelnen Kollokationen oder Phrasen in einem nicht näher definierten Sinn) bestehen:[32]

[31] Vgl. auch Cowie (1978), Drysdale (1987), Fox (1987). Zu verschiedenen Faktoren einer lexikografischen Beispieltheorie vgl. Stein (1999).
[32] In 3.3.2-3 sind nicht alle in den Wörterbüchern enthaltenen Beispiele angeführt.

**krabbeln** ... **1.** ... **a)** der Käfer krabbelt [an der Wand] **b)** ... das Kind fängt an zu k., krabbelt schon, krabbelt [auf allen vieren] durchs Zimmer ... **2.** ... **a)** ... der neue Pullover krabbelt [auf der Haut] ... <DUW5> (Unterstreichung = blau)

**auslaufen** ... **1.** ... **a)** ... das Benzin ist [aus dem Tank] ausgelaufen; **b)** ... das ganze Fass ist ausgelaufen. **2.** ... das Schiff wird morgen a., die Trawler sind [zum Fang] ausgelaufen <DUW5> (Unterstreichung = blau)

**Boje** ... die Fahrrinne mit -n markieren <DUW5> (Unterstreichung = blau)

**Übersetzung** ... gute, schlechte, gewandte, holprige ~; kleine, große ~ <Tech.>; ~ aus dem Englischen ... <WDW 7>

**überprüfen** ... ein Ergebnis ~ **;** eine Maschine ~ <WDW7>

Je nachdem, ob ein Beispiel allein zur Illustration einer Kollokation dienen oder andere Funktionen erfüllen soll, lassen sich Wortgruppenbeispiele rechtfertigen oder nicht. Dabei ist vollkommen klar, dass die Evozierung eines typischen Verwendungskontextes viel eher durch Satzbeispiele gelingen kann, dass sie aber wesentlich mehr Platz beanspruchen, so dass sich hier ein Konflikt zwischen verschiedenen Lexikoparametern ergibt.

Dieser Konflikt wirkt sich auch auf eine andere Dimension der Darstellung von Beispielen[33] aus, nämlich auf die Frage, inwieweit Abkürzungen oder Symbole wie Tilden verwendet werden können, um Platz zu sparen.

**Kontrolle** ...**1.** ... **b)** ... eine strenge, gründliche K.; die -n verschärfen; -n durchführen; jmdn., etw. einer K. unterziehen; ohne Pass kommst du nicht durch die K. <DUW3>

**Ebbe** ... ~ und Flut; es ist ~ ; bei mir, in meiner Kasse ist ~ <WDW7>

Es ist unbestreitbar, das durch diese kondensierte Form der Darstellung die Lesbarkeit der Beispiele zumindest bis zu einem gewissen Grad beeinträchtigt wird. Da es insbesondere in Lernerwörterbüchern wenig überzeugend ist, wenn das zu illustrierende Wort im Beispiel nicht ausgeschrieben auftritt und seine morphologische Form womöglich erst aus einer Tilde mit angefügter Endung konstruiert werden muss, sehen beispielsweise der *Nouveau Petit Robert* (1993) oder der *Petit Larousse 2000* (1999) oder die neueren englischen Lernerwörterbücher vollkommen von der Verwendung von Abkürzungen oder Tilden für das Lemma in Beispielen ab.

### *3.3.3 Beispieltypologie*

Ein weiteres wichtiges Kriterium zur Klassifikation von Beispielen besteht in der Frage ihrer Herkunft, also dahingehend, ob es sich um erfundene oder authentische Beispiele handelt, wobei manche Wörterbücher – etwa der *Nouveau Petit Robert*

[33] Das gilt natürlich in ähnlicher Weise auch für andere Elemente des Wörterbucheintrags.

(1993) – beides kombinieren. Dabei kommt authentischen Beispielen, die aus schriftlichen Quellen, vor allem aus literarischen Texten zitiert werden, Belegcharakter zu, was bei bestimmten Wörterbuchtypen, wie etwa dem *Oxford English Dictionary* (OED) oder dem *Oxford Dictionary of English Idioms* von Bedeutung ist. Demgegenüber bieten erfundene Beispiele den Vorteil, dass sie so gestaltet werden können, dass sie kurz und prägnant verschiedenen der in 3.3.1 genannten Funktionen gerecht werden.

Seitdem – in großem Umfang initiiert durch das *COBUILD*-Wörterbuch von 1987 – die Möglichkeiten der Korpuslinguistik auch in der Lexikografie intensiv genutzt werden, erscheint die einfache Dichotomie erfunden/authentisch jedoch ergänzungsbedürftig.[34] Heute ist vielmehr folgende Typologie von Wörterbuchbeispielen bezüglich ihres Ursprungs angebracht:

I. rein erfundene Beispiele,
II. auf der Basis von Korpusbefunden gestaltete Beispiele,
III. direkt aus einem Korpus übernommene Beispiele, eventuell gekürzt oder leicht modifiziert,
IV. eklektisch aus verschiedenen Quellen übernommene Beispiele.

Dass die Entwicklung der Korpuslinguistik insbesondere seit den achtziger Jahren des letzten Jahrhunderts zu einem enormen Erkenntniszuwachs geführt hat, der in lexikografischer Hinsicht auch für die Auswahl bzw. Gestaltung der Beispiele verwertbar ist, ist unbestreitbar. Dies trifft vor allem zu auf die Kontexte, in denen eine lexikalische Einheit typischerweise auftritt, und zwar insbesondere auf die Kollokationen im Rahmen eines vorwiegend statistisch verstandenen Kollokationsbegriffs im Sinne Sinclairs (1987a). Wenn aus Korpusbelegen ersichtlich ist, dass eine lexikalische Einheit mit einer bestimmten statistischen Signifikanz mit bestimmten anderen Lexemen oder in bestimmten Konstruktionen auftritt, so trägt es zur Natürlichkeit eines Beispiels und seiner Nähe an der Realität des Sprachgebrauchs bei, wenn es diese Erkenntnisse entsprechend umsetzt.

Damit verlagert sich aber das Problem authentisch/erfunden lediglich auf eine andere Ebene, denn nach wie vor stellt sich die Frage, ob die Ergebnisse von Korpusanalysen am besten dadurch verdeutlicht werden können, dass Originalsätze aus dem benutzten Korpus ins Wörterbuch übernommen werden oder dadurch, dass auf der Basis der Korpusbelege neue Beispiele konstruiert werden.

Direkte Quellenzitate verfügen bei geeigneter Auswahl zweifellos über ein hohes Maß an Authentizität und konkreter Verankerung in der Sprachwirklichkeit.

---

[34] Vgl. in diesem Zusammenhang Cowie (1999a: 137): „The lexicographer's approach to the use of corpus data for examples needs to be flexible. There is certainly a place for full-sentence examples which show no abstraction or alternation at all – what Palmer called the ‚sentence-sample' type... On the other hand, the encoding needs of the student may also call for maximally reduced examples – ‚skeleton-type examples' according to Palmer – as these give prominence to collocations."

**lighten** ... [3] As they approached the outskirts of the city, Ella's mood visibly lightened ... The sun was streaming in through the window, yet it did nothing to lighten his mood. <COBUILD3>

**attack** ... **2** ... Buthelezi responded with a blistering attack on the ANC ... <COBUILD2>

Allerdings sind auch direkt aus einem Korpus übernommene Beispiele nicht ganz unproblematisch: Mit Sicherheit stellen die Länge und die Tatsache, dass authentische Beispiele außer dem Lemma für Lerner schwierige Wörter oder Konstruktionen enthalten können, eine gewisse Schwierigkeit bei der Auswahl dar.[35]

**corollary** ... The number of prisoners increased as a corollary of the government's determination to combat violent crime <COBUILD3>

Zudem ist zu fragen, inwieweit das häufige Vorkommen von Namen in authentischen Beispielen nicht nur den Vorteil hat, natürlicher zu wirken als allgemeine Substantive vom Typ *the President* etc., sondern auch den Nachteil von Verständnis- oder Zuordnungsproblemen bei den Benutzern, was auch für nicht spezifizierte historische Ereignisse gelten kann.

**defeat** ... [1] ... His guerillas defeated the colonial army in 1954 ... The NHL Stanley Cup was won by the Montreal Canadians, who defeated the Boston Bruins four games to one. <COBUILD3>

In jedem Fall besteht natürlich das Problem, dass Korpusbelege nicht selten Meinungen über Personen oder Sachverhalte zum Ausdruck bringen, die ungerechtfertigt sein mögen und im Extremfall von bestimmten Benutzergruppen als verletzend oder unkorrekt empfunden werden können. Dies gilt etwa auch im Hinblick auf sexistischen Sprachgebrauch (> 3.3.4.1). Auch wenn der Grad dieser Probleme von der Größe des Korpus abhängt, ist zu sagen, dass die Verwendung von direkt aus einem Korpus entnommenen Beispielen keineswegs nur Vorteile bietet. Vielmehr kann sich durchaus die Notwendigkeit einer Kürzung oder leichten Abänderung der Beispiele ergeben, was ab einem gewissen Punkt aber das Prinzip der Authentizität in Frage stellt. Der Gesichtspunkt des authentischen Charakters von Originalkorpusbeispielen darf allerdings insofern auch nicht überbewertet werden, als allein die Tatsache, dass unter Umständen stark kontextuell gebundene Sätze eben genau ohne diesen Kontext präsentiert werden, wiederum zu unvermeidlichen Authentizitätseinbußen führt.

Insofern lassen sich also durchaus auch Gründe für eine Beispielpolitik finden, die ausgehend von Korpusanalysen mit erfundenen und im Hinblick auf den Benutzerkreis konzipierten Beispielen operiert, wie das etwa im *Longman Dictionary of Contemporary English* (LDOCE3) der Fall ist:

---

35 Vgl. in diesem Zusammenhang Landau (1989: 166) und Heuberger (2000: 52-53).

**defeat** ... **1** ... After a long campaign, Wellington's army finally defeated Napoleon ... We defeated the other teams by six runs. <LDOCE3>

In jedem Falle zeigt sich, dass sich durch die Nutzung von Korpusanalysen in der einen oder anderen Form die durch allzu große Kürze und Allgemeinheit bedingte Sterilität mancher Wörterbuchbeispiele überwinden lässt, wie sie sich zum Beispiel noch in früheren Auflagen englischer Lernerwörterbücher finden:

**defeat** ... **1** ... Our team/army/political party has defeated our opponents. <LDOCE1>
**defeat** ...**1** ... to ~ another school at football. They were defeated in their attempt to reach the top of the mountain. <OALD2>

Die Entwicklung der englischen Lernerwörterbücher macht sehr deutlich, dass die Korpusbezogenheit eines Wörterbuchs auch für die Gestaltung der Beispiele einen großen Vorteil darstellt. Die prinzipielle Entscheidung, ob authentischen oder konstruierten Beispielen der Vorzug zu geben ist, bleibt davon jedoch unberührt.

### *3.3.4 Inhaltliche Aspekte*

#### 3.3.4.1 Diskriminierung und Sexismus

Es wurde bereits angedeutet, dass sowohl bei der Auswahl von Korpusbeispielen als auch bei der Gestaltung von erfundenen Beispielen auch auf inhaltliche Kriterien zu achten ist, die unabhängig von den zu illustrierenden sprachlichen Phänomenen und der generellen Anforderung von Natürlichkeit und Plausibilität sind. In diesem Zusammenhang spielen vor allem Fragen der Diskriminierung bestimmter gesellschaftlicher oder religiöser Gruppen eine Rolle, wobei es vor allem um die Vermeidung pejorativer und klischeehafter Inhalte geht. Dies betrifft unter anderem auch das Problem sexistischen Sprachgebrauchs und der Darstellung der gesellschaftlichen Rollen von Frauen und Männern in Wörterbuchbeispielen sowie, in geringerem Umfang, von Definitionen und Illustrationen.

Dabei sind sowohl quantitative als auch qualitative Aspekte von Interesse. So stellte zum Beispiel Pusch (1984: 136) in einer Untersuchung des Buchstabens A des *Duden Band 10* (1970) fest, dass in den Beispielsätzen das Pronomen *er* oder männliche Vornamen fünfmal so häufig verwendet werden wie das Singularpronomen *sie* oder weiblichen Vornamen. Pusch (1984) polemisiert zudem gegen die Kontexte, in denen in den Beispielsätzen von Frauen die Rede ist, wo es häufig um Kindererziehung, Hausarbeit, das Äußere (*Sie ist immer* adrett *gekleidet*), Kulturelles (*Sie geht viel ins Konzert. Warum* auch *nicht?*) usw. geht.[36]

[36] Vgl. in diesem Zusammenhang auch Whitcut (1984).

In neueren Wörterbüchern ist das Bemühen um die Vermeidung solcher Klischees allerdings durchaus erkennbar, wie Cowie (1995) an Hand verschiedener Auflagen des OALD nachweist. In ähnlicher Weise zeigt eine Stichprobe, dass etwa in den Lernerwörterbüchern LDOCE3, OALD5 und CIDE ein ausgeglichenes Verhältnis zwischen den Pronomina *he* und *she* herrscht. Kurioserweise enthält COBUILD2 doppelt so viele Beispiele mit *he* als mit *she*[37], was aber, wie in 3.3.3 angedeutet, genau der Verteilung dieser Pronomina im zugrundegelegten Korpus entspricht.[38]

#### 3.3.4.2 Sprachebene

Ein grundlegendes Problem, das sich bei der Zusammenstellung eines Korpus oder der Auswahl von Zitatbeispielen in sehr ähnlicher Weise stellt, betrifft die Frage, welche Ebenen der Sprache hinsichtlich der zeitlichen, regionalen und stilistischen Dimension berücksichtigt werden sollen. So gibt zum Beispiel der *Nouveau Petit Robert* (1993) für die angeführten Zitate vor allem literarische Quellen an, die ein auch zeitlich sehr weites Spektrum – Corneille, Descartes, Racine, Flaubert, Sartre, Foucault – umfassen.

> **CONSULTATION** ... **1.** ... *Consultation de spécialistes. «Il était en consultation avec d'autres médecins»* (ROUSS.) <NPR 1993>
> **ACHETER** ... **1.** ... *Acheter une voiture, une maison, une robe, le journal, le pain. «Le plaisir d'acheter des curiosités»* (Balz.) <NPR 1993>

Die Ausrichtung auf literarische und andere formale Texte in Zitaten wirft natürlich die Frage nach der Funktion der Beispiele in dem jeweiligen Wörterbuch auf, nämlich dahingehend, ob das Zitat eine für die Gegenwartssprache typische Verwendung oder eben eher als Beleg für literarische oder historische Sprache dienen soll. Ebenso ist sie nicht zu trennen vom Selbstverständnis des Wörterbuchs hinsichtlich einer eher normativen oder eher deskriptiven Grundhaltung.

## 3.4 Etymologie

Etymologische Informationen bilden einen wesentlichen Bestandteil vieler Wörterbucheinträge. Dabei können – soweit es sich um im Einzelfall relevante Kategorien handelt – folgende Angaben auftreten:

---

[37] In diesem Zusammenhang ist zu erwähnen, dass die COBUILD-Wörterbücher in den Definitionen durch den Gebrauch von *they* als neutralem Singularpronomen bewusste Anstrengungen unternehmen, sexistischen Sprachgebrauch zu vermeiden.

[38] Vgl. Herbst (1996b). Ausführliche Erörterungen dieser Problematik finden sich u.a. bei Cowie (1995) und Barnickel (1999).

I. die (Grund)-Form des Wortes in früheren Sprechstufen derselben Sprache
II. gegebenenfalls rekonstruierte Formen des Indogermanischen
III. gegebenenfalls (heutige oder ältere) Formen anderer Sprachen
IV. Querverweise zu etymologisch verwandten Wörtern
V. Formen der Quellsprachen, aus denen ein Wort übernommen oder nach deren Vorbild es gebildet wurde
VI. Hinweise zur Bedeutung der angeführten Formen
VII. Erläuterungen enzyklopädischer Art
VIII. Angaben zum Zeitpunkt des ersten Auftretens eines Wortes oder der Verwendung in einer bestimmten Bedeutung.

**silly** … [later form of ME *sely* (dial. *seely*) happy, repr. OE *sǣlig* (recorded in *unsǣlig* unhappy) f. Gmc] <COD8>

**selig** ... < mhd. *sælec* < ahd. *salig*, mnddt., mndrl., *salich* „selig“; zu ahd. **sali* „glücklich, gut“, got. *sels* „gütig“, zu idg. **sel-* „günstig, guter Stimmung“ <WDW7>

**Zaun** ... < mhd., ahd. *zun* „Umzäunung, Hecke, Gehege“, engl. *town* „Stadt“ < aengl. *tun* „Zaun, Garten, Hof, Dorf“ <WDW7>

**Ebbe** ... aus dem Niederd. < mniederd. ebbe, eigtl. = das Wegfluten, zu ↑ ab <DUW5> (Unterstreichung = blau)

**Baguette** ... frz. baguette, eigtl. = Stab, (Zier)leiste < ital. bacchetta, Vkl. von bacchio < lat. baculum = Stab <DUW5> (Unterstreichung = blau)

**Cidre** ... frz. cidre < afrz. sidre < kirchenlat. sicera = ein berauschendes Getränk < griech. síkera < hebr. šekar = betrunken <DUW5> (Unterstreichung = blau)

**CIDRE** ... sidre XIII$^{e}$; lat. ecclés. *sicera* «boisson enivrante»; hébr. *chekar*, par le gr. <NPR 1993>

**Davysche Lampe** ... nach dem engl. Chemiker Sir Humphrey *Davy*, 1778-1829 <WDW7>

**Backbord** ... < engl. *backboard*; zu engl. *back* „Rücken“ (in alter Zeit war das Steuer auf der rechten Seite des Schiffes, so dass die linke dem Steuermann im Rücken lag) + *board* „Brett, Schiffsbord <WDW7>

**Backbord** ... aus dem Niederd. < mniederd. ba(c)kbort, aus: bak = Rücken (verw. mit ↑$^{2}$Backe) u. ↑$^{2}$Bord; nach dem früheren Standort des Steuermanns auf der rechten hinteren Schiffsseite, wobei ihm die linke Schiffsseite im Rücken lag <DUW5> (Unterstreichung = blau)

**BÂBORD** ... 1484; néerl. *bakboord* «côté du dos», parce que le pilote manœuvrait en tournant le dos au côté gauche. <NPR 1993>

**BABY-BOOM** ... 1958; *baby boom* 1954 mot angl., de *baby* «bébé» et *boom* «hausse» <NPR 1993>

**PHARE** ... 1546; lat. *pharus*, gr. *Pharos*, île voisine d'Alexandrie, où fut édifié, au III$^{e}$ s. av., J.-C., un *phare* classé parmi les sept merveilles du monde <NPR 1993>

Derartige Angaben zur Etymologie finden sich in der Regel in allgemeinen einsprachigen Wörterbüchern für Muttersprachler. Lernerwörterbücher sehen meist von etymologischen Informationen ganz ab, obwohl sich in der elektronischen Fassung des *Longman Dictionary of Contemporary English* (LDOCE4-CD) eine entsprechende Abrufmöglichkeit findet. Explizitere Angaben zur Etymologie finden sich in Spezialwörterbüchern, etwa im *Le Robert Dictionnaire historique de la langue française* (1998), dem *Etymologischen Wörterbuch der deutschen Sprache* von Kluge ($^{23}$1995) oder großen historischen Wörterbüchern wie dem *Oxford English Dictionary* (> 6.2.2).

## 3.5 Orthografie

Wenn man von den Nachschlagebedürfnissen muttersprachlicher Benutzer ausgeht, zählen Angaben zur Orthografie zu den wichtigsten überhaupt. Lexikografisch sind sie dennoch äußerst unproblematisch, weil mit der Aufführung des Lemmas bereits die Information über die richtige Schreibung gegeben wird.

Darüber hinausgehende Angaben erscheinen lediglich in zwei Fällen erforderlich:

I. in Bezug auf die Silbentrennung, soweit diese nicht durch allgemeine Regeln in einer Sprache erfassbar sind,
II. bei mehreren möglichen Schreibweisen für dasselbe Wort – ein Aspekt, der durch die Rechtschreibreform in Deutschland sehr aktuell geworden ist und sich entsprechend auf den Wörterbuchmarkt ausgewirkt hat.

Silbentrennung kann in den meisten Fällen durch diakritische Zeichen in der Angabe des Lemmas erfolgen:

> **Ne·bel·horn** <LGDaF 2003> (Unterstreichung = blau)
> **meer | um | schlun | gen** <DUW3>
> **Mee | ting** <DUW5> (Unterstreichung = blau)
> **Me | ga | byte** <DUW5> (Unterstreichung = blau)

Lediglich in Fällen, in denen in der alten Orthografie die getrennte Form eine andere Buchstabenfolge aufweist als die zusammengeschriebene, waren weitergehende Spezifizierungen nötig:

> **Dop · pel · decker** *(k-k)* <LGDaF 1993>

Verschiedene Schreibungen ein und desselben Wortes können auftreten als:

I. Parallelschreibweisen innerhalb derselben Varietät einer Sprache:
**Foto** (auch:) Photo <DUW3>

**Telephon, telephonieren** ... usw. ↑ ***Telefon, telefonieren*** *usw.* <LGDaF 2003> (Unterstreichung = blau)
**glamour** *or* **glamor** <COLLEGIATE10>

II. Schreibweisen unterschiedlicher Varietäten (> 3.11.3.2), was entsprechend zu markieren ist:
**glamor** ... → See **glamour**. <COBUILD3>
**glamour** ... ✔ in AM, also use **glamor** <COBUILD3>
**glamour** ... (*BrE*)(*AmE* **glamor**) <OALD6> (Unterstreichung = blau)
**glamorise** ... *Brit var of* GLAMORIZE <COLLEGIATE10>

III. Schreibweisen, die – zum Beispiel durch Änderung der Regeln einer normierten Orthografie – zeitlich markiert sind, was ebenfalls aus einem Wörterbucheintrag ersichtlich sein sollte:
**Telephon** <... veraltende Schreibung für> *Telefon* <WDW7>
**Schifffahrts·li·nie** ... <künftig für> *Schiffahrtslinie* <WDW7> (Unterstreichung = rot)
**Schiffahrts·li·nie** <-ff·f- ...künftig nur> *Schifffahrtslinie* <WDW7> (Unterstreichung = rot)
**Ka·kao·boh·ne** ... <auch> Ka-ka-o-boh-ne <WDW7> (Unterstreichung = rot)
**Orthografie** ... oV *Orthographie* <WDW7> (Unterstreichung = rot; oV: orthographische Variante)

In diesem Zusammenhang ist zu bemerken, dass die deutsche Rechtschreibreform von 1998 einige Bewegung in den deutschen Wörterbuchmarkt gebracht hat. Zum einen endete mit dieser Reform das Privileg der Duden-Redaktion, die sogenannte „amtliche deutsche Rechtschreibung" festzulegen, was die Konkurrenz auf dem Markt erheblich erhöht haben dürfte. Zum anderen wurden durch die Reform eine ganze Reihe inhaltlicher Veränderungen notwendig: So mussten die neuen Schreibweisen und Trennungsmöglichkeiten in die Wörterbücher aufgenommen werden. Ersteres hatte erhebliche Auswirkungen auf die den Wörterbüchern zugrunde gelegte Lemmatisierungspraxis, wie ein Vergleich des *Deutschen Universalwörterbuchs* in den entsprechenden Auflagen zeigt. Während in der zweiten Auflage von 1989 (DUW2) *auseinanderbekommen, auseinanderbiegen, auseinanderbrechen, auseinanderbreiten* oder *auseinanderbringen* usw. als eigene (Unter-)Einträge im Artikel *auseinander* mit Definitionen aufgeführt sind, wird in der dritten Auflage von 1996 (DUW3) im Eintrag von *auseinander* zwar auf *„auseinander bekommen, auseinander biegen* usw." verwiesen, die entsprechenden Beispiele finden sich aber im Eintrag von *auseinander*. Unabhängig von der Plausibilität der linguistischen Argumente, die für die eine oder andere Schreibung sprechen, legt Getrenntschreibung eine andere lexikografische Behandlung nahe als Zusammenschreibung.[39]

[39] Zu Problemen der Rechtschreibreform und ihrer Umsetzung in deutschen Wörterbüchern s. Ickler (2001). Haß-Zumkehr (2001: 246-247) verteidigt die Praxis des zehn-bändigen *Duden. Das große Wör-*

Darüber hinaus hatte die Rechtschreibreform aber auch eine Reihe innovativer Elemente in Wörterbüchern zur Folge, vor allem Farbdruck, weil alte und neue Formen auf diese Weise auffällig voneinander abgesetzt wurden. *Wahrig 1 Die neue Rechtschreibung* macht außerdem noch von blau unterlegten *usage notes* (> 5.2.2.4) Gebrauch, in denen bei relevanten Stichwörtern Aspekte der Orthografie besonders erläutert werden:

**schnell laufen, der schnelle Brüter, auf die Schnelle:** Fügungen aus Adjektiv und Verb schreibt man getrennt, wenn das Adjektiv steigerbar oder erweiterbar ist: *Sie sind (sehr) schnell/schneller gelaufen.* Aber: *der Schnellläufer* auch: *der Schnell-Läufer* §34 E3(3), §45 (4)
In substantivischen Wortgruppen, die zu festen Fügungen geworden, aber keine Eigennamen sind, schreibt man Adjektive klein: *der schnelle Brüter.* §63
Substantivische Bestandteile fester Gefüge schreibt man groß: *Er macht das ganz auf die Schnelle.* § 55 (4)

<*Wahrig 1 Die deutsche Rechtschreibung* 2002> (Unterstreichung = blau)

In anderer Weise wird Schwierigkeiten, die fremdsprachliche Benutzer mit der englischen Orthografie haben könnten, im *Longman Active Study Dictionary* begegnet, indem zum Beispiel auf jeder Doppelseite des Wörterbuchteils C unten links folgender Hinweis steht:

**SPELLING NOTE**
Words with the sound /k/, like **cut**, may be spelt **k-**, like **key**, or **qu-**, like **queen**.
Words with the sound /s/, like **city**, may be spelt **s**, like **soon**, or **ps**, like **psychology**. <*Longman Active Study Dictionary* 1983>

## 3.6 Ausspracheangaben

### *3.6.1 Notwendigkeit von Ausspracheangaben*

Wenn man davon ausgeht, dass Wörterbücher alle einzelwortspezifischen Phänomene zu verzeichnen haben, so ist festzustellen, dass sich für die lexikografische Behandlung der Aussprache – ähnlich wie für einige wenige morphologische Kategorien – so gut wie keine allgemeinen, sprachenunabhängigen Grundsätze aufstel-

*terbuch der deutschen Sprache*, Belegmaterial aus dem 20. Jahrhundert „der Neuregelung anzupassen und entsprechend zu verändern" und verweist auf eine entsprechende Praxis des Grimmschen Wörterbuchs.

len lassen. Die Notwendigkeit von Ausspracheangaben hängt nämlich in ganz entscheidender Weise davon ab, inwieweit die Aussprache von Wörtern aus dem Schriftbild vorherseh- bzw. -sagbar ist. So sind im Falle der vermeintlich so leichten Sprache Englisch wegen der äußerst geringen Korrespondenz zwischen Schreibung und Lautung Ausspracheangaben für jedes Wort unabdingbar, was für Sprachen wie Deutsch oder Französisch nicht gilt. Für das Deutsche reicht es häufig aus, den Wortakzent anzugeben.

> **übersetzen** ... **1. a)** *von einem Ufer ans andere befördern ...* <DUW5>
> **übersẹtzen** ... **1.** *(schriftlich oder mündlich) in einer anderen Sprache [wortgetreu] wiedergeben* <DUW5> (Unterstreichung = blau)
> **übersiedeln** [auch: --ʻ--] <DUW3>

Weitergehende systematische Ausspracheangaben finden sich nur, wenn ein Graphem mehrere Realisierungsmöglichkeiten zulässt, wie bei <ch>, wobei in diesem speziellen Fall auch die Varietätenproblematik in drastischer Weise deutlich wird.

> **Chauffeur** ... [ʃoˈføːr] <WDW7>
> **Chemiker** ... [ˈçeː-], süddt., österr,: [ˈke-] <WDW7>
> **Chemikerin** ... [ˈçeː-] <WDW7>

Ähnliches gilt für <v>, wo WDW7 die Fälle anzeigt, in denen <v> nicht als /f/, sondern als /v/ realisiert wird:

> **Väschen** ... [ˈvɛːs]

Fremdwörter werden allerdings prinzipiell mit phonetischer Transkription versehen, wenn ihre Aussprache nicht ohne weiteres aus dem Schriftbild ableitbar ist:

> **Baby** [ˈbeːbi, engl. beɪbɪ] <DUW4> (Unterstreichung = blau)
> **BABY-SITTER** [babisitœr] ou [bebi] <PL 1999>
> **Bagage** [baˈgaːʒə] <DUW5> (Unterstreichung = blau)
> **Malaise** [maˈlɛːzə] <DUW5> (Unterstreichung = blau)

Insgesamt ist natürlich zu berücksichtigen, dass die Entscheidung darüber, ob in Wörterbüchern von Sprachen wie dem Deutschen oder Französischen phonetische Transkriptionen bei bestimmten Wörtern angebracht sind, nicht allein aufgrund linguistischer Kriterien zu treffen ist. Lexikografisch ist nicht nur die Ableitbarkeit der Aussprache aus der Orthografie an sich entscheidend, sondern die Einschätzung der Kompetenz der Benutzer hinsichtlich dieser Ableitbarkeit. Aus diesem Grund macht der *Petit Larousse 2000* (1999) bei manchen Wörtern Ausspracheangaben und bei anderen nicht.

> **CURIUM** [kyrjɔm] <PL 1999>
> **CURIA REGIS** <PL 1999>

Dabei sind die Kriterien – ähnlich wie auch im *Duden Universalwörterbuch* (DUW3), wo

**Concertino** [kɔntʃɛrˈtiːno] <DUW3>

mit einer Umschrift versehen ist, *Concerto grosso* oder *con fuoco* hingegen nicht, - nicht immer nachvollziehbar. Solche Inkonsistenzen lassen sich natürlich vermeiden, wenn man auch in Sprachen wie dem Deutschen oder dem Französischen prinzipiell für jedes Lemma die Aussprache angibt, wie dies etwa der *Petit Robert* tut.[40]

## *3.6.2 Transkription*

### 3.6.2.1 Transkriptionssysteme

Neben der Frage, welche Wörter in einem Wörterbuch mit Ausspracheangaben versehen werden, spielt natürlich eine große Rolle, in welcher Form diese Angaben gemacht werden. Dabei werden zum Teil Systeme verwendet, die vom Schriftbild ausgehen, indem sie die in einer Sprachgemeinschaft typischerweise mit einem bestimmten Laut assoziierten Grapheme oder Graphemfolgen einsetzen, um diesen Lautwert zu repräsentieren. Ein Beispiel hierfür ist das phonetische Transkriptionssystem, das in der ersten Auflage des *Oxford English Dictionary* (OED1) und vielen seiner Ablegerwörterbücher Verwendung fand:

**Moorland** ... (mūᵊ·ɹ ǽnd, mmōᵊ·ɹ-) <SOED3>
**Seduce** ... (sĭdi*ū*·s) <SOED3>

Ähnliches gilt für *Webster's Third New International Dictionary* oder das *Merriam-Webster's Collegiate Dictionary*:

**monument** \ mänyəmənt\ <W3>
**chimney** ... \'chim-nē\ <COLLEGIATE10>

Das \ē\ steht dabei „in unstressed syllables, as in eas**y**, meal**y** (IPA [i, ɪ, ɨ]" und wird abgegrenzt von den Symbolen \e\ wie in *bet* und \•ē, ▪ē\ wie in *beat* oder *easy*.[41] Auch das *Chambers English Dictionary* (1988) verwendet nicht IPA-Lautschrift, sondern eine Methode, die als „respelling" bezeichnet wird:[42]

**bassoon** *bə-so͞on´, -zo͞on´*... <*Chambers English Dictionary* 1988>
**bat** *bat* ... <*Chambers English Dictionary* 1988>

---

[40] Zu Ausspracheangaben in Wörterbüchern s. Svensén (1993: 64-73).

[41] Vgl. *Collegiate10* (1993/2002: 31a-38a).

[42] „Respelling is a rough method of showing pronunciation compared with the use of phonetic symbols, but it has two merits – it is intelligible to a lage number of people who do not know phonetic symbols, and it allows for more than one interpretation so that each user of the dictionary may choose a pronunciation in keeping with his speech." (*Chambers English Dictionary*, 1988: X).

**envisage** *in-viz´ij* <*Chambers English Dictionary* 1988>

Allerdings ist festzustellen, dass, zumindest in Europa, solche individuellen Umschriftsysteme zunehmend durch Transkriptionen ersetzt werden, die sich eng an den 1888 von der International Phonetic Association aufgestellten Prinzipien[43] orientieren. So ging auch das *Oxford English Dictionary* mit der zweiten Auflage (1989) zur IPA-Lautschrift über, die sich bis dahin in zahlreichen Wörterbüchern des Englischen, Deutschen, Französischen und vielen anderen Sprachen als gängiger Standard fest etabliert hatte.[44]

Die internationale Verwendbarkeit des IPA-Systems lässt sich dadurch erklären, dass es

- sich eng am lateinischen Alphabet orientiert, also mit einer geringen Zahl an speziellen Symbolen auskommt,
- primär dem Prinzip einer phonologischen Beschreibung Rechnung trägt.

Dennoch darf natürlich der technische Charakter, den die IPA oder auch andere Lautschriftsysteme für viele Benutzer haben, nicht unterschätzt werden. Aus diesem Grund werden die Symbole in den Wörterbüchern auch erklärt und gelegentlich – wie etwa im *Oxford Advanced Learner's Dictionary* (OALD6) oder in *Merriam-Webster's Collegiate Dictionary* (*Collegiate10*) – auf jeder Doppelseite des Wörterbuchs noch einmal dargestellt.

#### 3.6.2.2 Phonologische und phonetische Darstellung

Im Einklang mit den Grundsätzen der IPA folgen die meisten Wörterbücher in ihren Ausspracheangaben dem phonologischen Prinzip, d.h. sie geben die für eine Sprache postulierten bedeutungsunterscheidenden Elemente, also die Phoneme, an. Dafür spricht die Tatsache, dass eine explizite Verdeutlichung weitergehender Unterschiede das Transkriptionssystem komplizieren würde. Auf der anderen Seite beschreibt eine phonologische Umschrift eben im Gegensatz zu einer phonetischen abstrakte Einheiten der linguistischen Analyse, aber nicht konkrete Sprachlaute. Für lexikografische Zwecke ist dies unter Umständen ein Nachteil, und zwar insbesondere deshalb, weil sich die meisten Benutzer dieses Umstands nicht bewusst sein dürften und phonologische Angaben entsprechend als phonetische lesen. Nun kann man durchaus der Auffassung sein, dass es nicht zu den Aufgaben eines Wörterbuchs gehört, deutlich zu machen, dass das phonologische Symbol /æ/ in einem Wort

[43] Siehe *The Principles of the International Phonetic Association* (1949) (University College, London).

[44] Zur Einführung der IPA in verschiedenen Wörterbüchern s. Ilson (1986: 54-56). Interessanterweise scheiterte der Versuch, im OALD3 ein von Windsor Lewis entwickeltes und von den gängigen IPA-Versionen für das Englische abweichendes Umschriftsystem einzuführen, in dem vor allem auf die Markierung der Redundanz von Vokalquantität und –qualität und entsprechend auf Längenmarkierungen verzichtet wurde. Vgl. das Vorwort von A.C. Gimson im (OALD3/12).

wie *bat* für einen phonetisch sehr kurzen Vokal steht, und in einem Wort wie *bad* für einen phonetisch sehr langen; phonetisch also Transkriptionen wie [bæt] und [bæːd] angebracht wären. Problematischer erscheint das phonologische Prinzip allerdings dann, wenn Varietäten beschrieben werden, in denen Einheiten, die als dasselbe Phonem analysiert werden können, deutlich unterschiedliche Lautwerte aufweisen. So bedarf es erheblicher Kompetenz in den verschiedenen Dialekten der englischen Sprache, um das Symbol /æ/ in den folgenden Einträgen phonetisch richtig zu interpretieren:

**castle** ... /ˈkɑːsəl $ kæ-/ <LDOCE4>
**castl̩e** ... /ˈkɑːsl̩ (US) kæsl̩ <EPD15>

Dass der Lautwert von /æ/ im Nordenglischen in Wörtern wie *castle* phonetisch als [a] und im amerikanischen Englisch als [ɛ] darzustellen ist, ist aus der Umschrift nicht ersichtlich, die vielmehr eine Gleichheit der Aussprache signalisiert, die im Falle des Phonems /æ/ auch zwischen Received Pronunciation und amerikanischem Englisch nicht gegeben ist.[45]

### *3.6.3 Varietätenproblematik*

In puncto Aussprache kommt der Frage der zugrunde gelegten Varietät deutlich größere Bedeutung zu als in anderen Bereichen. Selbst wenn man berücksichtigt, dass das, was man in einer Sprachgemeinschaft als Standardsprache bezeichnet, bis zu einem gewissen Grad immer eine Abstraktion sein mag, trifft dies auf die Postulierung einer Standardaussprache in besonderer Weise zu, und zwar deshalb, weil es in vielen, wenn nicht allen, Sprachgemeinschaften durchaus möglich ist, einen regionalen Akzent mit dem Gebrauch der Standardsprache in Bezug auf Grammatik und Lexik zu verbinden.

Die Bestimmung einer Standardvarietät der Aussprache ist in verschiedenen Sprachgemeinschaften mit unterschiedlichen Problemen behaftet. Für das britische Englisch – beziehungsweise genauer: das Englisch von England und Wales – existiert mit der *Received Pronunciation* (RP) eine Aussprachevarietät, die – abgesehen davon, dass es eben ein Akzent von England und Wales ist – keinerlei regionale Kennzeichen aufweist und hohes Sozialprestige besitzt. Zwar wird diese Form der RP nur von relativ wenigen Menschen verwendet, sie kann aber insofern als natürlicher Ausprachestandard gesehen werden, als ihr Gebrauch nicht an bestimmte Gesprächssituationen gebunden ist.[46]

In Deutschland ist die Situation anders, weil man durchaus bestreiten kann, dass es sich bei Hochdeutsch um einen vergleichbar natürlichen Standard handelt, was

---

45 S. dazu Herbst (1991a).
46 Zum Problem der RP vgl. Cruttenden (1994), Wells (1982) oder EPD15.

sich niederschlägt in Pilchs (1966: 248) pointierter Formulierung „Deutsche Bühnenaussprache ist eine Spielart des Deutschen, von der eines sicher ist: Kein Deutscher spricht sie." Auch wenn der Status des Hochdeutschen kontrovers beurteilt werden mag, lässt sich nicht bestreiten, dass es sich dabei um eine stark stil- und situationsgebundene Varietät handelt, die vor allem in formalen, vorbereiteten Sprechsituationen wie Nachrichtensendungen im Fernsehen, Vorträgen oder im Theater zum Einsatz kommt, was durch den Ausdruck Bühnensprache unterstrichen wird. Ähnlich liegen die Verhältnisse in den USA, wo durch den Terminus Network English ebenfalls die Rolle der Medien hervorgehoben wird.

Insofern ist die Auswahl einer Varietät, die die Grundlage für Angaben in einem Wörterbuch bilden kann, keineswegs unproblematisch. Dies schon deshalb nicht, weil zu vermuten ist, dass, rein quantitativ betrachtet, der überwiegende Teil der schriftlichen Kommunikation, die unser Verständnis von Standardsprache im Hinblick auf Lexik und Grammatik prägt, tatsächlich in der Standardsprache erfolgt, während der überwiegende Teil der mündlichen Kommunikation eben nicht in der Standardsprache stattfindet. Entsprechend geringer dürfte der Konsens darüber, welche Formen standardsprachlich sind und welche nicht, in Bezug auf die Aussprache sein.

## 3.7 Relationen zu anderen Wörtern

### *3.7.1 Typen von Relationen*

Im Hinblick auf bestimmte Nachschlagebedürfnisse ist es erforderlich, dass ein Wörterbucheintrag die Beziehungen verdeutlicht, die zwischen dem Lemma und anderen Wörtern bestehen. Dabei handelt es sich vor allem um Relationen der strukturellen Semantik sowie um durch Sachzusammenhänge bedingte außersprachliche Beziehungen. Im Einzelnen zählen dazu:

- Synonymie
- Antonymie
- Hyperonymie
- Meronymie
- Zugehörigkeit zu Wortfamilien

Auf der syntagmatischen Ebene wären hier auch noch Kollokationen (im engeren und im weiteren Sinne) (> 3.9) sowie Kollokations- beziehungsweise Selektionsrestriktionen zu nennen.

### *3.7.2 Synonymie und Antonymie*

Dass das Konzept der Synonymie in dem Sinn äußerst problematisch ist, dass zwei lexikalische Einheiten nur in den seltensten Fällen in allen denotativen und konnotativen Bedeutungselementen und insbesondere den stilistischen und registerbezogenen Merkmalen vollkommen übereinstimmen, ist offensichtlich. Dementsprechend werden in den Wörterbüchern häufig auch Wortpaare, von denen ein Element einer Fachsprache oder einer gehobeneren Stilebene und das andere der Allgemeinsprache zuzurechnen ist, als Synonyme betrachtet, wobei zusätzliche Markierungen natürlich von Nutzen sind.

> **Onomatopöie** ... = *Lautmalerei* <WDW7>
> **Blinddarm** ... Sy *Typhlon* <WDW7>
> **Appendix** ... **1** *geschr ~ Anhang (2)*
> **2** *Med ~ Blinddarm* <LGDaF 2003> (Unterstreichung = blau)

In Wörterbüchern, die mehrere regionale oder nationale Varietäten abdecken, sind entsprechende Hinweise auf gleichbedeutende Wörter angebracht:

> **Paradeiser** ... Ⓐ ≈ *Tomate* <LGDaF 2003> (Unterstreichung = blau)
> **truck** ... **1** ... a large road vehicle used to carry goods = **lorry** *BrE* <LDOCE3>

Ebenso wie die Synonymie wird Antonymie in Wörterbüchern häufig durch Symbole oder Abkürzungen verdeutlicht.

> **alt** ... **1** ... ↔ jung
> ... **5** ... ↔ neu
> ... **6** ... ↔ frisch
> . ..**9** ... ≈ langjährig ↔ neu <LGDaF 2003> (Unterstreichung = blau)

> **Onomasiologie** ... Sy *Bezeichnungslehre*; Ggs *Semasiologie* <WDW7>
> **On-Sprecher** ... Ggs *Off-Stimme* <WDW7>
> **ACHETER** ... ◇CONTR. Vendre. <NPR 1993>
> **ACHÈVEMENT** ... ◇CONTR. Commencement. Ébauche. <NPR 1993>
> **DROITE** ... ◇(Courbe. Gauche, revers, sénestre, bâbord. <NPR 1993>
> **cloudy**... **1**... B cloudless
> **2** ...= indistinct <COBUILD2>

### *3.7.3 Hyperonymie und Meronymie*

Hyperonymie- und Meronymiebeziehungen werden häufig, allerdings nicht unbedingt systematisch, in Wörterbuchdefinitionen deutlich, und zwar dann, wenn Oberbegriffe oder Teil-Ganzes-Relationen zur Erklärung eines Lemmas herangezogen werden:

**Dromedar** ... *einhöckeriges Kamel.* <DUW5> (Unterstreichung = blau)
**Bug** ... der vordere (spitz zulaufende) Teil e-s Schiffes od. Flugzeuges <LGDaF 2003> (Unterstreichung = blau)
**Fahrzeug** ... e-e technische Konstruktion, *z.B.* ein Auto, Fahrrad, Zug, Boot od. Schlitten, mit der man sich schnell u. bequem fortbewegt bzw. Lasten transportiert <LGDaF 2003> (Unterstreichung = blau)

Meronymie lässt sich auf Grund ihres außersprachlichen Charakters in einem Wörterbuch ohnehin nicht systematisch erfassen, allerdings sind auch die aus Definitionen ableitbaren Hyperonymierelationen nicht in der Weise linguistisch stringent, als dass sie die Stufung der Hierarchie des Wortfeldes ausreichend verdeutlichten. Systematische Angaben zu Hyperonymen beziehungsweise Hyponymen sind relativ selten:

**VÉHICULE** ... **3** ... (ex. autobus, autocar, autochenille, automobile, automotrice, autoneige, autorail, avion, bateau, bicyclette, brouette, bulldozer, camion, caravane, char, chariot, charrette, deux-roues, diable, draisine, hélicoptère, hydravion, jeep, locomotive, locomotrice, locotracteur, moto, motocycle, motoneige, planeur, remorque, remorqueur, scooter, semi-remorque, side-car, tank, tender, tracteur, train, tramway, voiture, wagon) <NPR 1993>
**SALADE** ... **1** ... = > **batavia, chicorée, cresson, endive, frisée, laitue, mâche, pissenlit,** 1. **romaine,** 1. **roquette, scarole, trévise.** <NPR 1993>

In begrenztem Ausmaß lassen sich Hyponyme eines Lemmas auch durch Beispiele belegen:

**Jahreszeit** ... *Die vier Jahreszeiten heißen Frühling, Sommer, Herbst u. Winter* <LGDaF 2003> (Unterstreichung = blau)

### *3.7.4 Wortfeldbeziehungen*

Im Hinblick auf bestimmte Nachschlagebedürfnisse ist es hilfreich, wenn ein Wörterbucheintrag auf andere bedeutungsähnliche, aber nicht synonyme Mitglieder des Wortfeldes hinweist, dem das Lemma angehört.

**ACCUSER** ... **1** ... ⇒ **attaquer*, charger, dénoncer, diffamer, incriminer.** <NPR 1993>

Querverweise stellen in diesem Zusammenhang allerdings nur eine relativ dezente und vor allem wenig explizite Durchbrechung der alphabetischen Makrostruktur des Wörterbuchs dar. Eine deutlichere Kontrastierung solcher Wörter ist in Wörterbüchern mit nicht-alphabetischer Struktur wie zum Beispiel einem Thesaurus (> 6.11) möglich. Ansatzweise wurde dieses Prinzip in die einsprachigen englischen Lernerwörterbücher integriert, wo sogenannte *Usage Notes* (> 5.2.2.4) die alphabetische Ordnung durch einen punktuellen Vergleich von ähnlichen und leicht zu verwechselnden Wörtern ergänzen.

## 3.8 Grammatik

### *3.8.1 Einzelwortspezifische grammatische Eigenschaften*

Im Falle grammatischer Phänomene ist die Grenze zwischen den Bereichen, die generalisierbar und deshalb in Grammatiken darstellbar sind und einzelwortspezifischen Eigenschaften, die im Wörterbuch erfasst werden müssen, nicht immer eindeutig zu ziehen. Der Übergangscharakter von Grammatik (im Sinne von Morphologie und Syntax) einerseits und Lexik andererseits zeigt sich auch darin, dass viele Grammatiken Kapitel enthalten, in denen vollständige oder exemplarische Listen von Wörtern gegeben werden, auf die eine dargestellte Regel zutrifft, und sich andererseits in manchen Wörterbüchern Kurzabrisse bestimmter grammatischer Phänomene finden.

Für eine lexikografische Behandlung erscheinen – wiederum in Abhängigkeit vom Zweck des jeweiligen Wörterbuchs – folgende Bereiche relevant:[47]

I. Wortklasse (Substantiv, Adjektiv, etc.)
II. Flexionsformen beziehungsweise formale Realisierungen in bestimmten grammatischen Kategorien (*brachte, brought, besser*)
III. Restriktionen bezüglich des Vorkommens in bestimmten grammatischen Konstruktionen beziehungsweise Zugehörigkeit zu bestimmten Subklassen (*progressive form* bei *stative verbs*: **The wine is tasting nice*)
IV. Valenz.

### *3.8.2 Wortklasse*

Traditionell spielt die Einteilung der Wörter in Wortklassen in der Sprachwissenschaft und auch in der Lexikografie eine große Rolle. Insofern erscheint die Feststellung, dass ein Wörterbucheintrag für jedes Wort die Wortklasse spezifizieren muss, als geradezu banal. Dennoch handelt es sich hier um eine Frage von äußerster Komplexität, und zwar aus zwei Gründen:

Zum einen hat die Tatsache, dass die Wörter einer Sprache gemeinhin in Wortklassen eingeteilt werden, nicht nur die Folge einer entsprechenden Angabe – meist in der Form von Abkürzungen wie *n* oder *v* – im Wörterbuch. Vielmehr hat sie erhebliche Konsequenzen im Hinblick auf die Gesamtstruktur des Wörterbuchs, jedenfalls dann, wenn – wie es in sehr vielen Wörterbüchern der Fall ist – die Wortklassenzugehörigkeit ein Hauptkriterium im Hinblick auf die Praxis der Lemmatisierung darstellt (> 5.3.5).

Zum anderen ist die Identifizierung von Wortklassen keineswegs unproblematisch, und zwar nicht einmal so sehr, weil nicht eindeutig klassifizierbare Grenzfälle auf-

[47] Vgl. in diesem Zusammenhang Aarts (1999) und Cowie (1989b). S. auch Schierholz (1996).

treten. Vielmehr besteht das Hauptproblem in diesem Zusammenhang darin, dass jede Wortklasseneinteilung in hohem Maße theorieabhängig ist, was natürlich entsprechende Auswirkungen auf die lexikografische Umsetzung hat. Dies gilt weniger für die großen Wortklassen der Verben oder der Substantive, wohl aber etwa im Falle der Frage, ob der Gebrauch von Wörtern wie *this* in Sätzen wie

[17]$_{\text{LDOCE4}}$ We must make sure this doesn't happen again.
[18]$_{\text{LDOCE4}}$ This boyfriend of yours – how old is he?

wie im Modell von Aarts und Aarts (1982/1988) als unterschiedliche Verwendungen eines Personalpronomens *this* analysiert, oder wie in der *Comprehensive Grammar of the English Language* (1985) als Grund dafür angesehen werden, zwischen einem Determiner *this* und einem Personalpronomen *this* zu differenzieren.

**this**[1] ... *determiner, pron* ... **1** ... *We must make sure this doesn't happen again. ...This boyfriend of yours – how old is he?* <LDOCE4> (Doppeltunterstreichung = magenta)
**this**[2] ... *adv* <LDOCE4> (Unterstreichung = blau)
**each** ... *determiner, pron, adv* <LDOCE4> (Doppeltunterstreichung = magenta)
**all** ... *det., pron., adv.*
■ *det.* **1** ... *All my plants have died. ...*
■ *pron.* **1** ... *They've eaten all of it. ...*
■ *adv.* **1**... *She was dressed all in white. ...* <OALD6> (Unterstreichung = blau)

Unabhängig von der Stringenz der linguistischen Analyse stellt sich aus der lexikografischen Perspektive hier in besonderer Weise das Problem eines möglichen Konflikts zwischen deskriptiver Adäquatheit und der Interpretierbarkeit der gegebenen Information durch die Benutzer, wenn die gewählte Darstellungsform von traditionell verbreiteten Kategorien abweicht. Insofern ist die Zusammenfassung von kleineren Wortklassen, wie sie im *Longman Dictionary of Contemporary English* (LDOCE4) und dem *Oxford Advanced Learner's Dictionary* (OALD6), aber auch im *Concise Oxford Dictionary* (COD9) teilweise praktiziert wird, zumindest für Lernerwörterbücher ein durchaus sinnvolles Verfahren. Gerade in diesem Bereich bestehen erhebliche Unterschiede in der theoretischen Orientierung der Wörterbücher:

**this** ... *pron., det., & adv.* <COD9>
**all** <unbest. Pron> <WDW7>
**all** <Indefinitpron. u. unbest. Zahlw.> <DUW5>

### *3.8.3 Informationen zur Form*

Was die Bildung bestimmter morphologischer oder grammatischer Formen angeht, so erweisen sich hinsichtlich des Kriteriums der Einzelwortspezifik vor allem folgende Bereiche als lexikografisch relevant:

I. bei Substantiven:
  - Pluralbildung *(Hafen – Häfen, mouse – mice)*
  - Genus und Deklinationsklasse

II. bei Verben:
  - Morphologie der Präterital- und Partizip-Perfekt-Formen
  - Bildungsweise analytischer Formen (etwa im Deutschen Perfekt mit *haben* oder *sein*)
  - Formen der Konjugation (*be – am – are* etc.)
  - Trennbarkeit von Partikelverben

III. bei Adjektiven:
  - Komparativ- und Superlativformen
  - Adverbformen *(good – well)*

Inwieweit diese Aspekte erfasst werden müssen, hängt nicht nur vom Skopos des Wörterbuchs ab, sondern ist auch stark vom Charakter der beschriebenen Sprache bestimmt. Auf banale Weise einfach ist die lexikografische Entscheidung dann, wenn eine grammatische Kategorie in einer Sprache nicht vorkommt, wie etwa Genus im Englischen.[48] Weitaus problematischer sind Fälle, in denen abzuwägen ist, ob ein Sachverhalt nur durch verschiedene, mehr oder weniger gleichberechtigt konkurrierende Regeln adäquat zu beschreiben ist oder ob es auf Grund qualitativer Überlegungen möglich ist, von einer Regel und sogenannten Ausnahmen zu sprechen. In letzterem Fall müssten nur die Ausnahmen im Wörterbuch verzeichnet werden, in ersterem ist eine explizite Angabe wohl in jedem Fall notwendig. So erschiene es reichlich seltsam, alle Substantive, die im Englischen den Plural mit dem Morphem {S} bilden, im Wörterbuch entsprechend zu kennzeichnen. In diesem Fall ist es vollkommen ausreichend, wenn die abweichende Pluralbildung bei Wörtern wie *mouse, child, postman* aufgeführt wird. Anders ist dies im Deutschen bei der Pluralbildung von Substantiven, der Perfektbildung mit *sein* oder *haben* oder der Trennbarkeit von Partikelverben.

Lexikografisch ist also eine Entscheidung zu treffen, welche der genannten Kategorien in einem bestimmten Wörterbuch aus sprachimmanenten und skoposbezogenen Gründen erfasst werden sollen. Hinsichtlich der Darstellung sind verschiedene Formen denkbar (> 3.8.6). Was die Adäquatheit der Beschreibung angeht, so ist zu sagen, dass diese in den hier zur Diskussion stehenden Fällen nur gewährleistet ist, wenn jede lexikalische Einheit, für die die entsprechende formale Kategorie von Relevanz ist, entsprechend markiert ist beziehungsweise wenn aus dem Fehlen einer entsprechenden Spezifizierung auf Regelmäßigkeit in diesem Punkt geschlossen werden kann.

[48] Allerdings könnte man auch im Englischen eine Spezifizierung der Pronominalformen bei Wörtern wie *moon* und *sun*, Schiffs- oder Ländernamen für sinnvoll halten.

### *3.8.4 Subklassen und Restriktionen*

Für die Behandlung von grammatisch relevanten Subklassen und, damit zusammenhängend, von Restriktionen bezüglich des Vorkommens bestimmter grammatischer Formen gelten im Grunde genommen dieselben Prinzipien wie für die formalen Eigenschaften.

Wichtige Beispiele für diesen Typ von Information sind:

- Angaben zur Subklasse von Substantiven, wie „zählbar“ oder „nicht-zählbar“, „singular“ oder „plural“
- Spezifizierung von Verbbedeutungen im Englischen als *dynamic* oder *stative* beziehungsweise hinsichtlich Restriktionen im Gebrauch der *progressive form*
- Angaben zu Beschränkungen bezüglich Modifikationsmöglichkeiten und Komparation bei Adjektiven.

Für bestimmte Nachschlagebedürfnisse, vor allem im fremdsprachlichen Kontext, sind Informationen dieser Art von großer Wichtigkeit. Dies gilt primär, aber nicht ausschließlich, für den Aspekt der Sprachproduktion: So ermöglicht eine Markierung eines Substantivs als *count* oder *non-count* Rückschlüsse auf Möglichkeiten der Pluralbildung und der Determination (*Would you like some/*a wine*?). Ebenso wichtig sind Subklassenspezifizierungen, die die Numeruskongruenz betreffen (*The spaghetti is / *are nice. Die Spaghetti sind / *ist gut. Les spaghétti sont très bons / *est bon.*) Die Markierung englischer Verbbedeutungen als *stative* oder *dynamic* kann auch in rezeptiver Hinsicht für die Identifizierung einer Bedeutung von Nutzen sein. (*Lucy's lips tasted of brandy, their first kiss.*$_{\text{BNC}}$ /**were tasting – I've been tasting bits all day, so when it comes to serving dinner I can only sit and chat.*$_{\text{BNC}}$). Von daher kommt der Darstellung dieser Aspekte auch in Lernerwörterbüchern eine wichtige Rolle zu.

### *3.8.5 Valenz*

Eine der wichtigsten syntaktischen Angaben, die ein Wörterbuch, besonders eines, das auch Sprachproduktionszwecken dienen soll, machen kann, betrifft die Valenz. Als typische Normerscheinung im Sinne Coserius (1973) ist die Valenz geradezu ein Paradebeispiel für einzelwortspezifische grammatische Eigenschaften, die nicht aufgrund einer generellen grammatischen Regel beschreibbar sind. So ist kein ersichtlicher „Grund“ dafür erkennbar, dass im Englischen *manage* mit einem *to*-Infinitiv, *avoid* aber mit einer *-ing*-Form und *suceed* mit *in* plus *-ing*-Form konstruiert wird, oder dass im Deutschen nach dem Adjektiv *erpicht* die Präposition *auf*, nach *gierig* jedoch *nach* steht.

Für eine systematische lexikografische Erfassung der Valenzstrukturen der Wörter ist eine solide theoretische linguistische Basis äußerst hilfreich. Die dabei zugrunde gelegte Theorie muss keinesfalls die Valenztheorie sein; in englischen Wörterbüchern ist dies zum Beispiel zumeist nicht der Fall. Allerdings ist die Valenztheorie für lexikografische Zwecke insofern besonders gut geeignet, als sie der für die Anwendung im Wörterbuch so wichtigen Unterscheidung zwischen Ergänzungen und Angaben erhebliche Aufmerksamkeit widmet. Unter Ergänzungen werden dabei diejenigen Phrasen oder Gliedsätze verstanden, die von Zahl und Form her von einem regierenden Verb, Adjektiv oder Substantiv bestimmt sind, während das Auftreten von Angaben in einem Satz vollkommen unabhängig von diesen regierenden Elementen ist. Entsprechend werden im Rahmen dieser Theorie in einem Satz wie

[19] Schon 1797 setzte Norderney auf den Tourismus

*Norderney* und *auf den Tourismus* als Ergänzungen und *schon 1797* als Angabe klassifiziert. Dass nur die Ergänzungen lexikografisch relevant sind, ist offensichtlich: Die Benutzer müssen aus dem Eintrag für *setzen* erkennen können, dass das Verb in dieser Bedeutung im aktiven Aussagesatz mit einer Nominativergänzung und einer Präpositionalergänzung mit *auf* konstruiert wird; dass zusätzlich eine Zeitangabe auftreten kann, gilt aber für alle Verben und ist insofern keine einzelwortspezifische Eigenschaft, sondern generell beschreibbar.[49]

Allerdings geht die Anwendbarkeit der Valenztheorie weiter als die schlichte Trennung zwischen Ergänzungen und Angaben. Nachdem es sich ohnehin eher um eine lexikologische und weniger um eine syntaktische Theorie handelt,[50] sind die meisten der in diesem Rahmen entwickelten Kategorien für eine lexikografische Beschreibung von Nutzen. Das gilt insbesondere für den Optionalitätsgrad und die Möglichkeiten der lexikalischen Füllung von Ergänzungen.

Was den Optionalitätsgrad angeht, so lässt sich zwischen drei Typen von Ergänzungen unterscheiden (Herbst 1999a),[51] nämlich

I. **obligatorischen Ergänzungen**, die immer realisiert werden müssen, wenn das entsprechende Wort gebraucht wird,
II. **kontextuell fakultativen Ergänzungen**, die nicht realisiert zu werden brauchen, wenn ihr Referent eindeutig aus dem Kontext identifizierbar ist,
III. **fakultativen Ergänzungen**, die nicht realisiert werden müssen, aber bei dem entsprechenden regierenden Element auftreten können, ohne wie Angaben in jedem Satz frei hinzufügbar zu sein.

Diese Unterscheidungen sind insofern für die Lexikografie, vor allem natürlich unter produktiven Gesichtspunkten, wichtig, als der Optionalitätsgrad der Ergänzungen offensichtlich nicht allgemein von der Bedeutung einer lexikalischen Einheit ableitbar ist:

49 Die Unterscheidung zwischen Ergänzungen und Angaben ist auch für die Gestaltung von Beispielsätzen relevant, weil Angaben eine weit weniger wichtige strukturelle Information darstellen. Vgl. Herbst (1984a).

50 S. Herbst (1999b). Vgl. auch Helbig (1992: 5-6).

51 Zu dieser auf Allertons (1982) Unterscheidung zwischen *contextual* und *indefinite deletion* beruhenden Klassifikation siehe u.a. Herbst (1999a und 2003) und Herbst et al. (2003) [VDE].

[20]$_{VDE}$ She might say no, but he ought to try.
[21/1]$_{COS}$ Wenn es dann schiefgeht, hat er es wenigstens versucht.
[21/2] * Wenn es dann schiefgeht, hat er wenigstens versucht.

Auf der semantisch-lexikalischen Seite sind für die Sprachproduktion folgende Aspekte wichtig:

I. die **Bedeutung** – beziehungsweise im Rahmen der Kasusgrammatik die **semantische Rolle** – einer Ergänzung (also etwa der semantische Unterschied zwischen *über etwas sprechen* und *von etwas sprechen* oder *try to do* und *try doing*)
II. die **Kollokatoren** beziehungsweise die lexikalischen Elemente, die eine Ergänzungsstelle füllen können (Klotz 2000).

Inwieweit in einem Wörterbuch all diese Aspekte systematisch dargestellt und ob alle oder nur einige der Valenzstrukturen eines Wortes aufgeführt werden, ist natürlich stark von der Ausrichtung des Wörterbuchs als Produktions-, Rezeptions- und Korrekturwörterbuch abhängig.[52] Auch wenn eine umfassende Valenzbeschreibung nur in speziellen Valenzwörterbüchern (> 6.5) möglich sein dürfte, kommt der Beachtung der verschiedenen Ebenen der Valenz vor allem in Lernerwörterbüchern große Bedeutung zu. Dies gilt nicht nur für die systematische Darstellung der Valenzstrukturen, sondern auch für die Gestaltung beziehungsweise Auswahl von Beispielen sowie unter Umständen auch die Abfassung von Definitionen.

### *3.8.6 Lexikografische Darstellungsformen*

#### 3.8.6.1 Typen der Codierung

Die Darstellung morphologischer und syntaktischer Informationen kann verschiedene Formen annehmen. Nach dem Grad der Transparenz der Angaben lässt sich folgende Abstufung vornehmen:

**Typ I: Nicht-transparente, nicht mnemotechnische Codierung**

Ein System einer nicht transparenten, nicht mnemotechnischen Codierung wurde zum Beispiel in den ersten drei Auflagen des OALD mit den sogenannten *verb patterns* praktiziert, die Aufschluss über die Valenz von Verben gaben. Die Patterns waren – parallel zu Hornbys Übungsbuch *A Guide to Patterns and Usage in English*[53] – von 1 bis 25 durchnummeriert, wobei teilweise mit A, B, C etc. Untergruppen iden-

[52] Zu Defiziten englischer Lernerwörterbücher in diesem Bereich s. Klotz (1999).
[53] Zu einer Darstellung des Einflusses von Hornbys *Guide to Patterns and Usage in English* auf das OALD s. Cowie (1999a). Zu den Patternsystemen von OALD3 und LDOCE1 s. Herbst (1984b).

tifiziert wurden. Insgesamt ergaben sich 50 verschiedene Patterns, auf die in den Einträgen durch Codes wie [VP6A] oder [VP17] verwiesen wurde, ohne dass für die Benutzer ohne Konsultation des Vorwortes oder einer inneren Umschlagseite ersichtlich wäre, für welches Pattern diese Codes stehen. Ein sehr ähnliches System kommt in *Wahrigs Deutschem Wörterbuch* (WDW7) zur Markierung morphologischer Eigenschaften zum Einsatz. So finden sich bei starken Verben Zahlenangaben

> **aufweisen** <V.t. 277; hat> <WDW7>
> **abtun** <V.t.267; hat> <WDW7>,

die auf die Stammformen der Verben *weisen* und *tun* in der Konjugationstabelle der Einleitung verweisen. Ebenso wird die Deklinationsklasse von Substantiven durch Zahlen, die sich auf eine in der Einleitung gegebene Tabelle beziehen, aufgeführt:

> **Klotz** <m.1u> <WDW3>
> **Klötzchen** <n.14> <WDW3>

### Typ II: Nicht-transparente, mnemotechnische Codierung

Eine nicht-transparente, mnemotechnische Codierung liegt dann vor, wenn Codes verwendet werden, die aus mehreren Bestandteilen bestehen, und bei denen die Symbole nicht oder nicht unbedingt motiviert sind, dasselbe Symbol aber immer für denselben Inhalt steht. So werden in LDOCE1 Valenzangaben in der Form von Kombinationen aus Buchstaben und Ziffern gemacht, die jeweils eine bestimmte Verb- beziehungsweise Ergänzungsklasse repräsentieren:

> **want** … **4** [T3] <LDOCE1>

Dass die Ziffer 3 dabei einen *to*-Infinitiv symbolisiert (und 4 eine *ing*-Form), ist zwar in keinerlei Weise motiviert und von daher auch nicht transparent, dadurch dass 3 aber in jedem Code für diese Konstruktion steht, kommt diesem Codierungssystem ein gewisser mnemotechnischer Wert zu.

### Typ III: Transparente Codierungssysteme

Als transparent kann ein Codierungssystem dann gelten, wenn es von allgemein etablierten oder unmittelbar interpretierbaren Abkürzungen Gebrauch macht. Dazu zählen Abkürzungen wie *f* für feminin, *m* für maskulin, *n* für *noun* oder *nom*, wie sie in zahlreichen Wörterbüchern – unter anderem *Wahrigs Deutschem Wörterbuch* (WDW7), dem *Nouveau Petit Robert* (NPR 1993), dem *Longman Dictionary of Contemporary English* (LDOCE4) – vorkommen. Im Bereich der Valenz fallen Angaben wie +*to*-INF oder +V-ing, wie sie sich in LDOCE2 oder COBUILD2 finden, in diese Kategorie, aber auch die Patternangaben im *Valency Dictionary of English*:[54]

---

[54] Die Patternnummerierung im *Valency Dictionary of English* entspricht einer mnemotechnischen Codierung.

**write** ...
**D2 + to-INF** I *must write to tell you how thrilled I am with the results of using your Super-dug in the garden.* | *A lot of people write to say they like „the warmth in my eyes".*
**D3 + (that)-CL$_{P:it}$** *He writes that the new government faces a huge task in fulfilling the raised expectations it has aroused* | ...
**D6 + about N/V-ing$_P$ / about N V-ing / about wh-CL/wh to-INF** *Tarkington was a generation older than Hemingway, but both men wrote about boyhood and adolescence ...* | *Other contributors write about how cycling schemes can work in practice: Nottingham, Cambridge, Groningen in the Netherlands, Odense in Denmark are cited* | ...
**T4 + on N + for N** *That was Judy Dempsey, who writes on Austria for the British newspaper the Financial Times.*
**T5 + to N + that-CL** *I have written to Kurt that he will be a father, probably in late November.*
**T6 + to N + wh-CL** *Did she write to you why she was rejecting the offer?* (IE)
**T7 + to N + about N/wh-CL** ... *People don't write to me about my books...* <VDE>

### Typ IV: Explizite Indikatoren

Explizite Indikatoren können in zweierlei Form auftreten, nämlich als

(a) unabgekürzt angeführte metasprachliche Termini (wie *verb* oder *noun* im *Oxford Advanced Learner's Dictionary* (OALD6)
(b) nicht-metasprachliche Illustratoren, worunter die explizite Nennung bestimmter Formen verstanden werden soll.

Nicht-metasprachliche Illustratoren finden sich in Wörterbüchern im Bereich der Morphologie zum Beispiel bei der Angabe der Formen unregelmäßiger Verben direkt im Eintrag

**fahren**; *fährt, fuhr, hat/ist gefahren* <LGDaF 2003> (Unterstreichung = blau)
**drink** ... *past tense* **drank** *past participle* **drunk** <LDOCE4> (Unterstreichung = magenta)

oder der Bildung des Perfekts mit *haben* oder *sein*

**schwimmen** ... **1** (*hat/südd* A CH ist) <LGDaF 2003> (Unterstreichung = blau).

Valenzangaben lassen sich explizit in der Form von Patternillustrationen darstellen:

**able** ... **1** ***be ~ to do sth*** <OALD3>
**familiar** ...**1 ~ *with***
**2 ~ to** <OALD3>

<u>**decide**</u> ...

**1** ... **decide to do sth** *Tina's decided to go to Prague for her holidays.* | **decide (that)** *It was decided that four hospitals should close.* | **decide who/what/whether etc** ... | **decide between sth** ... | **decide for yourself** ... | ... **decide against/in favour of (doing) sth** ... <LDOCE4> (Unterstreichung = magenta)[55]

### 3.8.6.2 Grade der Transparenz

In der folgenden Tabelle werden die Darstellungsformen gegenübergestellt, mit denen die Valenz von Sätzen wie den folgenden in verschiedenen Generationen des *Oxford Advanced Learner's Dictionary* und des *Longman Dictionary of Contemporary English* sowie im *Valency Dictionary of English* ausgedrückt werden:

[1]$_{VDE}$ Evidence **seems** to suggest that young drivers are far more likely to have accidents.
[2]$_{VDE}$ It was **arranged** to meet in two days time.
[3]$_{VDE}$ If you **want** to pay by cheque or postal order, please fill in the form below.
[4]$_{VDE}$ What do you **want** me to do?
[5]$_{VDE}$ I can always **count** on you to cheer me up.
[6]$_{VDE}$ It was **agreed** that there must be a meeting.

Dass explizite Indikatoren und transparente Codierungssysteme vor allem in Hinblick auf den benötigten Platz große Nachteile mit sich bringen, ist unbestreitbar.

| | Typ I | Typ II | | Typ III | | | Typ IV | |
|---|---|---|---|---|---|---|---|---|
| | OALD3 | LDOCE1 | OALD4 | LDOC E2[71] | OALD 6 | VDE | LDOCE4 | |
| [1] | VP4E | I3 | It[72] | + *to-v* | Vtoinf | + to-INF | linking verb | **seem to do sth** |
| [2] | VP4A | T3 | Tt | + *to-v* | Vtoinf | + to-INF$_{P:it}$ | I,T | **arrange to do sth** |
| [3] | VP7A | T3 | Tt | + *to-v* | Vtoinf | + to-INF | T | **want to do sth** |
| [4] | VP17 | V3 | Tnt | + *obj* + *to-v* | VNtoinf | + N to-INF | T | **want sb to do sth** |
| [5][73] | VP14 | count on V3 | (on sb/sth) | count on/upon + *obj* + *to-v* | count on sb/sth +toinf | + on/upon $N_p$ + to-INF | *phr v* | count on sb/sth to do sth |
| [6] | VP3B | T5 | Tf | +*(that)* | V(that) | +(that)$_{P:it}$ | I,T | agree that |

[55] Aus valenztheoretischer Sicht gibt es keine Rechtfertigung dafür, dass *decide on/upon* in einem Subeintrag als *phrasal* verbs aufgeführt und nicht in diese Liste der Patternindikatoren aufgenommen sind.
[56] Zusätzliche Codes L, T, I am Anfang der Einträge.
[57] Zusätzlich Patternillustration: ~ (to sb)(to be) sth.
[58] Auf die Probleme der Ausgliederung mancher Präpositionalergänzungen aus den Verbeinträgen wurde bereits hingewiesen.

Unter dem Gesichtspunkt des Lexikoparameters der Benutzerfreundlichkeit liegen die Vorteile dieser Darstellungsmethoden gegenüber nicht-transparenten Systemen jedoch auf der Hand:

I. Die Information ist aus jedem Wörterbucheintrag unmittelbar ersichtlich. Damit entfällt die bei nicht-transparenten Codes gegebene Notwendigkeit des Nachschlagens zur Auflösung der Codes. Dies ist auch deshalb von großer Bedeutung, weil die Benutzerforschung zeigt, dass viele Benutzer diesen zusätzlichen Nachschlageaufwand scheuen.
II. Ein Hauptnachteil nicht-transparenter Codes besteht darin, dass Benutzer, die mit den Prinzipien eines Wörterbuchs nicht durch intensive Lektüre des Vorworts oder pädagogische Unterweisung sehr vertraut sind (und es ist zu vermuten, dass diese die große Mehrzahl der Benutzer ausmachen), den jeweiligen Codes nicht ansehen, dass sie genau die von ihnen gesuchte Information bieten. Wer [VP6A] nicht als Valenzangabe erkennt – und Untersuchungen zeigen, dass dies auch bei Schülern, die in der Schule mit dem OALD3 gearbeitet haben, nur selten der Fall war[59] – oder die Zahl 167 nicht als Verweis auf die Stammformen eines unregelmäßigen Verbs interpretiert, wird auch nicht nachschlagen, um diese Codes aufzulösen. Die Tatsache, dass OALD3 fünf (oder bei großzügiger Auslegung vier) verschiedene Angaben für Infinitivkonstruktionen macht, zeigt die mnemotechnischen Defizite dieser Codes.

Insofern ist es nicht überraschend, dass nicht-transparente Codes häufig ungenutzt bleiben. Gleichzeitig ist dieser Vergleich jedoch auch ein Beleg für die Konkurrenz der Lexikoparameter Benutzerfreundlichkeit und Akkuratheit. Transparenz der Darstellung kann durchaus auf Kosten der Exaktheit der Information gehen:

I. So wird zum Beispiel nur aus den transparenten Codes, nicht aber aus der Patternillustration von LDOCE4 deutlich, dass das *that* der *that*-clause bei *agree* weggelassen werden kann.
II. Von den Typen III und IV ist nur aus den Codes des *Valency Dictionary of English* unmittelbar zu ersehen, welche Elemente Subjekte von Passivsätzen sein können; auch die Klassifikation als transitive und intransitive Verben in LDOCE4 erweist sich in den Fällen [2] und [6] als wenig hilfreich und im Falle von [3] als irreführend, weil die Infinitivergänzung von *want* eben nicht Subjekt eines Passivsatzes werden kann.[60]

Dabei ist selbstverständlich, dass der Gesichtspunkt der Genauigkeit in der Darstellung der Eigenschaften der Verbergänzungen in einem allgemeinen Lernerwörterbuch vom Skopos dieses Wörterbuchs her anders zu beurteilen ist als in einem Spezialwörterbuch. Das gilt übrigens auch für die Anzahl der aufgeführten Patterns, weil

59 S. Heath/Herbst (1985).
60 Zur Kritik an der Verwendung der Termini transitiv und intransitiv siehe auch 4.4.3.2.

es für die Lerner ja primär von Bedeutung ist, für die Produktion sinnvolle Hilfen zu erhalten, während ein Valenzwörterbuch ja auch die Funktionen eines Korrekturwörterbuchs für Lehrerinnen und Lehrer und einer wissenschaftlichen Darstellung zum Ziel hat. Von daher ist es nicht verwunderlich, dass in den Lernerwörterbüchern weniger als die Hälfte der Patterns aus dem *Valency Dictionary of English* enthalten sind, wobei die Unterschiede bei Adjektiven und Substantiven wesentlich gravierender ausfallen als bei Verben (Klotz 1999). Überraschend ist allerdings der Befund, dass nur 26% der Patterns des VDE in allen vier und nur weitere 10% in drei der untersuchten Lernerwörterbücher enthalten waren, was nicht unbedingt auf sehr objektive Auswahlkriterien schließen lässt.[61]

## 3.9 Kollokationen

### *3.9.1 Kollokationskonzepte*

Darüber, dass Kollokationen einen wichtigen Bestandteil von Wörterbüchern bilden, besteht weitgehend Einigkeit. Weit weniger Einigkeit besteht allerdings darüber, was unter einer Kollokation zu verstehen ist. In der Folge von Firths (1957/1968: 179) Aussage „You shall know a word by the company it keeps“ existiert der Kollokationsbegriff in der modernen Linguistik im Wesentlichen in zwei zwar verwandten, aber dennoch deutlich verschiedenen Ausprägungen:[62]

I. In einem vorwiegend statistisch orientierten Ansatz der Kollokationsforschung wird als Kollokation prinzipiell jedes Miteinandervorkommen von benachbarten Wörtern in Sätzen verstanden, wobei ausgehend von einem Kern (*node*) eine bestimmte Reichweite (*collocational span*) nach links und rechts festgelegt und zur Grundlage statistischer Analysen gemacht werden kann. Eine besondere Rolle innerhalb dieses Ansatzes spielt das Konzept der sogenannten *significant collocation*, womit das über der statistischen Wahrscheinlichkeit liegende Miteinanderauftreten zweier oder mehrerer Wörter bezeichnet wird. Diese Richtung der Kollokationsforschung wird häufig im Rahmen der computergestützten Korpuslinguistik, zum Beispiel in den Arbeiten von Sinclair (1991), verfolgt.
II. Der signifikanz-orientierte Kollokationsbegriff zielt auf die Nicht-Vorhersehbarkeit bestimmter in einer Sprache üblichen Verbindungen. So definiert Hausmann (1985b: 118) Kollokation als „typische, spezifische und charakteristische Zwei-

[61] Gegenstand der Untersuchung waren die 1995 erschienenen Lernerwörterbücher LDOCE3, OALD5, COBUILD2 und CIDE.

[62] Zu einer Diskussuion verschiedener Verwendungen des Terminus Kollokation s. Bahns (1996), Herbst (1996a) und Klotz (2000). Zu grundlegenden Positionierungen vgl. Hausmann (1984) oder Sinclair (1991 und 1966).

erkombination von Wörtern". Kollokation in diesem Sinn ist eine typische Normerscheinung.

Während sich im Rahmen der statistisch ausgerichteten Kollokationsforschung Verbindungen wie *sandy beaches* als signifikant erweisen, sind sie vom Standpunkt eines signifikanz-orientierten Ansatzes relativ unerheblich, weil es bei der Versprachlichung dieser Konzepte keine semantisch ebenso plausible, aber in der Norm der Sprache nicht oder markiert seltener realisierte Alternative gibt. Auf der anderen Seite haftet Kombinationen wie *false teeth, white coffee, severe gales, guilty conscience* oder *raise an objection* ein gewisses Element der semantischen Unvorhersehbarkeit und der Institutionalisierung an, was sie in die Nähe lexikalisierter Wortbildungen rückt.

Zwar ist die statistisch orientierte Richtung für die Lexikografie im Hinblick auf die Auswahl beziehungsweise Gestaltung natürlicher Beispiele von Interesse, zumindest in Lernerwörterbüchern verdient aber das Konzept der Kollokation im Sinne einer zwar semantisch weitgehend transparenten, aber dennoch etablierten Wortkombination größere Aufmerksamkeit. Aus diesem Grund wird Kollokation in der Lexikografie, wie übrigens auch in der Fremdsprachenlinguistik und -didaktik, fast ausschließlich in diesem Sinn verstanden, wenngleich einzuräumen ist, dass es keine Kriterien zu einer eindeutigen Bestimmung von Kollokationen dieser Art gibt. Für die Zwecke der zweisprachigen Lexikografie und anderer Bereiche, in denen es um die Darstellung einer Fremdsprache geht, mag es sich sogar als sinnvoll erweisen, den Kollokationsbegriff weiter auszudehnen und auf alle nicht-lexikalisierten Kombinationen anzuwenden, die aus der Perspektive der L1 in der L2 als nicht vorhersehbar erscheinen (> 4.5.2.1).

### *3.9.2 Qualität von Kollokationsinformationen im Wörterbuch*

#### 3.9.2.1 Lexikoparameter Akkuratheit und Vollständigkeit

Was die Akkuratheit und Vollständigkeit der gegebenen Information angeht, so ist nicht nur die Anzahl der in einem Wörterbuch enthaltenen Kollokationen ein wesentlicher Faktor. Im Bereich der Kollokation kommt es vielmehr zu einer Überschneidung der Lexikoparameter Akkuratheit und Benutzerfreundlichkeit, weil Kollokationsinformation im Wörterbuch ihren Zweck nur dann erfüllen kann, wenn sie zwei Bedingungen erfüllt, nämlich dass sie

1. an der richtigen Stelle im Wörterbuch gegeben wird und
2. deutlich als Information über eine spezielle habituelle Verbindung von Wörtern erkennbar ist.

### 3.9.2.2 Ort im Wörterbuch

Prinzipiell können Kollokationen wie *Widerspruch einlegen, Einspruch erheben, raise objections* etc. unter jedem der beiden Bestandteile im Wörterbuch verzeichnet sein, was für rezeptive Zwecke bis zu einem gewissen Grad auch sinnvoll ist. Was die Sprachproduktion angeht, so erweist sich die Hausmannsche (1985b) Unterscheidung zwischen Basis (etwa *Widerspruch* oder *objections*) und Kollokator (*einlegen* und *raise*) als hilfreich: Wenn man davon ausgeht, dass (vor allem fremdsprachlichen) Benutzern die Basis einer Kollokation bekannt ist und sie im Wörterbuch nach dem Kollokator suchen, so ergibt sich daraus die Konsequenz, dass Kollokationen für Produktionszwecke unbedingt unter der Basis im Wörterbuch aufzuführen sind.[63] In seiner Analyse des *Duden Universalwörterbuchs* (DUW1) kommt Hausmann (1985b) zu dem Schluss, dass eine erhebliche Anzahl von Kollokationen tatsächlich unter beiden Bestandteilen der Kollokation eingetragen sind; in sehr vielen Fällen aber nur unter dem Kollokator, selten ausschließlich unter der Basis. In einer Untersuchung der im Jahre 1995 erschienenen englischen Lernerwörterbücher stellt Mittmann (1999) in Bezug auf 120 untersuchte Kollokationen fest, dass der Anteil der in den Wörterbüchern abgedeckten Kollokationen sehr hoch ist, dass mehr Kollokationen unter dem Kollokator als unter der Basis verzeichnet sind und dass sich die drei Wörterbücher, bei denen es sich um Neuauflagen handelt, sich in diesem Punkt gegenüber ihren Vorgängern meist verbessert haben:[64]

| Kollokation unter Kollokator verzeichnet | | | | Kollokation unter Basis verzeichnet | | | |
|---|---|---|---|---|---|---|---|
| OALD 5 | LDOCE 3 | COBUILD 2 | CIDE | OALD 5 | LDOCE 3 | COBUILD 2 | CIDE |
| 73% | 69% | 64% | 66% | 56% | 58% | 31% | 60% |
| OALD 4 | LDOCE 2 | COBUILD 1 | | OALD 4 | LDOCE 2 | COBUILD 1 | |
| 68% | 65% | 66% | | 53% | 47% | 33% | |

### 3.9.2.3 Erkennbarkeit von Kollokationsinformation

Mehr als bei allen anderen in einem Wörterbuch enthaltenen Informationen besteht bei Kollokationen die Gefahr, dass vorhandene Information nicht als solche erkannt wird. Das ist vor allem deshalb der Fall, weil Kollokationen häufig in Beispielsätzen enthalten sind, ohne speziell gekennzeichnet zu sein.

[63] Vgl. Hausmanns (1985b: 121-2) Diskussion: „Es gelten zwei Regeln: für das Verstehen, d.h. für die Rezeption muß die Kollokation im Artikel des Kollokators eingetragen werden. … Für den Textproduzenten muß *schütteres Haar* unter *Haar*, *eingefleischter Junggeselle* unter *Junggeselle* und *Unfall bauen* unter *Unfall* eingetragen werden.“ Zu Kollokation in Wörterbüchern s. Svensén (1993: 98-108).

[64] Vgl. in diesem Zusammenhang auch Bahns (1996).

**Widerspruch** ... **I.** ... **b.** ... W. gegen die einstweilige Verfügung einlegen; der Vorschlag wurde ohne W. angenommen. <DUW3>

Da auf diese Weise der besondere Charakter der kollokationellen Verbindung nicht deutlich wird, sind Präsentationsformen eindeutig vorzuziehen, in denen die Kollokation entweder innerhalb eines Beispiels drucktechnisch besonders hervorgehoben oder separat als Phraseologismus aufgeführt wird:

**Widerspruch** ... **2** ... keinen ~ **dulden;** ~ gegen ein Rechtsurteil **einlegen**; (jeden) ~ **zurückweisen** <WDW7>
**Widerspruch** ... **3** ... ***W einlegen*** <LGDaF 2003> (Unterstreichung = blau)
**objection** ... *I* ***have no objection*** *to him coming to stay. ...* ◇ *to* ***raise an objection*** *to sth* ◇ <OALD6> (Unterstreichung = blau)
**agreement** ... **1** ... **come to/reach an agreement** *Failure to reach an agreement will result in a strike.* | *Haydon came to an agreement with his creditors.* | **under an agreement** *Under the agreement, most agricultural prices would be frozen or cut.* | *They* ***had an agreement that*** *she would give him any leftover food from her shop.* | *They claimed the company had broken* ***the terms of the agreement***. <LDOCE4> (Unterstreichung = magenta)

Für die oben genannten englischen Lernerwörterbücher kommt Mittmann (1999: 108) zu dem Ergebnis, dass zwischen der Nennung der Kollokation und der expliziten Kennzeichnung erhebliche Diskrepanzen bestehen:

Darstellungsformen der in einem Wörterbuch jeweils aufgeführten Kollokationen der Stichprobe

| | OALD 5 | LDOCE 3 | COBUILD 2 | CIDE | OALD 5 | LDOCE 3 | COBUILD 2 | CIDE |
|---|---|---|---|---|---|---|---|---|
| fett hervorgehoben | 15% | 60% | 4% | 44% | 25% | 86% | 16% | 75% |
| in Definition | 22% | 24% | 64% | 20% | - | 1% | 16% | - |
| in Beispiel | 71% | 51% | 87% | 42% | 70% | 64% | 92% | 23% |
| Querverweis | 2% | - | 3% | 10% | 6% | 1% | 3% | 4% |

Trotz der unbestreitbaren Abgrenzungsschwierigkeiten von Kollokationen gegenüber unspezifischen Kombinationen ist generell festzustellen, dass dem Aspekt der Kollokation in der Entwicklung von Lernerwörterbüchern zunehmend Aufmerksamkeit zu Teil zu werden scheint, und zwar sowohl was die Präsentationsformen als auch was die Anzahl der in Wörterbüchern enthaltenen Kollokationen angeht. Dies mag einerseits damit zusammenhängen, dass Kollokationen im Fremdsprachenunterricht eine große Rolle spielen und die Defizite der Wörterbücher in diesem Punkt deshalb besonders deutlich wurden. Andererseits ist eine wesentliche Ursache für die zunehmende Beachtung von Kollokationen in der Lexikografie sicher auch in den Ergebnissen lexikografischer Korpusanalysen zu sehen, die im Sinne des von Sinclair (1991) propagierten *idiom principle* die große Rolle von Kollokationen und Phraseologismen in der Sprache unterstreichen.[65] In diesem Zusammenhang sind natürlich die Möglichkeiten, Kollokationen in den elektronischen Versionen der Wörterbücher (> Kapitel 7) über direkten Zugriff auf Korpusausschnitte zu ermitteln als Durchbruch zu werten, aber auch in den neueren Papierwörterbüchern finden sich durchaus innovative Darstellungsformen. Zum Beispiel verdeutlicht das *Longman Dictionary of Contemporary English* (LDOCE4) Kollokationen häufig in eigens hervorgehobenen Blöcken in den Einträgen der jeweiligen Basis:

**objection** ...
**1** ...

**raise/voice/make an objection (to sth)**
**have no objection (to sth)**
**strong objection**
**moral objection**
**do sth over the objections of sb** (= do something despite someone's objections)

*Her objection was that he was too young.* | **[+ to]** *Lawyers* ***raised*** *no* ***objections*** *to the plan.* | *Normally he would have* ***no objection*** *to the whole world knowing his business.* | *Local residents* ***raised strong objections*** *to the building application. ...*

<LDOCE4> (Unterstreichung – magenta; Unterlegung blau)

In ähnlich systematischer Weise führt auch das *Langenscheidt Großwörterbuch Deutsch als Fremdsprache* Kollokationen auf, wo zahlreiche Kollokatoren – in spitzen Klammern deutlich von Beispielen abgehoben – unter der jeweiligen Basis aufgelistet werden:

**Haar** ... **1** ... <dünnes, feines, glattes, krauses, lockiges, strähniges, schütteres, volles H. (haben); ... die Haare lang, kurz, offen, in der Mitte/seitlich gescheitelt tragen; das H./die Haare fönen, kämmen, bürsten, frisieren, toupieren, flechten, tönen, färben, bleichen, schneiden ...> <LGDaF 2003> (Unterstreichung = blau)

**Sturm** ... **1** ... <ein S. kommt auf, bricht los, wütet, flaut ab, legt sich; in e-n S. geraten> ... **2** ... <ein S. der Begeisterung, der Entrüstung> <LGDaF 2003> (Unterstreichung = blau)

[65] Zur historischen Dimension der Unterscheidung zwischen *open-choice principle* und *idiom principle* s. Cowie (1999a: 132), der diese Dichotomie bis zu Harald Palmer zurückführt.

**Meer** ... <das weite, glatte, raue, offene M.; auf das M. hinausfahren; über das M. fahren, ans M. fahren, am M. sein, im M. baden> <LGDaF 2003> (Unterstreichung = blau)

## 3.10 Gebrauchsorientierte nicht-denotative Bedeutungselemente

### *3.10.1 Assoziative Bedeutung*

Wenn man von einem Bedeutungskonzept ausgeht wie dem in Kapitel 2 dargestellten von Leech (1981), so ist festzustellen, dass dieses weit umfassender ist als das, was Wörterbücher im Normalfall durch Definitionen abdecken, weil es zum Beispiel auch die Zugehörigkeit eines Wortes zu einer bestimmten Stilebene oder einer bestimmten sozialen oder regionalen Varietät beinhaltet. Dieser Komplex wirft unter Umständen bei der theoretisch-linguistischen Reflexion mehr Probleme auf als in der lexikografischen Praxis. Dies hängt vor allem damit zusammen, dass es sich bei den Erscheinungen, die in der modernen Soziolinguistik als Varietäten bezeichnet werden,

I. keineswegs um klar umrissene homogene Entitäten und
II. um Phänomene höchst unterschiedlichen Status handelt. Dabei ist offensichtlich, dass eine wirkliche Trennung von regionalen und sozialen Varietäten nicht möglich ist, weil soziolektale Formen umso stärker regional restringiert sein dürften, je größer ihre Distanz zur Standardsprache ist.

Während es sich bei regionalen und sozialen Varietäten um sprachliche Subsysteme handelt, die primär über die jeweilige Sprechergruppen definiert werden, kann stilistische Variation zum Beispiel durch die Aspekte der Funktionalität oder Situativität charakterisiert werden[66]. Das ist insofern berechtigt, als unterschiedliche Stile (formal ... informell) auch innerhalb eines regionalen oder sozialen Dialekts identifiziert werden können. Andererseits darf jedoch nicht übersehen werden, dass die Angemessenheit der Verwendung von mehr oder weniger standardsprachlichen oder „dialektgefärbten“ Formen ebenfalls stark von der Kommunikationssituation bestimmt ist.

Ebenso erscheint die Frage der Zuordnung von Fachsprachen keineswegs unproblematisch, weil sie einerseits Ähnlichkeiten mit funktionalen Varietäten wie Stilen aufweisen, andererseits auch als eigene Subsysteme ähnlich den Dialekten begriffen werden können.

Insgesamt stellt sich linguistisch nicht nur das Problem des Verhältnisses dieser unterschiedlichen Möglichkeiten der sprachlichen Variation untereinander, sondern

[66] Zur Beschreibung und Bestimmungsansätzen von Stil vgl. beispielsweise Enkvist (1973), Barnickel (1980b) oder Esser (1993).

auch die Frage, wo dieser Themenkomplex in der Analyse von Sprache insgesamt anzusiedeln ist. So ist sprachliche Variation einerseits Gegenstand eigener Forschungszweige wie der Soziolinguistik oder der Stilistik. Dass Leech (1981: 23) sie andererseits unter *associative meaning* subsumiert, erscheint aber insofern ebenfalls überzeugend als etwa die Wahl eines formellen statt eines informellen Wortes, eines Fachterminus statt eines allgemeinsprachlichen Ausdrucks einem Text ein Bedeutungselement verleiht, das über denotative Bedeutung hinausgeht und zum Teil auch auf pragmatische Faktoren abzielt.

Für die praktische lexikografische Umsetzung erscheinen diese Fragen allerdings von untergeordnetem Stellenwert, weil die Wörterbücher in der Regel sehr ähnliche Mittel einsetzen, um diese Phänomene zu kennzeichnen. Allerdings sind mit den verschiedenen Themenbereichen Grundsatzentscheidungen verschiedener Art verbunden, was ihre Trennung in der metalexikografischen Diskussion nahe legt. In der Übersetzungswissenschaft hat es sich als zweckmäßig erwiesen (Herbst 1994), zwischen intendiertem und nicht-intendiertem, akzidentiellen Textsinn zu unterscheiden. In Anlehnung daran soll im Folgenden – trotz nicht auszuräumender Überschneidungen – zwischen den Problemen, die sich im Wörterbuch in Bezug auf Fragen der regionalen und dialektalen Variation, die meist nicht-intendiert, sondern allgemein sprecherbezogen ist, stellen, (in 3.11) und solchen, die intendierte Bedeutungselemente betreffen (in 3.10) getrennt werden.

### *3.10.2 Situations- und themenbezogene Gebrauchsspezifik*

Die inhaltliche Seite von sprachlichen Zeichen ist durch die denotative Bedeutung nicht erschöpfend charakterisiert, was schon daraus ersichtlich ist, dass denotative Bedeutungen auf verschiedene Weisen versprachlicht werden können und trotzdem die Zahl echter Synonyme relativ gering ist. Die Unterschiede, die diesen offensichtlichen Sachverhalt begründen, beziehen sich auf eine Reihe von Faktoren, die die Gebrauchssituation von Wörtern betreffen, und zwar in unterschiedlicher, aber auch nicht ganz eindeutig trennbarer Weise. Von zentraler Bedeutung sind in dieser Hinsicht Faktoren wie

- Stil
- Medium
- Fach- bzw. Gruppenspezifik.[67]

Dass zwischen diesen Ebenen sehr komplexe Interdependenzen bestehen, ist wohl im Untersuchungsgegenstand begründet. So gibt es zweifellos Unterschiede zwischen dem geschriebenen und dem gesprochenen Medium, ebenso wie sich Abstufungen stilistischer Art zwischen einer gehobenen und einer informellen Ebene er-

[67] S. Barnickel (1980b), Söll/Hausmann ([3]1985).

geben. Allerdings sind die beiden Parameter nicht unabhängig voneinander zu betrachten; vielmehr ist – zumindest für manche Bereiche des Wortschatzes – das von Söll und Hausmann (³1985) sowie Barnickel (1980b: 146) beschriebene Phänomen der Stilwertverschiebung zu konstatieren.

| Stil | Spoken | | written |
|---|---|---|---|
| Rigid | *insane* | → | *mentally deranged* |
| Formal | *lunatic* | → | *insane* |
| General | *mad* | → | *lunatic* |
| Informal | *crazy* | → | *mad* |
| Familiar | *screwy* | | *crazy* |

Insofern ist eine Kategorie wie *gesprochen* eigentlich nicht in die Skala der Stilwerte integrierbar, auch wenn dies in der lexikografischen Praxis oft geschieht. Ähnlich komplexe Zusammenhänge bestehen zwischen Gruppen- und Fachsprachlichkeit und Stil. So ist (jedenfalls der Intuition der Autoren dieses Buches zufolge) schwer vorstellbar, dass das Wort *Pneumonie* in einem informellen gesprochenen Text (außer einem Gespräch zwischen Medizinern) vorkommt, so dass man einen gewissen Zusammenhang zwischen Formalitätsgrad und Fachsprachlichkeit postulieren könnte. Auf der anderen Seite gilt das für einen medizinischen Fachausdruck wie *Periduralanästhesie* (oder *PDA*) eben nicht, das ohne Weiteres auch in informellen Gesprächen von werdenden Eltern denkbar ist. Dies hängt sicher mit der Existenz des Wortes *Lungenentzündung* im Deutschen und der damit gegebenen Wahlmöglichkeit zusammen, die etwa bei *pneumonia* im Englischen fehlt.

Ob dies nun aber als Argument dafür taugen kann, *Pneumonie* im Wörterbuch als medizinischen Fachterminus zu kennzeichnen, *Periduralanästhesie* hingegen nicht, muss allerdings bezweifelt werden. Im Sinne eines Stilkonzepts wie dem von Enkvist (1964), das Stil über *style markers* charakterisiert sieht,[68] wäre es im Hinblick auf den Lexikoparameter der Akkuratheit jedoch angebracht, *Pneumonie* im Gegensatz zu *Periduralanästhesie*[69] – und übrigens auch zu *pneumonia* – als „formal" oder „gehoben" zu kennzeichnen. Im Rahmen eines solchen Konzepts ist übrigens auch die Existenz einer „neutralen" Stilebene[70] von Bedeutung, die etwa für *Lungenentzündung* anzusetzen wäre, die aber prinzipiell von stilistischer Unmarkiertheit, wie

[68] Zum Konzept *style as choice* vgl. Ullmann (1972: 151). Siehe auch Enkvist (1964 und 1973). Enkvist (1964: 28) weist der Frequenz einen wichtigen Stellenwert bei der Definition von Stil zu: „The style of a text is the aggregate of the contextual probabilities of its linguistic items." Wesentlich auch für die Lexikografie erscheint die Unterscheidung zwischen *style markers* und stilistisch neutralen Elementen bei Enkvist (1964: 34): „We may now define style markers as those linguistic items that only appear, or are most or least frequent in, one group of contexts. In other words, style markers are contextually bound linguistic elements. Elements that are not style markers are stylistically neutral." Vgl.auch Esser (1993).

[69] Interessanterweise sind in *Wahrig Deutsches Wörterbuch* <WDW7> beide Wörter unmarkiert aufgeführt; im *Duden Universalwörterbuch* <DUW5> nur *Pneumonie*, das als (Med.) gekennzeichnet wird.

[70] Vgl. dazu Hansen/Hansen/Neubert/Schentke (1985: 19) und Herbst (1994: 164).

sie etwa bei *Periduralanästhesie* gegeben ist, unterschieden werden kann, wobei, streng genommen, stilistische Neutralität als Unmarkiertheit in Bezug auf alle Stilebenen zu sehen ist, für die keine denotativ-synonyme Ausdrucksalternative besteht.

### *3.10.3 Sprechaktbezogene Bedeutungselemente*

Während die in 3.10.2 erörterten Faktoren unter Umständen als durch die Kommunikationssituation bestimmt gesehen werden können, sind andere Bedeutungselemente vielleicht eher auf den Sprechakt, die damit verbundenen Intentionen und beabsichtigten Wirkungen sowie den Ausdruck von Wertungen und auch Emotionen im Sinne von Leechs *affective meaning* zu beziehen. Die Trennung ist aber auch hier alles andere als eindeutig. Im Mittelpunkt stehen dabei Kategorien wie *taboo, pejorativ, ironisch, humoristisch* etc. Ein grundsätzliches Problem besteht dabei in ähnlicher Weise wie bei der stilistischen Analyse darin, dass Wörterbücher so tun und auch so tun müssen, als seien diese Phänomene an einzelne Wörter gebunden. Das ist aber nur zum Teil richtig. Emotionalität kann sich beispielsweise durch paralinguistische Merkmale wie Lautstärke und Sprechgeschwindigkeit äußern[71] und bei Ironie handelt es sich wohl eher um ein auf gesamte Äußerungen zu beziehendes Phänomen, das im Rahmen der Pragmatik zu untersuchen ist.[72] Insofern sind entsprechende Markierungen in Wörterbüchern wohl häufig nur so zu verstehen, dass das entsprechende Wort bevorzugt in solchen Kontexten auftritt. Dennoch ist es für rezeptive und produktive Zwecke sinnvoll, wenn ein Wort wie *Nurhausfrau* (für das sich im COSMAS-I-Korpus des Instituts für deutsche Sprache drei Belege im Singular finden, von denen zwei in Anführungszeichen gesetzt sind) entsprechend als pejorativ gekennzeichnet ist:[73]

> **Nurhausfrau** … *pej od iron* <LGDaF 2003> (Unterstreichung = blau)

Ähnliches gilt natürlich für alle Wörter, deren Gebrauch in einer Sprachgemeinschaft tabuisiert ist:[74]

> **Negro** … (*old-fashioned*, often *offensive*) <OALD6> (Unterstreichung = blau)
> **Neger** … **1** … (wird heute meist als abwertend empfunden) <DUW4>
> **pretentious** …(*disapproving*) <OALD6> (Unterstreichung = blau)
> **MERDE** … **I.** …VULG <NPR 1993>

### *3.10.4 Zeitliche Dimension*

Letztlich erscheint es im Hinblick auf die Gebrauchsbedingungen von Wörtern relevant anzugeben, ob beziehungsweise inwieweit ein Wort der Gegenwartssprache zuzurechnen ist.

---

[71] S. dazu u.a. Brown (1977).

[72] Vgl. Leech (1983).

[73] Untersucht wurden die Subkorpora 1 (W-PUB), 2 (N-PUB), 5 (GESPR-PUB) im Februar 2003. DUW5 enthält das Wort *Nurhausfrau* übrigens ohne Kennzeichnung, WDW7 gar nicht.

[74] S. dazu Barnickel (1999).

**Trottoir** … (schweiz., sonst veraltend od. landsch.) <DUW5> (Unterstreichung = blau)
**Negerkuss** … (veraltend) <DUW5> (Unterstreichung = blau)
**capital** *adj* … **3** *old-fashioned* <LDOCE3>

### *3.10.5 Lexikografische Umsetzung*

Angesichts der Verwobenheit dieser Phänomene (und der Ermangelung einer allgemein akzeptierten Beschreibungsgrundlage für diese Phänomene in der Linguistik) ist es nicht überraschend, dass sich die in Wörterbüchern verwendeten Markierungen zuweilen deutlich unterscheiden, und zwar sowohl was die Systematik insgesamt als auch was die Charakterisierung einzelner lexikalischer Einheiten betrifft. Beides sei hier nur durch einige Beispiele illustriert:

| | WDW3 | WDW7 | DUW3 | DUW4/5 | LGDaF |
|---|---|---|---|---|---|
| Döskopp | umg. | umg; abwertend | salopp abwertend | nordd. abwertend | nicht enthalten |
| Geraum | nur noch in den Wendungen … | nur noch in den Wendungen … | geh. | geh. | geschr, nur in … |
| Gesocks | nord-, mitteldt. | nord-, mitteldt.; abwertend | salopp abwertend | salopp abwertend | gespr! pej |
| Getue | *keine Markierung* | *keine Markierung* | ugs. abwertend | ugs. abwertend | gespr pej |
| Hauptverhandlung | *keine Markierung* | *keine Markierung* | Rechtsspr. | Rechtsspr. | Jur |
| Hauptwohnsitz | nicht enthalten | nicht enthalten | *keine Markierung* | *keine Markierung* | Admin geschr |
| Herberge | *keine Markierung* | *keine Markierung* | veraltend | *keine Markierung* | veraltend |

Soweit diese Befunde nicht vollkommen atypisch sind, müssen sie skeptisch stimmen. Es ist wahrscheinlich nicht vollkommen ungerechtfertigt anzunehmen, dass die Praxis der Markierung von Wörtern in Bezug auf Stil, Medium, Fach- und Gruppenspezifik mehr als viele andere lexikografische Teilaspekte durch ein gewisses Element der Zufälligkeit und Subjektivität geprägt sind.

Außerdem ist festzustellen, dass sich einzelne Wörterbücher erheblich in der Zahl der verwendeten Markierungen voneinander unterscheiden.[75] So verwendet das

[75] Zu einer Diskussion von *Labels* in Wörterbüchern siehe Esser (1993: 93-99).

*Concise Oxford Dictionary* (COD9) über 60 Markierungen, die allein dem fachsprachlichen Bereich zuzurechnen sind, während sich das *Longman Dictionary of Contemporary English* (LDOCE2) auf vier, nämlich *tech, law, med* und *naut* beschränkt. Ein sehr generelles *Label* wie *tech* erscheint insofern gerechtfertigt, weil aus der Definition in der Regel ja ohnehin deutlich wird, welchem Sachgebiet ein Wort zuzuordnen ist. Dennoch hängt die Entscheidung bezüglich der Frage, wie viele Unterscheidungen in diesem Bereich sinnvoll zu treffen sind, vom Typ und vom Skopos des Wörterbuchs ab.

Das gilt auch für die Art der lexikografischen Darstellung. Sehr häufig werden, wie die aufgeführten Beispiele zur Genüge deutlich machen, zur Markierung dieser Bedeutungselemente sogenannte *Labels* verwendet. Soweit solche Markierungen dann in der Form von Abkürzungen gegeben werden, stellt sich das Problem der Verständlichkeit (*pej*). Aus diesem Grund werden solche Angaben manchmal – etwa im *Oxford Advanced Learner's Dictionary* (OALD6) – ganz ausgeschrieben, was den technischen Charakter des Wörterbuchs natürlich stark reduziert:

> **fibula** ... (*anatomy*) <OALD6> (Unterstreichung = blau)
> **fickle** ... (*disapproving*) <OALD6> (Unterstreichung = blau)

Durch die Verwendung eines *Labels* wird diese Information als Informationstyp deutlich von der Bedeutungserklärung in der Definition abgehoben. Eine Alternative dazu bieten die früheren Auflagen der *COBUILD*-Wörterbücher, die solcherlei Angaben stärker in die Definition integrieren:

> **fibula** ... Your **fibula** is the outer bone of the two bones in the lower part of your leg; a medical term. <COBUILD2>

## 3.11. Nationale, regionale und soziale Varietäten

### *3.11.1 Standardsprache und Norm*

Die Fakten der dialektalen und soziolektalen Differenzierung einer Sprache finden in Wörterbüchern in der Regel relativ wenig expliziten Niederschlag, weil Wörterbücher immer auf der Grundlage einer Varietät erstellt werden und in vielen Fällen auch nur die Darstellung dieser einen Varietät zum Ziel haben. Umso bedeutender sind natürlich die Kriterien, die zur Auswahl dieser Varietät führen. Abgesehen von speziellen Dialektwörterbüchern ist die Grundlage für die lexikografische Erfassung einer Sprache zumeist eine Varietät, die als Standard bezeichnet werden kann. Dabei handelt es sich um eine Varietät, die durch eine Reihe von Kriterien von regionalen und sozialen Dialekten abgegrenzt werden kann. Dazu gehört, dass es sich um eine Varietät handelt, die

1. im gesamten Sprachgebiet verständlich ist,
2. in der schriftlichen Kommunikation fast ausschließlich verwendet wird,
3. in Grammatiken und Wörterbüchern (!) kodifiziert ist,
4. die Grundlage für Fremdsprachenunterricht bildet,
5. in dem Sinne neutral ist, dass sie als Grundlage für Übersetzungen dienen kann[76],
6. hohes Sozialprestige besitzt.[77]

Inwieweit die Standardsprache dabei eine faktisch gewachsene Norm einer Sprache ist oder durch Akademien, lexikografische Institute oder andere Institutionen mit einem bewussten Normierungsanspruch festgelegt wird, variiert in verschiedenen Sprachgemeinschaften stark, wenn man etwa Englisch und Französisch im Blick hat. Dennoch ist lexikografisch gesehen die Entscheidung für die Standardsprache ebenso zwingend wie vertretbar.

Problematisch ist dabei lediglich die Frage, inwieweit eine derart bestimmte und entsprechend im Wörterbuch beschriebene Standardsprache die sprachliche Realität einer Sprachgemeinschaft widerspiegelt. Das gilt insbesondere für Angaben zur Aussprache (> 3.6), weil die Standardvarietät wohl in den meisten Sprachgemeinschaften auch mit einer regional zuordenbaren Aussprache verwendet werden kann. Im Falle des Deutschen lässt sich sogar bezweifeln, ob es überhaupt eine akzeptierte überregionale Standardaussprache gibt, die nicht auf relativ formale Gesprächssituationen beschränkt ist. Vereinzelt treten allerdings auch im Wortschatz Fälle auf, in denen es schwierig sein kann, eine nicht regional verankerte Form zur Bezeichnung eines Denotatums zu finden. Im Deutschen ist das etwa bei Wörtern wie *schauen, kucken, gucken, Fleischer, Metzger, Schlachter* oder verschiedenen Bezeichnungen für Brötchen oder Gemüse der Fall. Wenn die Wörterbücher hier zum Teil keine regionalen Einschränkungen machen, so ist zu bezweifeln, ob dies von allen Standardsprechern des Deutschen gleichermaßen nachvollzogen werden kann.

| | | |
|---|---|---|
| **kucken** | <DUW5> | (nordd.): ↑ gucken |
| **gucken** | <DUW5> | ... (ugs.) |
| **gucken** | <WDW7> | ... oV <bes. norddt.> *kucken* |
| **Fleischerei** | <WDW7> | ... Sy *Metzgerei*, <norddt> *Schlachterei* |
| **Metzgerei** | <WDW7> | < ... südd., westdt., schweiz.> |
| **Rotkohl** | <LGDaF 2003> | ... ≈ Blaukraut |
| **Blaukraut** | <LGDaF 2003> | ... südd ≈ Rotkohl |
| **Rotkohl** | <DUW5> | ... (bes nordd.) |
| **Blaukraut** | <DUW5> | ... (südd., österr.) |

76 Vgl. Herbst (1991b).

77 Zur Definition bzw. Abgrenzung von Standardsprache s. u.a. Haugen (1966), Barnickel (1980a), und Ammon (1987). Vgl. in diesem Zusammenhang auch König (1978) und Mattheier (1980).

Diese Beispiele machen deutlich, dass auch die sogenannte Standardsprache kein homogenes Ganzes ohne jegliche regionale Differenzierung bildet, worauf auch Götz und Haensch (1998) in Zusammenhang mit der Erstellung von *Langenscheidts Großwörterbuch Deutsch als Fremdsprache* hinweisen.[78] Dabei bezieht sich das Kriterium der Überregionalität ja ausdrücklich auf die Verständlichkeit, nicht den Gebrauch von Formen. Aus diesem Grund sind Wörter wie *lütt, Sonnabend* oder *heuer* eben durchaus als standardsprachlich zu sehen, auch wenn ihre Verwendung regional begrenzt ist. Ob die Entscheidung, welche Form in Fällen wie *Fleischer, Möhre, Rotkohl* ohne Markierung aufgeführt wird, in jedem Fall auf hinreichender empirischer Evidenz beruht, oder ob hier nicht auch Zufälligkeiten und lexikografische Traditionen eine Rolle spielen, sei dahingestellt. Angesichts der Tatsache, dass auch die lexikografische Kodifizierung ein Kriterium zur Bestimmung von Standardsprachen bildet, ist eine gewisse Zirkularität in dieser Hinsicht wohl kaum vermeidbar.

### *3.11.2 Nationale Varietäten*

Für die Lexikografie weitaus gravierendere Probleme bestehen dann, wenn eine Sprache über mehr als einen nationalen Standard verfügt. In relativ eindeutiger Weise lässt sich das für das Englische in Bezug auf amerikanisches und britisches Englisch sagen, obwohl auch hier zunehmend weitere Varietäten wie das australische, neuseeländische, südafrikanische oder indische Englisch Beachtung in der soziolinguistischen Forschung sowie der lexikografischen Praxis finden. Dabei darf allerdings nicht übersehen werden, dass eine Gleichrangigkeit verschiedener Varietäten in der Präsentation in Wörterbüchern schon deshalb nicht vollkommen gelingen kann, weil die Beschreibungssprache dieser Wörterbücher eben eine dieser Varietäten ist. Selbst das sogenannte *Cambridge International Dictionary of English* (CIDE), das in der zweiten Auflage von 2003 als *Cambridge Advanced Learner's Dictionary* erschien, verwendet wie OALD oder LDOCE auch in seiner Lemmastruktur, in Definitionen, Beispielen etc. britisches Englisch. Dass damit die anderen nationalen Varietäten vor der Folie einer Varietät beschrieben und ihre Eigenschaften damit quasi als Abweichungen dargestellt werden, ist wohl unvermeidlich.

[78] So stellen Götz und Haensch (1998: 353) fest: „Eine der schwierigsten Fragen harrt ebenfalls noch der Beantwortung durch die Metalexikographie, die Frage nämlich, welches Deutsch die Grundlage eines deutschen Lernerwörterbuches ist. In einigen Rezensionen wurde angemerkt, das LGwDaF neige sehr zum süddeutschen Sprachgebrauch. Man verreise nicht, wie das LGwDaF suggeriert, „an Weihnachten", sondern „zu Weihnachten". Das ist sicher ein weites Feld. Man kann es vielleicht einengen, wenn man postuliert, daß nicht jeder Sprachgebrauch im Norden Deutschlands schon deshalb auch Standardgebrauch ist." (Anmerkung: Wir verwenden hier LGDaF als Akronym für dieses Wörterbuch.)

### *3.11.3 Lexikografische Umsetzung*

#### 3.11.3.1 Gestaltungsprinzipien

Ähnlich wie bei den in 3.10. behandelten Phänomenen kann die lexikografische Kennzeichnung von nationalen, regionalen und sozialen Varietäten in der Form von Markierungen oder durch Integration in die Definition erfolgen:

**Broiler** … … *ostd* ≈ Brathähnchen <LGDaF 2003> (Unterstreichung = blau)
**Bundesstadt** … (CH) Bern als Hauptstadt der Schweiz <LGDaF 2003> (Unterstreichung = blau)
**SEPTANTE** … VX ou RÉGION. (Belgique, Suisse, Est de la France, Acadie Soixante-dix) <NPR 1993>
**dormitory** … **2** In American English, a **dormitory** is a building in a college or university where students live. The usual British term is **hall of residence**. **3** In British English, if you refer to a place as a **dormitory** suburb or town, you mean that most of the people who live there travel to work in another, larger town nearby. <COBUILD2>
**appelate court** … In the United States, an **appelate court** is a special court where people who have been convicted of a crime can appeal against their conviction. The usual British term is **court of appeal**. <COBUILD2>

#### 3.11.3.2 Umfang der Information

Im Hinblick auf die Lexikoparameter Akkuratheit und Vollständigkeit der Information sind von einem Wörterbuch, das den Anspruch erhebt, eine zweite Varietät V2 systematisch auf der Folie einer ersten V1 zu beschreiben, folgende Anforderungen zu erfüllen:

I. Einbeziehung von Wörtern von V2 in die Lemmaliste, wenn diese nicht in orthografisch identischer oder ähnlicher Form in V1 existieren:
**Zuseher**…(A) ≈ Zuschauer <LGDaF 2003> (Unterstreichung = blau)
II. Anführen anderer Schreibweisen:
**colour** (*BrE*) (*AmE* **color**) <OALD6> (Unterstreichung = blau)
III. Anführen unterschiedlicher Aussprachen, was in verschiedenen Graden der Explizitheit geschehen kann, nämlich durch Transkription des gesamten Lemmas in V2, Beschränkung auf Unterschiede zu V1, Beschränkung auf nicht-systematische Unterschiede zwischen V1 und V2:[79]
**figwort** ˈfigwɜːt $ -wɔːt <LPD2> (Unterstreichung = blaugrün)

[79] OALD2 gibt zum Beispiel bei *top* nur die Aussprache /tɔp/ an, weil es sich hier um einen systematischen Unterschied zwischen amerikanischem und britischem Englisch handelt, führt aber bei *fakir* explizit eine amerikanische Aussprachevariante /feikə*/ an.

**coloured** (*BrE*)(*AmE* **colored**)/ˈkʌləd; *AmE* -ərd/ <OALD6> (Unterstreichung = blau)

IV. Entsprechende Markierung von Bedeutungen, die nur in einer Varietät vorkommen:

**sell-off** ... **1** (*BrE*) the sale by the government of an industry or a service to individual people or private companies
**2** (*AmE, business*) the sale of a large number of STOCKS and SHARES, after which their value usually falls <OALD6> (*Unterstreichung* = blau)
**FRITURE**... 4. RÉGION. (Belgique) Baraque à frites sur la voie publique. ⇒ **friterie** <NPR 1993>

V. Angabe des entsprechenden Wortes in der anderen Varietät, besonders falls ein Wort bzw. eine Bedeutung nur in einer Varietät vorkommen.

**fire drill** ... (*BrE* also **fire practice**) <OALD6> (Unterstreichung = blau)
**FRITERIE** ...**2** ... ⇒ RÉGION. friture (4$^{e}$) <NPR 1993>

Inwieweit all diese Kriterien erfüllt sein müssen, hängt einerseits vom Zweck des Wörterbuchs und andererseits vom Status der jeweiligen Varietäten ab

## 3.12 Frequenz

Bis vor relativ kurzer Zeit waren Angaben zur Frequenz eines Wortes nur sehr schwer möglich, weshalb man sich oft auf eine wohl relativ impressionistisch zu verstehende Markierung eines Wortes als „selten“ beschränkt hat. Frequenzangaben im Wörterbuch sind aber aus verschiedenen Gründen sinnvoll: Zum einen gehört Wissen um die Frequenz von Wörtern unzweifelhaft zur Kompetenz von Muttersprachlern, wobei es letztlich auch einen Teil des Stilempfindens bilden dürfte. Zum anderen sind Angaben zur Frequenz, insbesondere im Bereich der Valenz und Kollokationen, von erheblichem Wert für fremdsprachige Benutzerinnen und Benutzer.[80]

Durch die technischen Methoden der modernen Korpuslinguistik (> 8.5) eröffnen sich in diesem Bereich aber vollkommen neue Möglichkeiten. Bei aller Vorsicht, die gegenüber einer Verabsolutierung der Ergebnisse von Korpusanalysen geboten ist, erscheinen Frequenzangaben, die sich aus der Auswertung von Korpora einer Größenordnung von 100 Millionen Wörtern oder mehr ergeben, doch einigermaßen zuverlässig. Wiederum können die neueren englischen Lernerwörterbücher als bahn-

80 Dabei darf natürlich nicht übersehen werden, dass für viele Zwecke weniger die Frequenz von Wörtern als die von lexikalischen Einheiten von Interesse ist, diese im Augenblick aber maschinell noch nicht zu ermitteln ist.

brechend in dieser Richtung angesehen werden. So macht COBUILD3 explizite Frequenzangaben bei hochfrequenten Wortformen[81], LDOCE4 differenziert sogar weiter und gibt durch Codes wie S1 oder W3 an, wenn ein Wort (und zwar in einer bestimmten Wortklasse) zu den häufigsten 1000, 2000 oder 3000 Wörtern des geschriebenen oder gesprochenen Korpus gehört. Diese hochfrequenten Wörter werden zudem im Druck der Lemmata durch die Farbe Magenta von den weniger frequenten, die blau gesetzt sind, deutlich abgehoben. Darüber hinaus gibt LDOCE4 punktuell auch Übersichten zur Frequenz des Vorkommen eines Wortes mit bestimmten Kollokationen und in den verschiedenen Valenzstrukturen (Abb.3):

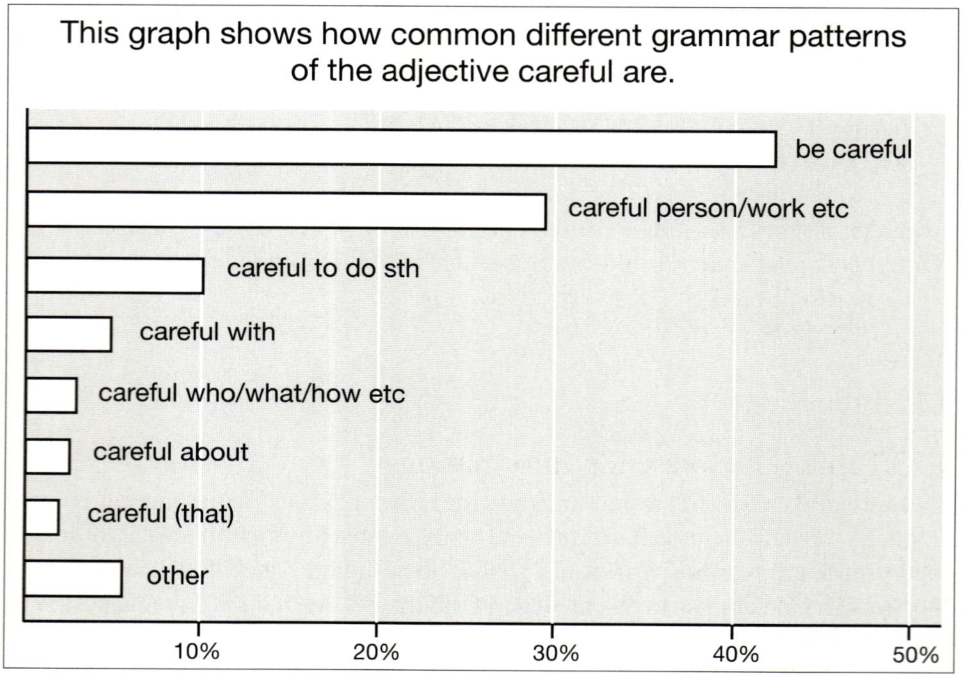


Abb. 3: LDOCE4

Solche Frequenzangaben zu einzelnen Patterns sind unter verschiedensten Gesichtspunkten wichtig:

- in Hinblick auf die Sprachproduktion, weil natürlich anzustreben ist, dass die häufigsten Patterns gelehrt und gelernt werden
- für die stilistische Analyse eines Texts (in Bezug auf die Üblichkeit oder Unüblichkeit bestimmter Kombinationen)
- in Hinblick auf die Funktion eines Wörterbuchs als Korrekturwörterbuch: In Wörterbüchern, die diese Funktion für sich in Anspruch nehmen, müssen auch seltene

[81] COBUILD2 differenziert bei Frequenzangaben nicht nach Wortklassen. Ebenso nachteilig ist die wenig transparente Markierung durch eine oder mehrere Rauten.

Konstruktionen aufgeführt sein, um zu verhindern, dass sie als Fehler bewertet werden; gleichzeitig muss unter dem Gesichtspunkt der Sprachproduktion natürlich verdeutlicht werden, dass es sich nicht um geläufige Patterns handelt, die gelehrt werden sollten.

Aus diesem Grund werden zum Beispiel im *Valency Dictionary of English* (2003) die aufgeführten Valenzstrukturen entsprechend als *rare*, *frequent*, *very frequent* etc. gekennzeichnet:

**able ...**
**P4 + at N** ***rare*** *Jonathan Beckwith, a geneticist at Havard Medical School, points to a study concluding shakily, he believes, that girls are innately less able at maths.* <VDE>

**decide** ...
**D2 + to-INF**$_{\mathbf{P:it}}$ ***very frequent*** *She decided not to tell him what Anna had said to Ritchie. ...*
**D3 + (that)-CL**$_{\mathbf{P(it)}}$ ***frequent*** *Clearly, someone who has not had any children may later decide that they want at least one. ...*
**D4 + wh-CL**$_{\mathbf{P(it)}}$ *How can you decide if the energy-saving features advertised are worthwhile? ...* <VDE>

## 3.13 Fehlerantizipierende Information

Ein Informationstyp, der charakteristisch für Lernerwörterbücher ist, besteht darin, explizit auf potentielle Fehler, die bei der Sprachproduktion durch Benutzer einer anderen Muttersprache aufgrund von Interferenzerscheinungen entstehen könnten, hinzuweisen. Solche Informationen werden meist in der Form von *usage notes* dargestellt, in denen verschiedene lexikalische Einheiten kontrastiert werden, wobei manchmal auch Negativbeispiele zur Verdeutlichung eingesetzt werden:

> **WORD CHOICE: also, too, as well, either**
> ...
> ⚠ **too** is never used at the beginning of a clause. **Also** is not usually used at the end of a clause: *Smoking makes you ill. It costs a lot too/as well OR It's also expensive OR Also, it's expensive.*
> Use **either** when you are adding another negative fact: *Our first attempt didn't work, and our second didn't either (NOT also didn't)*
>
> <LDOCE4> (Unterstreichung = blau; lila unterlegt)

**WHICH WORD?**
**deep/deeply** **?**

**Deeply** usually means ‚very much': *deeply in love* ◇ *deeply shocked.* You can use **deep down** (but not **deeply**) to talk about a person's real nature. *She can seem stern, but deep down she is a very kind person.* ◇ ~~*She can seem stern, but deeply she is a very kind person.*~~
<OALD6> (Unterlegung blau)

Soweit solche Gegenüberstellungen erfolgen, um die Nachteile der alphabetischen Struktur eines Papierwörterbuchs zu überwinden, handelt es sich dabei sicherlich um ein äußerst begrüßenswertes Verfahren. Bis zu welchem Grad es aber sinnvoll ist, in einem einsprachigen Wörterbuch, das sich nicht gezielt an Sprecher einer bestimmten Muttersprache wendet, möglicherweise auftretende Fehler zu diskutieren, ist eine andere Frage. Hier besteht auch die Gefahr, Benutzer, für die von ihrer Muttersprache her ein sprachliches Phänomen kein Problem im Englischen darstellen würde, eher zu verwirren oder auch nur davon abzuhalten, diesen Informationstyp zu lesen, weil er als irrelevant empfunden wird. Dies gilt insbesondere für die unkommentierte Angabe von so genannten *false friends* am Ende eines Eintrags wie *chef* im *Cambridge International Dictionary of English*:

**chef** ... (ČS) (D) (DK) (F) (NL) (P) (PL) (RUS)

die in der zweiten Auflage, dem *Cambridge Advanced Learner's Dictionary* (2003) wieder fallen gelassen wurde. Auf der anderen Seite führt das *Cambridge Advanced Learner's Dictionary* (CALD2) *usage notes* ein, die auf häufige Fehler hinweisen:

**COMMON LEARNER ERROR**

---

**discuss**
**Discuss** is not followed by a preposition:
*We discussed the plans for the wedding.*
~~*We discussed about the plans for the wedding.*~~
You can, however, **discuss something with someone.**
*Can I discuss this report with you?*

---

<CALD2> (Unterstreichung = blau)

Insgesamt scheint nicht ganz auszuschließen zu sein, dass manche der Informationen, die sich gezielt an ausländische Benutzer wenden, weniger auf der Basis fundierter didaktischer Überlegungen als unter Marketing-Gesichtspunkten in die Wörterbücher aufgenommen wurden.

## 3.14 Enzyklopädische Information

Ein letzter Informationstyp, der hier identifiziert werden soll, ist die enzyklopädische Information. Dieser Informationstyp berührt insofern einen Grenzbereich, als es sich nicht um einen wörterbuchspezifischen Informationstyp handelt, weil die Darstellung von Sachwissen eigentlich als Gegenstand eines anderen Typs Nachschlagewerk zu sehen ist, nämlich von Enzyklopädien oder Lexika (> 2.1.3). Nachdem die Kategorien des sprachlichen und des außersprachlichen Wissens aber nur prototypisch voneinander getrennt werden können, wurde ja bereits in 3.2.1 darauf hingewiesen, dass es durchaus sinnvoll sein kann, wenn eine Wörterbuchdefinition auch enzyklopädische Elemente enthält. Darüber hinaus ist natürlich auch die Grenze zwischen Wörterbüchern und Lexika äußerst fließend. Das gilt nicht nur im Falle von Wörterbüchern für Kinder (> 6.15), sondern auch für so genannte enzyklopädische Wörterbücher, die die eigentliche Wörterbuchfunktion mit einem begrenztem Ausmaß an enzyklopädischer Information verbinden. Das äußert sich einerseits im erfassten Wortschatz – so enthält das *Oxford Encyclopedic English Dictionary* (1991) etwa Einträge zu *Berlin, Scheherazade* oder *Mondrian, Nicholson* und *Hepworth*, die etwa im *Concise Oxford Dictionary* (COD9) nicht zu finden sind – als auch in der Art der Informationen, die zu Wörtern gegeben werden, die auch anderen Wörterbüchern enthalten sind:

> **railway** /ˈreɪˈweɪ/ *n.* **1** a track or set of tracks made of steel rails upon which goods trucks and passenger trains run. (See below.) **2** such a system worked by a single company (*Great Western Railway*) ...
> When a workable steam locomotive was first evolved the idea of a well-laid track of wooden or iron rails on which a ‚train' of wagons could be drawn by a horse with less effort than on a rough-surfaced road was already familiar. Such tracks had long been used at collieries, and it was on one of these that Richard Trevithick's steam locomotive ran in 1804. After the success of George Stephenson's definitive *Rocket* in 1830, railways were proposed for many parts of the country. ... Railways played a large part in the growing industrial power of Britain in the 19th c., and until the 1860s were an exclusively British industry. By 1920, Britain had 36,800 km (23,000 miles) of track, but after that the railways ceased to grow and road transport began to expand; in recent decades many of the less used lines have been abandoned. Steam locomotives have largely given way to diesel-electric ... Many busy routes are now electrified, using either insulated overhead wires or an insulated third rail to supply electricity to the motors of the train. Such a system will allow nuclear power to supply the system even when fossil fuels are scarce. <*Oxford Encyclopedic English Dictionary* 1991>

# 4 Informationstypen in zweisprachigen Wörterbüchern

## 4.1 Einsprachige und zweisprachige Wörterbücher

### *4.1.1 Erwartungen*

Bei genauerer Betrachtung sind zweisprachige Wörterbücher höchst komplexe und vielleicht auch höchst seltsame Gebilde. Insbesondere ergibt sich wohl ein Widerspruch zwischen dem Status, den zweisprachige Wörterbücher in den Augen von Benutzer(inne)n beziehungsweise Käufer(inne)n genießen, und der manchmal etwas skeptischeren Beurteilung ihres Wesens und ihrer Qualität (oder vielleicht auch nur ihrer Verwendung) durch professionell mit Sprachen Befasste wie Wissenschaftler(inne)n und Lehrer(inne)n. Diese Widersprüchlichkeit muss Gründe haben, denen hier nachzugehen sein wird.

Ein interessanter Aspekt ergibt sich zum Beispiel durch einen Blick in die Buchhandlungen einer Stadt wie Erlangen mit knapp über 100.000 Einwohnern, die an der Autobahn mit den Prädikaten „Universitäts- und Medizinstadt" für sich wirbt. In den zwei größten Buchhandlungen finden sich einsprachige Wörterbücher für genau fünf Sprachen – Deutsch, Englisch, Französisch, Italienisch und Spanisch; zweisprachige hingegen für Deutsch in Kombination mit 29 anderen Sprachen von Albanisch bis Vietnamesisch. Bei den einsprachigen Wörterbüchern handelt es sich übrigens größtenteils um solche, die im Fremdsprachenunterricht an den Schulen verwendet werden, wo in Bayern keine zweisprachigen Wörterbücher erlaubt sind. Die zweisprachigen Wörterbücher repräsentieren hingegen nicht nur ein größeres Spektrum an Sprachen, sondern auch an Wörterbuchgrößen, die von Preisen von € 2,50 bis € 109,00 (pro Band von zweibändigen Ausgaben) reichen.

Diese Beobachtungen, die sicher nicht ganz untypisch sind, lassen sich relativ leicht erklären:

I. Es ist ganz offensichtlich so, dass einsprachige Wörterbücher nur sinnvoll genutzt werden können, wenn die Benutzer über eine ausreichende Kompetenz in der entsprechenden Sprache verfügen. Aus diesem Grund ist der Markt für einsprachige Wörterbücher für Sprachen wie Niederländisch, Isländisch oder auch Italienisch in Deutschland wohl eher begrenzt.

II. Es gibt Nachschlagebedürfnisse in Bezug auf Fremdsprachen, die offensichtlich nur mit einem zweisprachigen Wörterbuch schnell und zufriedenstellend gelöst werden können. Wer wissen will, was *Nebelhorn*, *Warnstreik, Datenbank* oder *Haubentaucher* auf Englisch, Französisch oder Spanisch heißt, wird im einsprachigen Wörterbuch kaum auf die richtige Lösung stoßen.

Insofern ist es kaum verwunderlich, dass die meisten Menschen, die mit einer Fremdsprache zu tun haben, eher ein zweisprachiges als ein einsprachiges Wörterbuch benutzen würden (sofern sie nicht durch Schule, Universität oder eigene Erfahrung bereits eines Besseren belehrt wurden).[1] Das dürfte, so kann man zumindest spekulieren, auch damit zusammenhängen, dass viele Wörterbuchbenutzer auch in Bezug auf eine Fremdsprache nicht viel mehr von einem Wörterbuch erwarten würden als dass es die Antwort auf die Frage gibt, was denn irgendein deutsches Wort in der Fremdsprache heißt, bestenfalls wie es ausgesprochen, geschrieben oder getrennt wird, oder dass es umgekehrt eben die Frage beantwortet, was ein Wort der Fremdsprache bedeutet (wobei wiederum viele Leute glauben dürften, eine deutsche Übersetzung eher zu verstehen als eine Definition in der Fremdsprache).

Eine gewisse Skepsis mancher professioneller Wörterbuchbenutzer gegenüber zweisprachigen Wörterbüchern kann wiederum daher rühren, dass die Dinge keineswegs so einfach sind wie sie scheinen. Das hängt, wie zu zeigen sein wird, insbesondere damit zusammen, dass zweisprachige Wörterbücher nicht wie einsprachige lexikalische Einheiten einer Sprache identifizieren und beschreiben, sondern dass sie Einheiten aus zwei Sprachen zueinander in Beziehung setzen. Das aber ist im Vergleich zur Beschreibung im einsprachigen Wörterbuch ein wesentlich komplexerer Vorgang, der – von den durchaus wichtigen *Nebelhorn* ≙ *foghorn*-Fällen einmal abgesehen – überhaupt nicht befriedigend gelöst werden kann.

Insbesondere wäre natürlich zu prüfen, ob nicht eines der Hauptprobleme der Nutzung zweisprachiger Wörterbücher darin besteht, dass die Benutzer sich sehr häufig der hohen Komplexität, die zwar keineswegs alle, aber doch viele Angaben in zweisprachigen Wörterbüchern auszeichnet, nicht in ausreichendem Maße bewusst sind.[2] So kann man zum Beispiel argumentieren, dass die Einträge

> **street** … *Straße, die* … <DOG-E2>
> **road** … ◖A *Straße, die* … <DOG-E2>

aus dem *Duden-Oxford Großwörterbuch* den Hauptzweck des zweisprachigen Wörterbuchs erfüllen, indem einem ausgangssprachlichen Lexem ein äquivalentes zielsprachliches Lexem gegenübergestellt wird. Unter linguistischen und fremdsprachendidaktischen Gesichtspunkten sind die Artikel insofern nicht unproblematisch, als etwa der Eintrag zu *street* den Eindruck vermitteln kann, als seien *street* und *Straße* völlig äquivalent, weil aus dem Eintrag nicht hervorgeht, dass neben *street* mit *road* noch ein weiteres Teiläquivalent existiert. Für Fremdsprachenlerner ergibt sich so aus der korrekten Interpretation, dass *street* (immer) mit *Straße* wiedergegeben werden kann, leicht der falsche Umkehrschluss, dass auch *Straße* immer mit

[1] Vgl. Atkins/Varantola (1997: 32), deren Daten 71% Nachschlagevorgänge in einem zweisprachigen Wörterbuch gegenüber nur 28% in einem einsprachigen Wörterbuch der L2 beinhalten, wobei sich interessante Unterschiede zwischen verschiedenen Nachschlagebedürfnissen ergeben. Zur häufigeren Benutzung von zweisprachigen Wörterbüchern durch Studierende s. auch Schneider (1993: 95).

[2] Zu den Vorzügen des einsprachigen Wörterbuchs und Gegenargumenten zu mancher Kritik vgl. Nation (2001: 290).

*street* zu übersetzen ist.[3] Bis zu einem gewissen Grad kann dem natürlich durch Einschränkungen der Äquivalente begegnet werden, wie sie sich zum Beispiel in *Langenscheidts Power Dictionary* finden:[4]

> **street** ... Straße (*in Stadt oder Dorf*) ... <LPD-E 2002> (Unterstreichung = blau)
> **road** ... (Land)Straße <LPD-E 2002> (Unterstreichung = blau)

Aus all dem lässt sich folgern, dass die Herstellung lexikografischer Äquivalenzbeziehungen keineswegs so unproblematisch und offensichtlich ist, wie es vielleicht auf den ersten Blick den Anschein hat. Die Komplexität und Vagheit der lexikografischen Äquivalenzbeziehungen stellt insofern eine große lexikografische Herausforderung dar, als in der Darstellung der Information einerseits diese Problematik der Äquivalenzbeziehungen durchaus deutlich werden sollte, andererseits aber auch Ungenauigkeiten entgegengewirkt werden muss, wo immer es geht. Daher kommt den lexikografischen Darstellungsformen im zweisprachigen Wörterbuch große Bedeutung zu.

### *4.1.2 Benutzungsrichtungen*

Ein grundlegendes Problem zweisprachiger Wörterbücher, das auch in der metalexikografischen Diskussion immer wieder thematisiert wird, besteht darin, dass ein zweisprachiges Wörterbuch in der Regel aus zwei Teilen besteht, nämlich einem Teil L1 → L2 und einem Teil L2 → L1 und dass sich diese beiden Teile sowohl an Benutzer richten, für die L1 die Mutter- und L2 die Fremdsprache ist, als auch an Benutzer, für die L2 die Mutter- und L1 die Fremdsprache darstellt. Eine solche Konzeption ist zwar aus kommerziellen Gründen nachvollziehbar, im Grunde genommen jedoch vollkommen unsinnig. Das lässt sich schon an einem so simplen Eintrag wie dem zu *Nebelhorn* aus dem *Duden-Oxford Großwörterbuch* (1999) ersehen:

> **Nebel·horn das** fog-horn <DOG-E2>

Für Leute mit Englisch als Muttersprache ist dieser Artikel einigermaßen brauchbar, weil er die Übersetzung ‚fog-horn' liefert und damit zum Verständnis des Wortes *Nebelhorn* beiträgt. Allerdings werden diese Benutzer solche Einträge vorwiegend in rezeptiven Benutzungssituationen verwenden und somit wenig Interesse an den Angaben über das Lemma bezüglich Aussprache, Trennung und Morphologie haben. Eine Ausspracheangabe wäre vermutlich aber für Benutzer mit Deutsch als

---

[3] Somit kann also argumentiert werden, das zweisprachige Wörterbuch leiste den vereinfachenden „Wortgleichungen" Vorschub, die eine der klassischen Fallen beim Wortschatzerwerb im Fremdsprachenlernen darstellen.

[4] Wie bereits angedeutet, ist diese Differenzierung semantisch ungenügend, weil sich *road* ja durchaus auf eine Straße im Stadtgebiet beziehen kann: *I got up and had another little walk around, finishing up just over the road from Buckingham Palace.* (BNC)

Muttersprache durchaus von Nutzen, weil diese den Eintrag in einer produktiven Benutzungssituation verwenden. Diese Widersprüchlichkeit, die in komplexeren Einträgen natürlich viel krasser zutage tritt, ist als eine der Grundschwächen zweisprachiger Wörterbücher anzusehen, weil für produktive Zwecke unter Umständen zwei Nachschlagevorgänge (im L1 → L2-Teil zur Findung des Wortes in der Fremdsprache und im L1 → L2-Teil zu Informationen bezüglich seiner morphologischen oder grammatischen Eigenschaften usw.) erforderlich wären. Dies ließe sich vermeiden, indem man statt lediglich zwei insgesamt vier Wörterbuchteile für ein Sprachenpaar entwickelt[5], nämlich

- einen L1 → L2-Teil für Benutzer mit L1 als Muttersprache, der auf produktive Nachschlagebedürfnisse hin konzipiert ist
- einen L1 → L2-Teil für Benutzer mit L2 als Muttersprache, der auf rezeptive Nachschlagebedürfnisse hin konzipiert ist
- einen L2 → L1-Teil für Benutzer mit L1 als Muttersprache, der auf rezeptive Nachschlagebedürfnisse hin konzipiert ist
- einen L2 → L1-Teil für Benutzer mit L2 als Muttersprache, der auf produktive Nachschlagebedürfnisse hin konzipiert ist.

Ansatzweise gehen solche Überlegungen auch in neuere Wörterbuchkonzeptionen ein. So weist *Langenscheidts Power Dictionary* (LPD-E) explizit auf den rezeptiven Aspekt des englisch-deutschen Teils und den produktiven Charakter des deutsch-englischen Teils hin, was auch in der Gestaltung der Artikel einen gewissen Niederschlag findet:

> **<u>August</u>** August [ˈɔːgəst]; ***im August*** in August (⚠ *ohne* the) <LPD-E 2002>
> (Unterstreichung = blau)

Ebenso findet sich in diesem Wörterbuch beim Lemma *Straße* eine ausführliche Darstellung der Unterschiede zwischen *road* und *street* (Abb. 4):

Eine ähnliche Ausrichtung speziell auf deutsche Benutzer hin weist auch *Das große Oxford Wörterbuch für Schule und Beruf* auf. Dies äußert sich u.a. darin, dass die im Wörterbuch verwendete Metasprache durchgängig Deutsch ist und dass im produktiven deutsch-englischen Teil alle englischen Äquivalente, die Unregelmäßigkeiten in der Morphologie aufweisen, mit * gekennzeichnet sind.

> **<u>ärgern</u> 1 sich (über etwas)** ~ be/get* annoyed (about sth); (*stärker*) be/get* angry (about sth) ... <Das große Oxford Wörterbuch 2003>(Unterstreichung = blau)

[5] Vgl. in diesem Zusammenhang die Unterscheidung zwischen *monofunctional bilingual dictionaries und bifunctional bilingual dictionaries* von Kromann/Riiber/Rosbach (1991: 2713-2714). S. auch Hausmann und Werner (1991: 2741): „Wörterbücher können entweder dem Erwerb und der Erweiterung von Kompetenz in der Wörterbuchausgangssprache (Sprache der Äquivalente ist Muttersprache) oder dem Erwerb und der Erweiterung von Kompetenz in der Wörterbuchzielsprache (Sprache der Äquivalente ist Fremdsprache) dienen." Zur Idee von *bilingualized dictionaries* s. Cowie (1999a: 192-195).

**Straße**

Achte auf den unterschiedlichen Gebrauch von **road** und **street**:

**road**

1. Straße mit Betonung auf der Fahrbahn und was sich dort abspielt. Im Vordergrund stehen der Verkehr, das Fahren, die Straßenverhältnisse, die Straßenverkehrsordnung usw.

| | |
|---|---|
| eine verkehrsreiche Straße | **a busy road** |
| eine holprige Straße | **a bumpy road** |
| Straßenverhältnisse | **road conditions** |
| Straßenarbeiten | **roadworks** |
| Glatteis auf der Straße | **ice on the road** |

2. Straße als Verbindung zwischen zwei Punkten, egal ob innerhalb oder außerhalb einer Ortschaft. Der Weg nach/zum/zur ...

| | |
|---|---|
| die Straße zum Bahnhof | **the road to the station** |
| die wichtigste Straße nach Köln | **the main road to Cologne** |

**street**

Nur in einer geschlossenen Ortschaft, mit Betonung auf den Gebäuden, dem Bürgersteig, den Fußgängern, dem menschlichen Treiben auf der Straße:

| | |
|---|---|
| auf der Straße spielen | **to play in the streets** |
| Er wohnt in der nächsten Straße | **He lives in the next street** |
| die Straßen von San Francisco | **the streets of San Francisco** |
| durch die Straßen fahren *(Betonung liegt auf der Ortschaft)* | **to drive through the streets** |

Abb. 4: LPD-E 2002

Eine noch konsequentere Beachtung des Skopos des Wörterbuchs in Hinblick auf die Muttersprache der jeweiligen Benutzergruppen würde zu einer erheblichen Reduzierung der Schwierigkeiten der zweisprachigen Lexikografie führen, die im weiteren Verlauf dieses Kapitels dargestellt werden.

### *4.1.3 Informationstypen in einsprachigen und in zweisprachigen Wörterbüchern*

Unter dem Gesichtspunkt, welche Information im Wörterbuch gegeben wird, ist es keineswegs so einfach, den Unterschied zwischen einsprachigen und zweisprachigen Wörterbüchern zu beschreiben, wie man vielleicht denken könnte. So dürfte es relativ unkontrovers sein zu behaupten, dass in einsprachigen Wörterbüchern Aussagen über lexikalische Einheiten einer Sprache (L1) gemacht werden, und zwar im Wesentlichen – wenn man von lexikografischen Darstellungsformen wie Illustrationen einmal absieht – durch andere lexikalische Einheiten dieser Sprache (L1). Ob eine analoge Aussage über zweisprachige Wörterbücher gemacht werden kann, ist aber zu bezweifeln. Wenn man nämlich sagen würde, dass in zweisprachigen Wörterbüchern Aussagen über lexikalische Einheiten einer Sprache (L1) durch lexikalische Einheiten einer anderen Sprache (L2) gemacht werden, so charakterisierte das das Wesen zweisprachiger Wörterbücher nur unzureichend, weil der Status der zweiten Sprache so gesehen der einer Metasprache zur Charakterisierung von Einheiten der ersten Sprache wäre. Was zweisprachige Wörterbücher aber eigentlich ausmacht, ist, dass sie Relationen zwischen lexikalischen Einheiten zweier Sprachen herstellen und sozusagen wechselseitig Aussagen über lexikalische Einheiten einer Sprache durch die andere darstellen.

Aus diesem Grund lassen sich die Informationstypen, die für einsprachige Wörterbücher identifiziert wurden, nicht ohne weiteres auf zweisprachige übertragen. Insofern stellt sich die Frage, welche Art von Aussage ein (ungewöhnlich einfacher) Wörterbucheintrag vom Typ

**a'ward-winning** *adj.* preisgekrönt <DOG-E2>

eigentlich darstellt. Einerseits kann man ihn eindeutig als Aussage über das englische Wort *award-winning* interpretieren, denn erstens bildet es das Lemma und zweitens werden Angaben zu Betonung und Wortklasse von *award-winning* gemacht, die denen zu diesen Informationstypen in einsprachigen Wörterbüchern entsprechen. Ob das deutsche Wort *preisgekrönt* aber schlichtweg als eine andere Darstellungsform des Informationstyps Bedeutungsangabe zu sehen ist, ist nicht mehr ganz so einfach zu beantworten. Wird mit einem solchen Eintrag postuliert, dass *award-winning* und *preisgekrönt*, soweit man das überhaupt von zwei lexikalischen Einheiten unterschiedlicher Sprachen sinnvoll behaupten kann, dieselbe Bedeutung haben oder wird eine weitergehende Beziehung aufgestellt, die etwa auch den Teil der Beschreibung der lexikalischen Einheiten umfasst, der sich auf die Verwendung in bestimmten Stilebenen oder sich entsprechenden Soziolekten bezieht?

Die Wörter aus L2, die sich in einem Eintrag zu einer lexikalischen Einheit aus L1 in zweisprachigen Wörterbüchern finden, werden häufig als Äquivalente oder Übersetzungsäquivalente bezeichnet. Zentral für die Untersuchung zweisprachiger Wörterbücher ist also die Frage, welchen Informationstyp die Angabe von Äquivalenten im zweisprachigen Wörterbuch eigentlich darstellt.

## 4.2 Äquivalente im zweisprachigen Wörterbuch

### *4.2.1 Äquivalente als Informationstyp*

Die Frage nach Status oder Funktion der Äquivalente in zweisprachigen Wörterbüchern lässt sich unter Umständen auch vonseiten der Benutzer gut verdeutlichen. Vergleicht man zum Beispiel die Artikel zu *bicycle* aus dem *Concise Oxford Dictionary* (COD9) und dem *Duden-Oxford Großwörterbuch Englisch-Deutsch* (DOG-

E2) oder die zu *mazout* aus dem *Nouvelle Petit Robert* (NPR 1993) und dem *Langenscheidts Handwörterbuch Französisch-Deutsch* (LHW-F 2001), so dürften (für im Englischen beziehungsweise Französischen entsprechend kompetente Benutzer mit Deutsch als Muttersprache) sowohl die einsprachigen wie auch die zweisprachigen Wörterbücher als Informationsquellen über die Bedeutungen von *bicycle* und *mazout* nutzbar sein:

**bicycle** … *a vehicle of two wheels held in a frame one behind the other, propelled by pedals and steered with handlebars attached to the front wheel.* <COD9>
**bicycle** …*Fahrrad, das* < DOG-E2>
**MAZOUT** … Résidu de la distillation du pétrole, formé d'un mélange de carbures solides et liquides. – Liquide épais, visqueux, brun, utilisé comme combustible. <NPR 1993>
**mazout** … (Heiz)Öl <LHW-F 2001>

Wie bereits angedeutet, mögen die Übersetzungsäquivalente der zweisprachigen Wörterbücher die Funktion des Informationstyps Bedeutungsangabe aus der Sicht mancher Benutzer sogar besser erfüllen, und zwar aus zwei Gründen: Einerseits sind die Übersetzungsäquivalente *Fahrrad* und *Heizöl* deutlich leichter zu erfassen als die Definitionen der einsprachigen Wörterbücher, andererseits erfordern zweisprachige Wörterbücher natürlich eine weit niedrigere fremdsprachliche Kompetenz. Da einem dies besonders deutlich wird, wenn man Wörterbuchartikel für Sprachen vergleicht, die einem vielleicht weniger geläufig sind, seien hier die Einträge zu *kaars* aus einem einsprachigen niederländischen Wörterbuch und einem zweisprachig niederländisch-deutschem Wörterbuch angeführt:[6]

**kaars** … *tot verlichting dienende ronde staaf von stearine of was enz. met een pit van katoendraad of vlas in het midden.* <vDGW 1984>
**kaars** … *Kerze* <vDGWND1986>

Diese geringen Anforderungen an die Kompetenz der Benutzer machen diese Art der Darstellung natürlich auch für den Anfängerunterricht in einer Sprache besonders sinnvoll. So führt etwa das friesische Schulwörterbuch *Sölring fuar sölring Skuulen* weitgehend einfache Äquivalenzbeziehungen der folgenden Art an:

**Qualle** di Rochelsnot, -er
**Qualm** di Rook
…
**Rad** di Weel, -en; di Rad, -en
**radfahren** radköör
**radieren** ütwiski <Friesisches Schulwörterbuch [3]2001>

---

[6] Hierin liegt auch einer der Gründe, warum Wörterbuchbenutzer dem zweisprachigen Wörterbuch gegenüber dem einsprachigen vielfach den Vorzug geben.

Andererseits muss man in Hinblick auf die Bedürfnisse fortgeschrittenerer Benutzer natürlich sagen, dass einsprachige Wörterbücher in vielen Fällen Bedeutungen wesentlich präziser beschreiben als dies in zweisprachigen Wörterbüchern geschieht:

> **cottage** ... Cottage, *das*; Häuschen, *das* <DOG-E2>
> **cottage** ... **1** ... (kleines) Landhaus, Cottage *n* <LHW-E 2001>
> <u>**cottage**</u> ... a small house in the country <LDOCE4> (Unterstreichung = magenta)

Diese Diskrepanz zwischen vermeintlich leichter Verständlichkeit und letztlich mangelnder Präzision erklärt unter Umständen auch die oben angesprochene unterschiedliche Beurteilung zweisprachiger Wörterbücher durch allgemeine und professionelle Benutzer, weil sich letztere der mit Wortgleichungen verbundenen Problematik eben bewusst sind und nicht in den Fehler verfallen, die Äquivalente in zweisprachigen Wörterbüchern als adäquate Bedeutungsbeschreibungen zu betrachten.

Die unterschiedlichen Funktionen von ein- und zweisprachigen Wörterbüchern werden zum Beispiel deutlich, wenn man die Wörter *street* oder *rue* betrachtet. Wenn man *street* etwa in einem Wörterbuch wie dem *Collins Großwörterbuch Englisch*

> **street** ... [**a**] Straße <CGW-E4>

oder in *Langenscheidts Power Dictionary*

> <u>**street**</u> ... Straße (*in Stadt oder Dorf*) ... <LPD-E 2002> (Unterstreichung = blau)

beziehungsweise in *Langenscheidts Handwörterbuch Französisch* (2001) nachschlägt

> **rue** ... Straße *f* ... <LHW-F 2001>

dann erhält man mit *Straße* ein Äquivalent, das im Normalfall etwa in einem zu übersetzenden Text da eingesetzt werden kann, wo im englischen Text *street* oder im französischen *rue* steht. Dass die Bedeutung von *Straße* nicht mit der von *street* identisch ist, wird im *Power Dictionary* immerhin durch den Zusatz *in Stadt oder Dorf* angedeutet, ist aber aus dem *Collins Großwörterbuch* ebensowenig ersichtlich wie man aus *Langenscheidts Handwörterbuch Französisch* erkennen kann, dass die Bedeutungen von *Straße* und *rue* nicht übereinstimmen.[7] Insofern muss betont werden, dass Äquivalente in zweisprachigen Wörterbüchern dem Informationstyp Bedeutungsangabe in einsprachigen keinesfalls entsprechen (und dass zweisprachige Wörterbücher eben nur dann richtig verwendet werden, wenn sich die Benutzer dessen bewusst sind).

---

[7] In der „Gegenrichtung“ kann man diese Information diesen Wörterbüchern natürlich schon entnehmen:
**Straße** ... [**a**] road; (*in Stadt, Dorf*) street, road (*Brit*) ... <CGW-E4>
**Straße** ... **1**. rue *f*; (*Land* ⁓̊, *Fahr* ⁓̊) route *f* ... <LHW-F 2001>.
Besonders bemerkenswert ist eine lange Erklärung in *Langenscheidts Power Dictionary Englisch* (2002) zur Differenzierung von *road* und *street* für Produktionszwecke.

Die Funktion der Äquivalente in zweisprachigen Wörterbüchern lässt sich vielleicht am besten so beschreiben, dass sie eben einfach als Übersetzungsäquivalente im Sinne von Wörtern interpretiert werden, die in einem Text in einer Sprache L2 als Entsprechung von Wörtern einer L1 verwendet werden können. Das gilt übrigens nicht nur unter rezeptiven, sondern auch unter produktiven Gesichtspunkten. Wer also etwa bei einer Übersetzung aus dem Englischen ins Deutsche (und in Übersetzungen fachsprachlicher Texte dürfte dieser Fall keineswegs selten sein), auf ein Wort wie *daguerreotype* trifft, dürfte mit einer Äquivalenzangabe wie der folgenden aus dem *Duden-Oxford Großwörterbuch* (DOG-E2)

> **daguerreotype** ... *Daguerreotypie, die* <DOG-E2>

deutlich mehr anfangen können als mit der Definition des *Concise Oxford Dictionary* (COD9):

> **daguerreotype** ... *1 a photograph taken by an early photographic process employing an iodine-sensitized silvered plate and mercury vapour.*
> *2 this process.* <COD9>

Das Äquivalent trägt hier im Gegensatz zur Definition zwar nichts zur Bedeutungserläuterung bei: Wer die Bedeutung von *daguerreotype* nicht kennt, wird durch das Äquivalent *Daguerreotypie* auch nicht schlauer. Auch die im einsprachigen Wörterbuch dargestellte Polysemie des Wortes (als Prozess und als Produkt), kommt im zweisprachigen Wörterbuch nicht zum Ausdruck, denn dem polysemen *daguerreotype* steht in der Zielsprache nur ein – ebenso polysemes – *Daguerreotype* gegenüber. Dennoch erfüllt der Eintrag des zweisprachigen Wörterbuchs bestimmte Nachschlagebedürfnisse, indem er darüber informiert, dass (zumindest der Analyse der verantwortlichen Lexikografen zufolge) überall dort, wo sich in einem englischen Text das Wort *daguerreotype* findet, die deutsche Form *Daguerreotypie* verwendet werden kann. In diesem Sinne verkörpern Äquivalente im zweisprachigen Wörterbuch einen Informationstyp Übersetzungsäquivalent, der sich vom Informationstyp Bedeutungsangabe deutlich unterscheidet.

### *4.2.2 Lexikografische und übersetzungstheoretische Äquivalenz*

Die Tatsache, dass zweisprachige Wörterbücher im Gegensatz zu einsprachigen Übersetzungsäquivalente angeben, erweckt tatsächlich den Anschein hoher Benutzerfreundlichkeit. Wie oben schon angedeutet, werden in rezeptiven Benutzungssituationen Übersetzungsäquivalente in die Muttersprache unter Umständen oft als verständlicher und leichter interpretierbar empfunden als Definitionen in der Fremdsprache. In produktiven Benutzungssituationen, in denen man etwa bei einer Übersetzung in die Fremdsprache nach einem Wort in der Fremdsprache sucht, ist das zweisprachige Wörterbuch häufig ohnehin die einzige Nachschlagemöglichkeit.

Dennoch beruht auch die Attraktivität des kurzen Weges vom Übersetzungsäquivalent im Wörterbuch zum Übersetzungsäquivalent im Text auf einem Trugschluss.

Dabei ist nämlich zu berücksichtigen, dass es, wie alle übersetzungswissenschaftlichen Ansätze unbeschadet der zwischen ihnen bestehenden Unterschiede betonen, bei der Übersetzung weniger um die Äquivalenz von Wörtern sondern vielmehr von Texten geht.[8] „Nur Texte werden übersetzt", wie Coseriu (1978: 20) sagt. Auch Reiß und Vermeer (1984: 142) führen aus, dass „bei der Translation die Relation der Äquivalenz auf Textäquivalenz zu beziehen ist", und genau das kann in Wörterbüchern ja nicht geschehen. Insofern besteht ein fundamentaler Unterschied zwischen den lexikalischen Einheiten, die ein Wörterbuch als Übersetzungsäquivalente angeben kann, und denen, die in einem konkreten Text tatsächlich verwendet werden können, wenn dieser Text eine äquivalente Übersetzung darstellen soll. Die folgenden zwei Textausschnitte mit der Wendung *fish and chips* verdeutlichen, wie Wörterbuchangaben und übersetzungstheoretische Überlegungen hinsichtlich der angemessenen Übersetzung eines Wortes oder einer Wendung zu völlig anderen Ergebnissen führen können:

> Too frequently I have made the mistake of buying fresh food once a week and either running out of organisational steam halfway through the week, so all the meals I had planned to cook have fallen by the wayside, or being held up at work or in some other way and grabbing **fish and chips** on the way home instead. (BNC)
>
> London's venerable red and cream double-deckers rumbled along the Thames embankment for the last time in 1952. Somehow the image of the tall, thin, mournful double-deck tram with its wooden body, slatted wooden seats and growling electric motor has stuck in the British mind. Trams, it was believed until surprisingly recently, are old-fashioned. They had something to do with **fish and chips** wrapped in newspaper, men in hats, National Health specs, smog and powdered egg. (BNC)

Zweisprachige Wörterbücher übersetzen die Wendung *fish and chips* in der Regel durch *(Brat-)Fisch mit Pommes frites*. In keinem der beiden Texte ist dieses Äquivalent allerdings für eine adäquate Übersetzung wirklich brauchbar. Wesentlich für den ersten Text ist das Wissen, dass es sich bei *fish and chips* um ein in England zwar beliebtes, aber wenig gesundes, weil frittiertes, *fast food* handelt; als Ausdruck der Kultur des schnellen ungesunden Essens bildet es so einen krassen Gegensatz zu *fresh food* und *meals I had planned to cook* weiter oben im Text. *Fisch mit Pommes frites* bringt dies für Leser, die mit der britischen (Ess-)Kultur nicht vertraut sind, sicherlich nicht angemessen zum Ausdruck; ein auf der kulturell-konnotativen Ebene besseres Äquivalent wäre hier etwa *Currywurst mit Pommes* oder semantisch weniger spezifisch *schnell etwas von der Imbissbude*. Dabei ist klar, dass der denotative Unterschied zwischen der ausgangssprachlichen Wendung und den hier vorgeschlagenen Übersetzungen viel zu gravierend ist, als dass ein zweisprachige Wörterbuch, welches ausgangssprachliches Lemma und zielsprachliches Äquivalent ja

---

[8] Vgl. hierzu Koller (1983: 186-187), Reiß/Vermeer ([2]1984: 139-140), Herbst (1994).

nur allgemein, d.h. ohne Berücksichtigung des im konkreten Einzelfall vorliegenden Textes, einander gegenüberstellen kann, hier eine Äquivalenzbeziehung herstellen könnte.

Wichtig für das Verständnis der zweiten Textstelle ist, dass es sich bei *fish and chips* um eine traditionelle britische Mahlzeit handelt, wobei das Servieren in Zeitungspapier zur Tradition dazugehört. Nur mit diesem Wissen reiht es sich in die Aufzählung der anderen Charakteristika britischer Tradition ein. Eine angemessene Übersetzung hätte hier etwa einen erläuternden Zusatz, z.B. ... *standen in einer Reihe mit den traditionellen in Zeitung eingewickelten ‚fish and chips'* .... Wiederum ist klar, dass ein Wörterbuch eine solche Art der Übersetzung nicht leisten kann.

Die Angemessenheit einer Übersetzung für eine lexikalische Einheit ist also oft eine Frage, die sich nur aus dem weiteren (Kon-)Text des zu übersetzenden Wortes beantworten lässt. Das zweisprachige Wörterbuch, welches ja in Abstraktion vom konkreten Text operiert, stößt hier an seine Grenzen. Es ist also keineswegs so, dass zweisprachige Wörterbücher Übersetzungsäquivalente enthielten, die ohne weitere Reflexion bei der Übersetzung von Texten verwendet werden könnten. Was nun den Status der Äquivalente in zweisprachigen Wörterbüchern angeht, so machen diese Überlegungen deutlich, dass sie wohl mehr als Anregungen für die Sprachproduktion der Benutzer gesehen werden müssen denn als vollständige Liste, aus der quasi mechanisch ausgewählt werden könnte. Dies ist natürlich eine ganz erhebliche Einschränkung, die auch für *fish and chips* mehr Gültigkeit hat als für *Daguerreotypie*, von der allerdings zu bezweifeln ist, dass sich die meisten Benutzer zweisprachiger Wörterbücher ihrer wirklich bewusst sind.

Als Konsequenz aus dem Gesagten ergibt sich, dass ein Äquivalenzbegriff, wie er in der Übersetzungstehorie zweckmäßig ist, nicht mit einem für lexikografische Zwecke angemessenem übereinstimmt.

### *4.2.3 Lexikografische und strukturell-semantische Äquivalenz*

#### 4.2.3.1 Problem: Arbitrarität der Bedeutungen

Äquivalenz kann natürlich nicht nur unter übersetzungstheoretischen Gesichtspunkten gesehen werden, sondern auch in Hinblick auf den Status zwischen lexikalischen Einheiten zweier Sprachen als Elementen von Sprachsystemen. Eines der Hauptprobleme dabei ist, dass jegliche Äquivalenzrelation dieser Art letztlich von der Annahme ausgehen muss, dass beiden Sprachen dasselbe Inventar von Konzepten zugrunde liegt. Zwei Lexeme wären in diesem Sinne dann äquivalent, wenn sie formaler Ausdruck ein und derselben Bedeutung wären. In Anlehnung an Leisi (1973: 12) lässt sich dies grafisch etwa folgendermaßen darstellen:

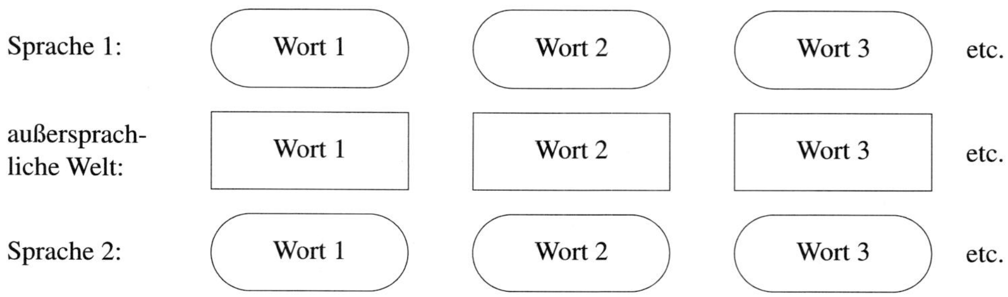


Man kann wahrscheinlich davon ausgehen, dass sich solche Äquivalenzbeziehungen zwischen bestimmten lexikalischen Einheiten tatsächlich postulieren lassen – etwa zwischen der lexikalischen Einheit *Kilovolt* im Deutschen und der lexikalischen Einheit *kilovolt* im Englischen beziehungsweise der lexikalischen Einheit *kilovolt* im Französischen.

Es ist aber klar, dass es vollkommen verfehlt wäre zu glauben, man könnte die lexikologischen Strukturen zweier Sprachen allgemein auf diese Weise zueinander in Beziehung setzen. Leisi weist zu Recht auf den naiv idealisierenden Charakter einer solchen Auffassung hin, wobei nicht übersehen werden darf, dass auch de Saussure sein Konzept der Arbitrarität des sprachlichen Zeichens ja keineswegs nur auf die Form bezog, sondern ebenso auf die Bedeutung.[9] Entsprechend unterscheiden sich nicht nur Formen von Sprache zu Sprache, sondern auch die ihnen zugrunde liegenden Konzepte, wie auch Leech (1981: 26) betont, wenn er sagt: „This leads on to the question of the partial ‚arbitrariness‘ of the categories language provides for us. By ‚arbitrariness‘ I mean, firstly, that conceptual boundaries often vary from language to language in a way that defies principled explanation." Leisi (1973: 14) veranschaulicht dies folgendermaßen:

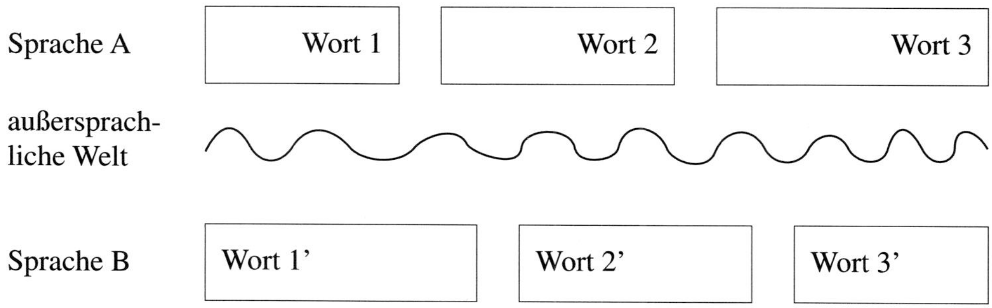


[9] Vgl. in diesem Zusammenhang Culler (1976: 21): „It is, Saussure says, all too easy to think of language as a set of names and to make the biblical story of Adam naming the beasts an account of the very nature of language. If one says that the concept ‚dog‘ is rendered or expressed by *dog* in English, *chien* in French and *Hund* in German, one implies that each language has an arbitrary name for a concept which exists prior to and independently of any language."

Die Problematik zeigt sich zum Beispiel im Verhältnis von *little* und *small* im Englischen zum deutschen Adjektiv *klein*. Obwohl sowohl *little* als auch *small* als Äquivalente zu *klein* gelten können, sind sie keineswegs synonym, was die folgende *usage note* aus LDOCE 4 zum Ausdruck bringt:

> **WORD CHOICE: small, little**
> **Small** is a very general word for talking about the size of something: *a small village | a small man | He had small brown eyes. | The envelope was too small | Do you have this shirt in a smaller size?.*
> **Little** is used, especially in spoken English, to show how you feel about someone or something small, for example to show that you like them, dislike them, or feel sorry for them: *What lovely little cakes! | her horrid little dog....*

<LDOCE4> (Unterstreichung = blau; blau unterlegt)

*Little* und *small* unterscheiden sich also hinsichtlich des emotionalen und konnotativen Gehalts, was sich auch im Kollokationsverhalten beider Wörter niederschlägt. Insbesondere Substantive wie *number, amount, business, letter*, bei denen eine emotionale Sichtweise nicht plausibel ist, kommen bevorzugt mit *small* vor. Im Deutschen ist der hier deutlich werdende Unterschied zumindest auf der Ebene des Einzelwortes nicht wiederzugeben, denn der Kontrast von *small* und *little* ist in *klein* gleichsam neutralisiert. In diesem Sinne ist *klein* weder zu *little* noch zu *small* wirklich bedeutungsäquivalent. Bis zu einem gewissen Grad können diese Unterschiede im zweisprachigen Wörterbuch auch dargestellt werden:

**klein** … [1] ... [a] little, small; *Finger* little; *Format, Gehalt, Rente, Zahl, (Hand)schrift, Buchstabe* small … <CGW-E4>

Der Eintrag deutet zwar das unterschiedliche Kollokationsverhalten beider Äquivalente zu *klein* an; der zugrunde liegende konzeptuelle Unterschied wird jedoch nicht erfasst. Dieser ist jedoch besonders dort von Bedeutung, wo *little* und *small* im gleichen Kontext – etwa vor *house* – stehen können und dort einen Bedeutungsunterschied bewirken:

[1]$_{\text{BNC}}$ In the summer, he lived in a little house surrounded by sunflowers higher than it was …

[2]$_{\text{BNC}}$ He lived in a small house there with his brothers and sisters, all Israeli citizens who spoke Hebrew and lived and worked in Israel.

In diesen Beispielen könnte man *in a little house* in (1) etwa mit *in einem kleinen Häuschen*, *in a small house* in (2) dagegen mit *in beengten Verhältnissen* übersetzen.

Ein ähnliches Problem stellt sich etwa in den Einträgen des *Duden-Oxford Großwörterbuchs* und des *PONS Großwörterbuchs Englisch* zu *head*:

> **head** … ❶ n. ◖A *Kopf*, der; *Haupt*, das (geh.) <DOG-E2>
> **head** ... **I.** ... ◖A ... Kopf *m*, Haupt *nt geh* <PGW-E1>

Hier wird zwar durch eine Markierung deutlich gemacht, dass *Haupt* einer gehobenen Stilebene zugehört, ins Englische übertragen lässt sich dies jedoch nicht, denn als Übersetzungsäquivalent bietet sich eben nur *head* an. Folgt man der strukturalistischen Auffassung, dass sich die Bedeutung eines Wortes aus den semantischen Oppositionen zu anderen Wörtern ergibt, so kann *head* auch zu *Kopf* nicht als Äquivalent gelten, denn letzteres bezieht einen Teil seiner Bedeutung aus der Opposition zu *Haupt*, einer Opposition, die eben für *head* nicht existiert. Auf der anderen Seite kann aber im Englischen *head* in stilistisch als gehoben markierten Texten vorkommen, was durch das Äquivalent *Haupt* folgerichtig zum Ausdruck gebracht wird.

Die Unterschiede zwischen *Kopf* und *Haupt* in Bezug auf *head* oder von *little* und *small* im Verhältnis zu *klein* auf der Ebene der konnotativen Bedeutungselemente stellen also in gewisser Hinsicht eine Einschränkung einer möglicherweise zu postulierenden Äquivalenzbeziehung dar. Ähnliches kann sich ergeben, wenn man Bedeutungen im Rahmen der Prototypensemantik betrachtet. Wenn man etwa das deutsche Wort *Orient* mit dem englischen Wort *orient* vergleicht, so ergeben sich unter diesem Gesichtspunkt Unterschiede, wie die entsprechenden Artikel aus *Meyers Taschenlexikon* und dem *Concise Oxford Dictionary* nahelegen:

> **Orient** … i.e.S. der Raum der vorderasiat. Hochkulturen (Alter Orient) und die islam. Länder im Nahen Osten und in N-Afrika … i.w.S. auch der Mittlere Osten und der Ferne Osten. <Meyers großes Taschenlexikon 1983>
> **orient** … **1** … **b** *the countries east of the Mediterranean, esp. E. Asia; the East* <COD9>

Grob gesprochen bezeichnen beide Wörter also die Länder östlich von Europa. Insofern erscheint es auch vertretbar, wenn das *PONS Großwörterbuch Englisch* im englischen Teil beide Wörter als Äquivalente gleichsetzt:

> **Orient** ... der Orient <PGW-E1>

Allerdings geht aus den Definitionen auch hervor, dass sich beide Wörter im Sinne eines Prototypen durchaus unterscheiden. Deutsche Sprecher denken bei *Orient* zuerst an die Länder des Nahen Ostens, an Märchen aus tausend und einer Nacht und an Städte wie Bagdad. Für englische Sprecher ist der Orient dagegen typischerweise mit Zentralasien und Kulturen wie der Chinas verbunden. Interessanterweise gibt das *Collins Großwörterbuch Englisch* denn auch neben *orient* das Äquivalent *Middle East* zu *Orient*:

**Orient** … [a] (liter. = *der Osten*) Orient; …
[b] (= *arabische Welt*) ≈ *Middle East*; … <CGW-E4>

Das Problem liegt hier generell gesprochen also darin, dass beide Wörter zwar über denselben Referenten (nämlich eine bestimmte Weltgegend) verfügen, das prototypische Zentrum innerhalb des Referenten jedoch anders liegt.[10] Der hier diskutierte Fall ist dabei kein Einzelfall. Ein ähnliches Problem ergibt sich etwa für *Kloß* und *dumpling*. Wiederum lässt sich von deckungsgleichen Denotaten ausgehen, denn ein Deutscher würde einen englischen *dumpling* wohl als *Kloß* bezeichnen, ein Engländer umgekehrt einen deutschen Kloß als *dumpling*. Die Definitionen von *Kloß* und *dumpling* im einsprachigen Wörterbuch machen aber deutlich, dass sich der typische Kloß sehr wohl vom typischen *dumpling* unterscheidet:

**Kloß** ... *e-e Speise in Form e-r Kugel, die aus e-m Teig (von Kartoffeln, Grieß, Semmeln od. Fleisch) gemacht ist ≈ Knödel* … <LGDaF>
**dumpling** … **1 a** *a small savoury ball of usu. suet, flour, and water, boiled in stew or water* … <COD9>

Letztlich ist wohl davon auszugehen, dass sich im Hinblick auf den Prototypen insbesondere im Bereich der Konkreta sehr viele Wörter einer Sprache von ihren Entsprechungen in anderen Sprachen unterscheiden. Der prototypische englische *policeman* unterscheidet sich vom deutschen *Polizisten*, ebenso der Prototyp des englischen *tea bag* vom deutschen *Teebeutel*. Auch wenn in der Linguistik unterschiedliche Standpunkte dahingehend bestehen, ob derartige Unterscheidungen in den Bereich der sprachlichen Bedeutungsbeschreibung fallen oder unterschiedliche Merkmale der außersprachlichen Dinge in unterschiedlichen Kulturen sind, ist festzustellen, dass Unterschiede im prototypischen Kern der Bedeutung von lexikalischen Einheiten in zweisprachigen Wörterbüchern wohl weniger deutlich zum Ausdruck gebracht werden als in einsprachigen.

#### 4.2.3.2 Komplexität von Äquivalenzrelationen

Die Konsequenz aus der unterschiedlichen Art und Weise, in der Bedeutungen in verschiedenen Sprachen existieren, führt dazu, dass auch die Betrachtung von Äquivalenzrelationen zu einem sehr komplexen Unterfangen wird.[11] Einerseits kann man wohl davon ausgehen, dass es zwischen lexikalischen Einheiten verschiedener Sprachen tatsächlich den Fall einer 1:1-Äquivalenz gibt, wie er etwa zwischen *Kilovolt*

[10] Man könnte allerdings auch der Auffassung sein, dass es sich bei *orient* und *Orient* um Namen handelt, folglich also ein Referent (und kein Denotat) vorliegt und unterschiedliche Konnotationen bestehen.

[11] Vgl. in diesem Zusammenhang Kromann, Riiber und Rosbach (1991: 2717), die zwischen „three logically possible equivalence relations – full, partial and zero equivalence" unterscheiden. Nachdem im Falle der *zero equivalence* keine Äquivalenz vorliegt, soll sie hier auch nicht als Äquivalenztyp aufgeführt werden.

im Deutschen, *kilovolt* im Englischen und *kilovolt* im Französischen bestehen dürfte.

Andererseits ist es aber unzweifelhaft so, dass einer Einheit einer L1 zwei (oder mehrere) Einheiten einer L2 gegenüber stehen können, so dass man nicht mehr von 1:1-Äquivalenz sprechen kann. So gibt es im Englischen etwa kein Lexem, das dem Lexem *Geschmack* im Deutschen entspräche:

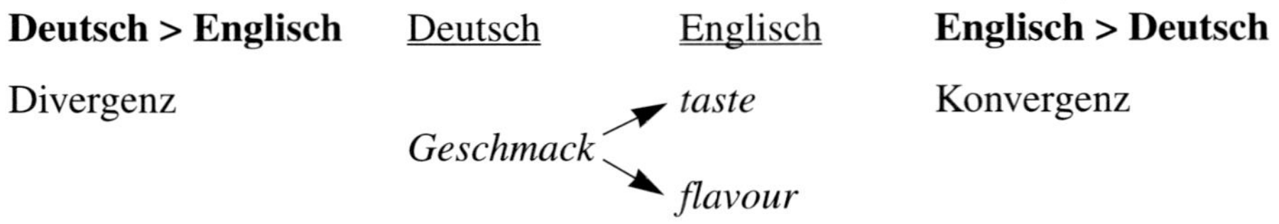


Aus der Perspektive des Deutschen könnte man vielmehr sagen, es besteht Divergenz von *Geschmack* zu *taste* und *flavour* beziehungsweise Konvergenz von *taste* und *flavour* zu *Geschmack*.[12]

Allerdings ist mit der Feststellung einer Divergenz vom Deutschen zum Englischen noch nichts Allgemeines über die Relation zwischen den Lexemen *Geschmack, taste* und *flavour* gesagt, denn es ist nicht so, dass aus der Perspektive des Englischen zum Deutschen hin in derselben Weise Konvergenz bestünde, weil keineswegs alle Bedeutungen der englischen Lexeme *taste* oder *flavour* im Deutschen durch das Lexem *Geschmack* ausgedrückt werden können. Damit wird deutlich, dass die Analyse von Äquivalenzbeziehungen weiter dadurch verkompliziert wird, dass ein Lexem gleichzeitig in Divergenz- und Konvergenzbeziehungen stehen kann. So ist *Kugel* einerseits konvergent mit *Ball* und (*Woll-*)*Knäuel* im Hinblick auf das englische Lexem *ball*, andererseits divergent im Hinblick auf die englischen Lexeme *ball, sphere, bowl, bullet* und *pellet*. Da auch letztere in (Teil-)Äquivalenzbeziehungen zu weiteren deutschen Lexemen stehen, ergibt sich zwischen beiden Sprachen ein komplexes Geflecht vom Äquivalenzbeziehungen, welches auch die folgende Skizze nur ansatzweise abbildet:

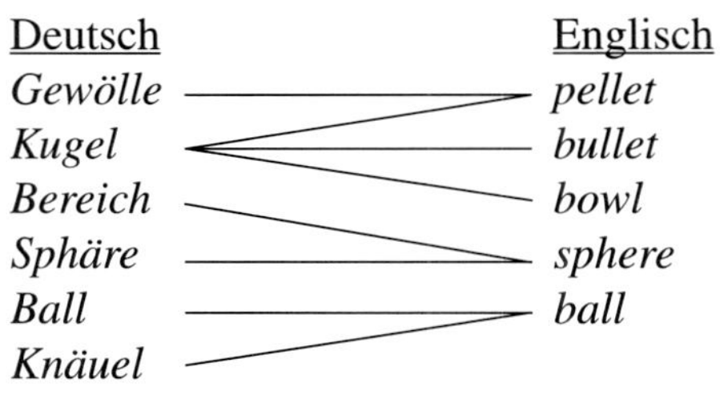


Es ist offensichtlich, dass diese immense Komplexität, die zwischen den Einheiten verschiedener Sprachen bestehen kann, ganz erhebliche Anforderungen an eine adäquate lexikografische Darstellung stellt.

[12] Konvergenz und Divergenz spielen zum Beispiel in Hinblick auf Interferenzerscheinungen in der Didaktik und der kontrastiven Linguistik eine Rolle. Vgl. etwa Burgschmidt/Götz (1974: 124).

Dies ist umso mehr so, als sich die Frage, ob man in einem bestimmten Fall etwa 1:1-Äquivalenz oder Divergenz ansetzt, nicht notwendigerweise mit der Frage deckt, ob ein Lexem als polysem zu analysieren ist. So kann man zum Beispiel eine Divergenz *cabin → (Schiffs-)Kabine, Hütte* in einer entsprechenden Polysemie von *cabin* angelegt sehen. Dagegen lässt sich aus einer Divergenz *Affe → monkey, ape* nicht schließen, dass *Affe* als polysem zu analysieren sei; naheliegend ist vielmehr, es als semantisch weniger spezifiziert zu betrachten.

Umgekehrt gilt auch, dass Polysemie nicht zwingend zu Divergenz (wie bei *Abend → soir, soirée*) führen muss, sondern durchaus mit einer 1:1-Äquivalenzbeziehung in Einklang (wie im Falle von *Abend → evening*) stehen kann:

> **Abend** … **1.** *Tageszeit um die Dämmerung, das Dunkelwerden vor Beginn der Nacht.* …
> **2.** *[geselliges] Beisammensein am Abend* … <DUW5> (Unterstreichung = blau)
> **Abend** … [a] *evening* … <CGW-E4>
> **Abend** ... **1.** (*Tageszeit*) soir *m*; (*in seinem Verlauf*) soirée *f* ... <PGW-F>

Letztlich ist in diesem Zusammenhang noch zu berücksichtigen, dass man bei einer Kombination von Polysemie und Divergenz (wie sie hier für *Abend → soir, soirée* oder *cabin → (Schiffs-)Kabine, Hütte* für plausibel erachtet wurde) Divergenz in Hinblick auf Lexeme – und nicht etwa Bedeutungen oder lexikalische Einheiten –konstatiert.[13]

### *4.2.4 Lexikografische Äquivalente*

Es dürfte offensichtlich sein, dass sich die Bestimmung dessen, was man in der Lexikografie unter einem Äquivalent verstehen kann, weder aus einem übersetzungstheoretischen noch aus einem strukturellen Äquivalenzbegriff ergeben kann: Die Äquivalenzrelation der Übersetzungswissenschaft ist ausschließlich textbezogen. Da die Äquivalenz (oder der Grad der Äquivalenz) einer Übersetzung am Gesamttext und nicht am Einzelwort zu messen ist, lässt sich der übersetzungswissenschaftliche Äquivalenzbegriff schon von daher nicht ohne Weiteres auf die Lexikografie übertragen, weil die Grundbeschreibungseinheit eines Wörterbuchs ja Lexeme (oder sogar lexikalische Einheiten) bilden.[14] In Hinblick auf die Orientierung an einem

---

[13] Geht man hingegen von lexikalischen Einheiten (als monosemen Kombinationen einer lexikalischen Form mit einer Bedeutung) aus, so wären für *cabin* und *Abend* bereits je zwei lexikalische Einheiten anzusetzen, die dann zu den entsprechenden Einheiten der Zielsprachen in einer 1:1-Äquivalenz stünden. Divergenz kann aber auch in Bezug auf lexikalische Einheiten bestehen. Wenn man etwa eine lexikalische Einheit mit der Form *brush* und der Bedeutung ‚an object made of short stiff hairs (called bristles) or wires set in a block of wood or plastic, usually attached to a handle. Brushes are used for many different jobs, such as cleaning, painting, and tidying your hair‘ <OALD6> ansetzt, ergibt sich zum Deutschen Divergenz in Hinblick auf *Bürste* und *Pinsel.*

[14] Vgl. in diesem Zusammenhang Hönig und Kußmaul ($^{2}$1984: 53): „Ein Übersetzer muß niemals *public school* – oder *gemütlich* – übersetzen, sondern deren anteilige Funktion an der Gesamt-Textfunktion in der ZS!“.

Äquivalenzbegriff, der sich stärker an der Äquivalenz sprachlicher Einheiten innerhalb bestimmter Sprachsysteme orientiert, sind zumindest dahingehend Vorbehalte hinsichtlich seiner Anwendbarkeit auf die Lexikografie angebracht, dass eine Darstellung der Komplexität der Äquivalenzrelationen, die für ein Lexem und/oder eine lexikalische Einheit einer Sprache mit Lexemen oder lexikalischen Einheiten einer anderen Sprache postuliert werden können, in einem Wörterbucheintrag ein kaum zu leistendes Unterfangen darstellen dürfte. Die Tatsache, dass es kontrastive Studien lexikologischer Art für einen größeren Bereich des Wortschatzes zweier Sprachen auch in der Linguistik nicht gibt, kann als Beleg für die Unmöglichkeit, vielleicht aber auch die Irrelevanz eines solchen Unterfangens dienen. Zumindest ergibt sich eine große Schwierigkeit für die zweisprachige Lexikografie daraus, dass Äquivalenzrelationen wie Divergenz oder Konvergenz zwischen den Einheiten der Lexika (im Sinne von mentalen Lexika) verschiedener Sprachen falls überhaupt, dann offenbar nicht in einem Ausmaß bestehen, dass sie sinnvoll lexikografisch deskriptiv umgesetzt werden könnten.[15]

Ein lexikografischer Äquivalenzbegriff muss demnach eine Art Kompromiss darstellen zwischen Faktoren wie strukturell-semantischer und übersetzungstheoretischer Äquivalenz, Praktikabilitätsgesichtspunkten und benutzerbezogenen Aspekten. Um den Charakter von Äquivalenten in zweisprachigen Wörterbüchern im Verhältnis zu dem Lemma, auf das sie sich beziehen, beschreiben zu können, mögen folgende Kriterien nützlich sein:[16]

I. Äquivalente sind immer Äquivalente zu etwas, also Äquivalente zu einem Lemma. Das Umgekehrte gilt nicht: Aus
**road** ... Straße
kann gefolgert werden, dass für *road* immer *Straße* gesetzt werden kann, nicht aber, dass für *Straße* immer *road* gesetzt werden könnte.

II. Äquivalent und Lemma sind Lexeme. Das ist insofern wichtig, als damit die Institutionalisierung des entsprechenden Wortes impliziert wird. Das bedeutet insbesondere, dass Ad-hoc-Wortbildungen oder Paraphrasen nicht als Äquivalente (sondern als Bedeutungsangaben) im Wörterbuch zu sehen sind.[17]

III. Äquivalente sind Lexeme, die in Texten einer Sprache L2 verwendet werden und dabei semantisch als Entsprechung zur Verwendung des Lemmas in Texten einer Sprache L1 fungieren können.

[15] Zu einer Bestimmung lexikografischer Äquivalenz auf der Basis von Äquivalenz im Sinne des Vergleichs von Sprachsystemen und der Übersetzungswissenschaft s. Hausmann und Werner (1991). Zu einer Beschreibung von Äquivalenz als Prozess s. Hartmann (1985). Vgl. Hartmann (1988: 21): „In my view it cannot be adequately treated as a static correspondence relation between pairs of linguistic systems, but must be viewed as a dynamic process within the wider context of the bilingual speaker's code-switching strategies." Zum Problem der Äquivalenz in der Lexikografie s. auch Zgusta (1971: 312-325).

[16] Der Klarheit halber wird diese Darstellung auf das Verhältnis Lemma zu Äquivalent bezogen. Damit soll nicht gesagt werden, dass etwa zwischen einer Kollokationsangabe in einem Wörterbucheintrag und der angegebenen Übersetzung keine Äquivalenzbeziehung herrschen könne.

[17] In diesem Zusammenhang ist die Unterscheidung relevant, die Zgusta (1971: 319) zwischen „translational or insertible equivalents" und „explanatory or descriptive ones" trifft. Vgl. in diesem Zusammenhang auch Schnell (erscheint demnächst).

IV. Der Äquivalenzcharakter angegebener Äquivalente kann durch Spezifizierungen eingeschränkt und präzisiert werden.
V. Lemma und Äquivalente sind immer nur in Hinblick auf den Skopos des Wörterbuchs zu interpretieren. So sind Verwendungen von Lexemen, die typischerweise von der intendierten Benutzergruppe nicht rezipiert oder produziert werden würden, natürlich nicht aufgeführt.

### *4.2.5 Lexikografische Darstellungsformen*

#### 4.2.5.1 Spezifizierung von Äquivalenten

Angesichts der Komplexität der Äquivalenzbeziehungen ist es offensichtlich, dass aus den Einträgen des zweisprachigen Wörterbuchs klar hervorgehen muss, welches Äquivalent in welchem Kontext angebracht ist. Dies ist vor allem in älteren zweisprachigen Wörterbüchern häufig nicht der Fall, wo oft Äquivalente unkommentiert aneinander gereiht werden wie in den folgenden Artikeln aus *Langenscheidts Enzyklopädischem Wörterbuch* in der Auflage von 1981:

**bed** ... **I** *s* **1.** Bett *n*, Lager(statt *f*) *n*, (*auch* letzte) Ruhestätte. – **2.** Bett *n* (*bestehend aus Bettstelle, -tüchern, -decke, Matratze, Kissen*). – **3.** Bett *n*: a) Bettstelle *f*, b) (Feder- *etc*) Bett *n*. – **4.** Lager *n*, Bett *n* (Tier); ... <LEW-E6>
**buzz**[1]... **I** *v/i* **1.** summen, brummen. – **2.** murmeln, raunen – **3.** flüstern, tuscheln – **4.** schwirren, surren ... <LEW-E6>
**dictate** ... **I** *v/t* **1.** diktieren, ansagen: **to ~ a letter to s.o.** j-m einen Brief diktieren. – **2.** diktieren, vorschreiben, befehlen, gebieten: **necessity ~s it** die Not gebietet es. – **3.** diktieren, auferlegen, aufzwingen: **to ~ terms to s.o.** j-m Bedingungen auferlegen. – **4.** eingeben, -flößen. – **II** *v/i* 5. diktieren, ein Diktat geben. – **6.** diktieren, befehlen, herrschen ... <LEW-E6>

Hier ist es offenbar die Zusammenstellung der Äquivalente, die bestimmte Bedeutungselemente verdeutlichen soll. In ähnlicher Weise verfährt das *Wildhagen Héraucourt English-German German-English Dictionary* (1953):

**Klinge** ...*blade; sword, sabre* ... <WHEGD 1953>
**betriebsam** ... *active; busy; industrious, diligent, strenuous* || *energetic, go-ahead, pushing;* <dero> *fussy;* ... <WHEGD 1953>

Hier wird zwar durch die Interpunktionszeichen und den Doppelstrich || angedeutet, dass etwa *blade – sword/sabre* oder *active – strenuous – energetic* nicht synonym sind, doch über den Unterschied zwischen den gegebenen Äquivalenten und ihre möglichen Verwendungen wird nichts ausgeführt. Englischsprachigen Benutzern, die das deutsch-englische Wörterbuch zu Rezeptionszwecken verwenden, ist der semantische Unterschied zwischen den Äquivalenten natürlich bewusst, so dass eine weitere Differenzierung der Äquivalente für sie nicht nötig ist. Deutschsprachige Benutzer, die das Wörterbuch zu Produktionszwecken verwenden, müssen jedoch durch erläuternde Zusätze über die Unterschiede informiert werden. Aufschlussreicher ist daher für sie der folgende Eintrag, aus dem hervorgeht, dass *Klinge* nur in literarischen Verwendungen mit *sword* zu übersetzen ist:

> **Klinge** … *blade;* (liter: = Schwert) *sword, blade* (liter) <CGW-E4>

Eine derartige Differenzierung und Kommentierung der Verwendungen der Äquivalente wird durch die folgenden Mittel bewirkt:[18]

- Spezifizierungen in Hinblick auf Denotatum oder Verwendungskontext des Lemmas:
  **Kanal** … **a** … (zur Bewässerung) *ditch, canal;* (zur Entwässerung) *drain;* (für Abwässer) *sewer*; … <CGW-E4>
  **lieb** … ❶ … ◖D …**mein Lieber** (*Mann an Mann*) my dear fellow; (*Frau/Mann an Jungen*) my dear boy; (*Frau an Mann*) my dear man <DOG-E2>

- Spezifizierung semantischer Merkmale, die zwischen verschiedenen Bedeutungen oder Verwendungen des Lemmas unterscheiden, durch Synonyme und Paraphrasen:
  **Kleinigkeit** … *little* or *small thing;* (= Bagatelle) *small* or *trifling* or *trivial matter* or *thing, trifle;* (= Einzelheit) *minor detail* or *point, small point*; …<CGW-E4>
  **rührig** … ❶ ... active; (*mit Unternehmungsgeist*) enterprising; go-ahead; (*emsig*) busy; industrious <DOG-E2>
  **recht** … **2** adv **a** (= richtig) *properly*; (= wirklich) *really* <CGW-E4>

- Spezifizierung hinsichtlich der Kollokatoren, mit denen das Lemma auftreten kann:
  **packen** … Koffer *to pack*; Paket *to make up*; … <CGW-E4>
  **leicht** … **2** adv … **e** … gewebt *finely*; bewaffnet *not heavily, lightly*; … <CGW-E4>

- Spezifizierung der Kollokatoren, mit denen die Äquivalente auftreten können:[19]
  **sausen** … ◖A … <wind> whistle; <storm> roar; <head, ears> buzz; <propeller, engine, etc.> whirr … <DOG-E2>
  **ernst** …❶ ... ◖A serious <face, expression, music, doubts> …
  ◖B … genuine <intention, offer> …
  ◖C … serious <injury>; grave <situation> <DOG-E2>

[18] Vgl. in diesem Zusammenhang auch die Lösungsvorschläge von Schnorr (1986: 59).

[19] Bei Verben erfolgt eine solche Spezifizierung vor allem über typische Subjekte und Objekte, bei Adjektiven über durch sie modifizierte Substantive und bei Adverbien über durch sie modifizierte Verben oder Adjektive.

Dabei ist natürlich den Lexikoparametern der Akkuratheit und der Vollständigkeit Rechnung zu tragen. Ein Artikel zu *beschließen*, der wie der folgende aus dem *PONS Kompaktwörterbuch Englisch* (PKW-E5 2002) die zentralen Verwendungen des Verbs außer Acht lässt, verstößt natürlich eklatant gegen diese Prinzipien:

> **beschließen** *irr vt* **1.** (*Resolution*) decide on; (PARL: *Gesetz*) pass **2.** (*beenden*) conclude; **über etw ~** decide on s.th. <PKW-E5>

#### 4.2.5.2 Weitere Markierungen

Der eingeschränkte Charakter einer lexikografischen Äquivalenzbeziehung kann außerdem beispielsweise durch die Angabe entsprechender stilistischer Markierungen[20] erfolgen, wie dies etwa im *Duden-Oxford Großwörterbuch* und im *PONS Großwörterbuch Englisch* im Artikel *head* geschieht:

> **head** ... **I.** ... ❶ ... Kopf *m*, Haupt *nt geh* <PGW-E1>

Hier dient das Label *geh* der Differenzierung der beiden angegebenen Äquivalente; im Falle von

> **bekieken** ... (*nordd. ugs.*) look at; have a look at <DOG-E2>

wird offensichtlich das Lemma gegenüber den angegebenen Äquivalenten abgegrenzt.

> **Entropie** ... entropie ...<LHW-F 2001>
> **entropy** ... Entropie <CGW-E4>
> **Phonem** ... Phonem <PGW-E1>
> **phoneme** ... LING Phonem *fachspr* <PGW-E1>

Die unterschiedliche Markierungspraxis im deutsch-englischen und englisch-deutschen Teil des *PONS Großwörterbuchs Englisch* führt zu der Frage, ob im zweisprachigen Wörterbuch Markierungen nur dann nötig sind, wenn sich Lemma und Äquivalente in Hinsicht auf den Gebrauch in bestimmten Stilebenen, Fachsprachen, etc. unterscheiden oder ob sie prinzipiell anzugeben sind. De facto hängt dies natürlich davon ab, wie weit die Ähnlichkeit zwischen Lemma und einem Äquivalent gehen muss. Bezieht sich Äquivalenz im Wesentlichen auf die Faktoren, die in einsprachigen Wörterbüchern in der Definition zum Ausdruck gebracht werden? Oder müssen auch stilistische, diastratische und diaphasische Aspekte der Bedeutung, eventuell auch gewisse grammatische Eigenschaften (Wortklasse, Subklassen wie *zählbar/nicht-zählbar*) deckungsgleich sein? Je nach Verständnis der Äquivalenzbeziehung sind entsprechende Markierungen nur bei Unterschieden zwischen Lemma und Äquivalent anzubringen oder auf jeden Fall vorzunehmen. Gänzlich irreführend ist es jedoch, wenn jeweils nur das Lemma markiert wird, weil damit

[20] Zu Markierungen in zweisprachigen Wörterbüchern siehe Werner (1991).

suggeriert wird, das Äquivalent unterliege den entsprechenden Restriktionen im Gebrauch nicht:

> **entropy** ... (*Phys.*) Entropie <DOG-E2>
> **Entropie** ... (*fachspr.*) entropy <DOG-E2>
> **entropie** ... *PHYS, INFORM* Entropie <LHW-F 2001>
> **Entropie** ... (*Phys*) entropy <CGW-E4>

Ein vollkommen anderer Aspekt solcher Markierungen im zweisprachigen Wörterbuch betrifft die Frage, in welcher Sprache sie abzufassen sind. Im *Duden-Oxford Großwörterbuch* wird beispielsweise die Markierung immer in der Sprache des Wortes gegeben, auf die sie sich bezieht, während *Langenscheidts Power Dictionary* seiner Orientierung auf deutschsprachige Benutzer dadurch Rechnung trägt, dass es ausschließlich Markierungen in deutscher Sprache verwendet:

> **Elfmeter** *Fußball*: penalty [ˈpenltɪ] kick <LPD-E 2002> (Unterstreichung = blau)
> **penalty** ... 2. *Fußball*: Elfmeter, (A), (CH) Penalty <LPD-E 2002> (Unterstreichung = blau)

#### *4.2.5.3 Markierung von Idiomen*

Die Frage, welche Markierungen in zweisprachigen Wörterbüchern anzuführen sind, um Einschränkungen der Äquivalenz zwischen Lemma und angegebenem Äquivalent zum Ausdruck zu bringen, hängt natürlich davon ab, welche Ebenen der sprachlichen Beschreibung man in diesem Zusammenhang für relevant hält. Ein Bereich, in dem das anscheinend in zweisprachigen Wörterbüchern nicht üblich ist, aber angebracht wäre, ist der der Übersetzung von Idiomen. Hier besteht ein erheblicher Unterschied in Bezug auf die stilistische Wirkung, ob ein Idiom der L1 in der L2 ebenfalls durch ein Idiom wie *die Katze im Sack kaufen*, *im Trüben fischen* oder *to have a sixth sense* ausgedrückt wird oder durch eine allgemeine Formulierung wie *eine krakelige Schrift haben* oder *sich für jemanden entscheiden*:

> **chat** ... *fig.*: ***acheter en poche*** die Katze im Sack kaufen; ***appeler un ~ un ~*** das Kind beim Namen nennen ... ***avoir un ~ dans la gorge*** e-n Frosch im Hals haben; ***avoir une écriture de ~*** e-e krakelige Schrift haben <LHW-F 2001>
>
> **Gras** ... ▶WENDUNGEN: **ins ~ beißen** (*sl*) to kick the bucket *sl*; **das ~ wachsen hören** (*jdm entgeht nicht das Geringste*) to have a sixth sense; (*zu viel in etwas hineindeuten*) to read too much into things; **über etw** *akk* **wächst ~** (*fam*) [the] dust settles on sth; [**wo der hinhaut**], **da wächst kein ~ mehr** (*fam*) he puts the kiss of death on everything he touches <PGW-E1>
>
> **fish** ... ▶PHRASES: **to ~ or cut bait** AM eine Entscheidung fällen; (*marry*) sich *akk* für jdn entscheiden; **to ~ in troubled waters** im Trüben fischen <PGW-E1>

Ebenso ist natürlich eine entsprechende Lemmatisierung beziehungsweise Kennzeichnung der Idiome der L1 erforderlich, wie sie hier im *PONS-Großwörterbuch für Experten und Universität* durch die Zusammenfassung in einem eigenen Block mit Wendungen beziehungsweise *phrases* gegeben ist, weil sonst Idiome als eigene lexikalische Einheiten nicht von Beispielen zu unterscheiden sind.

## 4.3 Bedeutungsangaben im zweisprachigen Wörterbuch

### *4.3.1 Bedeutungsangaben als Informationstyp*

Auch wenn in zweisprachigen Wörterbüchern prinzipiell Lexeme von zwei Sprachen miteinander in Beziehung gesetzt werden, ist festzuhalten, dass es durchaus Fälle gibt, in denen einem Lexem einer Sprache kein äquivalentes Lexem einer anderen Sprache entspricht.[21] Am deutlichsten wird diese Problematik vielleicht bei den sogenannten Kulturspezifika, d.h. Wörtern, deren Denotatum auf die jeweilige Kultur beschränkt ist. In solchen Fällen besteht in zweisprachigen Wörterbüchern die Gefahr, dass Lexeme als Äquivalente angegeben werden, die eigentlich nicht äquivalent sind.

**public school** ... BRIT Privatschule <PGW-E1>
**Federweiße(r)** ... (*dial*) new wine <CGW-E4>[22]
**cream tea** ... Nachmittagstee <CGW-E4>

So wird das hier angegebene Äquivalent *Privatschule* zumindest den konnotativen Bedeutungselementen hinsichtlich des sozialen Status und des Prestiges von *public schools* in England und Privatschulen im deutschsprachigen Raum sicherlich nicht gerecht. Sowohl *new wine* als auch *Nachmittagstee* sind wohl kaum als lexikalisiert zu betrachten und semantisch mit Sicherheit nicht äquivalent: Bei Federweißem handelt es sich nicht um jungen Wein, sondern eine noch gärende Vorstufe desselben; dass *cream tea* nicht nur den Tee an sich, sondern auch *scones* mit *clotted cream* und *strawberry jam* umfasst, wird aus dem Äquivalent *Nachmittagstee* ebenfalls nicht deutlich.

Damit soll nicht gesagt werden, dass die angegebenen Äquivalente im konkreten Fall der Übersetzung eines englischen Textes ins Deutsche nicht adäquat sein können, ganz im Gegenteil. Falls man sich aber für eine Übersetzung von *cream tea* mit *Nachmittagstee* entscheidet, dann in Hinblick auf den für die konkrete Übersetzung erforderlichen „Grad der Differenzierung" im Sinne von Hönig und Kußmaul ([2]1984) und in dem Bewusstsein, semantisch unterzuspezifizieren. Im Wörterbuch erscheint eine solche Unterspezifizierung in Bezug auf die semantischen Merkmale des Lemmas aber

---

21 Kromann, Riiber und Rosbach (1991: 2718) sprechen in diesem Zusammenhang von *non-equivalents*.

22 Im *Collins Großwörterbuch Englisch* wird diese Angabe jedoch durch eine *cultural note* zu *Federweißer* ergänzt (> 4.3.2.).

illegitim. In einer Übersetzung mag es unwesentlich und gegebenenfalls hinderlich sein, den Unterschied zwischen *barrister* und *solicitor* zum Ausdruck zu bringen; ein Wörterbuch, das in beiden Fällen nur *Anwalt* oder *Rechtsanwalt* als Äquivalent anführt, kann aber nicht allen entsprechenden Nachschlagebedürfnissen gerecht werden, da es semantisch nicht ausreichend differenziert. Da aber offensichtlich nicht für jede lexikalische Einheit einer Sprache ein für lexikografische Zwecke semantisch adäquates Äquivalent gefunden werden kann, ist in solchen Fällen im Wörterbuch eben auch kein Äquivalent anzugeben, sondern eine Bedeutungsangabe zu machen.

### *4.3.2 Lexikografische Darstellungsformen*

Die systematische Trennung der Angabe von Äquivalenten und von Bedeutungsangaben kann als wichtiges Desiderat in zweisprachigen Wörterbüchern angesehen werden. Insbesondere in Hinblick auf die Textproduktion ist es nämlich entscheidend, dass zwischen den Informationstypen Bedeutungsangabe und Äquivalent in der Darstellung im Wörterbuch differenziert wird. Das kann auf verschiedene Weisen geschehen:

I. durch Paraphrasen, von denen kein Benutzer annehmen würde, dass sie in der L2 lexikalisiert seien, so dass eine Verwechslung mit dem Informationstyp Äquivalent ausgeschlossen ist:

**cidre** ... ~ ***bouché*** stark moussierender, auf Flaschen gezogener Cidre; **~ *doux*** süßer, noch nicht ganz vergorener Cidre <LHW-F 2001>

**T.F. 1** ... *abr* (*Télévision française première chaîne*) erstes Programm des französischen Fernsehens <LHW-F 2001>

**Bierbauch** ... **~garten** ... brasserie *f* avec terrasse (en plein air) <LHW-F 2001>

II. durch Zusätze zu Quasi-äquivalenten, die auf diese Weise als semantisch unterdifferenziert markiert sind:

**scone** … Scone *m* (*brötchenartiges Gebäck, das lauwarm mit einer Art dicker Sahne und Marmelade gegessen wird*) <PGW-E1>

**Weißbier** … *light, highly effervescent, top-fermented beer made from wheat and barley;* weiss beer <DOG-E2>

**coroner** … Coroner, m (*richterlicher Beamter zur Untersuchung der Todesursache in Fällen unnatürlichen Todes*); <LHW-E 2001>

**solicitor** … ❶ ... Rechtsanwalt, Rechtsanwältin *m, f* (*der/die seine/ihre Mandanten nur in den unteren Instanzen vertreten darf, im Gegensatz zum barrister*) <PGW-E1>

**barrister** … *in GB:* Rechtsanwalt, Rechtsanwältin (*der/die vor höheren Gerichten zugelassen ist*) <LPD-E 2002>

**barrister** ... **1.** *Br.* Barrister *m,* (*vor den höheren Gerichten plädierender*) Rechtsanwalt (*im Gegensatz zum* **solicitor** *od.* **attorney**) ... <LEW-E6>

**marseillais** ... **II** ... **2.** ***la*** $\overset{\circ}{\sim}$***e*** die Marseillaise (*frz Nationalhymne*) <LHW-F 2001>

III. durch Differenzierung von Äquivalenten durch eine andere Drucktype oder ein entsprechendes Symbol:

**crêpe**[2] … ***~s Suzette*** *mit Likörcreme angerichtete u. flambierte Eierkuchen* <LHW-F 2001>

**scone** … *weicher, oft zum Tee gegessener kleiner Kuchen* <DOG-E2>

**Baumkuchen** … *tall cylindrical cake, hollow in the centre* <DOG-E2>

**Gymnasium** ... ≈ grammar school BRIT, ≈ high school AM <PGW-E1>

**Gymnasium** … ❶ [A] ≈ grammar school; <DOG-E2>

**A level** …(*Brit.*) Abschluss *m* der Sekundarstufe 2; ***to take one's ~s*** ~ *das Abitur machen* ... <CGW-E4>

IV. durch Hinzufügen einer *cultural note*, wie das im *Collins Großwörterbuch Englisch* praktiziert wird:

**A LEVELS**

**A levels** *sind dem Abitur vergleichbare Hochschulqualifikationen. Zur Beendigung der höheren Schulbildung wählen Schülerinnen und Schüler in England, Wales oder Nordirland zwei oder drei Fächer. Die Kurse schließen häufig an GCSE-Kurse der gleichen Fachbereiche an und dauern normalerweise zwei Jahre, die Abschlussprüfungen werden im Alter von 18 Jahren abgelegt. Zu den Universitäten werden Studenten im Allgemeinen nur dann zugelassen, wenn sie von den Universitäten festgelegte Notendurchschnitte in den* **A levels** *vorweisen können. Das entsprechende schottische Pendant ist der* ***Higher Grade****, der oft auch einfach nur* ***Higher*** *genannt wird. Schüler belegen dafür bis zu fünf Fächer und nehmen nach einem Jahr an der Abschlussprüfung teil.* ▶ GCSE <CGW-E4>

**FEDERWEISSER**

**Federweißer** *(also known as* ***Sauser, Bitzler*** or – in Austria – ***Sturm****) is new wine. It is only partially fermented and so still contains carbon dioxide and yeast, which accounts for its typical cloudiness.* **Federweißer** *is a very popular drink at grape-harvest time and is often enjoyed with a piece of* ***Zwiebelkuchen****.* ▶WEIN <CGW-E4>

## 4.4 Aussprache, Orthografie, Morphologie und Grammatik

### *4.4.1 Problem der Benutzungsrichtung*

In Hinblick auf die Informationstypen der Angaben zu Aussprache, Orthografie, Morphologie und Grammatik wirkt sich die Tatsache, dass die meisten zweisprachigen Wörterbücher nicht konsequent auf eine Benutzungsrichtung hin (L1 → L2 für Muttersprachler von L1 etc.) konzipiert sind, besonders nachteilig aus. Bei diesen Informationstypen dürften die Nachschlagebedürfnisse nämlich fast ausschließlich im produktiven Bereich liegen, soweit es nicht um die Zugehörigkeit einer Wortform (wie *brachte*; *repeat*) zu einem Lemma (*bringen; repeat noun*) geht. Aus der Benutzungsperspektive wäre insofern der adäquate Ort für solche Informationen im Explikationsteil des Artikels in Bezug auf die dort angegebenen Äquivalente (die ja die lexikalischen Einheiten der L2 sind), die die Benutzer als Folge des Nachschlagens verwenden). Gegeben werden solche Informationen in zweisprachigen Wörterbüchern – soweit sie überhaupt enthalten sind – in der Regel aber für die Lemmata.

So machen das *Langenscheidts Handwörterbuch* (2001) und das *PONS Großwörterbuch Englisch* (2002) Angaben zur Aussprache und Morphologie von *grind*:

> **grind** [graɪnd] ... **I** *v/t* [*irr*]... **1** ... schleifen, wetzen, schärfen <LHW-E 2001>
> **grind** [graɪnd] ... **II.** *vt* <ground, ground> ... ❸ ... etw schleifen [*o* schärfen][*o* wetzen] <PGW-E1>,

aber eben nur für das Lemma im englisch-deutschen Teil, in dem entsprechende Angaben zur Morphologie von *schleifen* aber fehlen. Unter *schleifen* finden sich solche Angaben zu *grind* in den deutsch-englischen Teilen dieser Wörterbücher aber nicht. Aus diesem Grund ist zu hoffen, dass sich die technischen Möglichkeiten, die für die lexikografische Arbeit heute zur Verfügung stehen und die wahrscheinlich auch einen erheblichen Anteil an der enormen Verbesserung der einsprachigen Lernerwörterbücher im Englischen haben, in der zweisprachigen Lexikografie endlich zu einer Durchsetzung des Konzepts von vierbändigen zweisprachigen Wörterbüchern auf breiter Basis führen wird. Dass dies keineswegs eine illusorische Forderung ist, zeigt die Tatsache, dass zum Beispiel in *Langenscheidts Power Dictionary*, das als Schulwörterbuch einer solchen Konzeption folgt, sowohl eine Ausspracheangabe zu *grind* als auch ein (allerdings wenig transparenter) Hinweis auf die unregelmäßigen Formen im englisch-deutschen Teil enthalten ist:

> **schleifen** ... **2** ... grind* [graɪnd] <LPD-E 2002> (Unterstreichung = blau)

Allerdings darf nicht übersehen werden, dass eine solche Forderung in der Tat erheblichen Platzbedarf mit sich bringt, der in Printwörterbüchern nicht immer leicht zu befriedigen sein wird. So lässt sich über die CD-ROM-Version des *Duden-Oxford Großwörterbuchs Englisch* etwa feststellen, dass das Substantiv *information* an 17 Stellen als Äquivalent gegeben wird und an weiteren 28 Stellen in Phrasen, Kollokationen etc. auftaucht. Das Verb *go* kommt im deutsch-englischen Teil dieses Wörterbuchs gar 1109 mal vor, etwa in Einträgen wie:

> **Abenteuer** … ❶ A adventure; **auf ~ ausgehen** go off in search of adventure; … <DOG-E2>
> **abfahren** … ❶ … B (*hinunterfahren*) drive down; (*Skisport*) ski *or* go down <DOG-E2>
> **abhanden** … **~ kommen** get lost; go astray <DOG-E2>

Diese Zahlen machen deutlich, dass es für ein Papierwörterbuch vollkommen unmöglich wäre, die gesamte Bandbreite der grammatischen Information, die für die Verwendung eines Äquivalents gegeben werden kann, immer darzustellen. Dabei ist natürlich festzuhalten, dass solche Platzbeschränkungen nur für die Printversionen der zweisprachigen Wörterbücher gelten. In elektronischen Wörterbüchern (> 7) dürfte es ja keine Schwierigkeiten bereiten, ein Wort wie *information*, wenn es als Äquivalent im deutsch-englischen Teil des Wörterbuchs auftaucht, mit einem entsprechenden Warnsignal auszustatten, über das gleichzeitig ein Link zur entsprechenden Information hergestellt werden kann.

Wenn eine solche Politik in einem Papierwörterbuch lexikografisch realisierbar sein soll, dann muss sie sehr genau in Hinblick auf die Benutzergruppe des Wörterbuchs und die Schwierigkeiten, die diese Benutzer bei der Sprachproduktion haben könnten, abgestimmt sein. Das bedeutet konkret, dass es im Falle von *go* in einem Wörterbuch der Größe des *Langenscheidts Handwörterbuchs* oder des *Duden-Oxford Großwörterbuchs* sicherlich überflüssig ist, morphologische Formen wie *went* oder Ausspracheangaben zu wiederholen. Dass nicht in jedem Fall, in dem *information* als Äquivalent im deutsch-englischen Teil des Wörterbuchs vorkommt, eine explizite Auflistung der grammatischen Eigenschaften, die im Eintrag von *information* enthalten sind, erforderlich ist, zeigen die folgenden Beispiele:

> **beiläufig** ... ❷ *adv.* .... ◖B ... **jmdn. ~ ausfragen** get information unobtrusively from sb <DOG-E2>
>
> **Gewähr** ... **die Angaben erfolgen ohne**~: no responsibility is accepted for the accuracy of this information <DOG-E2>

Außerdem bedeutet die Forderung nach Angaben zur Konstruktion und Verwendung eines Äquivalents im zweisprachigen Wörterbuch ja nicht unbedingt, dass alle morphologischen und grammatischen Eigenschaften dieser lexikalischen Einheit aufgeführt werden müssen. Vielmehr erscheint – übrigens auch unter dem Gesichtspunkt der Benutzungsfreundlichkeit – ein gewisses Maß an Selektion unter Berücksichtigung der intendierten Benutzergruppe des Wörterbuchs geboten. In einem Schülerwörterbuch wie *Langenscheidts Power Dictionary* ist die Auflistung unregelmäßiger Verbformen wie *ground* bei Äquivalenten sicherlich sinnvoll, in einem Wörterbuch mit der Zielgruppe des *PONS Großwörterbuchs für Experten und Universität* aber vielleicht eher störend (da die Wahrscheinlichkeit sehr hoch ist, dass die Experten mit dieser Form vertraut sind). Für beide Zielgruppen wesentlich sind aber beispielsweise Valenzangaben oder Angaben zur Substantivsubklasse, die gerade für die Sprachproduktion von entscheidender Bedeutung sind. Deshalb ist es dringend erforderlich, dass solche Angaben in der Tat auch im zweisprachigen Wörterbuch in einer den Informationen in den einsprachigen Lernerwörterbüchern entsprechenden Form und Ausführlichkeit bei den Äquivalenten (und nicht – jedenfalls nicht nur – beim Lemma) gegeben werden:

> **Strandgut** *nt kein pl* (*geh*) flotsam and jetsam + *sing vb* **Strandhafer** *m* BOT beach grass *no art, no pl spec* **Strandhotel** *nt* beach [*or* seaside] hotel, hotel on the beach **Strandkorb** *m* beach chair .... <PGW-E1>

**versuchen** ... **II** *vi* ■ **~, etw zu tun** to try doing/to do sth; ■ **~, ob ...** to [try and] see whether [*or* if] ... <PGW-E1>
**investieren** ... ❶ ... ■ **etw [in etw** *akk*] ~ to invest sth [in sth]
❷ ... **etw [in jdn/etw**] ~ to invest sth [in sb/sth] ... <PGW-E1>
**distinguish** ... **I.** vi ■ **to ~ between sth and sth** zwischen etw *dat* und etw *dat* unterscheiden
**II.** *vt* ... ❷ ... ■ **to ~ sb/sth from sb/sth** jdn/etw von jdm/etw unterscheiden; ... jdn/etw von jdm/etw abheben <PGW-E1>

Das gilt auch für Ausspracheangaben. In Fällen wie

**Bastion** ... bastion, bulwark <PGW-E1>
**bäurisch** ... boorish, oafish <PGW-E1>
**Gewissen** ... conscience <CGW-E4>
**Gewitter** ... thunderstorm <CGW-E4>

würden deutschsprachige Benutzer enorm davon profitieren, wenn die Aussprache unter dem englischen Äquivalent im deutsch-englischen Teil und nicht unter dem Lemma im englisch-deutschen Teil angeführt wäre. Da diese Wörter als Äquivalente auch keineswegs so häufig auftreten wie *go*, wäre der Platzbedarf auch zu verkraften, insbesondere wenn man berücksichtigt, dass in vielen zweisprachigen Wörterbüchern durchaus auch Spielraum zur Platzreduzierung besteht.

Ein weiterer Aspekt, der die produktionsorientierte Komponente in zweisprachigen Wörterbüchern verbessern könnte, betrifft natürlich nicht nur die Art der beim Äquivalent anzugebenden Informationstypen, sondern auch die Vollständigkeit der entsprechenden Angaben. Was Valenzangaben angeht, so finden sie sich ja in zweisprachigen Wörterbüchern durchaus, und oft auch beim Äquivalent, aber bei weitem nicht mit der Systematik und Ausführlichkeit, mit der das in einsprachigen Wörterbüchern der Fall ist:

**beschließen** ... [1] ... [a] ... to decide on; **~ etw zu tun** to decide *or* resolve to do sth <CGW-E4>
**beschließen** ... **I.** ... ❶ ■ **etw** ~ to decide sth ... ■ ~ etw zu tun to decide to do sth <PGW-E1>
**beschließen** *v/t.* **1.** decide (***zu*** *inf.* to *inf.*) <LHW-E 2001>
... **vermeiden** *v/t.* avoid <LHW-E 2001>
**vermeiden** *vt* ... ■ **etw** ~ to avoid sth <PGW-E1>

So wird hier weder auf die wichtige Valenzergänzung einer *ing*-clause (*avoid doing*) hingewiesen noch auf die ebenfalls sehr frequente Verwendung von *decide* mit *that*.

### *4.4.2 Orthografie und Aussprache*

#### 4.4.2.1 Varianten

Wenn man die Angaben zu Orthografie und Aussprache zu den Lemmata der zweisprachigen Wörterbücher mit entsprechenden Informationen in einsprachigen Wörterbüchern vergleicht, so ist jedenfalls für den Bereich Deutsch-Englisch festzustellen, dass sie in der Regel jeweils nur eine Variante angeben. Es ist sicherlich nachzuvollziehen, dass in zweisprachigen Wörterbüchern die Lexikoparameter Vollständigkeit und Platz (beziehungsweise Kosten) anders justiert werden als im einsprachigen, dennoch ist eine solche Entscheidung in Hinblick auf die Rechtschreibreform im Deutschen oder die Bedeutung, die sowohl das britische als auch das amerikanische Englisch für deutschsprachige Benutzer haben, alles andere als unproblematisch.

Hier scheint sich allerdings ein Wandel anzubahnen, denn das *PONS Großwörterbuch Englisch* (PGW-E1) aus dem Jahr 2002 macht diesbezügliche Angaben immerhin unter dem ausgangssprachlichen Lemma[23]:

**Samoan** [səˈməʊən AM ˈmoʊən] <PGW-E1>
**Schiffahrt** ...
**Schiffahrtsgesellschaft** ... **Schiffahrtskonferenz** ... **Schiffahrtslinie** ... **Schiffahrtsstraße** ...
**Schifffahrt**[RR] ...
**Schifffahrtsgesellschaft**[RR] ... **Schifffahrtskonferenz**[RR] ... **Schifffahrtslinie**[RR]... **Schifffahrtsstraße**[RR]... <PGW-E1>

#### 4.4.2.2 Transkriptionssysteme

Was die Wahl des phonetischen Umschriftsystems angeht, so verwenden zwar heute alle der hier betrachteten Wörterbücher die IPA-Lautschrift.[24] Es ist aber doch erwähnenswert, dass der Verlag Langenscheidt erst mit dem *Schulwörterbuch* von 1953 zu IPA übergegangen ist. Dies bedeutete einen großen Einschnitt in der Politik des Verlages, denn vorher war bei Langenscheidt – ähnlich wie bei Oxford University Press – ein eigenes Umschriftsystem, das so genannte Toussaint-Langenscheidtsche System zur Verzeichnung der englischen Aussprache, etabliert. In diesem System wurden verschiedene „Schriftgattungen" verwendet, nämlich

---

23 Die graue Unterlegung deutet auf die alte Rechtschreibung hin; [RR] auf die Rechtschreibreform.

24 Zu erwähnen ist vielleicht in diesem Zusammenhang, dass manche Reisewörterbücher oder *phrase books* für den touristischen Markt eigene Lautschriftsysteme verwenden, die sich zum Beispiel an den Konventionen der englischen Orthografie orientieren.

Abb. 5: Muret-Sanders 1898

**junction** (dGŏ'nᵍk-schᵒn) [lt.] *s.* **1.** Verbindung *f*, Vereinigung *f* (Handlung u. Zustand); *geom.* Berührung *f*; 🚂 Anschluß *m* (von Nebenlinien); *arch.* ~ of two roofs Wiederkehr *f* (*m*). — **2.** ⚒ Durchschlag *m* zweier Strecken. — **3.** Vereinigungspunkt *m* von Flüssen ꝛc.; Wegkreuzung *f*; 🚂 Knotenpunkt *m*. — **4.** 🚂 F = ~-railway.
**junctional** (~schᵒ-nᵒl) *a.* Verbindungs-...
**junction-*box*** ⚙ (~schᵒn-bŏkß) *s.* Verbindungskammer *f* für mehrere Rohrleitungen.
**~-line** 🚂 (~-lāīn) *s.* = junction-railway.
**~-plate** ⚙ (~-plēt) *s.*, *mach.* Verbindungsplatte *f* der Kessel.
**~-rails** 🚂 (~-rēlß) *s/pl.* Weichenschienen *f/pl.*
**~-railway** 🚂 (~-rē'l-wē) *s.* Verbindungsbahn *f.*
**~-station** 🚂 (~-ßtē-schᵒn) *s.* Anschluß-station *f.*
**juncto** † (dGŏ'nᵍk-tō) *s.* = junto.
**juncture** (dGŏ'nᵍk-tschᵒr) [lt.] *s.* **1.** † Vereinigen *n*, Verbindung *f.* — **2.** Vereinigungs-, Verbindungs-punkt *m*, -stelle *f*; Fuge *f*, Naht *f*, Gelenk *n*, Verbindung *f.* — **3.** kritischer Mome'nt, Konjunktu'r *f*; Zeitpunkt *m*; ~s *pl.* of time Zeit-umstände *m/pl.*, -läufte *m/pl.*
**jundie** schott. (dGŏ'n-dᵉ) *v/a.* u. *v/n.* ① b. (mit dem Ellbogen) stoßen; kämpfen, ringen.
**June** (dGūn) [lt.] *s.* Monat Juni *m.*

I. deutsche Schrift „für englische Laute, welche den betreffenden deutschen Schriftzeichen im allgemeinen entsprechen“
II. lateinische Schrift „für englische Laute, welche sich nicht durch deutsche Schrift darstellen lassen: a .. w ...“ und Kursivschrift „für die Laute *th* und *dh*“
III. kleinere, hochstehende Schrift „für flüchtig gesprochene, sehr wenig hervortretende kurze Vokale, bzw. Halbvokale“

in Verbindung mit „allgemeinen Aussprachezeichen“ wie ˘ (Kürzezeichen) und ¯ (Längezeichen) (Abb. 5).

### *4.4.3 Morphologie und Grammatik*

#### 4.4.3.1 Informationen zu Morphologie und Grammatik

Während Orthografie, Aussprache und Morphologie in jedem Falle als sprachspezifische Eigenschaften von Wörtern zu betrachten sind, könnte man in Bezug auf manche grammatische Eigenschaften wie etwa das Merkmal ‚zählbar/nicht zählbar‘ bei Substantiven argumentieren, dass zwischen Lemma und Äquivalent Gemeinsamkeiten bestehen. Damit stellt sich hier dasselbe Problem, wie es in 4.2.5.2 in Hinblick auf den Stilwert und andere Markierungen diskutiert wurde, nämlich inwieweit diese grammatischen Eigenschaften im zweisprachigen Wörterbuch überhaupt explizit gemacht werden müssen.

Aufgrund solcher Überlegungen erheben Kromann, Riiber und Rosbach (1991) die Forderung, dass vor allem diejenigen grammatischen Eigenschaften der Wörter einer Sprache darzustellen sind, die für die Sprecher der jeweils anderen Sprache nicht vorhersagbar sind. In diesem Sinne erübrigt sich für das Äquivalenzpaar *Anerkennung – recognition* die Angabe *nicht zählbar*, denn man kann im Deutschen ebensowenig von **Anerkennungen* wie im Englischen von **recognitions* reden. Dies bedeutet aber, dass auch deutschsprachige Benutzer kaum in Versuchung kommen werden, *recognition* in den Plural zu setzen.

**Anerkennung** ... ❶ ... recognition <PGW-E1>

Anders stellt sich die Situation für das Paar *Ratschlag – advice* dar, weil im Deutschen der Plural *Ratschläge* gebildet werden kann; eine Pluralform **advices* im Englischen hingegen nicht existiert. Aufgrund der Diskrepanz zwischen den beiden Sprachen muss das zweisprachige Wörterbuch hier sehr explizite Informationen liefern, wie das etwa im *PONS Großwörterbuch Englisch* (2002) der Fall ist:

> **Ratschlag** <-s, Ratschläge> *m* advice *no pl, no indef art*, bit [*or* piece] of advice *no pl, no def art* <PGW-E1>

Morphologische und grammatische Informationen sind in zweisprachigen Wörterbüchern vor allem in Hinblick auf die produktive Funktion wichtig. Für die rezeptive Nutzung müssen, wie in 4.4.1 bereits angedeutet, vor allem morphologisch unregelmäßige Formen (eventuell auch als eigene Lemmata, > 5.3) aufgeführt werden, um deutlich zu machen, dass diese Formen dem entsprechenden Lemma zuzuordnen sind:

> **geben** <gibt, gab, gegeben> <PGW-E1>
> **gut** ... *adj, comp* **besser**, *superl* **beste(r, s)** ... <CGW-E4>
> **good** <better, best> <PGW-E1>
> **good** ...❶ ... **better** ... **best** <DOG-E2>

Weniger relevant sind für die Sprachrezeption konstruktionelle Angaben wie Valenzangaben oder Angaben zu morpho-syntaktischen Restriktionen (z.B. hinsichtlich der Pluralbildung bei Substantiven oder der Verlaufsform bei Verben), weil das Wort im Text ja bereits in bestimmten Konstruktionen vorkommt. Von Bedeutung sind derartige Informationen in rezeptiver Hinsicht allenfalls dort, wo sie zur Äquivalenzdifferenzierung beitragen können wie im Falle von *remember*:

> **remember** ... **1** *vt* **(a)** ... **to ~ to do sth** daran denken, etw zu tun; **I ~ doing it** ich erinnere mich daran, dass ich es getan habe <CGW-E4>

Unter dem Gesichtspunkt der Sprachproduktion ist morphologische und grammatische Information zum Lemma eigentlich nur für identifikatorische Zwecke nötig: Bei der Suche nach einem Übersetzungsäquivalent für *repeat* würde eine Untergliederung des Artikels (oder der Artikel) nach *noun* und *verb* mit hoher Wahrscheinlichkeit[25] für viele Benutzer hilfreich sein. Ähnliches gilt für bestimmte Typen von Valenzinformationen. Für einen schnellen Nachschlageerfolg ist es bei produktiver Nutzung des zweisprachigen Wörterbuchs essentiell, dass alle Informationen, die den Gebrauch der Äquivalente betreffen, im Explikationsteil gegeben werden.

Beim Lemma sind solche Angaben

> **information** ... *n., no pl.* A *no indef. art.* Informationen; ***give ~ on sth.*** Auskunft über etw. *(Akk.)* erteilen; ***piece*** *or* ***bit of ~information:*** Information, *die;* ***some/any ~:*** einige/irgendwelche Informationen <DOG-E2>

[25] Hierbei ist natürlich zu berücksichtigen, dass dies nur für Wörterbücher gilt, die für Benutzer konzipiert sind, die mit den Wortklasseneinteilungen vertraut sind.

für die Textproduktion kaum von Nutzen. Soweit, was schon keineswegs sicher ist, bei den Benutzern des Wörterbuchs überhaupt ein entsprechendes Problembewusstsein hinsichtlich der Probleme der Verwendung von *information* besteht, wenn sie das Wort als Äquivalent beim Nachschlagen im deutsch-englischen Teil des Wörterbuchs finden,[26] würde das Auffinden dieser Information einen erneuten Nachschlagevorgang bedeuten. Wer den nicht scheut, greift unter Umständen gleich (und besser) zu einem einsprachigen Wörterbuch.

#### 4.4.3.2 Grammatische Bezugsmodelle

In Hinblick auf die Darstellung von grammatischen Informationen in Wörterbüchern ist vor allem auch interessant, welche Grammatikmodelle die Grundlage der Beschreibung bilden. Dies betrifft einerseits die Wortklasseneinteilungen und andererseits den Komplex der Valenz.

Was die Wortklassen angeht, so ist auffällig, dass sich etwa die zweisprachig englisch-deutschen Wörterbücher nicht wie die beiden großen englischen Lernerwörterbücher an der Terminologie anlehnen, wie sie etwa durch die *Comprehensive Grammar of the English Language* (1985) von Quirk, Greenbaum, Leech und Svartvik etabliert wurde. Das betrifft vor allem den Bereich der so genannten *determiners*, ein Terminus, der in den zweisprachigen Wörterbüchern (vielleicht durchaus zu Recht) nicht auftaucht. Gravierend ist allerdings die Tatsache, dass die traditionellen Termini *transitiv* und *intransitiv* in zweisprachigen Wörterbüchern vielfach noch eine große Rolle spielen, obwohl sowohl die Quirk-Grammatiken als auch vor allem die deutsche Valenzforschung die Notwendigkeit weitergehender Differenzierungen deutlich gemacht hat. Interessanterweise verwenden weder die augenblickliche Standardgrammatik des Englischen, die *Comprehensive Grammar of the English Language* (1985), noch die des Deutschen, der *Grundriss der deutschen Grammatik* von Eisenberg (1999/2001), den Terminus transitiv; die[27] zweisprachigen Wörterbücher schon. Dass Valenzmodelle zum Beispiel die Optionalität von Ergänzungen wesentlich besser zum Ausdruck bringen, scheint an der zweisprachigen Lexikografie weitgehend vorübergegangen zu sein.

Zur Verteidigung der lexikografischen Praxis lässt sich natürlich anführen, dass transitives und intransitives Verb althergebrachte Kategorien darstellen, die vielen Wörterbuchbenutzern vertraut sein dürften (was aber auch nicht unbedingt stimmen muss), dass sie also wissen, dass *vt* bedeutet, dass einem Verb ein Objekt folgen kann beziehungsweise muss. Problematisch ist dabei, dass Konzepte wie „transitiv" und „intransitiv" oder „Objekt" stark theorieabhängig sind. Was ist beispielsweise unter einem Objekt zu verstehen? Zählen hierzu nur Satzglieder in Form von Nominalphrasen wie in [3] oder auch satzwertige Konstruktionen wie in [4]?

---

[26] Vgl. in diesem Zusammenhang Kromann/Reiiber/Rosbach (1991).

[27] Sowohl Quirk et al. (CGEL) als auch Huddleston (2002) differenzieren zwischen verschiedenen Typen der Transitivität. Vgl. auch Hudsons (1997) Ablehnung der traditionellen Klasse „transitive verb".

[3]BNC And we've agreed the key point that the teacher and the learner must have the opportunity to bring things together in meaningful and productive ways.

[4]BNC Institutional shareholders have agreed to subscribe for 35.8 per cent of the offer.

Offenbar kommen verschiedene Wörterbücher, die die Kategorien transitiv und intransitiv verwenden, hier zu unterschiedlichen Ergebnissen:

> **agree** … ❶ *v.i.* ◖A (*consent*) einverstanden sein; **to ~ agree to** *or* **with sth./to do sth.** mit etw. einverstanden sein/damit einverstanden sein, etw. zu tun <DOG-E2>
>
> **agree** ... **I.** *vi* ... ❷ (*consent to*) zustimmen, einwilligen ... ***let's agree to disagree*** [*or* ***differ***]
> **II.** *vt* ❶ ... ▪ **to ~ sth** mit etw. *dat* einverstanden sein ...
> ❷ ▪ **to ~ that ...** zugeben, dass ... <PGW-E1>
>
> **agree** …**1** *vt* … **(b)** (*consent*) **to ~ to do sth** sich einverstanden *or* bereit erklären, etw zu tun <CGW-E4>

Entsprechend schwer nachvollziehbar sind diese Angaben für die Benutzer. Sollte Objekt (bei der Angabe *vt*) so definiert sein, dass es in einem entsprechenden Passivsatz zum Subjekt werden kann, wäre zu fragen, warum *let's agree to disagree* im *PONS Großwörterbuch Englisch* als intransitiv bezeichnet wird und warum *have* als transitives Verb kategorisiert wird:

> **have** ... **II.** TRANSITIVE VERB ... ❶ ... ▪ **to ~** [*or esp* Brit, Aus **~ got**] **sth** etw haben ... **to have a car/dog** ein Auto/einen Hund haben <PGW-E1>
>
> **have** ... **I.** *v/t.* ... **1.** ... haben, besitzen ***he has a house (a friend, a good memory)*** <LHW-E 2001>

Vermeintlich geläufige Kategorien sind also keineswegs ein Garant für eine präzise oder auch nur verständliche Angabe. Darüber hinaus unterscheiden zweisprachige Wörterbücher typischerweise zwar zwischen transitivem, intransitivem und reflexivem Gebrauch, machen jedoch keinen Unterschied zwischen verschiedenen Spielarten der Transitivität.

> **geben** …**I.** *v/t.* **1.** give (***j-m et.*** s.o. s.th., s.th. to s.o.) … <LHW-E 2001>
> **nehmen** …**I.** *v/t.* take …<LHW-E 2001>

Beispielsweise ist das divalente *geben* in *Langenscheidts Handwörterbuch Englisch* ebenso mit *v/t.* gekennzeichnet wie das monotransitive *nehmen*. Dass es sich bei *geben* um ein ditransitives Verb handelt, wird nur aus den dem Äquivalent folgenden Konstruktionsindikatoren deutlich. Damit wird aber wiederum die Angabe der Wortartensubkategorie überflüssig. In anderen Fällen ist fraglich, inwieweit eine Information wie

**decide**... **II** *v/i.* **3.** entscheiden, bestimmen, den Ausschlag geben; **4.** ... <LHW-E 2001>

überhaupt sinnvoll zu interpretieren ist. Insofern ist festzustellen, dass insbesondere bei Valenzinformationen zweisprachige Wörterbücher – jedenfalls im Bereich Deutsch/Englisch – nicht über eine ausreichende theoretische Basis verfügen, um zu befriedigenden Darstellungen zu führen.

#### 4.4.3.3 Darstellungsformen

Was die Darstellung morphologischer und grammatischer Informationen in zweisprachigen Wörterbüchern angeht, so unterscheiden sich die Möglichkeiten eigentlich nicht grundlegend von denen in einsprachigen Wörterbüchern.[27] Prinzipiell stellt sich dabei die Frage, wieviel Vertrautheit mit linguistischer Terminologie und in Zusammenhang damit welche Fähigkeiten in Hinblick auf die Interpretation von Abkürzungen oder Codes bei den Benutzern eines Wörterbuchs vorausgesetzt werden soll.

Bei der Charakterisierung von deutschen Substantiven hinsichtlich ihrer Wortklasse und ihres Genus wird in beiden Wörterbuchtypen einerseits mit relativ transparenten Darstellungsformen und andererseits mit Abkürzungen für grammatische Kategorien gearbeitet. Das einsprachige *Duden Universalwörterbuch* und das zweisprachige *Duden-Oxford Großwörterbuch* etwa machen explizite Angaben zu Genus und Flexion:

**Deich**, der; [-e]s, -e <DUW5>
**Deich** ... der; **[-e]s, -e** <DOG-E1>

In *Wahrigs Deutschem Wörterbuch* und dem *PONS Universalwörterbuch für Experten und Universität* werden Genusmarkierungen durch Abkürzungen vorgenommen; *Wahrigs Deutsches Wörterbuch* gibt zudem die Deklinationsklasse in der Form von nicht-transparenten Codes an:

**Deich** <m.1> ... <WDW7>
**Deichbruch** <m. 1u> ... <WDW7>
**Deich** <-[e]s, -e> *m* <PGW-E1>

Allerdings ist zu berücksichtigen, dass dadurch, dass zwei Sprachen beschrieben werden, unter Umständen auch verschiedene Beschreibungskategorien verwendet werden müssen, was zu gewissen Schwierigkeiten bei der Verwendung von Abkürzungen führen kann. Wenn man *n* für *noun* verwendet, kann *neutrum* nicht auch *n* sein:

[27] Dabei ist natürlich generell zu berücksichtigen, ob ein Wörterbuch in beiden Wörterbuchteilen dieselbe Beschreibungssprache verwendet oder jeweils die Sprache des Lemmas zur Grundlage der Charakterisierung macht.

**ship** ... **I.** *n* Schiff *nt* <PGW-E1>
**foghorn** *n* Nebelhorn *nt* <PGW-E1>

Auch wenn es trivial erscheinen mag, ergeben sich damit natürlich auch Probleme in Hinblick auf die Transparenz der gewählten Abkürzungen, denn wer mit den Abkürzungen *m, f, n* für die drei Genera des Deutschen (wie sie etwa auch in *Langenscheidts Handwörterbuch* 1991 verwendet werden) vertraut ist, wird *nt* bei *foghorn* vielleicht als eine Bereichsangabe *nautisch* interpretieren. Andererseits darf nicht übersehen werden, dass auch die expliziteren Darstellungsweisen vom Typ „der; [-e]s, -e" nicht unbedingt einfach zu interpretieren sind.

Am augenfälligsten sind die Unterschiede zwischen ein- und zweisprachigen Wörterbüchern in Hinsicht auf die Darstellung grammatischer Informationen vielleicht im Bereich der Valenz. Zwar ist es nicht unbedingt so, dass etwa die umfassendsten einbändigen englisch-deutschen Wörterbücher den englischen Lernerwörterbüchern unter dem Gesichtspunkt der Quantität der enthaltenen Valenzinformation notwendigerweise unterlegen wären[28], wohl aber lassen die zweisprachigen Wörterbücher vielfach eine durchgängige Systematik der Behandlung solcher Information vermissen.[29] Der herausragendste Unterschied ist dabei, dass Patterncodes, die ein wesentliches Merkmal englischer Lernerwörterbücher bilden (> 6.13), sich in den zweisprachigen Wörterbüchern nicht finden.[30] Neben Wortklassenangaben und Wortklassensubkategorisierungen wie *v* oder *vi* sind in zweisprachigen Wörterbüchern vor allem zwei Typen expliziter Indikatoren gebräuchlich, die sich auch in einsprachigen finden (> 3.8), nämlich:[31]

I. Konstruktionsindikatoren: Hierunter sollen explizite Hinweise auf die Valenz einer lexikalischen Einheit verstanden werden, die meist in Klammern gesetzt sind und unter anderem auch Terminologie wie *Akk* oder *to-Inf* enthalten können:
**Scheck** … cheque, *Am.* check *(**über** for)* …<LHW-E 2001>
**geneigt** …*~ **sein zu** inf.* feel inclined to *inf.*, feel like *ger.*; … <LHW-E 2001>[32]

II. Patternillustrationen, die keine grammatische Terminologie verwenden, nicht in Klammern stehen und das Stichwort ganz oder als Tilde enthalten:[33]

28 Vgl. Klotz (2001)

29 Zu einem ähnlichen Ergebnis kommt auch Salerno (1999) in Hinblick auf eine Reihe von bilingualen Wörterbüchern italienisch-französisch.

30 Vgl. in diesem Zusammenhang auch Herbst (1985a).

31 Zur Differenzierung von Konstruktionsindikatoren und Patternillustrationen s. Herbst (1985a: 319-320).

32 Voraussetzung für eine erfolgreiche Benutzung des Wörterbuchs ist im Hinblick auf die metasprachlichen Konstruktionsindikatoren natürlich, dass die Benutzer mit der verwendeten grammatischen Terminologie vertraut sind, was im Falle eines in der Anwendung auf das Englische durchaus kontroversen Terminus wie *Gerundium* keinesfalls selbstverständlich ist.

33 Dabei ist zu berücksichtigen, dass aus der Patternillustration des *Collins Großwörterbuchs Englisch* klar hervorgeht, dass das Verb *halten* in der hier relevanten Bedeutung zwei Ergänzungen fordert; dies aber aus dem Eintrag von *Langenscheidts Handwörterbuch* nur dann ablesbar ist, wenn man neben der

**halten** … 1 m = **einschätzen, denken** **jdn/etw für jnd/etw** ~ to think sb/sth sth <CGW-E4>
**halten** …**I.** ... *v/t.* (*fest~*) hold; (*stützen*) hold (up), support; … ~ **für** consider (to be), think *s.o.* is … <LHW-E 2001>

Zusätzlich können grammatische Eigenschaften natürlich durch Beispiele oder bestimmte Formen der Äquivalenzdifferenzierung zum Ausdruck gebracht werden. So lässt sich aus einem Eintrag wie

**Brot** ... bread; (= *Laib*) loaf (of bread); (= *Scheibe*) slice (of bread) ... <CGW-E4>

## 4.5 Reflexe des open choice principle und des idiom principle in zweisprachigen Wörterbüchern

### *4.5.1 Nicht-lexemische Einheiten*

Wenn man zweisprachige Wörterbücher im Wesentlichen dadurch charakterisiert sieht, dass sie Relationen zwischen sprachlichen Einheiten zweier Sprachen darstellen (> 4.1), dann stellt sich natürlich auch die Frage nach dem Charakter der sprachlichen Einheiten, zwischen denen solche Relationen bestehen beziehungsweise postuliert werden.

Dass es sich dabei um Lexeme wie *Straße*, *street, rue* oder auch *The early bird catches the worm* handeln kann, ist offensichtlich[34]. Allerdings führen zweisprachige Wörterbücher auch eine ganze Reihe von sprachlichen Elementen auf, denen keinesfalls der Status eines Lexems zukommt, wie etwa

**guilty** ... a ... ~ **conscience** schlechtes Gewissen <CGW-E4>
**Junggeselle** ... ***eingefleischter*** ~ célibataire endurci <LGW-F 2001>
**kommen** 1 *INTRANSITIVES VERB* a **allgemein** to come;... **komm sofort her!** come here at once!; **wenn meine Eltern kommen, gibt es immer Erbsensuppe** when my parents come (over) they always get pea soup; ... **meine Kollegin/der Nachtisch kommt gleich** my colleague/the dessert is coming right now *or* is just coming ... <CGW-E4>

---

Konstruktionsangabe ~ *für* auch die Tatsache mitbedenkt, dass es sich hier um ein transitives Verb (*v/t.*) handelt. Da solche Angaben aber unter Umständen mehrere Zeilen auseinander stehen, kann man wohl daran zweifeln, dass alle Benutzer diese Kombinationsaufgabe in allen Fällen meistern können.

[34] Präzisierend ist hinzuzufügen, dass natürlich auch lexikalische Einheiten eine Ebene für die Beschreibung solcher Relationen darstellen.

Während *guilty conscience* ⇆ *schlechtes Gewissen* und *eingefleischter Junggeselle* ⇆ *célibataire endurci* als Kollokationen (> 4.5.2) analysiert werden können, ist der Status der fettgedruckten Elemente im Eintrag *kommen* des *Collins Großwörterbuch Englisch* wohl eher der von Beispielen (> 4.5.3).

### *4.5.2 Kollokationen*

#### 4.5.2.1 Der implizit kontrastive Charakter von Kollokationen

Während in vielen Bereichen die deskriptive Leistung in zweisprachigen Wörterbüchern weitaus komplexer ist als in einsprachigen, weil es eben um die Beschreibung zweier Sprachen geht, können manche Aspekte in zweisprachigen Wörterbüchern auch einfacher dargestellt werden. Das ist dann der Fall, wenn durch die kontrastive Betrachtung deutlich wird, was in Hinblick auf eine bestimmte Benutzergruppe, die bei zweisprachigen Wörterbüchern deutlich spezifischer ist als bei einsprachigen, in ein Wörterbuch aufzunehmen ist. In Bezug auf die einsprachigen Wörterbücher wurde ein Kollokationsverständnis im Sinne Hausmanns, bei dem die Unvorhersagbarkeit einer Verbindung im Vordergrund steht, gegenüber einem, das sich vor allem auf die statistische Signifikanz des Miteinanderauftretens gründet, für lexikografische Zwecke für geeigneter gehalten – jedenfalls wenn es um die explizite Markierung von Kollokationen und nicht um Beispielsätze geht (> 4.5.3). Gleichzeitig wurde jedoch auch betont, dass im Einzelfall die Abgrenzung von Kollokationen im engeren Sinne von anderen, unspezifischen Kombinationen oft nur schwer nachzuvollziehen ist. Gemein ist beiden Konzepten, dass sie einzelsprachlich und damit sprachimmanent begründet sind. Welche Wortkombinationen jedoch aus der Sicht des Nicht-Muttersprachlers idiosynkratisch und daher nicht vorhersagbar sind, zeigt sich dagegen oft erst dann in aller Deutlichkeit, wenn man sprachkontrastiv vorgeht. *Kaffee kochen* ist – neben *Kaffee machen* – vom System des Deutschen aus gesehen semantisch völlig regelmäßig gebildet; erst wenn man es mit *make coffee* und *faire du café* kontrastiert, zeigt sich, dass die Wendung für Nicht-Muttersprachler keineswegs problemlos ist. Da die Sprachkontrastierung im Wesen des zweisprachigen Wörterbuchs liegt, bestehen hier also andere Möglichkeiten als bei den einsprachigen Wörterbüchern. Gerade für den Bereich der Kollokationen ergeben sich somit wesentlich klarere Kriterien in Hinblick auf die Frage, was für lexikografische Zwecke als relevante Kollokation zu gelten hat.

Als Kollokationen einer Sprache können im sprachkontrastiven Sinne all diejenigen Kombinationen von Wörtern gesehen werden, bei denen die Gefahr einer falschen Übertragung besteht, da zumindest einer der Kombinationspartner im Kontext der Wendung anders übersetzt werden muss, als dies von den Benutzern typischerweise erwartet wird. *Fahrrad fahren* wäre im Kontext des Sprachenpaares Deutsch-Englisch also insofern als Kollokation zu werten, als *fahren* im Kontext von *Fahrrad* mit *ride* und nicht wie vielleicht erwartet mit *drive* übersetzt werden muss (*ride a bike*). Ebenso stellen *eine vollendete Schönheit* und *eine vollendete Tatsache* unter kollokationellem Gesichtspunkt insofern in Bezug auf das Sprachenpaar Deutsch-Französisch ein Problem dar, als *vollendet* in Kombination mit *Tatsache* als *accompli* zu übertragen ist (*fait accompli*), bei *Schönheit vollendet* aber mit *parfaite* und nicht etwa mit *accomplie* wiederzugeben ist (*une beauté parfaite*). *Klavier spielen* wäre dagegen für das Sprachentrio Deutsch-Englisch-Französisch aus kollokationeller Sicht relativ unproblematisch, da sich die Äquivalente *play the piano* und *jouer du piano* erwartungsgemäß aus den Einzelwortäquivalenten *Klavier – piano – piano* und *spielen – play – jouer* ergeben.[35]

Dieses auf der Kontrastierung zweier Sprachen basierende Kollokationskonzept berührt sich insofern mit dem engen sprachimmanenten Kollokationsbegriff, als tendenziell vor allem semantisch nicht vorhersagbare Kombinationen auch auf nicht vorhersagbare Art in die andere Sprache übertragen werden. Dennoch sind beide Kollokationsbegriffe keineswegs gleichzusetzen, wie die folgende Gegenüberstellung einiger deutscher Kombinationen mit dem Adjektiv *hoch* und ihrer englischen Äquivalente verdeutlicht.

| | | |
|---|---|---|
| *hohe Miete* | → | *high rent* |
| *hohes Einkommen* | → | *high income* |
| *hohe Geschwindigkeit* | → | *high speed* |
| *hohe Summe* | → | *large sum* |
| *hohes Gewicht* | → | *great weight* |
| *hohe Geldstrafe* | → | *heavy fine* |

In den hier vorliegenden Kombinationen liegt *hoch* in einer übertragenen, nichträumlichen Bedeutung vor, die etwa mit „oberhalb einer als normal anzusehenden Grenze liegend" paraphrasiert werden kann. Auch für die Kombinationspartner lassen sich allgemeine Selektionsrestriktionen angeben: Es handelt sich um Abstrakta mit in irgendeiner Form messbarer Ausdehnung. Aufgrund dieser semantischen Regelmäßigkeit dürften diese Kombinationen wohl kaum als Kollokationen im engeren Sinne einzustufen sein. Vom kontrastiven Standpunkt aus sind jedoch nur die ersten drei Kombinationen problemlos, denn *hoch* ist hier erwartungsgemäß mit dem Äquivalent *high* zu übersetzen. Im Kontext der letzten drei Wendungen ist *hoch* dagegen auf für den Benutzer nicht vorhersagbare Weise mit *large, great* und *heavy* wiederzugeben, so dass diese Wendungen unter kontrastivem Gesichtspunkt als relevante Kollokationen zu gelten haben.

Der kontrastive Blickwinkel kann also im Bereich der Kollokationen zu deutlich anderen Ergebnissen führen als eine rein auf semantischen Kriterien basierende sprachimmanente Betrachtungsweise. Da die hierbei anzulegenden Kriterien eindeutiger sind und den individuellen Verhältnissen des jeweiligen Sprachenpaares in

[35] Hinsichtlich des vom Deutschen abweichenden Artikelgebrauchs ist die Aufführung dieser Wendung in deutsch-englischen und deutsch-französischen Wörterbüchern jedoch gerechtfertigt.

besonderer Weise Rechnung getragen wird, kann das zweisprachige Wörterbuch als idealer Ort zur Beschreibung von im lexikografischen und sprachdidaktischen Sinne relevanten Kollokationen gelten.

#### 4.5.2.2 Lexikografische Darstellungsformen von Kollokationsinformation

Was die lexikografische Darstellung von Kollokationen angeht, so ist zu betonen, dass es ganz entscheidend ist, dass Kollokationen von anderen Informationstypen deutlich unterschieden werden. Wünschenswert wäre deshalb, dass Kollokationen durch eine eigene Darstellungsform (etwa Fett- oder Farbdruck) von reinen Beispielen und in den Eintrag integrierten Sublemmata (> 5.3) abgehoben sind. Letzteres ist in den Wörterbüchern in der Regel der Fall, wie zum Beispiel in *Langenscheidts Handwörterbuch Englisch* (2001):

> **coffee** ... **1.** ... ***black*** **~** schwarzer Kaffee; ***white*** **~** Milchkaffee; **2.** ... **~ bar** *s.* **1.** Café *n*; **2.** Imbissstube *f*; **~ bean** *s.* 'Kaffeebohne *f.* ; **~break** *s.* Kaffeepause *f.* ... <LHW-E 2001>

Weitaus problematischer ist die Abgrenzung von Kollokation und Beispiel. Im *PONS Großwörterbuch Englisch* (2002) lassen Kursiv- und Normaldruck einen Unterschied zwischen Kollokationen und Beispielen vermuten:[36]

> **Ferien** ... ❶ ... **die großen ~** the summer holidays BRIT; **~ haben** to be on holiday [*or* AM vacation]
> ❷ ... ***habt ihr schon irgendwelche Pläne für die ~ ?*** have you made any plans for the holidays [*or* your vacation]?; **in die ~ fahren** to go on holiday [*or* AM vacation]; **~ machen** to have [*or* take] a holiday, to go on vacation <PGW-E1>

Zwar wird im Artikel *command* des *Collins Großwörterbuchs Englisch* (1999) die Kollokation *command somebody's admiration/respect* hervorgehoben, aber dadurch dass Beispiele auf dieselbe Weise im Wörterbuch angeführt sind, ist die Kollokation nicht mehr als typische Verbindung erkennbar:

> **command** … [1] ... [a] ... befehlen, den Befehl geben (*sb* jdm); **he ~ed that the prisoners be released** er befahl, die Gefangenen freizulassen.
> ... [d] **to ~ sb's admiration/respect** *jmd Bewunderung/Respekt abnötigen, jds Bewunderung/Respekt erheischen* (geh) … <CGW-E4>

[36] Es könnte sich aber auch um eine Unterscheidung zwischen Sätzen und Phrasen handeln; die Angaben zu Kursivdruck in der Einleitung sind in diesem Zusammenhang allerdings eher irreführend. <PGW-E4 xv).

In manchen Fällen werden auch nur mögliche Kollokatoren der Übersetzungsäquivalente aufgeführt:

> **command** ... ❶ ... ◖E (deserve and get) *verdient haben* <Achtung, Respekt> <DOG-E2>
>
> **senken** ... ❶ *tr. V.*... ◖A *lower*; (Bergbau) *sink* <shaft>; *lower* <flag>; *drop* <starting flag> .... ◖B ... **b)** (herabsetzen) *reduce* <fever, pressure, prices, etc.> <DOG-E2>

### 4.5.2.3 Ort im Wörterbuch

Die Frage, in welchem Artikel im Wörterbuch eine Kollokation verzeichnet sein sollte, ist für das zweisprachige gegenüber dem einsprachigen Wörterbuch schon deshalb schwieriger zu beantworten, als hier vier statt zwei Orte theoretisch denkbar sind. Das Kollokationspaar *set a trap – eine Falle aufstellen* ließe sich etwa in den Artikeln zu *set, trap, aufstellen* und *Falle* vermuten. Ein wesentliches Kriterium ist dabei, dass Kollokationen per definitionem zwar transparent sind (*set a trap* ist für den deutschen Rezipienten eines englischen Textes ohne weiteres semantisch durchschaubar), aber nicht vorhersagbar.[37] Da Kollokationen vor allem für die Sprachproduktion von Bedeutung sind, wird auch hier wieder deutlich, wie wichtig es wäre, vier zielgruppenspezifische Teilwörterbücher für ein Sprachenpaar zu haben.

Das für das einsprachige Wörterbuch wichtige Prinzip, nach dem eine Kollokation unter ihrer Basis zu verzeichnen ist (*eine Falle aufstellen* also im Eintrag zu *Falle*), gilt für das zweisprachige Wörterbuch so nicht. Ist etwa deutschsprachigen Benutzern die Kollokation *eine Falle aufstellen* präsent, z.B. weil sie so in einem zu übersetzenden Text vorliegt, so werden sie das passende Verbäquivalent wahrscheinlich im Eintrag zu *aufstellen*, d.h. unter dem Kollokator, suchen. Bei freier Sprachproduktion können die Benutzer aber ebenso unter der Basis *Falle* (oder auch unter *trap*) nachschlagen.

Von den vier theoretisch denkbaren Orten, an denen einen Kollokation verzeichnet sein könnte, scheidet im Hinblick auf den aktiven Wörterbuchgebrauch nur einer aus: nämlich der Kollokator in der Fremdsprache (denn wäre dieser den Benutzern bekannt, müssten sie ja überhaupt nicht nachschlagen). De facto können Kollokationen aber durchaus an allen vier Stellen aufgeführt sein, was natürlich auch an der mangelnden Gerichtetheit der Wörterbücher liegt. Zieht man nämlich auch noch die Bedürfnisse des fremdsprachigen aktiven Benutzers sowie die äquivalenzdifferenzierende Funktion von Kollokationen in Betracht, so ist klar, dass auch im

---

[37] Dabei ist natürlich zu berücksichtigen, dass der Übergang von Kollokationen zu Idiomen fließend ist. Fälle wie *make a speech*, wo nicht klar ist, ob *eine Rede schreiben* oder *eine Rede halten* gemeint ist (nur letzteres ist richtig), oder *sail through an exam*, welches eben gerade nicht *durch eine Prüfung segeln* sondern vielmehr *eine Prüfung spielend schaffen* heißt, sind dann wegen der mangelnden Transparenz als Idiome einzustufen und lexikografisch entsprechend zu behandeln.

Eintrag zum fremdsprachigen Kollokator Kollokationen nicht vollkommen unsinnig erscheinen:

> **aufstellen** … **1** vt **a** (= aufrichten, aufbauen) … Falle *set* … <CGW-E4>
> **Falle** …**a** (lit, fig) *trap*; **~n legen** *or* **stellen** *to set traps* …<CGW-E4>
> **set** …**c** … trap, snare *aufstellen*; … <CGW-E4>
> **trap** …**1** n **a** (for animal, fig) *Falle* f; **to set** or **lay a ~ for an animal** *eine Falle für ein Tier (auf)stellen*; …<CGW-E4>

Weit weniger explizit und benutzerfreundlich ist die Möglichkeit, eine Kollokation nur in einem der vier möglichen Artikel zu verzeichnen und in den anderen drei Artikeln entsprechende Querverweise zu geben:[38]

> **answer** … ❷ *v.t.* … ⇒ *also* **telephone 1**<DOG-E2>
> **telephone** …❶ *n.*… **answer the ~:** *Anrufe entgegennehmen*, (*on one occasion*) ans Telefon gehen; (*speak*) **sich melden** <DOG-E2>
> **talk** … ❸ *v.t.* … …. B (*discuss*) … ⇒ also **shop** 1 B <DOG-E2>
> **shop** …❶ *n.* …. B (*business*) … **talk ~:** *fachsimpeln* (*ugs.*); **no [talking] ~, please!** keine Fachsimpelei, bitte! (*ugs.*) <DOG-E2>

### *4.5.3 Beispiele und Anderes*

#### 4.5.3.1 Beispiele mit der Funktion von Beispielen

Wie in 3.3 ausgeführt wurde, spielen Beispiele in einsprachigen Wörterbüchern, insbesondere im Bereich der Lernerwörterbücher, eine zentrale Rolle bei der Informationsvermittlung, denn sie zeigen die Verwendung des Lemmas in einem konkreten sprachlichen Kontext und illustrieren Bedeutung, Stilebene, grammatische Eigenschaften usw. In zweisprachigen Wörterbüchern lassen sich ebenfalls Beispiele finden, die wohl diese Funktionen erfüllen sollen:

> **erzwingen** … *durch Zwang erreichen, erhalten, herbeiführen* … ich hatte mir den Zutritt erzwungen <DUW3>
> **erzwingen** … to force … **sie erzwangen den Zutritt zur Wohnung mit Gewalt** they forced entry into the flat <CGW-E4>
> **arrange** ... **2** … to put a group of things or people in a particular order or position: *Ben arranged the flowers in a vase.* | *The list is arranged alphabetically* <LDOCE4>
> **arrange** …❶ *v.t.* A ... anordnen … **the seating was ~d so that …:** die Sitzreihen waren so angeordnet, dass … <DOG-E2>

[38] Vgl. in diesem Zusammenhang die Kontroverse zwischen Hausmann (1988), der für ein solches Querverweissystem plädiert, und Cop (1991), die sich dagegen ausspricht.

Selbst in diesen Fällen ist aber nicht ganz eindeutig zu bestimmen, wofür das Beispiel ein Beispiel sein soll, ob für eine Verwendung des Lemmas, ob für eine Verwendung des Äquivalents oder für eine Äquivalenzrelation. Das hängt natürlich wiederum mit der mangelnden Gerichtetheit der zweisprachigen Wörterbücher zusammen: Ein deutschsprachiger Benutzer, der für die Zwecke der Übersetzung unter *erzwingen* nachschlägt, wäre wahrscheinlich mit dem englischen Äquivalent allein genauso glücklich; wenn jemand unter rezeptiven Gesichtspunkten unter *arrange* nachschlägt, ist sehr zu bezweifeln, ob ein Beispiel überhaupt vonnöten ist. Insofern stellt sich die Frage nach dem Sinn der Übersetzung von Beispielen, was ein äußerst relevanter Gesichtspunkt ist, als zumindest der Wegfall ausgangssprachlicher Beispiele zu einer Platzersparnis führen würde, die die Realisierung anderer Elemente eines gerichteten Wörterbuchkonzepts erlauben würde.

#### 4.5.3.2 „Beispiele" mit anderer Funktion

Der überwiegende Teil der in zweisprachigen Wörterbüchern in dieser Form aufgeführten Elemente verfolgt jedoch andere Zwecke, die wesentlich stärker vom Prinzip der Kontrastierung zweier Sprachen bestimmt sind. Wenn man etwa die *Erbsensuppen*-Beispiele aus dem *Collins Großwörterbuch Englisch* betrachtet

> **kommen** [1] *INTRANSITIVES VERB* [a] [**allgemein**] to come;... **wenn meine Eltern kommen, gibt es immer Erbsensuppe** when my parents come (over) they always get pea soup**; wenn ich zu meinen Eltern komme, gibt es immer Erbsensuppe** when I go over to my parents I always get pea soup... <CGW-E4>

so weisen sie immerhin auf einen semantischen Unterschied zwischen *come* und *kommen* hin, dass nämlich *come* immer eine Bewegung zum Sprecher hin bezeichnet, *kommen* aber nicht. Ähnlich sind die fettgedruckten Phrasen und Sätze in den folgenden Einträgen wohl nicht als Beispiele zu interpretieren, wie man sie im einsprachigen Wörterbuch findet:

> **grind** ... ❶ *v.t.* .... [C] (rub harshly) *zerquetschen*; **~ a cigarette end into the ground** einen Zigarettenstummel austreten; **~ facts into pupils** Schülern Fakten einhämmern; **~ dirt into sth.** Schmutz in etw. (*Akk.*) treten*;* **~ one's teeth** mit den Zähnen knirschen <DOG-E2>
>
> **insensate** ... **b.** (fig: = unfeeling) *gefühllos* **she flew into an insensate fury** *ein unmäßiger Zorn bemächtigte sich ihrer* (liter). <CGW-E4>
>
> **gesetzt** ... **1.** ... *sedate, sober.* **ein Herr im ~en Alter** *a man of mature years* <CGW-E4>

Hier geht es vielmehr um Verwendungen, in denen die zuvor gegebenen Äquivalente für das Lemma nicht greifen: *grind* ist je nach Kontext statt mit *zerquetschen* mit *austreten, einhämmern, treten* oder *knirschen* zu übertragen. Ähnlich bietet sich für *faintest idea* eine Übersetzung wie *keine Ahnung* an:

> **faint** ... ❶ ... .... B (weak, vague) leise <Wunsch, Hoffnung, Verdacht, Ahnung>*;* gering <Chance>*;* **not have the ~est idea** *or* **notion** nicht die geringste *od.* blasseste Ahnung haben; **Where is he? – I haven't the faintest idea** *or* (*coll.*) **faintest** *Wo ist er? – Keine Ahnung!* (*ugs.*) <DOG-E2>
>
> **faint** ... **I.** ... ❶ ... ***I have a ~ idea*** [*or* ***notion***] ***that I've heard that name before*** ich meine, [mich daran erinnern zu können], den Namen schon einmal gehört zu haben ... **to not have the ~est** [**idea**] (*fam*) nicht die geringste Ahnung haben <PGW-E1>
>
> **faint** ... **I** ... **2** ... ***I haven't got the ~est idea*** ich habe nicht die leiseste Ahnung <LHW-E 2001>
>
> **foggy** ... **3** ... ***I haven't got the foggiest*** (***idea***) ... ich habe keinen blassen Schimmer <LHW-E 2001>

Was hier eigentlich durch Fettdruck markiert ist, ist relativ schwer zu sagen. In gewisser Weise stellen die angegebenen Phrasen und Sätze natürlich Beispiele für die Verwendung des Lemmas dar, aber eben solche, auf die die angegebenen Übersetzungsäquivalente nicht zutreffen, jedenfalls nicht in der Weise, dass die Verwendung des Äquivalents zu einer idiomatischen Übersetzung führen könnte. Aus diesem Grund wenden sich Hausmann und Werner (1991: 2731) in diesem Zusammenhang gegen den üblichen Beispielbegriff und charakterisieren die Funktion solcher Elemente folgendermaßen:

> Das wichtigste Kriterium für die Ansetzung von Mehr-Wort-Einheiten als Adressen ist die Tatsache, daß für die betreffende ausgangssprachliche Wortkombination Äquivalente als Angaben für nötig erachtet werden, die sich nicht einfach aus den Äquivalenten erschließen lassen, die das Wörterbuch für die Einzelwörter angibt, aus denen die Wortkombination besteht.

Daher könnte man diese Angaben als Einschränkung des Anwendungsbereichs des Äquivalents in Bezug auf bestimmte Kollokatoren (oder auch Situationen) verstehen. Negativ betrachtet, werden dadurch also Kollokationsrestriktionen oder Anwendungsrestriktionen zum Ausdruck gebracht. Wenn im *PONS Großwörterbuch Englisch* im Eintrag

> **beschließen** ... **I.** *vt* ❶ (*entscheiden über*) ▪ **etw** ~ to decide sth; **ein Gesetz** ~ to vote through a new bill, to pass a motion <PGW-E1>

*vote through* beziehungsweise *pass* in Bezug auf den Kollokator *ein Gesetz* angegeben werden, so wird damit zum Ausdruck gebracht, dass *decide a law* im Englischen nicht möglich ist. Eine positive Bezeichnung dieser Einheiten ist weitaus schwieriger, weil weder *ein Gesetz beschließen* noch *vote through a bill* notwendigerweise als Kollokationen zu analysieren wären, was aber wiederum vom zugrunde gelegten Kollokationskonzept abhängt.[39]

### 4.5.3.3 Probabeme

Unter linguistischen Gesichtspunkten ist es lohnend, diese oder, genauer gesagt, einen Teil dieser Wortkombinationen, die in zweisprachigen Wörterbüchern in dieser Weise behandelt werden, etwas genauer zu untersuchen. In Hinblick auf ihre Funktion ist nämlich zu berücksichtigen, dass die Angabe

> **grind** ... ❶ *v.t.* .... (C (rub harshly) *zerquetschen*; **~ a cigarette end into the ground** einen Zigarettenstummel austreten <DOG-E2>

aus dem *Duden-Oxford Großwörterbuch Englisch*, die sich in ähnlicher Weise etwa auch im *PONS-Großwörterbuch Englisch* findet,

> **grind** ... **II.** ... ❷ ▪ **to ~ sth** *cigarette* etw ausdrücken; (*with foot*) etw austreten ... <PGW-E1>

wohl auch so zu verstehen ist, dass man den Vorgang des Entsorgens eines noch glimmenden Zigarettenstummels im Englischen mit dem Verb *grind* unter Betonung des Zerkleinerns üblicherweise formulieren könnte, im Deutschen es aber mit dem Verb *austreten* unter Betonung des Löschens der Glut verbalisieren würde.

[5]$_{BNC}$ He ground his cigarette underfoot and walked slowly towards the Fiat.
[6]$_{BNC}$ Haverford ground his cigarette out into the remainder of the butter left on his croissant plate ...

Darüber, dass im Englischen auch andere Möglichkeiten bestehen, diesen Vorgang zu beschreiben, wie etwa in

[7]$_{BNC}$ Jasper dropped his cigarette end on to the floor and trod it out

wird unter dem Stichwort *grind* nichts gesagt, was der Links-Rechts-Orientierung zweisprachiger Wörterbücher entspricht.

Ähnlich könnte man argumentieren, dass im Falle von *faintest* (oder *foggiest*) *idea* und *keine Ahnung* unterschiedliche Verbalisierungskonventionen im Englischen und im Deutschen für denselben Sachverhalt institutionalisiert sind. Es geht in diesen Fällen also weniger um die Postulierung einer Äquivalenzrelation zwischen Lexemen oder lexikalischen Einheiten, sondern um die Darstellung einer wahrscheinlichen (oder jedenfalls für wahrscheinlich gehaltenen) Versprachlichung eines bestimmten Vorgangs (oder einer Idee) in der Zielsprache. Wichtig ist dabei, dass diese

[39] Auf die Schwierigkeiten einer Grenzziehung in diesem Bereich weisen auch Cowie und Mackin (ODCIE 1975: x) durch das Konzept der *scale of idiomaticity* hin.

wahrscheinlichen Versprachlichungen nicht notwendigerweise in gängigen phraseologischen Kategorien wie Kollokation, Phrasem etc. zu fassen sind.[40] Aus diesem Grund sollen sie hier als Probabeme bezeichnet werden.[41]

### 4.5.3.4 Probabeme und idiom principle

Aus linguistischer Sicht ist dabei zu betonen, dass die große Zahl von solchen Probabemen, die in zweisprachigen Wörterbüchern aufgeführt sind, Licht auf ein essentielles Charakteristikum von Sprache wirft. Sie sind nämlich ein Beleg dafür, dass sich verschiedene Sprachen offenbar nicht nur in der Art der Konzeptualisierung unterscheiden, die für die Bedeutung von lexikalischen Einheiten relevant ist, wie es bereits durch Saussures Arbitraritätsprinzip zum Ausdruck gebracht wird (> 4.2.3), sondern auch dadurch, durch welche Wortfolgen bestimmte (komplexere) Ausdrucksabsichten (üblicherweise oder überhaupt) realisiert werden.

Diese Betonung des idiomatischen Charakters von Sprache, der auch über die Ebene der Norm im Sinne Coserius (1973) beschrieben werden kann, steht in Einklang mit den Ergebnissen vieler korpuslinguistischer Forschungen der letzten Zeit.[42] Es zeigt sich immer mehr die Inadäquatheit einer mechanistischen Sprachauffassung, derzufolge Sätze und Texte allein das Ergebnis des Anwendens grammatischer Regeln und des Füllens grammatischer Kategorien durch Wörter mit der entsprechenden Bedeutung sind. In diesem Sinne geht Sinclair (1991: 109-110) davon aus, dass bei der Bildung von Sätzen zwei konkurrierende Prinzipien am Werke sind, das *open choice principle* und das *idiom principle*:

> **The open-choice principle**
> This is a way of seeing language text as a result of a very large number of complex choices. At each point where a unit is completed (a word or a phrase or a clause), a large range of choices opens up and the only restraint is grammaticalness.
> This is probably the normal way of seeing and describing language. It is often called a ‚slot-and-filler' model, envisaging texts as a series of slots which have

[40] S. u.a. Götz (1976) und Gläser (1990). Vgl. in diesem Zusammenhang auch die Diskussion der Klassifikationsproblematik im Rahmen einer Untersuchung zum Gebrauch von Mehrwort-Clustern im britischen und amerikanischen Englisch von Mittmann (erscheint demnächst).

[41] Dass viele Erscheinungen in diesem Bereich eher im Sinne von Tendenzen und Wahrscheinlichkeiten zu erfassen sind, führt auch Sinclair (1991: 111) aus: „... *set eyes on* ... seems to attract a pronoun subject, and either *never* or a temporal conjunction like *the moment, the first time,* and the word *has* as an auxiliary to *set*."

[42] Vgl. zum Beispiel Renouf/Sinclair (1991) und Kjellmer (1991). Vgl. hierzu auch Hausmann (1995), Klotz (2000) und Sinclair (1991, 1996, 1998). Letztlich reflektiert eine solche Sprachauffassung auch eine sicher weit verbreitete Erfahrung im Fremdsprachenunterricht dahingehend, dass ein von Schülern produzierter Text in der Fremdsprache zwar keine „eigentlichen Fehler" enthalte, aber irgendwie nicht richtig englisch/deutsch/französisch klinge. Ähnliche Probleme stellen sich natürlich im Bereich der Übersetzung; zur Anwendung des Normkonzepts bei der Analyse synchronisierter Filme siehe Herbst (1994).

> to be filled from a lexicon which satisfies local restraints. At each slot, virtually any word can occur. ...
> **The idiom principle**
> It is clear that words do not occur at random in a text, and that the open-choice principle does not provide for substantial enough restraints on consecutive choices. We would not produce normal text simply by operating the open-choice principle.

Dabei kann die Tatsache, dass zweisprachige Wörterbücher zahlreiche Probabeme enthalten, nicht nur als lexikografische Bestätigung des *idiom principle* gesehen werden, sondern es ist wahrscheinlich durchaus angemessen zu sagen, dass die zweisprachige Lexikografie in dieser Hinsicht schon über eine lange deskriptive Tradition verfügt – auch wenn der Beitrag der Korpuslinguistik in Hinblick auf die Propagierung einer solchen Sicht von Sprache ebensowenig unterschätzt werden darf wie seine Auswirkungen auf die Berücksichtigung solcher Einheiten in korpusbasierten einsprachigen Wörterbüchern wie dem *Longman Dictionary of Contemporary English* (besonders LDOCE3 und LDOCE4).

#### 4.5.3.5 Lexikalische Ausdrucksformen

Dieses positive Urteil über die Leistungen der zweisprachigen Lexikografie bezieht sich allerdings vor allem auf die Tatsache, dass Einheiten, die in Hinblick auf den idiomatischen Charakter der Sprache relevant sind, berücksichtigt werden, und leider weniger auf die Art und Weise ihrer Erfassung.

Geht man nämlich von dem Prinzip aus, dass jedem Informationstyp im Wörterbuch eine Darstellungsform entsprechen soll, so besteht in Hinblick auf die Differenzierung von Beispielen, Kollokationsrestriktionen und Probabemen (und eventuell sogar auch Kollokationen, Wortbildungen und Idiomen) in vielen zweisprachigen Wörterbüchern noch erheblicher Handlungsbedarf. Hausmann und Werner (1991: 2731) stellen entsprechend Folgendes fest:

> Zweisprachige Wörterbücher machen in der Regel ... keine oder nur geringe Versuche, den lexikologischen Status von Mehr-Wort-Einheiten zu bestimmen. Gewöhnlich findet man weder Angaben zum lexikologischen Status noch typographische Unterscheidung verschiedener Arten von Mehr-Wort-Einheiten.

Im Eintrag *werfen* aus dem *Collins Großwörterbuch Englisch* wird beispielsweise nicht zwischen Beispielen wie *etwas auf den Boden werfen* und *etwas auf das Dach werfen* und Kollokationsrestriktionen wie *Bomben werfen, eine Münze werfen* oder *Bilder an die Wand werfen* unterschieden.[43]

---

[43] Ob die Patternillustration *etw auf jdn/etw ~* durch die Verwendung der Abkürzungen von den beiden anderen Informationstypen hinreichend unterschieden wird, sei dahingestellt.

> **werfen** … [1] *vt* [a] … to throw … **Bomben ~** (von Flugzeug) to drop bombs; **eine Münze ~** to toss a coin; „**nicht ~**" handle with care; **Bilder an die Wand ~** to project pictures onto the wall; **etw auf jdn/etw ~** to throw sth at sb/sth; **etw auf den Boden ~** to throw sth to the ground, to throw sth on(to) the ground; **etw auf das Dach ~** to throw sth on(to) the roof ; **die Sonne warf ihre Strahlen auf den See** the sun cast its rays on the lake; **die Tischlampe wirft ihr Licht auf …** the table lamp throws its light on … … <CGW-E4>

Ähnlich findet sich im *PONS Großwörterbuch Englisch* keine Differenzierung zwischen der Kollokationsrestriktion *faint idea* und einem Beispiel wie *there was only a faint taste of vanilla in the pudding*:

> **faint** … **I.** … ❶ … ***there was only a ~ taste of vanilla in the pudding*** der Pudding schmeckte nur schwach nach Vanille; ***I have a ~ idea*** [*or* ***notion***] ***that I've heard that name before*** ich meine, [mich darin erinnern zu können], den Namen schon einmal gehört zu haben … **to not have the ~est [idea]** (*fam*) nicht die geringste Ahnung haben <PGW-E1>

Dieselbe Darstellungsform wird in vielen Wörterbüchern auch noch für andere Informationstypen verwendet, zum Beispiel für echte Idiome, Sprichwörter und Floskeln wie

> **Feder** …..... [A] (*Vogel~*) feather … **er ließ ~n** *od.* **musste Federn lassen** (*ugs.*) *he did not come out [of it] unscathed*; **sich mit fremden Federn schmücken** *strut in borrowed plumes* <DOG-E2>
>
> **save** …❶ …..... [F] ... sparen … **a stitch in time ~s nine** *(prov.)* was du heute kannst besorgen, das verschiebe nicht auf morgen; Vorsorge ist besser als Nachsorge <DOG-E2>
>
> **sir** …..... [B] (*in letter*)... **Dear Sir:** Sehr geehrter Herr; **Dear Sirs** Sehr geehrte [Damen und] Herren; **Dear Sir or Madam** Sehr geehrte Dame/Sehr geehrter Herr <DOG-E2>

Eine solche Gleichbehandlung von Beispielen, Kollokationsrestriktionen und Idiomen wird natürlich dem partikulären und rein illustrativen Charakter der Beispiele im Gegensatz zur Verallgemeinerbarkeit der Probabeme und Idiome nicht gerecht. Im Grunde genommen ist es in Fällen, in denen Kollokationsrestriktionen nötig sind (und auch im Falle von Kollokationen), eine Frage der Einschätzung der semantischen Entfernung vom Lemma, ob man es nicht für geboten halten sollte, sie eigens zu lemmatisieren. Angesichts der Schwierigkeiten, die sich dann in Hinblick auf die alphabetische Einordnung im Wörterbuch ergeben würden, ist es wahrscheinlich sinnvoller, Kollokationen, Probabeme und Kollokationsrestriktionen drucktechnisch als eigene Informationstypen (durch Symbole, Farben oder Drucktypen) voneinander und anderen Informationstypen wie Beispielen abzuheben, sie aber dennoch als

„infralemmatische Adresse" im Sinne von Hausmann und Werner (1991) in den Eintrag zu integrieren.

Bei Idiomen kann man ähnlich verfahren; da sie jedoch per definitionem eigene Lexeme darstellen, spricht natürlich viel für eine anderen Wortbildungen analoge Darstellungsform und Lemmatisierungspraxis, wie in 4.2.5.3 bereits ausgeführt. Hier bietet sich eine Behandlung in der Form von so genannten Mehrwortsublemmata im Rahmen eines eigenen Idiomblocks am Ende des Eintrags an. Für die Entscheidung, welche sprachlichen Einheiten als Mehrwortsublemmata und welche in weniger prominenter Form in den Artikel integriert sind, muss natürlich ausschlaggebend sein, inwieweit die jeweilige Einheit ein Lemma darstellt über die in einem Explikationsteil etwas gesagt wird oder inwieweit sie als Explikation des Hauptlemmas betrachtet wird.

#### 4.5.3.6 Lexikoparameter Akkuratheit der Probabeme

Unter Probabemen im Sinne von 4.5.3.3 sind nicht-lexikalisierte Mehr-Wort-Einheiten zu verstehen, die mit einer gewissen Wahrscheinlichkeit von Sprechern der Zielsprache verwendet werden, um einen bestimmten Sachverhalt zu versprachlichen. Im Wörterbuch ist dieser Sachverhalt durch die ausgangssprachliche Angabe verdeutlicht.

Die Qualität eines Wörterbuchs hängt natürlich entscheidend davon ab, inwieweit die als Äquivalente angeführten Probabeme dem Kriterium der Wahrscheinlichkeit der Benutzung durch Sprecher der L2 tatsächlich entsprechen. Im Zeitalter der Korpuslinguistik ist es selbstverständlich, dass – soweit für die entsprechenden Sprachen ausreichend große Korpora vorhanden sind – Probabeme über Korpusanalysen zu gewinnen sind.[44] So finden sich die Angaben zu *Ahnung* aus dem *PONS Großwörterbuch Englisch*

> **Ahnung** ... ❸ (*Idee*) idea; **keine ~ haben** to have no idea; **keine blasse** [*o* **nicht die geringste**] **~ haben** (*fam*) to not have the faintest idea [*or* clue] *fam* <PGW-E1>

ohne Weiteres im *British National Corpus* bestätigt: Zum Suchbegriff *idea* ergeben sich dort folgende Z-scores:

| idea BNC2 | | Z-score |
|---|---|---|
| | Good | 331.7 |
| | faintest | 260.5 |
| | Of | 180.9 |
| | No | 178.0 |
| | foggiest | 153.9 |

[44] Hier ergeben sich dann natürlich enge Berührungspunkte zu einem weit gefassten Kollokationsbegriff, der sich an statistischer Signifikanz orientiert.

In anderen Fällen ist aber zu bezweifeln, ob es sich bei den Angaben wirklich um Probabeme handelt oder lediglich um zielsprachliche Formulierungsentwürfe, die nicht unbedingt besonders wahrscheinlich auftreten:

> **open** ... **II.** ... ❷ ... **to be ~ for business** der Kundschaft offen stehen ...
> ❸ ... **an ~ matter** eine schwebende Angelegenheit ...
> ❹ ... **~ road** freigegebene Straße; **on the ~ sea** auf hoher See, auf offenem Meer ... <PGW-E1>

Jedenfalls deutet die Überprüfung dieser Äquivalente im COSMAS-II-Korpus des Instituts für deutsche Sprache nicht darauf hin, dass es sich dabei um Probabeme handeln könnte.[45] Lediglich für *auf hoher See* finden sich 446 Belege im Gegensatz zu 8 für *auf offenem Meer*.[46]

### 4.5.3.7 Lexikoparameter Vollständigkeit

Angesichts der Fülle phraseologischer Einheiten ist es natürlich ein fast unmögliches Unterfangen, dem Lexikoparameter Vollständigkeit auch nur annähernd gerecht zu werden. Wie groß die Unterschiede zwischen den Einheiten sind, die in den verschiedenen Wörterbüchern erfasst und entsprechend gekennzeichnet werden, zeigt bereits ein Vergleich von zwei Artikeln aus dem *PONS Großwörterbuch Englisch* (PGW-E1), dem *Duden-Oxford Großwörterbuch* (DOG-E2) und *Langenscheidts Handwörterbuch Englisch* (LHW-E 2001):

**Tür**

| PGW-E1 | DOG-E2 | LHW-E 2001 |
|---|---|---|
| in der Tür | in der Tür stehen | in der Tür |
| Tür an Tür mit jmd. wohnen | | Tür an Tür wohnen |
| | | er wohnt eine Tür weiter |
| an die Tür gehen | an die Tür gehen | an die Tür gehen |
| | | kannst Du mal an die Tür gehen? |

[45] Bei der Suche nach *Kundschaft + offen + stehen/steht/stand* bzw. *offenstehen/offensteht/offenstand* fanden sich 0 Belege in COSMAS II; für *Kundschaft offen* nur 5, davon 2 in Verbindung mit *stehen*. Die semantische Äquivalenz erscheint allerdings zweifelhaft. Für *freigegebene/-er/-en Straße/Strasse* gab es keine Belege, für *schwebende/-der/-den Angelegenheit* insgesamt 3.

[46] Die Tatsache, dass das *offene Meer* immerhin 111 Mal belegt ist, stützt die Vermutung, dass wohl auch ein erheblicher Unterschied zwischen *hoher See* und *offenem Meer* besteht. Während *auf hoher See*, wie in *Langenscheidts Großwörterbuch Deutsch als Fremdsprache* (LGDaF 2003) beschrieben, „auf dem Meer, weit vom Festland entfernt" bedeutet, kann man etwa sagen, dass man in Sylt von vielen Stellen aus sowohl das *offene Meer* als auch das Wattenmeer sehen kann. In diesem Sinne kann *open sea* im Englischen durchaus verwendet werden.

| | | |
|---|---|---|
| | | vor der Tür |
| | vor die Tür gehen | ich muss mal vor die Tür gehen |
| | | ich komme überhaupt nicht vor die Tür |
| | | ich bin gerade zur Tür rein |
| | den Kopf zur Tür hereinstecken | von Tür zu Tür gehen |
| Weihnachten steht vor der Tür | Pfingsten/die Sommerferien stehen vor der Tür; der Winter steht vor der Tür | Weihnachten steht vor der Tür |
| jdn. vor die Tür setzen | jmdn. vor die Tür setzen | j-n. vor die Tür setzen |
| jmd. die Tür weisen | jmd. die Tür weisen | [Querverweis: *weisen*] |
| | mach die Tür von außen zu! | mach die Tür von außen zu! |
| | | da ist die Tür! |
| jmd. die Tür vor der Nase zuschlagen | jmdm die Tür vor der Nase zuschlagen | |
| ein jeder kehre vor seiner Tür | vor seiner eigenen Tür kehren | [Querverweis: *kehren*] |
| jmd. mit etw. die Tür einrennen | jmdm die Tür einlaufen *od.* einrennen | |
| die Leute haben ihm fast die Tür eingerannt | | |
| offene Türen einrennen | offene Türen einrennen | [Querverweis: *einrennen*] |
| mit der Tür ins Haus fallen | mit der Tür ins Haus fallen | mit der Tür ins Haus fallen |
| die Tür für etw. offen halten *od.* nicht zuschlagen | | die Tür für Verhandlungen offenhalten |
| zwischen Tür und Angel | zwischen Tür und Angel | zwischen Tür und Angel |
| einer Sache Tür und Tor öffnen | einer Sache Tür und Tor öffnen | Tür und Tor öffnen |
| ach, du kriegst die Tür nicht zu! | [ach,] du kriegst die Tür nicht zu | |
| | hinter verschlossenen Türen | |
| | vor verschlossener Tür stehen | Tag der offenen Tür |

**happy**

| PGW-E1 | DOG-E2 | LHW-E 2001 |
|---|---|---|
| the happy couple (*frisch Verheiratete*) | | |
| | happy event (*Geburt*) | happy event |
| | happy release (*Todesfall: Erlösung*) | |
| they were having such a happy time (*Spaß haben*) | | happy days (*voller Glück*) |
| the school is a happy place, it's a happy school | | |
| a happy atmosphere for their children | | |
| a happy ending (*Happy End*) | (Eintrag: *happy ending*) | |
| | | happy news (*glückverheißend*) |
| | | happy idea (*trefflich*) |
| | | happy phrase (*treffend*) |
| a happy feeling (*Glücksgefühl*) | | |
| that gives me a happy feeling | | |
| by happy chance (*glücklicher Zufall*) | by a happy chance/accident/coincidence | |
| | [strike] a happy medium (*goldener Mittelweg*) | |
| to make sb happy | make sb happy (*zufrieden stellen*) | |
| happy birthday (to you) | happy birthday | |
| Happy Easter/Christmas | Happy Christmas/New Year | happy new year! |
| | happy days/landings | |
| (not) to be happy about *or* with sth (*unzufrieden*) | I am not happy with her work; not be happy about sth/doing sth | |
| to be happy to do sth *(etw gerne tun)* | be happy to do sth? | |
| | are you happy? *(kommen Sie zurecht?)* | I am quite happy (, thank you)! |
| that's a risk I am happy to take (*gerne eingehen*) | | |

| | | |
|---|---|---|
| I was happy to hear that you passed your exam (*es freut mich*)<br>I am just happy to be back (*einfach nur froh*)<br>to be happy to let sb do sth (*damit einverstanden sein*) | I'm happy for you | |
| he's happy to leave it to me | I'd be only too happy to do that<br>[I'm] happy to meet you (*Begrüßung*)<br>yes, I'd be happy to | I would be happy to do that<br>I'm happy to see you |

## 4.6 Ein- und zweisprachige Wörterbücher

### *4.6.1 Zweisprachige Wörterbuchartikel als Serie von Einschränkungen*

Die Behauptung, dass zweisprachige Wörterbücher höchst komplexe und höchst seltsame Gebilde darstellen (> 4.1.1), dürfte durch die Analyse ihrer Komponenten erhärtet worden sein. Die Widersprüchlichkeit, die zweisprachigen Wörterbüchern in gewisser Weise anhaftet, ergibt sich vielleicht zum Teil daraus, dass zwar nicht alle, aber doch viele Einträge in zweisprachigen Wörterbüchern weniger als Explikation eines Lemmas zu lesen sind denn als Serie von Einschränkungen:

> **Straße** ... ❶ (*Verkehrsweg*) road; (*bewohnte Straße*) street; (*enge Straße auf dem Lande*) lane; ***schicken Sie bitte einen Abschleppwagen, ich liege auf der Straße fest*** please send a breakdown lorry, I've broken down; **auf die Straße gehen** to demonstrate; **auf der Straße sitzen** [*o* **stehen**] (*fam*) to be [out] on the streets; **die ~ von Dover/Gibraltar/Messina** the Straits of Dover/Gibraltar/Messina <PGW-E1>

Eine erste Einschränkung ergibt sich aus den Äquivalenzspezifizierungen in Bezug auf das Lemma, durch die hier zum Ausdruck gebracht wird, dass es kein Lexem im Englischen gibt, das mit dem deutschen Lexem *Straße* in einer 1:1-Äquivalenzbeziehung stünde. Durch die erste und die zweite Mehr-Wort-Adresse erfolgt eine Einschränkung dergestalt, dass manche Textstellen, in denen das Wort *Straße* vorkommt, weder durch *road* noch durch *street* oder *lane* wiedergegeben werden müssen. Schließlich folgt eine Verwendung von *Straße*, die etwa das *Duden-Universalwörterbuch* (DUW5) deutlich von der mit *road, street, lane* wiederzugebenden absetzt und als ‚Meerenge' beschreibt. Nicht ausgesagt wird, dass *auf die Straße gehen* auch im Englischen ohne Weiteres mit *street* übersetzt werden kann, wie die folgenden Belege aus dem British National Corpus zeigen:

$[8]_{BNC}$ Do not go out on the streets, he begged his compatriots; instead, put a lighted candle in the window for reform.
$[9]_{BNC}$ And more and more will come out on the streets.
$[10]_{BNC}$ If 70,000 dared to go on the streets feeling they might be beaten up or worse, how many might demonstrate if that fear is removed?

Ähnliches gilt für *operate*:

> **operate** ... **I.** *vi* ❶ (*work, run*) funktionieren; **to ~ at maximum capacity** auf Höchststufe laufen
> ❷ (*act*) vorgehen, zu Werke gehen *geh.*; MIL operieren; [*criminal*] *mind* arbeiten**;** ***destructive forces are clearly operating within the community*** innerhalb der Gemeinschaft sind eindeutig zersetzende Kräfte am Werk; **to ~ on a budget** sich *Akk* an ein Budget halten; **to ~ at a loss/profit** mit Verlust/Gewinn arbeiten ... <PGW-E1>

Auch hier bezieht sich die erste Einschränkung auf die Bedeutung des Lemmas. Durch *operate at maximum capacity* wird wiederum eine Übersetzungsmöglichkeit angegeben, in der das Äquivalent *funktionieren* nicht möglich ist. Unter ❷ erfolgt wiederum die Einschränkung bezüglich der Bedeutung des Lemmas; dann werden zwei Äquivalente gegeben, von denen das zweite in Bezug auf die Stilebene eingeschränkt wird; die Gültigkeit dieser Äquivalente wird durch *operieren* eingeschränkt, das wiederum auf den militärischen Bereich eingeschränkt wird (weil der medizinische Fall unter ❹ abgehandelt wird) usw. Das vierte Äquivalent wird in Hinblick auf das Subjekt *mind* des Lemmas eingeschränkt, wobei *mind* (vorwiegend, immer) eingeschränkt auf *criminal mind* zu verstehen ist. Für die Mehr-Wort-Einheiten gilt dasselbe wie bei *Straße*.

Diese Artikel demonstrieren auch eine gewisse Schwierigkeit, die sich beim Lesen in Hinblick auf die Kohärenz des Textes ergibt. Was haben eine Autopanne, eine Demonstration und eine Meerenge miteinander zu tun oder was verbindet eine militärische Aktion, das Einhalten eines Budgets mit generellem Vorgehen? Die Antwort ist: nichts, außer dass sie im Wörterbuch für dieselbe semantische Spezifikation eines ausgangssprachlichen Lemmas miteinander vorkommen.

Es ist offensichtlich, dass die Darstellungen in einsprachigen Wörterbüchern wesentlich leichter zu lesen sind, weil wesentlich mehr Raum auf die Darlegung als auf die Einschränkung von Information verwendet werden kann, wie ein kurzer Ausschnitt aus dem Eintrag zu *operate* im *Longman Dictionary of Contemporary English* verdeutlicht:

operate

**1** MACHINE **a)** to use or control a machine or equipment: *The Lewis family operated a number of boats on the canal. | Clive was experienced in operating the computers.* **b)** [I always + adv/prep] if a machine operates in a particular way, it works in that way [+**in/at**] *Check that the equipment is operating in a safe manner. | The bus is designed to operate in all weather conditions. | Most freezers operate at below -18°.*

<LDOCE4> (Unterstreichung = magenta; Unterlegung blau)

Im Unterschied zu den Einträgen in zweisprachigen Wörterbüchern erfolgt hier beim Lesen eine Verdeutlichung und Konkretisierung von Information, die nicht die ständige Überprüfung in Hinblick auf mögliche Einschränkungen oder gar die Revidierung soeben verarbeiteter Information impliziert.

Diese Probleme zweisprachiger Wörterbucheinträge sind natürlich in der Komplexität des Unterfangens der Darstellung zweier Sprachen bedingt. Für bestimmte Nachschlagezwecke gibt es dazu auch keine Alternative, vor allem natürlich, was das Finden von Wörtern in der Fremdsprache angeht. Gleichzeitig dürfte klar geworden sein, warum bestimmte Nachschlagebedürfnisse eher mit einem einsprachigen als mit einem zweisprachigen Wörterbuch verwirklicht werden können, nämlich zum Beispiel solche, die sich auf eine genaue Darstellung semantischer oder grammatischer Eigenschaften einer lexikalischen Einheit beziehen. Umgekehrt funktioniert das in der Fremdsprache nur dann, wenn die Benutzer über ausreichende Kenntnisse in dieser Sprache verfügen.

Das eigentliche Desiderat ist also eine Verbindung von ein- und zweisprachigem Wörterbuch. Während entsprechende Versuche zur Entwicklung von Zwischenformen bisher keine bahnbrechenden Erfolge erzielt haben, darf natürlich nicht übersehen werden, dass manche der diesbezüglichen Probleme im Rahmen der neuen technischen Möglichkeiten überwunden werden können. Es ist durchaus denkbar, dass elektronische Versionen von Wörterbüchern eine wesentlich zielgerichtere Orientierung ermöglichen als dies bei gedruckten Wörterbüchern der Fall ist. Insbesondere wäre hier auch an eine Vernetzung von zweisprachigen mit einsprachigen Wörterbüchern zu denken, die die Vorteile der beiden Wörterbuchtypen miteinander verbindet. Im Grunde könnte man ja durchaus der Auffassung sein, dass es sich beim zweisprachigen Wörterbuch, soweit es für die Produktion in der Fremdsprache eingesetzt wird, um ein onomasiologisches Wörterbuch der L2 handelt, bei dem die Inhalte über die lexikalischen Einheiten der L1 geordnet sind. Ist auf diese Weise die lexikalische Einheit der L2 über die zweisprachige Komponente eines solchen elektronischen Wörterbuchs ermittelt, könnten aus dem einsprachigen Teil diejenigen Informationen über das L2-Äquivalent (und zwar die entsprechende lexikalische Einheit, nicht das Lexem) beziehungsweise über verschiedene Äquivalente in der L2 abgerufen werden. Insofern ist die strikte Trennung von ein- und zweisprachigen Wörterbüchern vielleicht schon bald eine Sache der Vergangenheit, wie in Kapitel 7 gezeigt werden wird.

### *4.6.2 Schwächen zweisprachiger Wörterbücher*

Wenn man davon ausgeht, dass ungeachtet der technischen Möglichkeiten auch in Zukunft ein Bedarf an Papierwörterbüchern bestehen wird, kann die Betrachtung zweisprachiger Wörterbücher aber nicht mit dem Hinweis, dass mit dem elektronischen Medium ein Teil ihrer intrinsischen Probleme gelöst werden könnten, abgetan werden. Auch wenn anzuerkennen ist, dass eine gewisse Komplexität zweisprachiger Wörterbucheinträge eben durch die Tatsache, dass hier Elemente zweier Sprachen zueinander in Relation gesetzt werden, bedingt und von daher unvermeidbar ist, entschuldigt das den *state of the art*, wie er sich bei den hier hauptsächlich betrachteten Wörterbüchern, die ja über erhebliche Marktanteile verfügen dürften, nur zum Teil.

Es wäre dringend zu wünschen, dass die Konkurrenz auf dem zweisprachigen Wörterbuchmarkt, wie sie ja zumindest für Englisch in Deutschland zu konstatieren ist, zu ähnlichen positiven Ergebnissen führt wie der Kampf um Marktanteile in der englischen Lexikografie seit den siebziger Jahren. Verbesserungen erscheinen in vielerlei Hinsicht möglich, wobei neue drucktechnische Verfahren, insbesondere auch der Einsatz von Farbe, eine wesentliche Rolle spielen können. Zum Teil wären Verbesserungen durch Abkehr von aus irgendwelchen Gründen bestehenden lexikografischen Traditionen zu erzielen, zum Teil durch stärke Beachtung linguistischer und metalexikografischer Forschungsergebnisse:

I. Prinzipiell muss die Zugriffsstruktur verbessert werden. Dazu wäre zum Beispiel eine Orientierung an Wörterbüchern wie dem *Longman Dictionary of Contemporary English* oder dem *Oxford Advanced Learner's Dictionary* sinnvoll. Selbst in einem Wörterbuch, das zum Beispiel in Hinblick auf die Lemmatisierung von *phrasal verbs* sehr übersichtlich gestaltet ist wie dem *Collins Großwörterbuch Englisch*, findet sich nur ein Eintrag für *look* oder *round*, und es ist alles andere als einfach, schnell den Zugriff zur gesuchten Wortklasse zu finden. In diesem Zusammenhang muss auch die unsinnige und raumverschwendende Praxis, Verbeinträge prinzipiell nach transitiven und intransitiven Verwendungen zu gliedern, auch in Wörterbüchern dieser Größe über Bord geworfen werden (> 5.3.5.2).
II. Die Unterscheidung zwischen Äquivalent und Bedeutungsangabe, wie sie jetzt bei vielen zweisprachigen Wörterbüchern in Hinblick auf Kulturspezifika praktiziert wird, sollte dahingehend ausgeweitet werden, dass bei jedem Äquivalent klar wird, ob es sich um ein etabliertes Lexem (bei Idiomen entsprechend um ein etabliertes Idiom) beziehungsweise Probabem der Zielsprache handelt oder um eine Art Ad-hoc-Übersetzung, die nach Ansicht der Lexikografen in vielen Situationen tauglich wäre. Im Augenblick scheint das nur bedingt der Fall zu

sein, wie Äquivalente vom Typ *hotel on the beach*, *wicker beach chair with a hood*[47] oder *half*-finished und *unfinished building* deutlich machen.[48]

> **Strandgut** *nt kein pl* (*geh*) flotsam and jetsam + *sing vb* **Strandhafer** *m* BOT beach grass *no art, no pl spec* **Strandhotel** *nt* beach [*or* seaside] hotel, hotel on the beach **Strandkorb** *m* beach chair .... <PGW-E1>
>
> **Strand-:** ... **Strandgut** *nt, no pl* (*lit, fig*) flotsam and jetsam; **Strandhafer** *m* marram (grass); **Strandhaubitze** *f*: **blau** *or* **voll wie eine ~** (*inf*) as drunk as a lord (*inf*), rolling drunk (*inf*); **Strandhotel** *nt* seaside hotel; **Strandkiefer** *f* (*Bot*) maritime pine, cluster pine; **Strandkleidung** *f* beachwear; **Strandkorb** *m* wicker beach chair with a hood ... <CGW-E4>
>
> **Bau-: Bauruine** *f* (*inf*) unfinished building ... <CGW-E4>
>
> **Baunorm** ... **~ ruine** *f* half-finished (*od.* abandoned) building ... <LHW-E 2001>

III. Dringend erforderlich ist eine konsequente Trennung der Informationstypen Beispiel, Kollokation, Probabem und Idiom, wobei insbesondere die Beispiele in ihrer Auffälligkeit in den Einträgen zurückgenommen werden sollten. Auch hier können die neueren Auflagen von LDOCE oder OALD eine Orientierung bieten.

IV. Soweit möglich, sind entscheidende Fortschritte in der zweisprachigen Lexikografie durch den systematischen Korpusabgleich zu erwarten. Das betrifft nicht nur die Auswahl der Lexeme in Ausgangs- und Zielsprache, sondern ebenso die Bereiche der Kollokationen und Probabeme.

V. Letztlich böte eine Verstärkung der Gerichtetheit der zweisprachigen Wörterbücher enormes Verbesserungspotential. Solange nur zwei Bände der lexikografischen Darstellung für ein Sprachenpaar vorliegen, verhindert die Multifunktionalität der Einträge die gezielte Ausrichtung an den Bedürfnissen einer bestimmten Benutzergruppe. Angesichts des enormen Gefälles der Zahl der die jeweils andere Sprache Lernenden dürfte zumindest im Falle der Sprachen Deutsch und Englisch der Markt für englische Wörterbücher, die sich gezielt an deutschsprachige Benutzer wenden, groß genug sein, um auch in einer gehobenen Wörterbuchgröße ein gerichtetes Wörterbuchkonzept zu verwirklichen, das letztlich eine Vereinfachung und Beschleunigung des Nachschlagevorgangs bedeutet.

---

47 *Beach chair* ist eine bestenfalls funktionale Beschreibung von *Strandkorb*, die aber die wesentlichen Eigenschaften eines Strandkorbes weit verfehlt.

48 Für *hotel on the beach, half-finished building, beach chair* finden sich im BNC keine Belege. Ebensowenig ist *hotel on the beach* im englisch-deutschen Teil des PGW-E1 unter *hotel* aufgeführt; ebensowenig *seaside hotel* unter *seaside* oder *hotel*.

# 5. Strukturen von Wörterbüchern

## 5.1 Aspekte des Suchens von Information

### *5.1.1 Allgemeine Wörterbuchbenutzungskompetenz und Konventionen einzelner Wörterbücher*

Eines der Grundprobleme beim Nachschlagen im Wörterbuch – und das gilt für herkömmliche Papierwörterbücher in weitaus stärkerem Maße als für elektronische Wörterbücher (> 7) – ist, dass die Benutzer(innen) in der Regel zwar wissen (oder zu wissen glauben), was sie nachschlagen wollen, aber nicht unbedingt wissen, wo sie diese Information finden.

Bis zu einem gewissen Grad ist das natürlich eine Frage der Nachschlagekompetenz überhaupt. Zweifelsohne muss man mit gewissen Konventionen von Nachschlagewerken vertraut sein, um etwas schwierigere Nachschlagevorgänge durchführen zu können. Zu einer solchen allgemeinen Wörterbuchbenutzungskompetenz[1] (> 9) zählt zum Beispiel Kenntnis der Tatsache, dass ein Wörterbucheintrag durch Ziffern untergliedert sein kann und die Einsicht, dass man unter Umständen weiter lesen muss als bis zur Bedeutungsangabe unter **1**, um die gesuchte Antwort zu finden. Nicht durch eine allgemeine Wörterbuchbenutzungskompetenz lösbar ist aber die Frage, ob man ein Idiom wie *keep a straight face* in einem bestimmten Wörterbuch unter *keep, straight* oder *face* (oder überall) findet. Weiterhin beantwortet die allgemeine Wörterbuchbenutzungskompetenz nicht die Frage, ob *keep a straight face* in den Artikeln eines bestimmten Wörterbuchs zu suchen ist

- bei einer Bedeutung des Lemmas (wie in OALD3 zu ‚look, expression' bei *face*)
- zusammen mit anderen Wendungen bei einem Äquivalent des Lemmas (wie im CGW-E4)
- zusammen mit anderen Idiomen zwischen verschiedenen Bedeutungen des Lemmas (wie in OALD3 unter „6 (phrases)" bei *straight*)
- zusammen mit anderen Idiomen in einem Abschnitt am Ende des Eintrags (wie in OALD6 bei *straight*)
- allein unter einer eigenen Ziffer (wie in LDOCE4 bei *face* und *straight* oder in LPowD 2002).

Insofern ist über die allgemeine Wörterbuchbenutzungskompetenz hinaus eine gewisse Vertrautheit mit den Konventionen des Wörterbuchs erforderlich, das man gerade benutzt. Aus der Perspektive der Benutzer werden Nachschlagebedürfnisse er-

[1] Vgl. dazu Herbst/Stein (1987).

heblich dadurch erschwert, dass verschiedene Wörterbücher sich in ihren Konventionen sehr stark unterscheiden. Allerdings ist das aber notgedrungen so, denn ein ganz entscheidender Aspekt bei der Weiterentwicklung von Wörterbüchern besteht ja auch in einer Verbesserung der Strukturen von Wörterbüchern und in dem Versuch, Nachschlagevorgänge zu erleichtern. In der Geschichte der Lexikografie, das sei an dieser Stelle gesagt, sind in diesem Bereich, auch in den letzten zehn oder zwanzig Jahren, in verschiedenen ein- und zweisprachigen Wörterbüchern durch Neuauflagen oder echte Neuentwicklungen bemerkenswerte Fortschritte zu verzeichnen.

### *5.1.2 Zugriff*

In gewisser Weise kann man es als das Qualitätskriterium für Wörterbücher schlechthin betrachten, wie schnell und bis zu welchem Grad Benutzer, die zur Zielgruppe des Wörterbuchs gehören, zur richtigen Lösung der Fragen kommen, derentwegen sie dort nachschlagen. Zum einen betrifft dies natürlich den Lexikoparameter der Akkuratheit der Information und die im Wörterbuch aufgeführten Informationstypen, auf die in den Kapiteln 3 und 4 eingegangen wurde.

Was die Effizienz des Nachschlagevorgangs angeht, so spielen vor allem drei Gesichtspunkte eine Rolle, nämlich

- dass man den Artikel findet, in dem das entsprechende Problem behandelt wird
- dass man innerhalb des Artikels möglichst schnell die Stelle findet, an der das entsprechende Problem dargestellt wird
- dass man alle dort gegebenen Informationen, die für die Lösung der Frage relevant sind, verstehen und zuordnen kann.

Es geht also darum, den Benutzern den Zugriff auf die gesuchte Information so leicht wie möglich zu machen. Dabei spielen Fragen der Darstellung der Information (> 5.2) eine Rolle, aber auch Fragen des Aufbaus von Wörterbuchartikeln (> 5.3-4) und der Gesamtstruktur eines Wörterbuchs (> 5.4).

## 5.2 Lexikografische Darstellungsformen

### *5.2.1 Differenzierungsmöglichkeiten bei Artikelkonstituenten*

Was die Auffindbarkeit innerhalb eines Artikels angeht, so kann sowohl die Auffindbarkeit wie auch die Interpretierbarkeit der Information dadurch optimiert werden, dass die einzelnen Informationstypen in ihrer Darstellung in eindeutiger Weise voneinander differenziert werden. Um das zu erreichen, sollte jeder Informationstyp über ein eindeutiges formales Charakteristikum verfügen. Das erleichtert nicht nur die gezielte Suche nach einer bestimmten Information im Wörterbuch, sondern ist auch erforderlich, um deutlich zu machen, dass eine bestimmte Information überhaupt im Wörterbuch enthalten ist. Wenn zum Beispiel Kollokationen in einem Wörterbuch aufgeführt werden, so kann man nur dann von einer angemessenen Darstellungsform sprechen, wenn die Kollokation tatsächlich als solche markiert und für die Benutzer entsprechend erkennbar ist. Ist eine Kollokation lediglich Teil eines Beispiels und in keiner Weise besonders hervorgehoben, ist sie als Kollokation nicht erkennbar; die Angabe also von weit geringerem Nutzen.

Insofern wäre es wünschenswert, dass ein Wörterbucheintrag (und zum Teil gilt dies auch für Zusatzmaterialen) aus klar definierten Artikelkonstituenten besteht, in denen – wie beim sprachlichen Zeichen im de Saussureschen Verständnis *signifiant* und *signifié* – jeweils ein bestimmter Informationstyp (etwa Bedeutungsangabe, Beispiel etc.) und eine bestimmte Ausdrucksform (Text in Normalschrift, Text in Kursivschrift) durch (in diesem Fall eine durch das Wörterbuch festgelegte) Konvention verbunden sind.

Diese Forderung nach der Gestaltung von Artikelkonstituenten im Sinne einer festen Verbindung von Informationstyp und Ausdrucksform im Wörterbucheintrag ist deshalb relativ leicht zu erfüllen, weil sich in Hinblick auf die Dimensionen Typografie, Realisierung und Gliederungssignale eine Vielzahl von unterschiedlichen Ausdrucksformen für ein gedrucktes Wörterbuch konstruieren lässt:

I. Typografie: Variation von verschiedenen Schriftsystemen (lateinische Schrift/phonetische Umschrift), Schrifttypen (Times/Arial/Helvetica/etc.), Schriftgrößen, Schriftbreiten (fett/normal) und Schriftneigungen (kursiv/normal) sowie zwischen Kleinbuchstaben, Großbuchstaben und Kapitälchen, Hochstellung und Tiefstellung, Schriftfarben, Umrahmungen, Farbunterlegungen.
II. Realisierung: Text, Abkürzungen, Codes, Symbole, Klammern (sowie in elektronischen Wörterbüchern (> 7) Audio- und Videomaterial).
III. Gliederungssignale: Zahlen, Buchstaben, Symbole, Einrückungen, Absätze verschiedener Größen, Spalten.

Auch wenn in der Praxis dabei natürlich zu berücksichtigen ist, dass allzu große Vielfalt und Variation die Klarheit und vor allem auch das ästhetische Gesamterscheinungsbild nicht notwendigerweise unbedingt erhöhen, ist die Zahl der verschiedenen Ausdrucksformen, zwischen denen in einem guten Wörterbucheintrag differenziert wird, beträchtlich. So enthalten die fünf Zeilen des LDOCE4-Eintrags *damp*[1] (Abb. 6) immerhin bereits zwölf verschiedene Ausdrucksformen:

Abb. 6: LDOCE4

**damp**[1] /dæmp/ *adj* **1** slightly wet, often in an unpleasant way: *Wipe the leather with a damp cloth.* | *a cold, damp day* **2 damp squib** *BrE informal* something that is intended to be exciting, effective etc, but which is disappointing —**dampness** *n* [U] —**damply** *adv*

| | |
|---|---|
| fett groß gerade blau | Lemma |
| fett groß gerade hoch Zahl blau | Hinweis auf Homonymie |
| phonetische Transkription | Aussprache |
| kursiv Abkürzung klein geschrieben | Wortklasse |
| fett normal Zahl | Ordnungszahl |
| normal gerade Text | Definition |
| kursiv Text | Beispiel |
| fett Text | Explikans |
| kursiv Abkürzung groß geschrieben | diatopische Markierung |
| kursiv Wort | diastratische Markierung |
| fett normal Text schwarz | Sublemma |
| Abkürzung in eckiger Klammer | Subklasse |

### *5.2.2 Ergänzende Darstellungsformen*

#### 5.2.2.1 (Potentiell) Artikelübergreifende Darstellungsformen

Neben den eigentlichen Wörterbuchartikeln gibt es aber noch andere Elemente im Wörterbuch, die entweder als Teil eines Artikels oder als selbstständige Einheit (und zwar im Wörterbuchteil oder in einem Anhang) auftreten können. Dabei handelt es sich zum Beispiel um Illustrationen, Fotografien, Landkarten, Statistiken und Grafiken. Sie entziehen sich insofern der klassifikatorischen Systematik der Artikelkonstituenten, als sie zur Verdeutlichung oder Erklärung der verschiedensten Aspekte eines Lemmas eingesetzt werden können. Insbesondere zeichnen sich solche lexikografischen Ausdrucksformen dadurch aus, dass sie auch die Kontrastierung verschiedener Lemmata (bzw. lexikalischer Einheiten) ermöglichen.

#### 5.2.2.2 Illustrationen

Das wohl wichtigste Element dieser Art bilden Illustrationen im Wörterbuch. Sie können einerseits dazu dienen, Bedeutungserklärungen durch Verweis auf mehr oder weniger prototypische Exemplare des Denotatums zu ergänzen. Das erscheint vor allem dann geboten, wenn sich eine Bedeutung nur schwer verbalisieren lässt. So ist zum Beispiel zu bezweifeln, ob die Definitionen ‚a large sea animal that eats fish and lives around coasts or on floating pieces of ice‘ im *Longman Dictionary of Contemporary English* (LDOCE3) von 1995 oder ‚an animal that lives near and in the

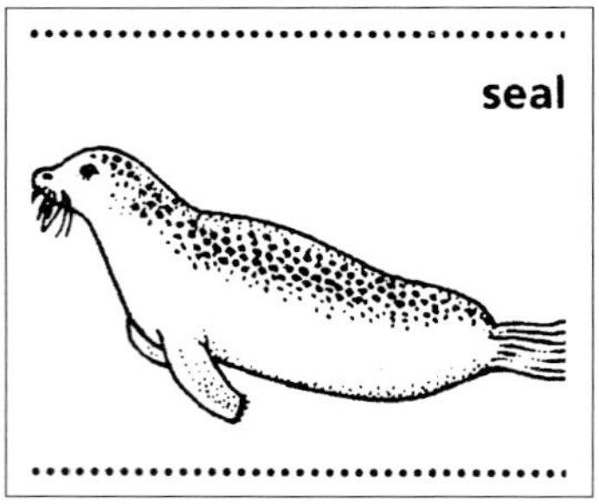


Abb. 7: LDOCE3

Abb. 8: OALD5

sea and eats fish. Some seals are hunted for their thick fur' im *Oxford Advanced Learner's Dictionary* (OALD5) aus demselben Jahr die Bedeutung von *seal* eindeutig beschreiben, so dass die Illustrationen (Abb. 7 und 8) als Ergänzungen zur Bedeutungsbeschreibung zu sehen sind.

Darüber hinaus können Illustrationen im einsprachigen Wörterbuch aber auch dazu verwendet werden, um Sachfelder zu erschließen. Für den sprachproduktiven Aspekt der Wörterbuchbenutzung ist es durchaus wesentlich, dass in einem Eintrag wie dem zu *Segelboot* im *Langenscheidt Großwörterbuch als Fremdsprache* (LGDaF 2003) auf Wörter wie *Mast, Segel, Bug, Heck, Ruder* und *Schwert* verwiesen wird, die fremdsprachliche Benutzer, die ja nach diesen Wörtern suchen, logischerweise nicht nachschlagen können (Abb. 9).[2]

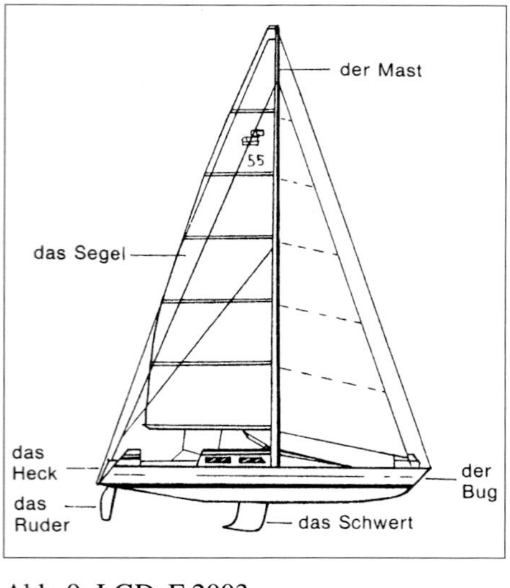


Abb. 9: LGDaF 2003

Sehr nützlich sind Illustrationen auch zur Kontrastierung von Wortbedeutungen oder von Kollokationen, wie sie sich zum Beispiel im Eintrag zu *piece* im *Longman Dictionary of Contemporary English* (LDOCE2) von 1987 findet (Abb. 10).

Es versteht sich von selbst, dass solche Darstellungen eigentlich nur dann sinnvoll sind, wenn sich bei den entsprechenden Lemmata, die in der Illustration erläutert oder kontrastiert werden, auch ein entsprechender Querverweis auf die Illustration findet (was bei diesen Beispielen auch der Fall ist).

[2] Insofern sind solche Illustrationen in zweisprachigen Wörterbüchern nicht in derselben Weise erforderlich wie in einsprachigen. Sie können aber – wie im *Langenscheidt Power Wörterbuch Französisch* (LPW-F 1999) bei *dans la salle de bains* in pädagogisch orientierten Wörterbüchern durchaus eine sinnvolle Funktion in Bezug auf die Wortschatzerweiterung haben.

Die meisten Wörterbücher benutzen, soweit sie überhaupt Illustrationen einsetzen, vorwiegend Schwarz-Weiß-Zeichnungen. Farbdruck ist natürlich erforderlich, wenn etwa – wie in LDOCE3 beim Stichwort *colours/colors* – tatsächlich Farben durch Illustrationen dargestellt werden sollen, kann aber auch ansonsten erheblich zur ästhetischen Wirkung des Wörterbuchs beitragen, wie etwa im *Petit Larousse* (2000) oder dem *Longman Dictionary of Contemporary English* (LDOCE4). Dass Fotografien im Vergleich zu Zeichnungen eher selten eingesetzt werden, hat wohl vor allem zwei Gründe: Erstens scheinen sich die prototypischen Merkmale eines Gegenstandes in Zeichnungen deutlicher herausarbeiten zu lassen als in Fotos. Zweitens haben Fotografien natürlich auch den Nachteil, dass sie häufig wesentlich stärker zeitgebunden sind als Zeichnungen. Dennoch ist der Einsatz von Fotografien bei der Darbietung enzyklopädischer Information äußerst vorteilhaft, wie die Ansicht der Houses of Parliament und die Innenansicht des House of Commons im *Oxford Advanced Learner's Dictionary* (OALD5) von 1995 oder die Fotos unter Stichwörtern wie *L'art roman* oder *l'impressionnisme* (wo Bilder von Renoir, Pissarro, Sisley, Monet, Degas und Cézanne abgedruckt sind) im *Petit Larousse* (2000) deutlich veranschaulichen.

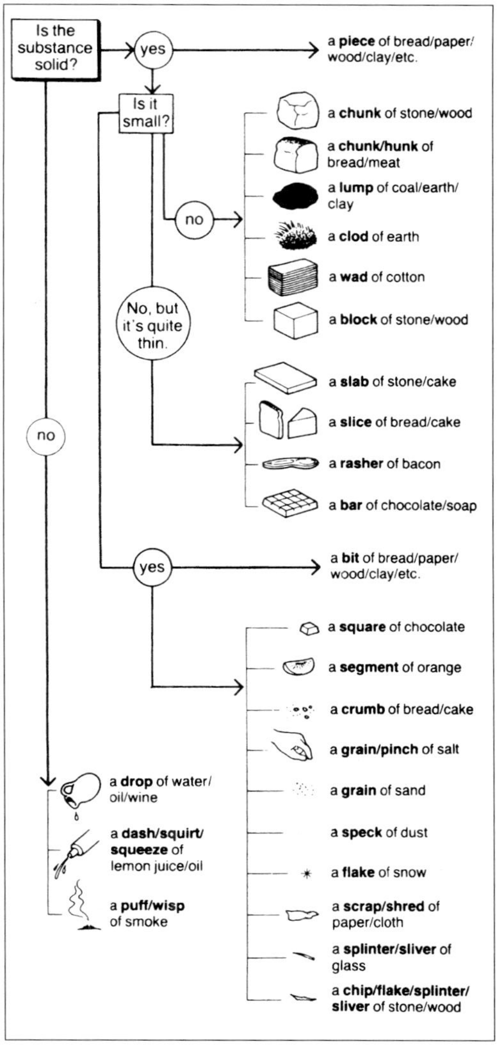


Abb. 10: LDOCE2

Insofern stellen Illustrationen der verschiedensten Art eine sinnvolle Ergänzung zu den sprachlichen Erklärungsmöglichkeiten im Wörterbuch dar. Es ist zu vermuten, dass bestimmte lexikalische Einheiten in ganz besonderer Weise einer solchen Ergänzung bedürfen. Dennoch ist – trotz einzelner sehr origineller Ansätze zur grafischen Illustration auch von Verbbedeutungen – auch zu sagen, dass die lexikografische Illustrationspraxis in vielen Fällen weniger von solch semantischen Überlegungen geleitet zu sein scheint, sondern dass vielmehr ästhetische Aspekte in Hinblick auf das Gesamterscheinungsbild des Wörterbuchs häufig darüber entscheiden, welche Lemmata durch Illustrationen verdeutlicht werden und welche nicht.[3]

### 5.2.2.3 Statistiken und Grafiken

Insbesondere die Einbeziehung von Korpusanalysen lässt es sinnvoll erscheinen, auch Statistiken und Grafiken in ein Wörterbuch aufzunehmen. Auf diese Weise lassen sich zum Beispiel Gebrauchsfrequenzen bestimmter grammatischer Konstruktionen eines Wortes verdeutlichen (Abb. 11):

Ebenso können solche Grafiken dazu verwendet werden, um Tendenzen der Verwendung eines Wortes beziehungsweise auch verschiedener synonymer oder bedeutungsähnlicher Wörter oder Kollokationen in bestimmten Varietäten zu demonstrieren (Abb. 12 und 13).

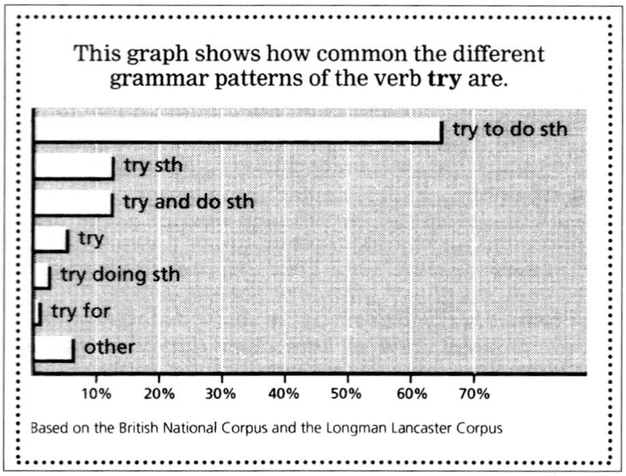


Abb. 11: LDOCE3

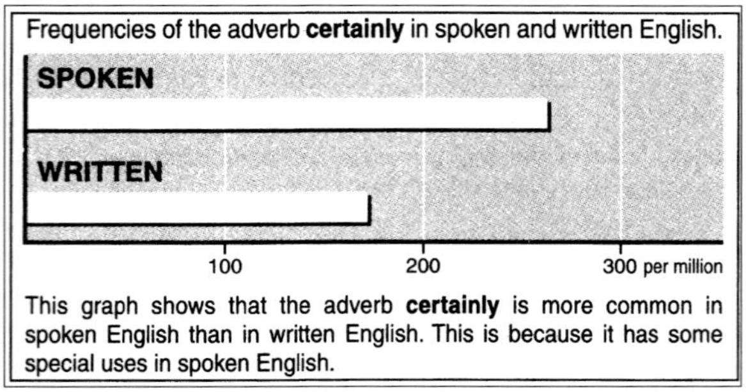


Abb 12. : LDOCE4

[3] Zum Problem der Illustrationen in Wörterbüchern siehe Hupka (1984, 1989ab), Werner (1983), Stein (1991). Vgl. auch Svensén (1993: 167-180).

Abb. 13 : LDOCE3

Frequencies of **search**, **look for** and **try to find** in spoken and written English.

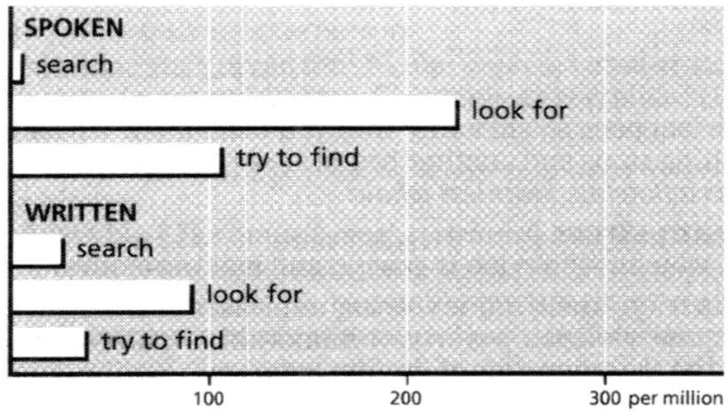


Based on the British National Corpus and the Longman Lancaster Corpus

This graph shows that the expressions **look for** and **try to find** are much more common in both spoken and written English than the verb **search**. **Look for** and **try to find** are used in a very general way. **Search** is used when someone, often a group of people, spends time looking for something or someone in a careful, organized way. It is more common in written English than in spoken English.

5.2.2.4 Usage Notes

Zu den potentiell artikelübergreifenden Ausdrucksformen sind auch die sogenannten *usage notes* zu rechnen. Anders als Illustrationen oder Grafiken verwenden sie kein grundsätzlich anderes Medium der Darstellung, sondern bieten im Wesentlichen sprachliche Information. Gleichzeitig setzen sie sich vom eigentlichen Wörterbuchartikel dadurch ab, dass sie Informationen, die dort in einer Artikelkonstituente bereits zum Ausdruck gebracht werden, in flexiblerer Form aufgreifen und verdeutlichen. Der Vorteil dieser Darstellung ist einerseits, dass bestimmte Dinge ausführlicher und pointierter zum Ausdruck gebracht werden können als dies im Rahmen der starren Artikelstruktur der Fall ist, etwa im Bereich der Grammatik:

> GRAMMAR
> **enough** comes after adjectives, never before: *This one is big enough* (NOT: *enough big.*) | *Is it warm enough for you?*
> **enough** usually comes before nouns *We haven't got enough time.* | *Are there enough plates?*
> Sometimes people use **enough** after nouns in particular expressions, but this is not very usual: *There'll be time enough for that later.*

⚠ Nouns used with **enough** must be plural or uncountable, never singular: *There aren't enough books (NOT enough book) | She has enough money to live on.* <LDOCE4>

*Usage notes* eignen sich besonders zur Kontrastierung verschiedener lexikalischer Einheiten, wie das folgende Beispiel aus dem *Longman Dictionary of Contemporary English* (LDOCE4) zeigt:

**WORD FOCUS: BURN**
*to be burning*: **be on fire, be ablaze, be alight**
*to start burning*: **catch fire, burst into flames, ignite**
*to make something start burning*: **light, set fire to sth**
*to make something stop burning*: **put out, extinguish**
*to hurt or damage your skin with hot liquid or steam*: **scald**
*the crime of deliberately setting fire to buildings*: **arson**

<LDOCE4> (Unterstreichung = blau; lila unterlegt)

In der Regel sind solche *usage notes* bei einem der erörterten Lexeme im Wörterbuch verankert; dadurch dass sie die alphabetische Reihenfolge der Lemmatisierung durchbrechen, leisten sie allerdings auch einen wichtigen Beitrag zur Verdeutlichung lexikalischer Beziehungen. Ähnliches gilt für die (artikelinternen) Hinweise auf *word families* im *Oxford Advanced Learner's Dictionary* (OALD6) wie im Artikel zu *explain*:

**WORD FAMILY**
**explain** *v.*
**explanation** *n.*
**explanatory** *adj.*
**explicable** *adj.* (≠ inexplic-able

<OALD6> (Unterstreichung = blau)

In zweisprachigen Wörterbüchern haben solche *notes* natürlich keine unmittelbare Wortfindungsfunktion, sie können aber dennoch in bestimmten Wörterbuchtypen wie *Langenscheidts Power Dictionary Englisch* (LPD-E 2002) aus pädagogischen Überlegungen heraus sinnvoll sein:

| **Beeren** | |
|---|---|
| Brombeere | **blackberry** |
| Erdbeere | **strawberry** |
| Heidelbeere | **blueberry, bilberry** |
| Himbeere | **raspberry** /ˈrɑːzbərɪ/ |

<LPD-E 2002> (Unterlegung blau)

### 5.2.2.5 Artikelübergreifende Darstellungsformen zur Überwindung der alphabetischen Anordnung

*Usage notes* oder Illustrationen sind in jedem Falle in einem Wörterbuchartikel verankert, der in die (normalerweise alphabetische) Lemmastruktur des Wörterbuchs integriert ist. Sie können diese Struktur aber insofern durchbrechen als sie – wie etwa die Illustrationen zu *Segelboot* und *piece* in 5.2.2.2 – auch lexikalische Einheiten umfassen, die nicht an dieser Stelle einzuordnen wären. Das gilt insbesondere auch für solche *usage notes,* in denen der Gebrauch verschiedener lexikalischer Einheiten miteinander kontrastiert wird – etwa *usage notes* „WORD CHOICE: ago, before, previously" (verankert bei *ago*) im *Longman Dictionary of Contemporary English* (LDOCE4) oder „WHICH WORD? employ / take on" (verankert bei *employ*) im *Oxford Advanced Learner's Dictionary* (OALD6). Für den Zugriff auf diese kontrastierende Information, durch die die Nachteile einer rein alphabetischen Anordnungsstruktur wenigstens ansatzweise überwunden werden, ist in Papierwörterbüchern natürlich auch ein Querverweis auf diese *notes* bei den Lemmata erforderlich, bei denen sie nicht verankert sind. Dass solche Informationen in elektronischen Wörterbüchern wesentlich leichter aufzufinden sind, ist offensichtlich (> 7).

## 5.2.3 Bestandteile eines Wörterbuchs

Die Diskussion verschiedener Darstellungsformen im Wörterbuch kann angesichts des Innovationspotentials bei der Wörterbuchgestaltung natürlich keinerlei Anspruch auf Vollständigkeit erheben. Was sie in Hinblick auf die Struktur von Wörterbüchern jedoch deutlich gemacht hat, ist, dass es Darstellungsformen gibt, die über den einzelnen Wörterbuchartikel hinausgehen. Zum Beispiel können Illustrationen sich sowohl auf einen einzelnen Wörterbuchartikel beziehungsweise sogar nur einen Teil eines Wörterbuchartikels beziehen (wie etwa ein Bild zu *seal*, das ja nur die Bedeutung ‚Seehund' betrifft) als auch auf Elemente, die in verschiedenen Artikeln eines Wörterbuchs behandelt werden. Insofern könnte man nun darüber streiten, ob Illustrationen, Grafiken, *usage notes* etc. einerseits als Bestandteile von Wörterbuchartikeln vorkommen und andererseits als eigenständige Strukturelemente oder ob man sie immer als eigenständige Strukturelemente sehen sollte. Ein solcher Streit ist außerhalb präziser metalexikografischer Klassifizierungsbestrebungen wahrscheinlich jedoch relativ müßig ebenso wie die Frage einer genauen Typologisierung solcher artikelexterner Elemente.

Was die Wörterbuchbestandteile betrifft, in denen Informationen über die beschriebene Sprache vermittelt werden, erscheint für unsere Zwecke jedenfalls eine Differenzierung der folgenden Art, die sicher verfeinert werden könnte, ausreichend:

- Wörterbuchartikel
- artikelexterne Strukturelemente wie Illustrationen und Boxen, die sich entweder nur auf einen Artikel beziehen oder bei einem Artikel verankert sind (wie etwa *usage notes,* Grafiken usw.)

- artikelexterne Strukturelemente wie Anhänge oder Sonderseiten zu bestimmten Themen, die nicht im engeren Sinne bei einem bestimmten Artikel verankert sind (auf die aber natürlich durch Querverweise aus den Artikeln hingewiesen werden kann).

## 5.3 Wörterbuchartikel

### *5.3.1 Aspekte des lexikografischen Zugriffs*

Die Grundkonzeption der Artikelstruktur eines Wörterbuchs wurde in 3.1 schon kurz angerissen. Dort wurde sehr grob gesagt, dass ein Artikel in Lemma und Explikationsteil unterteilt werden kann, wobei der Explikationsteil aus einer Reihe von Artikelkonstituenten besteht. Insbesondere wenn es um die Frage der effizienten Auffindbarkeit von Information geht, muss die Frage der Struktur beziehungsweise der Strukturierung von Wörterbuchartikeln aber noch einmal etwas detaillierter erörtert werden.

In Hinblick auf die schnelle Auffindbarkeit gesuchter Information wurde bezüglich der Konzeption von Wörterbuchartikeln in 5.2.1 bereits dargelegt, dass eine klare Gestaltung von Artikelkonstituenten im Sinne eines 1:1-Verhältnisses von Darstellungsform und Informationstyp erforderlich ist. Das ist natürlich nur ein Aspekt, der in diesem Zusammenhang zu berücksichtigen ist. Weiterhin kann ein Nachschlagevorgang nämlich nur dann funktionieren, wenn auch unzweifelhaft deutlich wird, worauf sich eine bestimmte Information bezieht.

Das ist in Wörterbüchern keineswegs immer der Fall, wie ein Vergleich der Zuordnung von *fig* und *fam* zu den Sublemmata *tempestuous* und *Grippe* im *PONS-Kompaktwörterbuch Englisch* (2002) zeigt (Abb. 14 und 15):

**tem·pest** ['tempɪst] *s* (*a. fig*) Sturm *m;* **tem·pes·tu·ous** [tem'pestjʊəs] *adj* stürmisch; (*fig*) ungestüm

Abb. 14: PKW-E5

**grippal** [grɪ'pa:l] *adj:* ~**er Infekt** influenza infection; **Grippe** ['grɪpə] <-, -n> *f* influenza; (*fam*) flu; **Grippemittel** *nt* flu remedy

Abb. 15: PKW-E5

Das Fazit dieser Überlegungen ist wohl, dass für die Interpretierbarkeit eines Wörterbucheintrags dem Aspekt der eindeutigen Identifizierbarkeit des Bezugspunkts einer Information entscheidende Bedeutung zukommt. In der metalexikografischen Forschung wird das gelegentlich so formuliert, dass klar sein muss, worauf eine bestimmte Information[4] adressiert ist, und der Bezugspunkt der Information wird entsprechend Adresse genannt.[5]

---

4 Wenn in diesem Zusammenhang von Information die Rede ist, dann ist damit die Information gemeint, die in einem konkreten Wörterbuchartikel durch eine bestimmte Artikelkonstituente realisiert wird.

5 Der Sachverhalt lässt sich natürlich auch über die Konstituentenstruktur beschreiben: Im Falle von *tempestuous* liegen die Äquivalente [stürmisch] und [ungestüm] vor, im Falle von *Grippe* aber die Äqui-

Ein weiterer Aspekt der Zugriffsstruktur von Wörterbüchern ist aber mindestens ebenso entscheidend für die Effizienz der potentiellen Nachschlagevorgänge, nämlich die zu Beginn dieses Kapitels angesprochene Frage, wie schnell man die Stelle im Wörterbuch findet, an der die gesuchte Information gegeben wird. Das führt letztlich zu der Frage, worüber in Wörterbüchern eigentlich Informationen gegeben werden, deren Diskussion wiederum einige etwas allgemeinere Überlegungen über den Charakter von Wörterbuchartikeln erforderlich macht.

### *5.3.2 Wörterbuchartikel als Textsorte*

Wenn man so will, stellen Wörterbuchartikel eine bestimmte Textsorte dar, die entsprechend eigenen Textsortenkonventionen folgt.[6] Zum Teil handelt es sich dabei um relativ allgemeine Konventionen, zum Teil aber auch um solche, die nur für ein bestimmtes Wörterbuch gelten.

So ist es wahrscheinlich auch jemandem, der nicht über besondere Kenntnisse von Wörterbüchern verfügt, ohne Weiteres möglich, zu erkennen, dass ein Artikel wie in Abb. 16 gezeigt eine Information über das deutsche Wort *Rufname* enthält, dass dieses Wort aus der Buchstabenfolge R+u+f+n+a+m+e besteht, dass es sich bei „der Vorname, mit dem man j-n gewöhnlich anspricht" um eine Beschreibung der Bedeutung dieses Wortes und bei *Sie heißt Anne-Marie, aber ihr R. ist Anne* um ein Beispiel der Verwendung handelt. Ebenso dürfte es aufgrund allgemeiner Textperzeptionsstrategien[7] ohne größere Schwierigkeiten möglich sein, einen Eintrag, wie in Abb. 17 gezeigt, dahingehend zu interpretieren, dass hier drei Bedeutungen für das Wort *socket* unterschieden werden, und die Bedeutungsangaben und Beispiele als solche zu identifizieren.

**Ruf·na·me** *der*; der Vorname, mit dem man j-n gewöhnlich anspricht: *Sie heißt Anne-Marie, aber ihr R. ist Anne*

Abb. 16: LGDaF 2003

**sock·et** /ˈsɒkᵻt $ ˈsɑː-/ *n* [C] **1** a place in a wall where you can connect electrical equipment to the supply of electricity; ⊟ **power point** *BrE*; **outlet** *AmE* **2** the place on a piece of electrical equipment that you put a PLUG or a LIGHT BULB into: *a headphone socket* **3** a hollow part of -a structure into which something fits: *the eye sockets*

Abb. 17: LDOCE4

Ebenso kann man wohl davon ausgehen, dass den meisten Benutzern klar ist, dass es sich bei den Zeichen zwischen den Schrägstrichen um die phonetische Umschrift handelt, auch wenn sie sie nicht notwendigerweise interpretieren können. Inwieweit jemand in der Lage ist zu erkennen, dass *n* eine Information über die Wortklasse, [C] –

---

valente [influenza] und [flu *informal*]. In diesem Sinne wäre also zu fordern, dass die einzelnen Artikelkonstituenten eindeutig voneinander abzugrenzen sind.

6 Zu entsprechenden Ansätzen der Beschreibung des Textverstehens s. Rickheit/Strohner (1999). Vgl. in diesem Zusammenhang Wiegands (1998a) Entwurf einer Theorie der lexikografischen Textverdichtung.

7 S. in diesem Zusammenhang auch Wiegands (1998a: 4-6) Ansatz der Überführung eines Wörterbuchartikels in einen möglichen Volltext.

oder im Falle von *Rufname* das *der* nach dem Lemma – eine Angabe zu bestimmten grammatischen Eigenschaften des Wortes, die Unterstreichung des *u* im Lemma von *Rufname* ein Hinweis auf die Betonung und die Punkte Angaben zur Silbentrennung darstellen, hängt ganz stark vom linguistischen Wissen der betreffenden Person und ihrer Vertrautheit mit lexikografischen Konventionen (im Allgemeinen oder mit denen des bestimmten Wörterbuchs im Besonderen) zusammen. Damit unterscheiden sich Wörterbuchartikel aber nicht von Textsorten wie Fahrplänen oder auch Zeugnissen. Dass für die Interpretation selbst relativ wenig komplexer Einträge aber bereits ein erhebliches Maß an Vertrautheit mit den Konventionen der Textsorte Wörterbuchartikel (und eine gewisse Kenntnis sprachlicher Analysekategorien) erforderlich ist, hat aber erhebliche didaktische Konsequenzen.[8]

### *5.3.3 Thema und Rhema*

#### 5.3.3.1 Lemma und Explikationsteil – Thema und Rhema

Dass die Hauptfunktion eines Wörterbücherbucheintrags generell darin besteht, Informationen über sprachliche Einheiten zu vermitteln, dürfte eindeutig sein. Weit weniger eindeutig ist aber im Einzelfall die Frage, welche Information konkret worüber vermittelt wird. Das kann man vielleicht dadurch verdeutlichen, dass man die Kategorien betrachtet, die sich in Hinblick auf die Informationsverteilung in Sätzen etabliert haben. So lässt sich ein Satz wie

[1]$_{\text{LDOCE4}}$ The Pentagon's been left with an egg on its face

in Subjekt und Prädikat oder, in der Terminologie der Prager Schule, unter informationstheoretischen Gesichtspunkten in Thema und Rhema untergliedern. Dabei ist das Thema der Teil eines Satzes, über den mit dem Rhema etwas ausgesagt wird.[9]

| | |
|---|---|
| The Pentagon | has been left with an egg on its face |
| THEMA | RHEMA |

In ähnlicher Weise können Wörterbucheinträge interpretiert werden. Im Falle von

**blob** /ˈblɒb; *AmE* ˈblɑːb/ *noun* a small amount or drop of sth, especially a liquid; a small area of colour <OALD6> (Unterstreichung = blau)

könnte man eine Aufspaltung in eine Thema-Einheit und eine Rhema-Einheit folgendermaßen vornehmen:

---

8 Vgl. in diesem Zusammenhang Wiegand (1998a: 8): „Über das kohäsionsschaffende Wissen, welches ein Teil des Laienwissens über den Aufbau von Wörterbuchartikeln ist, muß ein Benutzer-in-actu daher vorgängig (d.h. prae actu) verfügen, wenn es zu einer erfolgreichen Wörterbuchbenutzung kommen soll."

9 Vgl. in diesem Zusammenhang Brown/Yule (1986: 126) und Quirk/Greenbaum/Leech/Svartvik (1985: 1361-1362). Zur einer Auffassung von Thema und Rhema im Sinne von *given* and *new* s. Esser (1979:

| | |
|---|---|
| **<u>blob</u>** | /ˈblɒb; *AmE* ˈblɑːb/ *noun* a small amount or drop of sth, especially a liquid; a small area of colour |
| THEMA | RHEMA |

Dabei besteht das Rhema aus einer Reihe von Informationen, die verschiedenen Informationstypen (> 3.1 und 5.1) – Ausspracheangabe, Wortklassenangabe und Definition – entsprechen. Da die Information über die Orthografie ebenfalls Information darstellt, also zum Rhema gehört, ist das Thema des Wörterbucheintrags nicht mit dem Lemma, das diese Information ja bereits repräsentiert, identisch.

Aufgrund dieser Überlegungen erscheint es sinnvoll, bei Wörterbucheinträgen auf der formalen Ebene zwischen Lemma[10] und Explikationsteil zu unterscheiden und auf der Ebene der Informationsstruktur zwischen einer lexikografischen Thema-Einheit und einem lexikografischen Rhema-Komplex. Der Rhema-Komplex besteht aus verschiedenen Informationen, die durch die Artikelkonstituenten realisiert sind.

| | |
|---|---|
| **<u>blob</u>** | /ˈblɒb; *AmE* ˈblɑːb/ *noun* a small amount or drop of sth, especially a liquid; a small area of colour |
| Lemma | Explikationsteil |
| LEXIKOGRAFISCHES THEMA | RHEMA-KOMPLEX |

5.3.3.2 Thematische Progression im Wörterbuch

In einem Fall wie dem *blob*-Eintrag ist eine Zuordnung zu den Kategorien Thema-Einheit und Rhema-Komplex beziehungsweise Lemma und Explikationsteil absolut eindeutig. Dies ist jedoch keineswegs immer der Fall.

Wenn man etwa den Eintrag zu *blockbuster* aus dem *Oxford Advanced Learner's Dictionary* (OALD6) betrachtet (Abb. 18), so ist klar, dass *blockbuster* das Lemma des Eintrags darstellt und der Rest des Eintrags als Explikationsteil zu sehen ist, wenn man Lemma und Explikationsteil sozusagen als formale Einheiten im Sinne einer Konstituentenstruktur sieht. Gleichzeitig dürfte es sinnvoll sein, *blockbusting* ebenfalls als Lemma zu betrachten – einerseits, weil es wie *blockbuster* in blauer Farbe gedruckt ist, und anderer-

> **block·bust·er** /ˈblɒkbʌstə(r); *AmE* ˈblɑːk-/ *noun* (*informal*) something very successful, especially a very successful book or film/movie: *the latest Hollywood blockbuster* ▶ **block·bust·ing** *adj.*: *a blockbusting performance*

Abb. 18: OALD6

48). Vgl. auch Esser (1984). Zur Differenzierung von Thema/Rhema und *given/new* vgl. u.a. Halliday (1970).

[10] Zum Lemma vgl. u.a. Wolski (1989) und Hartmann/James (1998).

seits, weil es eine Wortklassenangabe enthält. Aufgrund seiner Integriertheit in den Eintrag von *blockbuster* (und dem etwas kleineren Druck) ist es als Sublemma zu sehen.

Was die Informationsstruktur angeht, ist *adj.: a blockbusting performance* mit Sicherheit ein Rhema-Element zum Thema-Element *blockbusting*. Steht aber *blockbusting adj.: a blockbusting performance* auch in einem rhematischen Verhältnis zum Hauptlemma *blockbuster* (etwa in dem Sinne, dass der Hinweis auf die Existenz von *blockbusting* auch eine Information über *blockbuster* darstellt)?

Man kann das vertiefen, wenn man den Eintrag *blockade* aus demselben Wörterbuch betrachtet (Abb. 19):

**block·ade** /blɒˈkeɪd; *AmE* blɑːˈk-/ *noun, verb*
■ *noun* **1** the action of surrounding or closing a place, especially a port, in order to stop people or goods from coming in or out: *a naval blockade* ◊ *to impose/lift a blockade* ◊ *an economic blockade* (= stopping goods from entering or leaving a country) **2** a barrier that stops people or vehicles from entering or leaving a place: *The police set up blockades on highways leading out of the city.*
■ *verb* [VN] to surround a place, especially a port, in order to stop people or goods from coming in or out

Abb. 19: OALD6

Wiederum ist klar, dass *blockade* das Lemma und der Rest den Explikationsteil des Artikels ausmachen. Ebenso dürfte unstrittig sein, dass „the action of surrounding or closing a place, especially a port, .... or leaving a country" rhematischen Charakter hat. Aber worauf bezieht sich diese Information? Auf *Blockade ... noun, verb*? Auf *blockade noun*? Oder auf *blockade noun* **1**? Wahrscheinlich auf letzteres, aber wie ist dann „1" zu interpretieren? Die Thema-Einheit wäre dann linguistisch betrachtet eine von mehreren lexikalischen Einheiten eines Lexems *blockade*, über das die Benutzer zu diesem Zeitpunkt bereits wissen, wie es geschrieben und ausgesprochen wird, weil die entsprechende rhematische Information bereits vor der **1** steht.

Wenn man nun die Glosse „(= stopping goods from entering or leaving a country)" im Verhältnis zum Beispiel *an economic blockade* betrachtet, so stellt die Glosse eindeutig eine Rhema-Einheit dar und entsprechend *an economic blockade* eindeutig ein lexikografisches Thema, allerdings kein Lemma. Insofern dürfte klar sein, dass Thema-Einheiten nicht mit Lemmata identisch sind.

Gleichzeitig enthüllt diese Art der Analyse, die hier ja nur ansatzweise verfolgt wird, eine letztlich dann doch unvermutete Komplexität von Wörterbucheinträgen. Dass die Beschreibung der Verhältnisse der einzelnen Elemente des Artikels zueinander und ihre Kategorisierung weitaus komplizierter ist als die Interpretation des Eintrags selbst – jedenfalls wenn es sich um so übersichtlich und klar gestaltete Einträge handelt wie in diesem Fall – vermuten lässt, ist vielleicht bezeichnend für die komplexe Interpretationsleistung, die Wörterbuchbenutzer hier vollbringen.

In ähnlicher Weise lassen sich Einträge in zweisprachigen Wörterbüchern analysieren (Abb. 20).

and pair; **zwei|spän|nig** [1] *adj* drawn by two horses [2] *adv* ~ **fahren** to drive (in) a carriage and pair; **zwei|spra|chig** [1] *adj Mensch, Wörterbuch* bilingual; *Land auch* two-language *attr; Dokument* in two languages [2] *adv* in two languages; ~ **aufwachsen** to grow up bilingual *or* speaking two languages; **Zwei|spra|chig|keit** *f* -, *no pl* bilingualism; **zwei|spu|rig**

Abb. 20: CGW-E4

Die Struktur dieses Artikels kann im Rahmen einer thematischen Progression im Sinne von Daneš (1970) beschrieben werden:[11] Hier ist [*zweisprachig*] zunächst einmal als Lemma anzusehen, wobei durch die Ziffern [1] und [2] zwischen zwei lexikografischen Themen unterschieden wird, was natürlich bereits eine rhematische Information über [*zweisprachig*] darstellt, weil damit ausgedrückt wird, dass in diesem Wörterbuch zwei Verwendungsweisen von [*zweisprachig*] unterschieden werden. Insofern bildet [*zweisprachig 1*] eine neue Thema-Einheit, für die die Wortklasse [*adj*] als erstes Rhema angegeben wird und über die als zweites Rhema so etwas Ähnliches gesagt wird wie, dass man sie [auf Menschen und Wörterbücher anwenden] kann. Das kann als neue Thema-Einheit aufgefasst werden; wobei das Rhema dazu wäre, dass das Übersetzungsäquivalent im Englischen [*bilingual*] sei.

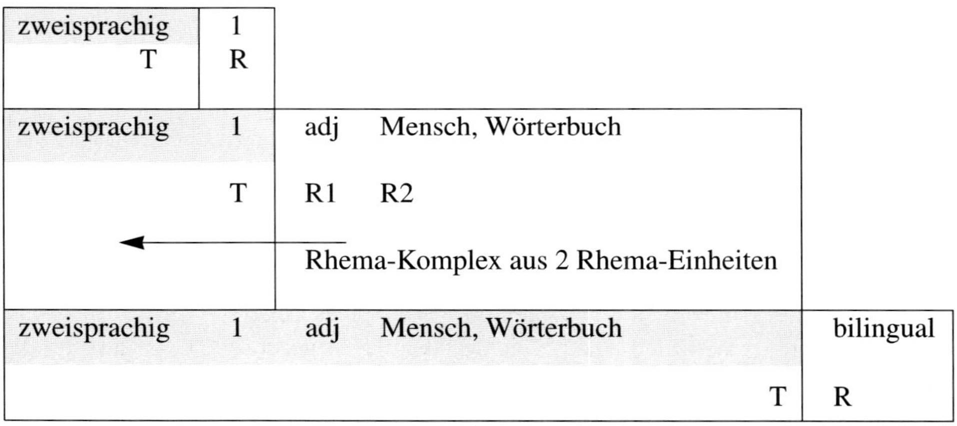


Geht man weiter zu [*Länder, auch:*] so ist das wohl eine dritte Rhema-Einheit der zweiten Ebene, die wiederum ein Thema für [*bilingual*], aber auch für [in two languages] bildet. Dependentiell ließe sich das in etwa so darstellen:

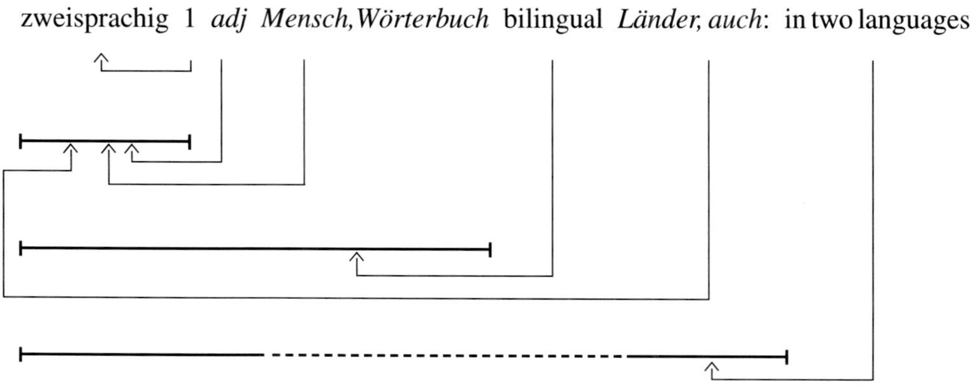


[11] Zur Beschreibung verschiedener Typen thematischer Progression siehe Esser (1984: 123-128).

## *5.3.4 Lexikografische Thema-Einheiten*

### 5.3.4.1 Lemmata und andere lexikografische Thema-Einheiten

Wenn man diese Analysen unter dem Gesichtspunkt der Frage des schnellen Zugriffs auf eine Information betrachtet, so ist vor allem bemerkenswert, wie viele unterschiedliche Einheiten als lexikografische Themen fungieren können. Nachdem die lexikografischen Themen aber per definitionem die Elemente im Wörterbuch sind, über die Aussagen gemacht werden, sind es genau diese Thema-Einheiten im Wörterbuch, die auffindbar sein müssen.

Technisch ist diese Auffindbarkeit von Thema-Einheiten im gedruckten Wörterbuch schlichtweg durch typografische Mittel zu erreichen. Dabei ist natürlich rein formal zwischen verschiedenen Typen von Thema-Einheiten zu unterscheiden, wobei es für unsere Zwecke sinnvoll erscheint, eine Differenzierung zwischen folgenden Typen durchzuführen:

- Thema-Einheiten, die in einem Wörterbuchartikel das Lemma beziehungsweise Hauptlemma darstellen
- Thema-Einheiten, die in einem Wörterbuchartikel ein Sublemma darstellen
- Thema-Einheiten, die in einem Wörterbuchartikel weder Haupt- noch Sublemma bilden, aber als Thema-Einheit markiert sind
- Thema-Einheiten, die nicht hervorgehoben sind.

Das Lemma beziehungsweise Hauptlemma eines Wörterbucheintrags sei dadurch definiert, dass es in die Anordnungsstruktur des Wörterbuchs integriert ist; bei Wörterbüchern mit alphabetischer Anordnungsstruktur hängt der Platz, an dem ein Artikel erscheint, in diesem Sinne vom Lemma beziehungsweise Hauptlemma ab. Prototypisch könnte man Lemmata von anderen Thema-Einheiten dadurch abzugrenzen versuchen, dass man sagt, auf Lemmata folgt ein Explikationsteil, der prinzipielle Informationen zum Lemma enthält und nicht nur eine Information zu dem Aspekt einer Thema-Einheit enthält, der die Thema-Einheit zur Thema-Einheit macht.

In diesen Einträgen aus dem *Oxford Advanced Learner's Dictionary* (OALD6) bilden *different* (Abb. 21) und *event* (Abb. 22) Hauptlemmata und *differently* (in Abb. 21) ein Sublemma. *A different kettle of fish, in any event | at all events, in the event* etc. können innerhalb einer *idiom section*

> **dif·fer·ent** /ˈdɪfrənt/ *adj.* **1 ~ (from/to/than sb/sth)** not the same as sb/sth; not like sb/sth else: *American English is significantly different from British English.* ◇ *(BrE) It's very different to what I'm used to.* ◇ *(AmE) He saw he was no different than anybody else.* ◇ *It's different now than it was a year ago.* ◇ *People often give very different accounts of the same event.* ◇ *My son's terribly untidy; my daughter's* ***no different***. OPP SIMILAR **2** [only before noun] separate and individual: *She offered us five different kinds of cake.* ◇ *The programme was about customs in different parts of the country.* ◇ *They are sold in many different colours.* ◇ *I looked it up in three different dictionaries.* **3** [not usually before noun] (*informal*) unusual; not like other people or things: *'Did you enjoy the play?' 'Well, it was certainly different!'* ▶ **dif·fer·ent·ly** *adv.*: *Boys and girls may behave differently.* ◇ *The male bird has a differently shaped head.* IDM **a different kettle of fish** (*informal*) a completely different situation or person from the one previously mentioned—more at COMPLEXION, KNOW *v.*, MATTER *n.*, SING *v.*, TELL

Abb. 21: OALD6

ebenfalls als Sublemmata betrachtet werden. Für die Lemmata, die im Druck durch die Farbe blau gekennzeichnet sind, werden Wortklasse, (mit der Ausnahme von *differently)* Definitionen und (außer bei *different kettle of fish*) Beispiele gegeben, also Information zu verschiedenen Informationstypen. Darüber hinaus sind in diesen Einträgen noch weitere Thema-Einheiten festzustellen: Zum einen bilden die Abschnitte [**different** /ˈdɪfrənt/ *adj.* **1**], [**different** /ˈdɪfrənt- *adj.* **2**], [**different** /ˈdɪfrənt/ *adj.* **3**] und [**event** /ɪˈvent/ *noun* **1**], [**event** /ɪˈvent/ *noun* **2**], [**event** /ɪˈvent/ *noun* **3**] Thema-Einheiten für die darauf folgenden Definitionen und Beispiele. Innerhalb der Beispiele wiederum bilden Elemente wie *the course of events* oder *in the normal course of events* Thema-Einheiten, die aber lediglich bezüglich ihrer Bedeutung in einer Glosse kommentiert werden. Interessant ist dabei, dass *sequence of events* und *no different* gar nicht kommentiert werden; das Rhema besteht also allein in der Information, dass es sich hierbei um relativ feste oder frequente Wendungen, also Probabeme im Sinne von 4.5.3.3 handelt. Da diese Probabeme vollkommen transparent sind, ist eine weitere Kommentierung auch überflüssig. Letztlich ist hier noch festzustellen, dass das zweite und dritte Beispiel zu [**different** /ˈdɪfrənt/ *adj.* **1**] in dem Sinn vollkommen unmarkierte Thema-Einheiten enthalten, nämlich die Valenzinformation [different to] und [different than], auf die sich die vorangestellten Rhema-Einheiten (*BrE*) und (*AmE*) beziehen.[12]

**event** /ɪˈvent/ *noun* **1** a thing that happens, especially sth important: *The election was the main event of 1999.* ◊ *In the light of later events the decision was proved right.* ◊ *The decisions we take now may influence* ***the course of events*** (= the way things happen) *in the future.* ◊ *Everyone was frightened by the strange* ***sequence of events.*** ◊ ***In the normal course of events*** (= if things had happened as expected) *she would have gone with him.* **2** a planned public or social occasion: *a fund-raising event* ◊ *the social event of the year* **3** one of the races or competitions in a sports programme: *The 800 metres is the fourth event of the afternoon.*—see also FIELD EVENT, TRACK EVENT **IDM** **in ˈany event | at ˈall events** used to emphasize or show that sth is true or will happen in spite of other circumstances: *I think she'll agree to do it but in any event, all she can say is 'no'.* **in the eˈvent** when the situation actually happened: *I got very nervous about the exam, but in the event, I needn't have worried; it was really easy.* **in the event of sth | in the event that sth happens** if sth happens: *In the event of an accident, call this number.* ◊ *Sheila will inherit everything in the event of his death.* **in ˈthat event** if that happens: *In that event, we will have to reconsider our offer.*—more at HAPPY, WISE *adj.*

Abb. 22: OALD6

## 5.3.4.2 Lemmata und linguistische Beschreibungseinheiten

Nachdem es sich bei Lemmata um Thema-Einheiten handelt, die in Wörterbüchern besonders deutlich hervorgehoben werden und die die Struktur von Wörterbüchern entscheidend prägen, ist es in Hinblick auf die Entwicklung einer effizienten Zugriffsstruktur natürlich von vorrangiger Bedeutung zu überlegen, welchen Thema-Einheiten Lemma-Status zukommen soll.

Wenn man ganz präzise sein will, muss die Frage allerdings lauten, welchen linguistischen Einheiten Artikel-Status zukommen soll. Im Grunde genommen ist ein

[12] An dem Eintrag *different* ist allerdings noch eine Box zum Thema „BRITISH/AMERICAN different from/to/than" verankert, in der diese Unterschiede explizit gemacht werden. Am Eintrag *event* findet sich eine Box „WHICH WORD? event / occurrence / incident / happening".

Lemma zunächst einmal ja nichts anderes als eine Folge von Buchstaben, die an einer bestimmten Stelle und in einer bestimmten typografischen Form in einem Text erscheint, wobei den Benutzern durch die Textsortenkonventionen klar ist, dass dies eine Einheit ist, über die etwas ausgesagt wird. Worum es sich bei dem, was dann beschrieben wird, handelt, wird ja erst durch den Explikationsteil klar; insofern könnte man sagen, dass die Lemmata der Einträge von *different* und *event*, die im vorigen Abschnitt analysiert wurden, nicht die Lexeme *different* und *event* sind, sondern eben nur Thema-Einheiten, die aus den entsprechenden Buchstabenfolgen bestehen. Insofern ist ein Lexem die sprachliche Einheit, die in einem Artikel (eventuell natürlich nur ausschnittsweise oder unvollständig) beschrieben wird, aber nicht ihr Lemma. Das Lemma ist genau genommen lediglich ein Repräsentant für die sprachliche Einheit (Lexem, lexikalische Einheit usw.), die Gegenstand des jeweiligen Wörterbuchartikels ist.

Wenn es nun aber darum geht zu beschreiben, welche linguistischen Einheiten in diesem Sinne Gegenstand der Beschreibung von Wörterbuchartikeln sein können, ist eine Weiterführung der Differenzierung zwischen Lexem und lexikalischer Einheit, auf die in den Kapiteln 3 und 4 häufig rekurriert wurde, in der Form nützlich, wie sie in Cruses (1986: 80) Beschreibung des Lexems anklingt:

> … a lexeme is a family of lexical units; a lexical unit is the union of a single sense with a lexical form; a lexical form is an abstraction from a set of word forms (or alternatively – it is a family of word forms) which differ only in respect of inflections.

In diesem Sinne können – von unten nach oben – Lemmata folgende Einheiten repräsentieren:

I. Man kann wohl davon ausgehen, dass in den meisten Wörterbuchartikeln eine Beschreibung eines Lexems angestrebt wird. Entsprechend repräsentiert das Lemma das Lexem; dargestellt wird es durch eine Wortform (wie den Infinitiv, Positiv oder Nominativ Singular). Allerdings ist es wegen der Auswirkungen auf die Struktur von Wörterbüchern entscheidend, zwischen einem wortartspezifischen und einem wortartübergreifenden Lexembegriff zu unterscheiden.[13] So repräsentieren die Lemmata *blockade*[1] und *blockade*[2] im *Longman Dictionary of Contemporary English* (LDOCE4) eine wortartspezifische Auffassung von Lexemen:

   **blockade**[1] /blɒˈkeɪd $ blɑː-/ *n* ...
   **blockade**[2] *v* ... <LDOCE4> (Unterstreichung = blau)

   Im Gegensatz dazu wenden das *Oxford Advanced Learner's Dictionary* (OALD6) und viele zweisprachige Wörterbücher ein wortartübergreifendes Lexemkonzept an:

   **blockade** /blɒˈkeɪd; *AmE* blɑːkeɪd-/ *noun, verb*
   R *noun* ...
   R *verb* ... <OALD6> (Unterstreichung = blau)

[13] Vgl. dazu die Ansätze von Leisi ([5]1969: 93) oder von Quirk/Greenbaum/Leech/Svartvik (CGEL 1985).

**blockade** [blɒˈkeɪd AM /blɑːˈkeɪd] **I.** *n* ...
**II.** *vt.* <PGW-E1>

II. Lexikalische Einheiten
In Wörterbüchern, die, wie das *Cambridge Advanced Learner's Dictionary*, die verschiedenen Bedeutungen, die sie für ein Lexem ansetzen, in eigenen Artikeln abhandeln, repräsentiert das Lemma eine lexikalische Einheit:
**means** METHOD
**means** MONEY <CALD2> (Unterstreichung = blau)

III. Wortformen
Wortformen können ebenfalls Gegenstand der Beschreibung eines Wörterbuchartikels sein. In solchen Fällen ist das Lemma die Wortform, die es repräsentiert. Das ist zum Beispiel im *Duden Aussprachewörterbuch* der Fall:
**brạ~chte** 'braxtə
**brạ̈~chte** 'brɛxtə <*Duden 6* (2000)>

Außerdem können zum Beispiel unregelmäßige morphologische Formen in dem Sinne Beschreibungsgegenstand eines Artikels sein, der lediglich einen Querverweis auf das Lemma des Eintrags enthält, unter dem das entsprechende Lexem ausführlich behandelt ist:

**brought** /brɔːt $ brɒːt/ the past tense and past participle of BRING
<LDOCE4> (Unterstreichung = blau)

Die Entscheidung für eine bestimmte Lemmatisierungspraxis ist ein ganz wesentlicher Faktor in Hinblick auf die Benutzungsfreundlichkeit eines Wörterbuchs, weil sie entscheidende Auswirkungen auf die Komplexität der Artikel hat. Dabei spielt aber auch

**block·ade** /blɒˈkeɪd; *AmE* blɑːˈk-/ *noun, verb*
▪ *noun* **1** the action of surrounding or closing a place, especially a port, in order to stop people or goods from coming in or out: *a naval blockade* ◊ *to impose/lift a blockade* ◊ *an economic blockade* (= stopping goods from entering or leaving a country) **2** a barrier that stops people or vehicles from entering or leaving a place: *The police set up blockades on highways leading out of the city.*
▪ *verb* [VN] to surround a place, especially a port, in order to stop people or goods from coming in or out

Abb. 23: OALD6

Abb. 24:PGW-E1

**blockade** [blɒkˈeɪd, AM blɑːˈkeɪd] **I.** *n* Blockade *f;* **economic** ~ Wirtschaftsblockade *f,* Embargo *nt;* **naval** ~ Seeblockade *f;* **to break** [*or* **run**] **a** ~ eine Blockade durchbrechen; **to impose a** ~ eine Blockade errichten [*o* verhängen]; **to lift** [*or* **raise**] **a** ~ eine Blockade aufheben
**II.** *vt* ▪**to** ~ **sth** eine Blockade gegen etw *akk* verhängen, etw belagern; **to** ~ **a harbour** [*or* AM **harbor**] einen Hafen abriegeln [*o* sperren]

Abb. 25: LHW-E1

**block·ade** [blɒˈkeɪd] **I** *s.* Bloc'kade *f,* (Hafen)Sperre *f*: ***impose a ~*** e-e Blockade verhängen; ***raise a ~*** e-e Blockade aufheben; ***run the ~*** die Blockade brechen; **II** *v/t.* blockieren, absperren; **block'ad·er** [-də] *s.* Bloc'kadeschiff *n;* **block'ade-ˌrun·ner** *s.* Bloc'kadebrecher *m.*

eine Rolle, inwieweit Lemmata beziehungsweise neue Artikelanfänge im Layout des Wörterbuchs gekennzeichnet werden, wie der Vergleich aus dem *Oxford Advanced Learner's Dictionary* (OALD6; Abb. 23), dem *PONS-Großwörterbuch Englisch* (PGW-E1; Abb. 24) und dem *Langenscheidts Handwörterbuch Englisch* (LHW-E 2001; Abb. 25) zeigt.

Letztlich ist natürlich auch zu sagen, dass lexikografische und linguistische Kategorisierungen nicht immer übereinstimmen müssen. So entspricht zum Beispiel die Tatsache, dass das *Longman Dictionary of Contemporary English* (LDOCE4) zwei Artikel für *fly verb* hat, von denen einer ein Lexem mit den Formen *fly, flew, flown* und der andere ein Lexem mit den Formen *fly, flied, flied* (eine Verwendung im Baseball) zum Inhalt hat, vollkommen dem linguistischen Lexembegriff. Das *Oxford Advanced Learner's Dictionary* (OALD6) führt die Baseball-Verwendung aber unter Nummer 15 von „**fly** ... ■ *verb*" auf, was sich aus Benutzerüberlegungen heraus durchaus auch rechtfertigen lässt.

### 5.3.4.3 Homonymie und Polysemie

Für die Praxis der Lemmatisierung von Lexemen in Wörterbüchern ist nicht nur die Frage entscheidend, ob ein wortartspezifisches oder ein wortartübergreifendes Lexemkonzept die Grundlage der Beschreibung bildet. Ein zweiter Problemkreis betrifft die Frage, wann zwei lexikalische Einheiten zwei unterschiedlichen Lexemen, die dann Homonyme voneinander wären, zuzuordnen sind, und wann sie unter einem (dann polysemen) Lexem zu subsumieren sind. Für dieses in der Linguistik vielfach diskutierte Problem bieten sich in der Lexikografie drei Lösungsstrategien an:

I. die historische Vorgehensweise, derzufolge zwei lexikalische Einheiten dann als zwei Lexeme betrachtet (und entsprechend in unterschiedlichen Einträgen behandelt) werden, wenn sie über unterschiedliche etymologische Wurzeln verfügen, und dann einem Lexem zugeordnet (und in einem Eintrag erfasst) werden, wenn sie über eine gemeinsame historische Wurzel verfügen. Eine solche Politik liegt vor allem historischen Wörterbüchern zugrunde.
Beispiele:
*ear* ‚Ohr' – ‚Ähre': 2 Einträge <NSOED; OALD5>
*beam* ‚Balken' – ‚Strahl' 1 Eintrag <NSOED>

II. die psychologische Vorgehensweise, bei der eine irgendwie auszumachende Nähe oder Ferne der Bedeutungen der beiden lexikalischen Einheiten das ausschlaggebende Kriterium dafür ist, ob im Wörterbuch mehrere homonyme Lexeme oder ein polysemes Lexem angesetzt werden.
Beispiele:
*ear* ‚Ohr' –‚Ähre': 2 Einträge <LDOCE2>
*beam* ‚Balken' – ‚Strahl': 2 Einträge <LDOCE2>

III. die rein formale Vorgehensweise, bei der lexikalischen Einheiten mit derselben lexikalischen Form prinzipiell ein Lexem zugeordnet wird.[14]
Beispiele:
*ear* ‚Ohr' – ‚Ähre': 1 Eintrag <LDOCE3>
*beam* ‚Balken' – ‚Strahl': 1 Eintrag <LDOCE3>

Lexikografische Entscheidungen in diesem Bereich sind vom Skopos des Wörterbuchs abhängig. Historische und etymologische Wörterbücher werden selbstverständlich eine historisch bestimmte Differenzierung zwischen Homonymie und Polysemie zur Grundlage ihrer Lemmatisierungspraxis machen. In Wörterbüchern, die etymologische Gesichtspunkte nicht berücksichtigen, spricht viel für eine rein formale Vorgehensweise, weil sie nicht präsupponiert, dass die Benutzer bereits vor dem Nachschlagevorgang Mutmaßungen über die sprachliche Einheit, die sie nachschlagen, anstellen müssen.

### *5.3.5 Artikelstruktur*

#### 5.3.5.1 Gliederungsebene und Lemmatisierungspraxis

Fragen der Lemmatisierungspraxis hängen eng mit dem Komplex der Untergliederung von Wörterbuchartikeln zusammen, denn, wenn man etwa wie das *Oxford Advanced Learner's Dictionary* (OALD6) einen wortartübergreifenden Lexembegriff zur Grundlage der Lemmatisierung macht, muss ein Artikel wie der von *blockade* wieder entsprechend untergliedert werden. In Hinblick auf die Zugriffsstruktur muss also entschieden werden, in welchem Verhältnis formale und semantische Gesichtspunkte bei der Untergliederung eines Wörterbuchartikels stehen.

Wenn man, wie das *Longman Dictionary of Contemporary English* (LDOCE4) einen wortartspezifischen Lexembegriff zur Grundlage der Lemmatisierung macht, kann die erste Gliederungsebene des Eintrags eine semantische sein: Durch die Ziffern **1** und **2** werden unter dem Lemma *blockade*[1] lexikalische Einheiten identifiziert, die dann beschrieben werden. Im Falle einer wortartübergreifenden Lemmatisierungspraxis wie im *Oxford Advanced Learner's Dictionary* (OALD6) ist die erste Gliederungsebene beispielsweise eine formale, weil hier zwischen den Verwendungen von *blockade* als *noun* und *verb* unterschieden wird.[15]

Die Vor- und Nachteile der beiden Ansätze liegen auf der Hand: Es ist offensichtlich, dass sich im Fall einer wortartübergreifenden Lemmatisierung komplexere Ein-

---

[14] Natürlich könnte man die Vorgehensweise von CIDE auch so beschreiben, dass man sagt, dort würden alle lexikalischen Einheiten als Lexeme betrachtet. Dann würde nicht die lexikalische Einheit, sondern ein in bestimmter Weise analysiertes Lexem Lemmastatus haben.

[15] Auch bei einer wortartübergreifenden Lemmatisierungspraxis ist es nicht zwingend, dass der nächste Gliederungsschritt sich auf die Wortklassen bezieht, wie die *Cobuild*-Wörterbücher zeigen.

träge ergeben als bei wortartspezifischer Lemmatisierung; andererseits kann man aber auch argumentieren, dass die wortübergreifende Lemmatisierung der Herangehensweise der Benutzer eher entspricht: Zwar scheint es keine psycholinguistischen Erkenntnisse darüber zu geben, welche Rolle Wortklassenzugehörigkeit bei der Speicherung sprachlicher Einheiten im mentalen Lexikon von Sprechern spielt. Es ist aber sehr zu bezweifeln, dass sich die Benutzer von Wörterbüchern (schon vor dem Nachschlagen) unbedingt bewusst sind, dass *round* in fünf Wortklassen vorkommt und entsprechend nach fünf verschiedenen Artikeln suchen. Da hochgestellte Zahlen, die signalisieren, dass mehrere Lemmata mit derselben Schreibweise aufgeführt sind, zudem leicht übersehen (oder möglicherweise nicht verstanden) werden, spricht viel für eine wortartübergreifende Lemmatisierung.

Dies gilt allerdings nur unter zwei Voraussetzungen: Erstens muss die erste Gliederungsebene des Wörterbuchartikels auch auf den ersten Blick erkennbar sein und sozusagen ins Auge fallen wie etwa im *Oxford Advanced Learner's Dictionary* (OALD6). Eine Markierung der ersten Gliederungsebene allein etwa durch fettgedruckte römische Ziffern (im Gegensatz zu arabischen Ziffern oder kleinen Buchstaben für die Markierung lexikalischer Einheiten) ohne neuen Zeilenanfang ist ebenso obskur wie benutzerfeindlich. Zweitens muss sich die erste Gliederungsebene des Wörterbuchs auf linguistische Kategorien derselben Hierarchiestufe beziehen (also Substantiv, Verb, Adverb etc.) und nicht auf Kategorien unterschiedlicher Hierarchiestufen (wie Wortklasse Substantiv und Subklasse intransitives Verb).

### 5.3.5.2 Transitiv und intransitiv als Gliederungskategorien

Da die Praxis, unterschiedliche Hierarchiestufen zum Grundelement der ersten Gliederungsebene eines Wörterbuchartikels zu machen, insbesondere in zweisprachigen Wörterbüchern gang und gäbe ist, soll hier unter diesem Gesichtspunkt noch einmal auf die Unterscheidung zwischen transitiven und intransitiven Verben eingegangen werden. Darauf, dass es sich dabei aus der theoretischen Perspektive zumindest für Sprachen wie das Deutsche oder das Englische um eine äußerst zweifelhafte Differenzierung handelt, wurde in 4.4.3.2 bereits hingewiesen; sie zum Strukturelement in einem Wörterbucheintrag zu machen, hat jedoch erhebliche Nachteile: Zum einen ist sehr zu bezweifeln, ob die Begriffe transitiv und intransitiv bei den Zielgruppen solcher Wörterbücher heute noch als bekannt vorausgesetzt werden können, jedenfalls in dem Sinne, dass die Benutzer tatsächlich wüssten, was damit gemeint ist (was angesichts des uneinheitlichen Gebrauchs ja auch keineswegs einfach ist). Zum anderen ist aber der lexikografische Nutzen einer solchen Unterteilung sehr zu bezweifeln, insbesondere, weil sie in vielen Fällen zu einer absolut uneinsehbaren beziehungsweise überflüssigen Wiederholung von Äquivalenten führt:

> **read**[1] ... **I.** *n usu sing*
> **II.** *vt* <read, read> ❶ (*understand written material*) ▪ **to ~ sth** etw lesen, *handwriting* etw entziffern; **to ~ sth avidly** etw leidenschaftlich gern lesen;

**to ~ sth voraciously** etw geradezu verschlingen; **to ~ a map** eine Karte lesen

...

❸ (*speak aloud*) **to ~ sth aloud** [*or* **out loud**] etw laut vorlesen; ▪ **to ~ sb sth** [or **sth to sb**] jdm etw vorlesen

...

**III.** *vi* <read, read> ❶ (*understand written material*) lesen, *handwriting* **to ~ avidly** leidenschaftlich gern lesen; **to ~ voraciously** Bücher geradezu verschlingen; **to ~ about** [*or* **of**] **sb/sth** über jdn/etw lesen

❷ (*speak aloud*) **to ~ sth aloud** [*or* **out loud**] [to **sb**] [jdm] laut vorlesen <PGW-E1>

Abgesehen von der Tatsache, dass der gesamte Eintrag übersichtlicher und wahrscheinlich auch sprecherpsychologisch adäquater gestaltet werden könnte, wenn man sich an den Grundkategorien der Valenztheorie orientieren und die Optionalität von Ergänzungen systematisch einbeziehen würde, widerspricht die Duplizierung von morphologischen Formen, Äquivalenzindikatoren, Äquivalenten und Beispielen nicht nur jeglichem linguistischen Verstand, sondern auch den lexikografischen Prinzipien der Benutzungsfreundlichkeit und Platzökonomie. Wenn von Verlagsseite angeführt wird, es handele sich hier um ein traditionelles Gliederungsprinzip und geübte Wörterbuchbenutzer erwarteten dementsprechend diese Art von Gliederung, so erinnert das ein bisschen an das Argument, die Zuschauer würden bei synchronisierten Filmen schlechte Übersetzungen erwarten und deshalb bestehe kein Grund, über Verbesserungen nachzudenken (was allerdings von Fernseh-Verantwortlichen auch als ernst gemeintes Argument angeführt wird).

Abb. 26: PKW-E5

**read** [ri:d, red, red] <*irr:* read, read> **I.** *vt* **1.** lesen **2.** vorlesen (*to s.o.* jdm) **3.** (*Buch*) aus-, durchlesen **4.** (*Traum*) deuten **5.** (*Universität*) studieren **6.** (*Thermometer*) ablesen **7.** (*Messgerät*) anzeigen; ~ **s.o. a lesson** jdm eine Strafpredigt halten; **take s.th. as** ~ etw als selbstverständlich voraussetzen; ~ **s.o.'s thoughts** jds Gedanken lesen; ~ **s.o.'s hand** jdm aus der Hand lesen; ~ **s.th. into a text** etw in einen Text hineinlesen, hineininterpretieren **II.** *vi* **1.** lesen; vorlesen **2.** (*Buch*) sich lesen (lassen) **3.** (*Text*) lauten; **he ~s well** er liest gut; ~ **aloud** laut lesen; ~ **to o.s.** für sich lesen; **this book ~s well** das Buch liest sich gut; ~ **for an examination** sich auf eine Prüfung vorbereiten **III.** *s:* **have a quiet** ~ ungestört lesen; **read off** *vt* ablesen; **read on** *vi* weiterlesen; **read out** *vt* vorlesen; **read over** *vt* durchlesen; **read through** *vt* durchlesen; **read up** *vi* sich informieren (*on* über)

Abb. 27: LPD-E 2002

**read**[1] [ri:d], ***read*** [red], ***read*** [red] **1.** lesen; ***I've read about it*** ich habe darüber *oder* davon gelesen; ***read*** (***something***) ***to someone*** jemandem (etwas) vorlesen (***from*** aus) **2.** ***read well*** *Aufsatz usw.*: sich gut lesen; ***the letter*** *usw.* ***reads as follows*** der Brief *usw.* lautet folgendermaßen **3.** ablesen (*Zähler usw.*) **4.** (*Thermometer usw.*) (an)zeigen, stehen auf **5.** ***he's reading Geography at Oxford*** *BE* er studiert Geographie in Oxford **6.** ***read between the lines*** zwischen den Zeilen lesen **7.** ***we can take it as read*** [red] ***that ...*** wir können davon ausgehen, dass ...

**read into** [ˌri:dˈɪntʊ] ***read something into*** (≈ *interpretieren*) etwas hineinlesen in
**read out** [ˌri:dˈaʊt] vorlesen
**read over** *oder* **through** [ˌri:dˈəʊvə *oder* ˈθru:] (ganz) durchlesen
**read up** [ˌri:dˈʌp] ***read up*** (***on***) ***something*** *umg.* etwas nachlesen

Diese Praxis erscheint umso erstaunlicher, als sie im Gegensatz zur Praxis einsprachiger Wörterbücher steht. Weder das *Duden Universalwörterbuch* (DUW5) noch *Wahrigs Deutsches Wörterbuch* (WDW7) untergliedern den Eintrag *lesen* unter dem Gesichtspunkt transitiv/intransitiv; ebensowenig tun dies das *Concise Oxford Dictionary* (COD9), *Merriam Webster's Collegiate Dictionary* (COLLEGIATE10), das *Oxford Advanced Learner's Dictionary* (OALD6) oder das *Longman Dictionary of Contemporary English* (LDOCE4). Die Gründe für das Festhalten an dieser Praxis in der zweisprachigen Lexikografie erscheinen schwer nachvollziehbar, denn die Benutzer, die einen Eintrag wie den als Abb. 26 abgedruckten aus dem *PONS Kompaktwörterbuch* nicht mit einer gewissen Verwunderung zur Kenntnis nehmen, sind schwer vorstellbar. In *Langenscheidts Power Dictionary* unterbleibt eine solche Gliederung allerdings (Abb. 27).

#### 5.3.5.3 Weiterer Artikelaufbau

Der Aufbau von Wörterbucheinträgen, die sogenannte Mikrostruktur eines Wörterbuchs,[16] kann sehr unterschiedliche Formen annehmen, was natürlich sehr stark vom Wörterbuchtyp und der Anzahl der gegebenen Informationen abhängt. Entsprechend ist es kaum möglich, generelle Aussagen darüber zu machen, an welcher Stelle oder in welcher Form eine bestimmte Information in einem Wörterbuch am sinnvollsten gegeben würde.

Was den Aufbau der einzelnen Artikel angeht, so gehen die meisten Wörterbücher in der Untergliederung längerer Artikel ab irgendeinem Punkt (wie dem der eigentlichen Lemmatisierung beziehungsweise der Spezifizierung einer Wortklasse) semantisch vor, indem sie mehrere Bedeutungen für ein Lexem unterscheiden und entsprechend alle Angaben, die nicht für das Lexem insgesamt gelten, sondern nur für die lexikalische Einheit mit dieser Bedeutung dort aufführen. Was die Reihenfolge dieser lexikalischen Einheiten angeht, so können Kriterien wie die Frequenz des Vorkommens des Lexems in den verschiedenen Bedeutungen, die Reihenfolge des Auftretens der Bedeutungen in der historischen Entwicklung des Lexems oder Gesichtspunkte der Progression von einer allgemeineren zu spezielleren Bedeutungen zugrunde gelegt werden. Solche Entscheidungen hängen natürlich stark vom Wörterbuch und der intendierten Benutzergruppe ab.[17]

Darüber hinaus lässt sich feststellen, dass gewisse Strukturen vorherrschend sind, wenn auch nicht zwingend: So erfolgen formale Angaben wie die phonetische Umschrift, Bestimmung der Wortklasse oder Angaben zu bestimmten morphologischen Besonderheiten meist nach dem Lemma und vor der Bedeutungsangabe, Beispiele stehen meist nach den Bedeutungsangaben. Systematische Valenzangaben können aber beispielsweise wie in den früheren Auflagen des *Oxford Advanced Learner's*

[16] Vgl. Hausmann (1977: 4). S. auch Hausmann/Wiegand (1989) und Wiegand (1989a).
[17] Vgl. in diesem Zusammenhang auch Werner (1989).

*Dictionary* oder des *Longman Dictionary of Contemporary English* in der Nähe anderer formaler Angaben (Aussprache, Wortklasse etc.) vor den Bedeutungsangaben stehen oder, für die meisten Zwecke wahrscheinlich sinnvoller, wie in den neueren Auflagen dieser Wörterbücher nach den Bedeutungsangaben vor einem entsprechenden Beispielsatz oder gar wie in vielen Cobuild-Wörterbüchern in einer eigenen Spalte. Ähnliches gilt für die typografischen Konventionen. Hier scheinen sich innerhalb bestimmter Wörterbuchlandschaften bestimmte Traditionen herausgebildet zu haben. So scheint es in der englischen und französischen lexikografischen Praxis weitgehend etabliert zu sein, Bedeutungsangaben im Normaldruck und Beispiele im Kursivdruck anzugeben, während in vielen deutschen Wörterbüchern Definitionen kursiv und Beispiele normal gesetzt sind.[18]

### *5.3.6 Artikelstrukturen und Lemmatisierung*

#### 5.3.6.1 Mono- und multilemmatische Wörterbuchartikel

In Hinblick darauf, wie viele Thema-Einheiten in einem Wörterbuchartikel lemmatisiert werden, soll hier zwischen monolemmatischen und multilemmatischen Wörterbuchartikeln unterschieden werden. Ein monolemmatischer Wörterbuchartikel besteht entsprechend aus einem Lemma und einem Explikationsteil, im einfachsten Fall aus einem Lemma und einem Querverweis auf ein anderes Lemma:[19]

**racquet** = RACKET <OALD6> (Unterstreichung = blau)
**gälte** ↑ gelten <DUW5> (Unterstreichung = blau)
**MIRAUD; AUDE** → MIRO <NPR 1993>

Ein multilemmatischer Wörterbuchartikel sei entsprechend als ein Wörterbuchartikel definiert, der neben einem Hauptlemma mindestens ein Sublemma beinhaltet.

#### 5.3.6.2 Zugriffsaspekte in multilemmatischen Artikeln

Bei mulitlemmatischen Artikelstrukturen beziehungsweise der Verwendung von Sublemmata ist das Problem des effizienten Zugriffs besonders eklatant. Auch hier ergeben sich enorme Unterschiede zwischen Wörterbüchern, je nachdem, ob sie ein se-

[18] Eine Ausnahme bildet hier das an die Tradition der englischen Lernerwörterbücher angelehnte LGDaF.

[19] Dabei ist es müßig, darüber zu streiten, ob es sich bei solchen Einheiten um Wörterbuchartikel handelt. Da sie aber in die lemmatische Reihung des Wörterbuchs integriert sind, können sie vielleicht als Artikel bezeichnet werden. Ein ähnlicher Fall liegt bei Lemmata vor, die in Nischen- oder Neststrukturen am Ende aufgeführt sind und bei denen lediglich die Wortklasse angegeben wird (> 5.4.2.2. und 5.5.1). Das ist relativ häufig bei Wortbildungen der Fall. Hier besteht ein Teil der Information dann auch in der Information über das Lemma, in dessen Eintrag das Wortbildungslemma integriert ist. Auch hier könnte man argumentieren, dass es sich bei den Wortbildungslemmata nicht um Lemmata handelt, sondern um eine Artikelkonstituente des eigentlichen Eintrags.

**bird** /bɜd/ *n* **1** feathered creature with two legs and two wings, usu able to fly. ⇨ the illus below and at fowl, prey, water. ***A ~ in the hand is worth two in the bush,*** (prov) Sth which one has, though small, is better than sth larger, which one has not. ***get the ~,*** be hissed, scorned or rejected. ***give sb the ~,*** hiss, scorn or reject him. ***kill two ~s with one stone,*** gain two ends at once. **'~-cage** *n* for a ~ or ~s. **'~-fancier** *n* person who knows about, collects, breeds or sells ~s. **'~-lime** *n* sticky substance put on branches to catch ~s. **'~'s-'eye 'view** *n* wide view seen from high up; (fig) general survey of a subject. **'~-nesting** *n* hunting for birds' nests (to get the eggs). **'~-watcher** *n* one who studies the habits of birds. ⇨ also feather[1], passage(1), prey. **2** (colloq) person: *He's a queer/rum ~. He's a cunning/wise/knowing old ~.* **3** (sl) young girl, esp a girl companion.

Abb. 28: OALD3

**straight** [streɪt] 1 *adj (+er)* a gerade; *shot, pass* direkt; *stance, posture* aufrecht; *hair* glatt; *skirt, trousers* gerade geschnitten; **your tie isn't ~** deine Krawatte sitzt schief; **the picture isn't ~** das Bild hängt schief; **your hem isn't ~** dein Saum ist nicht gerade; **to pull sth ~** etw geradeziehen; **is my hat on ~?** sitzt mein Hut gerade?; **please put the picture ~** bitte hängen Sie das Bild gerade hin; **hold yourself ~** gerade!; **as ~ as a die** kerzengerade; *road* schnurgerade; (= *honest*) grundehrlich; **to keep a ~ face, to keep one's face ~** ernst bleiben, das Gesicht nicht verziehen; **with a ~ face** ohne die Miene zu verziehen; **~ left/right** (*Boxing*) gerade Linke/Rechte
b (= *clear*) *thinking* klar; **to get things ~ in one's mind** sich (*dat*) der Dinge klar werden
c (= *frank*) *answer, talking, question* offen, direkt; *piece of advice* offen, ehrlich; *denial, refusal* direkt, ohne Umschweife; (= *honest*) *person, dealings* ehrlich; **to be ~ with sb** offen und ehrlich zu jdm sein; **to keep sb ~** dafür sorgen, dass jd ehrlich bleibt *or* nicht auf die schiefe Bahn gerät (*inf*); **to play a ~ bat** (*Brit fig*) ein faires Spiel spielen; **~ arrow** (*US inf*) biederer Mensch; (= *man also*) Biedermann *m* (*inf*)

Abb. 29: CGW-E4

**straight** [streɪt] **I.** *n* ❶ (*race track*) Gerade *f*; **in the finishing** [*or* **home**] ~ in der Zielgeraden
❷ CARDS Sequenz *f*; (*in poker*) Straight *m*
▶ PHRASES: **stay on** [*or* **keep to**] **the ~ and narrow** bleibe im Lande und nähre dich redlich
**II.** *adj* ❶ (*without curve*) gerade; *back, nose* gerade; *hair* glatt; *skirt* gerade geschnitten; *line* gerade; *road, row, furrow* [schnur]gerade; ***is my tie ~?*** sitzt mein Schlips richtig?; ***the picture isn't ~*** das Bild hängt schief; ***he landed a ~ punch to the face*** sein Hieb landete geradewegs im Gesicht; **as ~ as a die** [*or* AM **pin**] (*of posture*) kerzengerade; (*honest*) grundehrlich, absolut ehrlich
❷ (*frank*) *advice, denial, refusal* offen, freimütig; (*honest*) ehrlich; ***I think we better do a bit of ~ talking*** ich finde, wir sollten einmal ganz offen miteinander reden; **to be ~ with sb** aufrichtig [*o* ehrlich] mit jdm sein; **a ~ answer** eine offene [und ehrliche] Antwort; **to do ~ dealings with sb** mit jdm offen und ehrlich verhandeln; **to go ~** (*fam*) keine krummen Sachen machen *fam*, sich *dat* nichts zu Schulden kommen lassen **[...]**
❸ *attr, inv* (*consecutive*) aufeinander folgend, in Folge *nach n*; ***the team has won ten ~ games this season*** das Team hat in dieser Saison zehn Spiele hintereinander gewonnen; ~ **flush** CARDS Straight[flush] *m*; **the ~ line of succession to the throne** die Thronfolge in direkter Linie; **to win/lose in ~ sets** TENNIS mehrere Sätze hintereinander gewinnen/verlieren
❾ (*fam: serious*) ernst[haft]; (*not laughing*) ernst; (*traditional*) traditionell, konventionell; ***there's a lot of ~ theatre at the festival*** beim Festival wird viel Althergebrachtes geboten; **to keep a ~ face** [*or* **one's face ~**] ernst bleiben; **to make** [*or* **put on**] **a ~ face** ein ernstes Gesicht machen, eine ernste Miene aufsetzen; ~ **actor/actress** THEAT Schauspieler/Schauspielerin des ernsten Fachs; ~ **production** [*or* **play**] ernstes Stück

Abb. 30: PGW-E1

mantisches oder ein formales Gliederungsprinzip zugrunde legen. Dabei ist zu fragen, inwieweit es sinnvoll ist, ein solches Gliederungsprinzip auch auf die Thema-Einheiten anzuwenden, die im Wörterbuch durch ein Sublemma hervorgehoben werden. So entspräche es zum Beispiel dem Prinzip der semantischen Gliederung, Wortbildungen und Idiome als Sublemmata jeweils bei der passenden Bedeutung anzuführen, wie das etwa im Eintrag von *bird* in der *3.* Auflage des *Oxford Advanced Learner's Dictionary* von 1974 der Fall ist (Abb. 28):[20]

[20] Ähnliche Gliederungsprobleme ergeben sich bei zweisprachigen Wörterbüchern. Hausmann und Werner (1991) unterscheiden in diesem Zusammenhang zwischen integrierten, nichtintegrierten und partiell integrierten Mikrostrukturen.

Ähnlich findet sich *keep a straight face* in den Einträgen von *straight* des *Collins Großwörterbuchs Englisch* (CGW-E4; Abb. 29) und des *PONS-Großwörterbuchs Englisch* (PGW-E1; Abb. 30) bei einem bestimmten Übersetzungsäquivalent.

Für den Nachschlagevorgang ist diese Anordnung jedoch insofern nachteilig, als die Benutzer ja bereits wissen müssten, wo eine sublemmatisierte Einheit semantisch einzuordnen ist, um sie im Wörterbuch zu finden. Aus diesem Grund werden Idiome (und zum Teil auch Phraseme) heute häufig entweder in einem eigenen Block zusammengefasst wie im *Oxford Advanced Learner's Dictionary* (OALD6) oder entsprechend eigenen Bedeutungen in die nummerierte Untergliederungsstruktur integriert wie im *Longman Dictionary of Contemporary English* (LDOCE4):

> **bird** ... **1** ... **2** ... **3** ... IDM ... **the birds and the bees** (*humorous*) the basic facts about sex, especially as told to children ... **give sb/get the bird** (*informal*) **1** (*BrE*) to shout at sb as a sign of disapproval; to be shouted at **2** (*AmE*) to make a rude sign at sb with your middle finger; to have this sign made at you <OALD6> (Unterstreichung = blau)

> **bird**
> **1** a creature with wings and feathers that can usually fly. Many birds sing and build nests, and female birds lay eggs. ...
> **2 the birds and the bees** the facts abouts sex – used humorously or by children
> ...
> **6 give sb the bird a)** *AmE informal* to make a very rude sign at someone by holding your middle finger up **b)** *BrE* to show strong approval of someone who is performing or speaking in public by shouting, making rude noises etc.
> ... <LDOCE4> (doppelte Unterstreichung = magenta)

### 5.3.6.3 Problematik multilemmatischer Wörterbuchartikel

An dieser Stelle sollen multilemmatische Wörterbucheinträge kurz in Hinblick auf ihre Funktion betrachtet werden (Abb. 31-34). Unter dem Gesichtspunkt der Informationsstruktur sind multilemmatische Wörterbuchartikel relativ seltsame Konstrukte. Wenn ein Wörterbucheintrag nämlich aus einer Thema-Einheit und einem Rhema-Komplex bestehend analysiert wird, dann bilden die Sublemmata mit den dazugehörigen Rhemakomplexen einen Teil des Rhema-Komplexes des Hauptlemmas: Es wäre in Hinblick auf die Einträge im *Oxford Advanced Learner's Dictionary* (OALD6) auch nicht abwegig zu sagen, die Tatsache, dass das Wort *mocker* existiert, bilde eine Aussage über *mock*, dass ein Idiom *make a mockery of something* existiert, stelle eine Aussage über *mockery* dar und dass es ein Adverb *mockingly* gibt, eben eine über *mocking*. Eine derartige Interpretation würde aber bedeu-

**mock** /mok/ *vt,vi* **1** [VP6A,3A] **~ sb, ~ at sb,** make fun (of); ridicule (esp by copying in a funny or contemptuous way): *The naughty boys ~ed the blind man. They ~ed at my fears.* **ˈ~-ing bird** *n* American bird of the thrush family that mimics the notes of other birds. **2** [VP6A] defy contemptuously: *The heavy steel doors ~ed the attempts of the thieves to open the safe.* **ˈ~-up** *n* **(a)** full-scale model, e g of an aircraft, made of wood, showing the appearance of a proposed machine (or any part of it). **(b)** layout of sth to be printed. □ *attrib adj* not real or genuine: *a ~ battle; ~-turtle soup,* made to imitate turtle soup; *ˈ~-ˈmodesty,* pretence of being modest; *ˈ~-heˈroic,* making fun of heroic style in literature. □ *n* (archaic) derision: usu ***make a ~ of,*** ridicule. **~er** *n* person who ~s. **~·ing·ly** *adv*

**mock·ery** /ˈmokərɪ/ *n* (*pl* **-ries**) **1** [U] contemptuous, mocking; ridicule: *hold a person up to ~.* **2** [C] sb or sth that is mocked; occasion when sb or sth is mocked. **3** [C] bad or contemptible example (of sth): *His trial was a ~ of justice. He received only the ~ of a trial.*

Abb. 31: OALD3

**mock** /mɒk; *AmE* mɑːk/ *verb, adj., noun*

■ *verb* **1** to laugh at sb/sth in an unkind way, especially by copying what they say or do: [VN] *He's always mocking my French accent.* ◊ *The other children mocked her, laughing behind their hands.* ◊ [V] *You can mock, but at least I'm willing to have a try!* [also V **speech**, VN **speech**] **2** [VN] (*formal*) to show no respect for sth: *The new exam mocked the needs of the majority of children.* ▶ **mock·er** *noun*

■ *adj.* [only before noun] **1** not sincere: *mock horror/surprise* **2** that is a copy of sth; not real: *a mock election* ◊ *a mock interview/examination* (= used to practise for the real one)

■ *noun* (*informal*) (in Britain) a practice exam that you do before the official one: *The mocks are in November.* ◊ *What did you get in the mock?*

**mock·ery** /ˈmɒkəri; *AmE* ˈmɑːk-/ *noun* **1** [U] comments or actions that are intended to make sb/sth seem ridiculous: *She couldn't stand any more of their mockery.* **2** [sing.] (*disapproving*) an action, a decision, etc. that is a failure and that is not as it is supposed to be: *It was a mockery of a trial.* IDM **make a ˈmockery of sth** to make sth seem ridiculous or useless: *The trial made a mockery of justice.*

**mock·ing** /ˈmɒkɪŋ; *AmE* ˈmɑːk-/ *adj.* (of behaviour, an expression, etc.) showing that you think sb/sth is ridiculous: *a mocking smile* ◊ *Her voice was faintly mocking.* ▶ **mock·ing·ly** *adj.*

**mock·ing·bird** /ˈmɒkɪŋbɜːd; *AmE* ˈmɑːkɪŋbɜːrd/ *noun* a black and white American bird that can copy the songs of other birds

**ˈmock-up** *noun* a model or a copy of sth, often the same size as it, that is used for testing, or for showing people what the real thing will look like

Abb. 33: OALD6

**mock**[1] /mɒk/ *v* **1** [I, Ipr, Tn] ~ **(at sb/sth)** make fun of (sb/sth), esp by mimicking him/it contemptuously; ridicule: *a mocking smile, voice, laugh* ○ *mock (at) sb's fears, efforts, attempts* ○ *It is wrong to mock cripples.* **2** [Tn] (*fml esp fig*) defy (sb/sth) contemptuously: *The heavy steel doors mocked our attempts to open them.*

▷ **mock** *n* (idm) **make (a) ˈmock of sb/sth** make sb/sth seem foolish; ridicule sb/sth.

**mocker** *n* **1** person who mocks. **2** (idm) **put the ˈmockers on sb** (*sl*) bring bad luck to sb.

**mock·ingly** *adv.*

□ **ˈmocking-bird** *n* type of American bird of the thrush family that mimics the calls of other birds.

**ˈmock-up** *n* **1** full-scale experimental model or replica, eg of a machine, made for testing, etc. **2** arrangement of text, pictures, etc of sth to be printed: *do a mock-up of a book cover.*

**mock**[2] /mɒk/ *adj* [attrib] **(a)** not real; substitute: *a mock battle, exam,* eg for training or practice. **(b)** not genuine; counterfeit: *ˌmock ˈmodesty,* ie pretence of being modest ○ *ˌmock-heˈroic style,* ie making fun of the heroic style in art or literature.

□**mock ˌturtle ˈsoup** soup made from calf's head or other meat to resemble turtle soup.

**mock·ery** /ˈmɒkərɪ/ *n* **1** [U] action of mocking sb/sth; scorn or ridicule: *He replied with a note of mockery in his voice.* **2** [C] ~ **(of sth)** completely inadequate or ridiculous action or representation (of sth); travesty: *The performance was an utter mockery.* ○ *The trial was a mockery of justice.* **3** [sing] person or thing that is mocked; occasion when this happens. **4** (idm) **make a mockery of sth** make sth appear foolish or worthless: *The unfair and hasty decision of the court made a mockery of the trial.*

Abb. 32: OALD4

ten, dass in OALD6 gegenüber OALD3 im Falle von *mock* auf eine Reihe von Informationen verzichtet wird, zum Beispiel die, dass *mocking bird, mock-up* etc. existieren. Bis zu einem gewissen Grad ist das zwar in der Tat zutreffend – übrigens im Gegensatz zu OALD4, das diese Zusammenhänge durchaus zum Ausdruck bringt. Es darf aber bezweifelt werden, dass darin – nämlich möglichst viel Information zu *mock* zu geben – der Hauptgrund für die Artikelstruktur des OALD3 zu sehen ist. Aus lexikografischer Sicht ist das Motiv für die Verwendung von Sublemmata wohl weniger in der Thema/Rhema-Struktur der Artikel zu suchen als in der Berücksichtigung des Lexikoparameters der Kosten- und Platzersparnis.

Interessanterweise sind die Informationen, die zu den Sublemmata des *Oxford Advanced Learner's Dictionary* (OALD6) gegeben werden, äußerst spärlich. Im Falle

**mock**[1] /mɒk $ mɑːk/ *v* **1** [I,T] *formal* to laugh at someone or something and try to make them look stupid by saying unkind things about them or by copying them; ⊟ **make fun of**: *Opposition MPs mocked the government's decision.* | *'Running away?' he mocked.* | *It's easy for you to mock, but we put a lot of work into this play.* **2** [T] *formal* to make something seem completely useless: *Violent attacks like this mock the peace process.* —**mocking** *adj*: *Her tone was mocking.* —**mockingly** *adv*: *His lips twisted mockingly.* —**mocker** *n* [C]

**mock** sth ⇔ **up** *phr v* to make a FULL-SIZE model of something so that it looks real → MOCK-UP

**mock**[2] *adj* [only before noun] **1** not real, but intended to be very similar to a real situation, substance etc: *war games with mock battles* | *a mock interview* | *mock marble floors* **2 mock surprise/horror/indignation etc** surprise etc that you pretend to feel, especially as a joke: *She threw her hands up in mock horror.*

**mock**[3] *n* **1 mocks** [plural] *BrE* school examinations taken as practice before official examinations: *I'm revising for my mocks.* **2 make mock of sb** *literary* to mock someone

**mock-** /mɒk $ mɑːk/ *prefix* **1** used to show that an attitude or feeling is pretended, not real: *a mock-serious expression* | *His frown was mock-severe.* **2** copying a particular style, especially of building: *a mock-Tudor fireplace*

**mock·ers** /ˈmɒkəz $ ˈmɑːkərz/ *n* **put the mockers on sth** *BrE informal* to spoil an event or someone's plans, or to bring someone bad luck: *Without wishing to put the mockers on things, I'd like to know where the money is going to come from.*

**mock·e·ry** /ˈmɒkəri $ ˈmɑː-/ *n* **1 make a mockery of sth** to make something such as a plan or system seem completely useless or ineffective: *This building plan makes a mockery of the government's environmental policy.* **2** [U] when someone laughs at someone or something or shows that they think they are stupid: *There was a hint of mockery in his voice.* **3** [singular] something that is completely useless or ineffective: *She said that the trial had been a mockery.*

**mock·ing·bird** /ˈmɒkɪŋbɜːd $ ˈmɑːkɪŋbɜːrd/ *n* [C] an American bird that copies the songs of other birds

ˌ**mock** ˈ**turtleneck** *n* [C] *AmE* a type of TURTLENECK SWEATER

ˈ**mock-up** *n* [C] a full size model of something, made before the real thing is built, or made for a film, show etc: [+**of**] *a mock-up of the system* | *a mock-up of a submarine* → **mock up** at MOCK[1]

Abb. 34: LDOCE4

von *mocker* und *mockingly* erfährt man, dass es diese Wörter gibt, wie sie geschrieben und welcher Wortklasse sie zugeordnet werden. Im Falle von *mockingly* wäre eine Bedeutungsangabe auch redundant und übrigens auch nicht benutzerfreundlich, denn die Explizierung aller solcher Redundanzen würde das Wörterbuch wesentlich umfangreicher machen. Das Fehlen einer semantischen Angabe für *mocker* im *Oxford Advanced Learner's Dictionary* (OALD6) wie auch im *Longman Dictionary of Contemporary English* (LDOCE4) ist angesichts der Tatsache, dass zwei lexikalische Einheiten [*mock verb* **1**] und [*mock verb* **2**] identifiziert wurden, nicht ganz so unproblematisch.

Jedenfalls zeigt sich in den neueren Auflagen des *Oxford Advanced Learner's Dictionary* (OALD6) und im *Longman Dictionary of Contemporary English* (LDOCE4) die eindeutige Tendenz, Sublemmata nur dann einzusetzen, wenn der entsprechende Explikationsteil relativ kurz ist und in gewisser Weise auf Informationen zum Hauptlemma desselben Artikels rekurriert.

## 5.4 Anordnungsprinzipien

### *5.4.1 Anordnungsstrukturen und lexikografischer Zugriff*

Es ist offensichtlich, dass alle der bisher in diesem Kapitel diskutierten Faktoren in entscheidender Weise den Zugriff der Benutzer auf bestimmte Informationen im Wörterbuch beeinflussen. Die Klarheit der Artikelstruktur und die deutliche Differenzierung zwischen den einzelnen Artikelkonstituenten sind dabei ebenso entscheidend wie die Auffindbarkeit des Lemmas. Diese hängt einerseits von der generellen Gestaltung des Layouts des Wörterbuchs ab. Andererseits spielt natürlich eine Rolle, welche Artikelstrukturen in einem Wörterbuch verwendet werden – ob nur monolemmatische oder mono- und multilemmatische – und wie Haupt- und Sublemmata in die allgemeine Anordnungsstruktur des Wörterbuchs eingepasst werden (worauf in 5.4.2.2 noch eingegangen werden wird.) Ganz generell ist das Anordnungsprinzip, das die Reihenfolge festlegt, in der die Lemmata beziehungsweise die entsprechenden Wörterbuchartikel in einem Wörterbuch aufgeführt werden, einer der wichtigsten Faktoren in Bezug auf die Auffindbarkeit von Information. Aus diesem Grund werden in der metalexikografischen Diskussion die Faktoren, die außerhalb der Artikel- oder Mikrostruktur liegen, oft auch unter dem Begriff Makrostruktur zusammengefasst.[21]

### *5.4.2 Typen von Anordnungsprinzipien*

#### 5.4.2.1 Alphabetische und nicht-alphabetische Anordnungsprinzipien

Was nun die Prinzipien angeht, nach denen die Lemmata im Wörterbuch angeordnet werden, so ist zu sagen, dass in Sprachen, deren Orthografie auf dem lateinischen Alphabet beruht, eine rechtsalphabetische Anordnung die Regel ist. Dabei kann das Prinzip der alphabetischen Ordnung strikt eingehalten – oder in bestimmten Formen von multilemmatischen Artikeln durch andere formale oder semantische Gesichtspunkte überlagert – werden.[22]

Prinzipiell abgewichen wird von der rechtsalphabetischen Anordnung eigentlich nur in Spezialwörterbüchern wie rückläufigen Wörterbüchern (> 6.10), die linksalphabetisch sortiert sind, oder in onomasiologischen beziehungsweise ontologischen Wörterbüchern. Letztere können wie *Roget's Thesaurus* (ROGET 2002) ausschließlich über semantische Gruppen oder Sachgruppen (meist in Verbindung mit Wortklassen) sortiert sein oder wie der *Longman Language Activator* (LLA1) eine Verbindung von semantischer Gliederung und alphabetischer Struktur aufweisen (> 6.11).[23]

---

[21] Zum Begriff der Makrostruktur (auch im Verhältnis zu Zugriffsstruktur) vgl. Wiegand (1989b). Vgl. auch Wiegand (1998c) und Svensén (1993: 223-229).

[22] S. Wiegand (1989b).

[23] Ein grundsätzliches Problem der Gestaltung der Zugriffsstruktur onomasiologischer Wörterbücher besteht, wie in Kapitel 6 ausgeführt wird, darin, dass es wohl keine tatsächlich existierenden Einheiten der Bedeutung gibt, die den Sprechern einer Sprache so bewusst wären, dass sie als offensichtliche Grundlage für ein Anordnungsprinzip dienen könnten. Entsprechend bietet sich – im Gegensatz zu einer alphabetischen Reihenfolge bei formalen Einheiten – bei semantischen Einheiten auch kein Anordnungsprinzip an, auf das man bei der Gestaltung eines solchermaßen gegliederten Wörterbuchs zurückgreifen könnte.

### 5.4.2.2 Modifizierungen alphabetischer Anordnungsstrukturen

Alphabetische Anordnungsstrukturen haben den enormen Vorteil, dass sie unmittelbar nachvollziehbar und insofern äußerst benutzerfreundlich sind. Das gilt allerdings nur für so genannte striktalphabetische Anordnungsstrukturen, in denen in der Tat alle Lemmata – und zwar alle Haupt- wie Sublemmata – in alphabetischer Reihenfolge angeordnet sind.

Eine in diesem Sinne striktalphabetische Anordnungsstruktur ist zum Beispiel im *Duden Universalwörterbuch* (DUW5) weitestgehend realisiert, weil hier – soweit man von Idiomen absieht – fast ausschließlich Hauptlemmata verwendet werden (Abb. 35).[24]

Im Falle der Verwendung von Sublemmata wird in den meisten Wörterbüchern die striktalphabetische Anordnung meist durchbrochen, wobei verschiedene Grade der Abweichung festzustellen sind, wie ein Vergleich der in 5.3.6.3 diskutierten Wörterbuchstrecken *mock* bis *mock-up* im *Oxford Advanced Learner's Dictionary* (OALD4/6) und im *Longman Dictionary of Contemporary English* (LDOCE4) zeigt:

- In LDOCE4 durchbrechen die Sublemmata *mocking adj, mockingly adv* und *mocker n* insofern die alphabetische Struktur als danach zwei weitere Haupteinträge *mock* kommen; außerdem steht das *phrasal verb mock up* unter *mock[1] verb* und nicht bei *mock-up*.
- OALD6 durchbricht die striktalphabetische Struktur nur im Falle von *mocker* und bei *mockingly*, das vor *mocking bird* steht.[25]
- Weit grundlegender sind die Abweichungen im OALD4, wo zum Beispiel *mockingly* vor *mocking-bird* steht und *mockingly, mocking-bird* und *mock-up* vor *mock[2] adj* und *mockery* aufgeführt sind.

**Schiff,** das; -[e]s, -e [mhd. schif, ahd. scif, eigtl. = ausgehöhlter Stamm, Einbaum; 2: LÜ von mlat. navis < lat. navis = Schiff]: **1.** *großes, bauchiges, an beiden Enden meist schmaler werdendes od. spitz zulaufendes Wasserfahrzeug:* das S. sticht in See, liegt [im Hafen] vor Anker; das S. geriet in Seenot; das S. ist leck, funkt SOS, sinkt; das S. läuft unter schwedischer Flagge; S. [backbord, steuerbord] voraus!; S. klar zum Auslaufen (Meldung des wachhabenden Offiziers an den Kapitän); ein S. vom Stapel lassen; ein S. kapern; Ü (geh.:) das S. des Staates lenken; * **klar S. machen** (1. Seemannsspr.; *das Schiff säubern.* 2. ugs.; *eine Angelegenheit bereinigen.* 3. ugs.; *gründlich aufräumen, sauber machen*). **2.** (Archit.) *Kirchenschiff.*

**Schiffahrt** usw.: frühere Schreibung für: Schifffahrt usw.

**schiff|bar** ⟨Adj.⟩: *für Schiffe befahrbar:* dieser Fluss ist für alle Schiffe s.

**Schiff|bar|keit,** die; -: *das Schiffbarsein.*

**Schiff|bar|ma|chung,** die; -: *das Schiffbarmachen.*

**Schiff|bau** (bes. Fachspr.), Schiffsbau, der ⟨o. Pl.⟩: *Bau von Schiffen.*

**Schiff|bau|er,** Schiffsbauer, der; -s, -: *jmd., der an dem Bau von Schiffen mitwirkt* (Berufsbez.).

**Schiff|baue|rin,** Schiffsbauerin, die; -, -nen: w. Form zu ↑Schiffbauer.

**Schiff|bruch,** der (veraltet): *Untergang, Zerstörung eines Schiffes in stürmischer See:* die Überlebenden des -s; * **[mit etw.] S. erleiden** *(keinen Erfolg haben; [mit etw.] scheitern).*

**schiff|brü|chig** ⟨Adj.⟩: *einen Schiffbruch erlitten habend:* die -e Mannschaft.

**Schiff|brü|chi|ge,** der u. die ⟨Dekl. ↑Abgeordnete⟩: *jmd., der von einem Schiffbruch betroffen wurde:* S. retten, bergen.

Abb. 35: DUW5

[24] Eine Ausnahme bilden lediglich Fälle wie „**Schifffahrtsstraße**, die **Schifffahrtsweg**, der", wo zwei Synonyme, die alphabetisch aufeinander folgen, sozusagen gemeinsam das Lemma für einen Eintrag bilden. <DUW5> (Unterstreichung = blau) Idiome sind im DUW5 durch die schwarze Farbe deutlich von den Lemmata der alphabetischen Struktur abgesetzt.

[25] Das *phrasal verb mock up* ist aber im OALD6 nicht aufgeführt.

Die Anordnung im OALD4 verbindet eine alphabetische Grundstruktur mit einem morphologischem Gliederungsprinzip, demzufolge unter einem Hauptlemma als Sublemmata zunächst Ableitungen wie *mocker* (gekennzeichnet durch ▷) und dann Komposita wie *mocking-bird* (gekennzeichnet durch □) aufgeführt werden. Eine solche Durchbrechung des striktalphabetischen Anordnungsprinzips wird in der metalexikografischen Forschung als nestalphabetische Anordnungsform bezeichnet.[26] Damit werden natürlich Zusammenhänge verdeutlicht, die bei einer strikt- oder fast striktalphabetischen Anordnung verloren gehen, gleichzeitig wird aber auch der Nachschlagevorgang (jedenfalls bei längeren Einträgen) deutlich erschwert.

### 5.4.2.3 Mehrwortlemmata in einer alphabetischen Anordnungsstruktur

Ein grundsätzlich anderes Problem einer alphabetischen Anordnung stellen, wie zu Beginn dieses Kapitels bereits demonstriert, Mehrwortlemmata wie Idiome dar, bei denen nicht klar ist, welches ihrer Bestandteile für die Einordnung in die alphabetische Struktur ausschlaggebend sein soll. In diesem Zusammenhang sind unterschiedliche Strategien denkbar, etwa Idiome unter dem ersten Substantiv, das sie enthalten (*das Kind mit dem Bade ausschütten*), einzuordnen,[27] nach dem wichtigsten Wort (*get hold of the wrong end of the stick)* (*OALD3*), oder unter seinem am stärksten idiomatischen Bestandteil (*a bone of contention*)(LDOCE1). All diese Techniken können nur dann funktionieren, wenn die Benutzer sie kennen, wozu sie das Vorwort gelesen haben und sich gegebenenfalls Jahre später erinnern müssten, was da steht. Aus diesem Grund ist es selbstverständlich wesentlich benutzungsfreundlicher, ein Idiom in einem Wörterbuch unter mehreren Stichwörtern aufzuführen oder – angesichts der damit offensichtlich verbundenen Platzprobleme – entsprechende Querverweise anzubringen:

**bird** ... **1** ... ***the early ~ catches the worm*** Morgenstund hat Gold im Mund <LHWB 1988>

**early** ... **6** ... → ***bird*** <LHWB 1988>

**hand** ... ❶ *n.* A ... (*Anat., Zool.*) Hand, *die;* ... **live from hand to mouth** von der Hand in den Mund leben <DOG-E2>

**live** ... ❶ *v.i.* A leben; → *also* **hand** 1 A <DOG-E2>

**baby** ... IDM throw the baby out with the bathwater to lose sth that you want at the same time as you are trying to get rid of sth that you do not want

**bathwater** ... IDM see BABY <OALD6> (Unterstreichung = Blau)

**throw** ... IDM Idioms containing **throw** are at the entries for the nouns and adjectives in the idioms, for example **throw your hat into the ring** is at **hat**. <OALD6> (Unterstreichung = blau)

---

[26] Vgl. etwa Wiegand (1989b: 391-393).

[27] Für ein Anordnungsprinzip nach dem ersten Substantiv plädiert beispielsweise Schemann (1991).

### *5.4.3 Ausdrucksformen zur Ergänzung alphabetischer Anordnungen*

Obwohl für die meisten Wörterbuchtypen eine alphabetische Anordnung zweifellos die beste Lösung darstellt, hat sie eine Reihe gewichtiger Nachteile. So lassen sich etwa semantische Eigenschaften von lexikalischen Einheiten häufig sehr gut durch den Kontrast verschiedener lexikalischer Einheiten verdeutlichen, was bei einer rein alphabetischen Struktur kaum möglich ist. Auch auf der formalen Ebene reißt die alphabetische Struktur oft Wortformen, die zu einem Lexem zu rechnen sind wie *take*, *took* oder *geben, gibt, gab*, auseinander. Das gilt nicht nur für morphologische Formen, sondern auch für orthografische Varianten wie *color* und *colour* oder *frankofon* und *frankophon* oder Fälle wie *Duckdalbe* und *Dückdalbe*.[28] Ebenso bringt, wie gezeigt wurde, eine alphabetische Anordnung erhebliche Schwierigkeiten in Bezug auf Mehrwortlexeme wie Idiome mit sich und (zwar nicht auf der Ebene der Lemmatisierung, sondern auf der Ebene der Zuordnung zu einem Lemma) in Hinblick auf Kollokationen. Auch wenn die meisten Wörterbücher ihre diesbezüglichen Anordnungsprinzipien in der Einleitung explizit erläutern, ist das angesichts der geringen Lektürefrequenz der Einleitungen nur von begrenztem Wert.

Um solchen Nachteilen einer alphabetischen Anordnungsstruktur entgegen zu wirken, können eine Reihe lexikografischer Ausdrucksmittel eingesetzt werden:

- Querverweise (etwa auf Synonyme, Antonyme etc.; > 3.7.2),
- Verweisartikel, die nur aus dem Lemma und einem Querverweis bestehen, aber alphabetisch in die Artikelstruktur des Wörterbuchs eingeordnet sind (wie etwa bei orthografischen Varianten oder auch Idiomen),
- Anhänge, in denen etwa alle Idiome des Wörterbuchs alphabetisch erfasst sind und auf den entsprechenden Artikel verwiesen wird,
- *Usage notes*, Graphiken, Statistiken etc. in denen mehrere lexikalische Einheiten kontrastiert werden (mit entsprechenden Querverweisen bei allen betroffenen Einträgen).

## 5.5 Layout

### *5.5.1 Aspekte des lexikografischen Zugriffs*

Die Frage, ob die in einem Wörterbuch enthaltenen Informationen von den Benutzern schnell und effizient aufgefunden werden können, hängt also von einer Vielzahl verschiedener Faktoren ab, die von der Gestaltung der Artikelstruktur, dem Ein-

[28] Dabei ergibt sich noch eine weitere Problematik hinsichtlich der Zitierform, wie sie aus dem *Duden*($^{3}$1999) hevorgeht: „**Duckdalbe,** (seltener:) **Dückdalbe,** (auch:) **Duckdalben, Dückdalben**, der; -s, <meist Pl.>.“

satz artikelübergreifender Darstellungsformen bis hin zu Querverweissystemen reichen. Einen ganz entscheidenden Aspekt bilden dabei aber – wie bei der Artikelstruktur auch – generelle Layout-Gesichtspunkte. In Hinblick auf die Gesamtstruktur des Wörterbuchs ist dabei zum Beispiel die Frage von Bedeutung, wie deutlich die einzelnen Einträge voneinander abgesetzt sind.[29] Dabei spielt die Hervorhebung der Lemmata eine große Rolle, wobei die Verwendung von Farbdruck in vielen Wörterbüchern als erheblicher Fortschritt zu sehen ist. Sehr wichtig ist in diesem Zusammenhang aber auch, ob mit jedem Lemma (oder Hauptlemma) eine neue Zeile begonnen wird oder nicht. Viele neuere Wörterbücher verfügen in diesem Punkt auch über eine sehr gute Zugriffsstruktur – wie die *mock*-Artikel aus dem *Oxford Advan-*

**Schiffsagentur** *f* HANDEL shipping agency **Schiffsapotheke** *f* ship's pharmacy **Schiffsarzt, -ärztin** *m, f* ship's doctor **Schiffsausrüster** *m* ❶ *(Reeder)* shipowner ❷ *(jd, der ein Schiff versorgt)* [ship['s]] chandler **Schiff(s)bauer(in)** <-s, -> *m(f)* shipwright, shipbuilder **Schiffsbauregister** *nt* JUR ship construction register **Schiffsbefrachter** *m* HANDEL charterer, freighter **Schiffsbefrachtung** *f* HANDEL chartering, freighting **Schiffsbesatzung** *f* [ship's] crew **Schiffsbug** *m* bow [of a ship]
**Schiffschaukel** *f* swingboat
**Schiffseigner(in)** *m(f)* *(geh)* shipowner **Schiffsflagge** *f* [ship's] flag **Schiffsfracht** *f* [ship's] freight [*or* cargo] **Schiffsführer(in)** *m(f)* NAUT skipper **Schiffsglocke** *f* [ship's] bell **Schiffsgut** *nt* cargo, freight **Schiffshaut** *f* [ship's] hull **Schiffshebewerk** *nt* canal lift **Schiffsheck** *nt* [ship's] stern **Schiffshypothek** *f* JUR mortgage of a vessel **Schiffshypothekenforderung** *f* JUR ship mortgage claim **Schiffshypothekengläubiger(in)** *m(f)* JUR ship mortgagee **Schiffsjunge** *m* ship['s] boy **Schiffskabine** *f* [ship's] cabin **Schiffskoch, -köchin** *m, f* ship's cook **Schiffsküche** *f* galley **Schiffsladung** *f* [ship's] cargo, shipload; **die ~ deklarieren** to enter a cargo **Schiffslandeplatz** *m* berth **Schiffslaterne** *f* ship's lantern **Schiffsmakler(in)** *m(f)* HANDEL shipbroker **Schiffsmannschaft** *f* [ship's] crew **Schiffsmiete** *f* HANDEL charter [money] **Schiffsmotor** *m* [ship's] engine **Schiffspapiere** *f* [ship's] papers [*or* documents] *pl* **Schiffsraum** *m* *kein pl* HANDEL shipping space, ship's hold; **leerer/verfügbarer ~** waste stowage/shipping space **Schiffsrumpf** *m* [ship's] hull **Schiffsschraube** *f* ship's propeller [*or* screw] **Schiffstaufe** *f* launch [of a ship] **Schiffsunfall** *m* NAUT shipping accident **Schiffsverbindung** *f* [sea] communications *pl, no art* **Schiffsverkehr** *m* shipping *no indef art, no pl* **Schiffszwieback** *m* ship's biscuit, hard tack

Abb. 36: PGW-E1

'**Schifffahrt** *f* ⟨~⟩ navigation *f*
'**Schifffahrts|gesellschaft** *f* compagnie *f* maritime, de navigation; **~linie** *f* route *f*, ligne *f* maritime; *(~gesellschaft)* compagnie *f* maritime, de navigation; **~straße** *f*, **~weg** *m* voie *f* navigable; *(Route)* route *f* maritime
'**Schiffs|arzt** *m* médecin *m* de bord; **~bau** *cf* ***Schiffbau***; **~bauch** F *m* cale *f*; **~besatzung** *f* équipage *m* (d'un *bzw* du navire); **~brücke** *f* *cf* ***Schiffbrücke***
'**Schiffschaukel** *f* balançoire *f* (en forme de nacelle)
'**Schiffs|eigentümer** *m*, **~eigner** *m* armateur *m*; propriétaire *m* d'un *bzw* du navire; **~fahrt** *f* traversée *f*; *Ausflug* tour *m* en bateau; **~flagge** *f* pavillon *m*; **~fracht** *f* fret *m*; **~glocke** *f* cloche *f* (d'un bateau); **~hebewerk** *n* élévateur *m* de bateaux; **~junge** *m* mousse *m*; **~kapitän** *m* capitaine *m* d'un *bzw* du bateau; **~katastrophe** *f* catastrophe *f* maritime; **~koch** *m* cuisinier *m* de bord; coq *m*; **~küche** *f* cuisine *f* de bord; **~ladung** *f* cargaison *f*; fret *m*; **~laterne** *f* fanal *m*; **~makler** *m* agent *m*, courtier *m* maritime; **~mannschaft** *f* équipage *m* (d'un *bzw* du navire); **~modell** *n* modèle *m* de bateau; **~name** *m* nom *m* de *od* du bateau; **~papiere** *n/pl* papiers *m/pl*, documents *m/pl* de bord; **~passage** *f* traversée *f*; **~register** *n* registre *m* maritime, des navires; **~reise** *f* voyage *m* en bateau; *(Kreuzfahrt)* croisière *f*; **~rumpf** *m* coque *f*; **~schraube** *f* hélice *f*; **~tagebuch** *n* journal *m* de bord; livre *m* de loch; **~tau** *n* câble *m*; **~taufe** *f* baptême *m* d'un *bzw* du navire; **~verkehr** *m* *auf Flüssen* trafic fluvial; *auf See* trafic *m* maritime; **~zimmermann** *m* charpentier *m* de marine; **~zwieback** *m* biscuit *m* de marin

Abb. 37: LGW-F 2001

[29] Im Prinzip sind hier dieselben Faktoren maßgeblich wie bei der Artikelstruktur im engeren Sinne auch; vgl. 5.3.5.

*ced Learner's Dictionary* (OALD6) und dem *Longman Dictionary of Contemporary English* (LDOCE4) oder die *Schiff*-Strecke aus dem *Duden Großwörterbuch* (DUW5) und die ähnliche Praxis von *Wahrigs Deutschem Wörterbuch* <WDW7> belegen. Weit weniger übersichtlich sind dagegen so genannte nischenalphabetische Strukturen, wie sie sich in zweisprachigen Wörterbüchern häufig finden (Abb. 36 und 37):

### *5.5.2 Artikelinterne Ausdrucksformen zur Erleichterung des Zugriffs*

Das Auffinden der gesuchten Information im Wörterbuch betrifft jedoch nicht nur die Makro-, sondern auch die Mikrostruktur des Wörterbuchs. In diesem Zusammenhang wurde auf die Notwendigkeit der konsequenten Differenzierung verschiedener Informationstypen ja bereits hingewiesen, aber auch artikelintern spielt das Layout eine große Rolle, sodass auch da – zumindest in längeren Einträgen – ein Zeilenumbruch etwa zur Markierung einer neuen lexikalischen Einheit äußerst sinnvoll sein kann.

Um wiederum das Auffinden der gesuchten Bedeutung zu erleichtern und der Tendenz mancher Benutzer entgegen zu wirken, nur die erste Definition zu lesen, werden in bestimmten Wörterbuchtypen weitere Orientierungspunkte gesetzt. Mit den so genannten *signposts* (LDOCE4), *guide words* (CIDE) oder *shortcuts* (OALD6) soll in längeren Einträgen eine schnelle Orientierung bezüglich der Bedeutungsdifferenzierung ermöglicht werden (Abb 38).[30]

**long**[1] S1 W1 /lɒŋ $ lɔːŋ/ *adj comparative* **longer**, *superlative* **longest**
**1 GREAT LENGTH** measuring a great length from one end to the other; **short**: *a long table* | ***long hair*** | *the longest tunnel in the world* | *He stretched out his* ***long legs***. | *a* ***long line*** *of people*
**2 GREAT DISTANCE** continuing or travelling a great distance from one place to another; **short**: *a long distance* | *Springfield is* ***a long way*** *from Chicago.* | *Liz lives in Cheltenham, which is* ***a long way away***. | **long journey/walk/flight/drive etc** (=a journey etc over a large distance that takes a lot of time) *It's a long walk to the shops from here.*
**3 LARGE AMOUNT OF TIME** continuing for a large amount of time, or for a larger amount of time than usual; **short**: *a* ***long period of time*** | *a* ***long history*** *of success* | *He has a* ***long memory***. | **(for) a long time/while** *He's been gone a long time.* | *I haven't been there for a long while.* | *It* ***took*** *a* ***long time*** *to get everything ready.* | *She died* ***a long time ago***. | **long silence/pause/delay etc** *There was a long silence before anybody spoke.* | *She's recovering from a* ***long illness***. | *Doctors often* ***work long hours*** (=work for more time than is usual). | **the longest time** *AmE spoken* (=a very long time) *It took me the longest time to figure out how to open the windows.*
**4 PARTICULAR LENGTH/DISTANCE/TIME** used to talk or ask about a particular length, distance, or time: ***How long*** *is your garden?* | *How long is the film?* | *The cable is not quite* ***long enough***. | **two metres/three miles etc long** *The bridge is 140 feet long.* | **two hours/three days etc long** *The speech was twenty minutes long.*
**5 WRITING** containing a lot of words, letters, names, or pages; **short**: *a long novel* | *a* ***long list*** | *He has a very* ***long name***. | *He owes money to a list of people* ***as long as your arm*** (=a very long list).
**6 CLOTHING** covering all of your arms or legs; **short**: *a long dress* | *a* ***long-sleeved*** *shirt*
**7 TIRING/BORING** *spoken* making you feel tired or bored: *It's been a* ***long day***.
**8 VOWEL** *technical* a long vowel in a word is pronounced for a longer time than a short vowel with the same sound; **short**

Abb. 38: LDOCE4

Auf andere Weise erleichtern auch Inhaltsverzeichnisse, wie sie sich etwa im *Larousse Dictionnaire Générale Français-Allemand, Allemand-Français* (1990) finden, die Orientierung in längeren Einträgen:

[30] Zur Bedeutung solcher Systeme für den Nachschlageerfolg von Benutzern s. Tono (2001).

**I.** v.tr.
**1.** TRACTION: ziehen (et composés) ;
**2.** EXTRACTION: ziehen; [liquides] schöpfen;
[extraire] gewinnen ;
**3.** TRACER: ziehen ;
**4.** TYPOGR.: drucken ;
**5.** MIL.: schießen ;
**6.** COMM.: ziehen ; ausstellen ;
**7.** MAR.: tief gehen ;
**8.** EMPLOIS AU FIGURÉ.
...

## 5.6 Strukturelemente eines Wörterbuchs

### *5.6.1 Metateil und Wörterbuchteil*

Bisher wurden Aspekte des lexikografischen Zugriffs im Wesentlichen unter dem Gesichtspunkt diskutiert, wie ein Wörterbuch gestaltet werden kann, um den Zugang zur Information für die Benutzer möglichst leicht zu machen. Dabei darf aber nicht übersehen werden – und auch das wurde bereits in der Diskussion der Nachschlageprobleme von *keep a straight face* zu Beginn des Kapitels deutlich – dass die Benutzer auch mit den Konventionen des jeweiligen Wörterbuchs vertraut sein müssen, um seine Möglichkeiten voll und effizient ausschöpfen zu können. Aus diesem Grund enthalten Wörterbücher in der Regel auch Informationen darüber, wie sie sprachliche Information vermitteln. Da es sich dabei um eine Art der Information handelt, die von der bisher betrachteten grundverschieden ist, ist es vielleicht sinnvoll, in Bezug auf die Strukturelemente eines Wörterbuchs als Ganzem[31] eine relativ banale Unterscheidung zu treffen zwischen

- einem Teil, in dem sprachliche Einheiten irgendeiner Art in irgendeiner Weise beschrieben werden, der, weil er im Normalfall wahrscheinlich mehr als 99% des Gesamtwörterbuchs ausmachen dürfte, Wörterbuchteil genannt werden kann,
- und einem Teil, in dem etwas über das Wörterbuch an sich ausgesagt wird und der hier folglich als Metateil bezeichnet werden soll.

[31] S. in diesem Zusammenhang den Ansatz von Hausmann/Wiegand (1989) und die dort diskutierten Klassifikationen.

### *5.6.2 Elemente des Metateils*

Der Metateil eines Wörterbuchs kann sehr unterschiedliche Elemente enthalten: Dazu gehören möglicherweise ein Vorwort, möglicherweise eine Darlegung der linguistischen und theoretischen Prinzipien, auf denen das Wörterbuch beruht[32], möglicherweise eine Bibliografie, vor allem aber eine Einführung in die Benutzung des Wörterbuchs und auf jeden Fall eine Erläuterung von im Wörterbuch verwendeten Abkürzungen und Symbolen. Die Vielfalt der Wörterbücher äußert sich bereits hier: Da es wohl so ist, dass Vorworte von Wörterbüchern eher von Rezensent(inn)en als von den eigentlichen Benutzer(inne)n gelesen werden, sind manche Wörterbücher, vor allem Lernerwörterbücher, zu Kurzeinführungen übergegangen. Während das *Oxford Advanced Learner's Dictionary* (OALD2) von 1963 noch einen Einführungsteil von 23 Seiten enthielt, sind es in der Ausgabe von 2000 (OALD6) nur noch 10, von denen 4 einen Anhang und die Innenseiten am Ende des Buches ausmachen. Im Gegensatz dazu enthält ein Spezialwörterbuch wie das *Valency Dictionary of English* eine ausführliche Einführung in die Version der Valenztheorie, die die Grundlage des Wörterbuchs bildet sowie eine Darstellung der lexikografischen Prinzipien, auf denen es beruht.

Soweit Elemente des Metateils – wie etwa Verzeichnisse von Abkürzungen, Labels und phonetischen Symbolen oder auch eine Übersicht in den Artikelaufbau – bei vielen Nachschlagevorgängen relevant sind, sollten sie möglichst leicht auffindbar sein. Heute finden sich solche Verzeichnisse deshalb häufig auf den Innenseiten des Umschlags; das *Longman Pronunciation Dictionary* (LDP2) kommt sogar mit einer herausnehmbaren Plastikkarte.[33] Andere Informationen dieser Art werden gelegentlich auch unten auf den Seiten des Wörterbuchs abgedruckt – etwa Beispielwörter für die phonetischen Symbole im OALD6 oder *Merriam-Webster's Collegiate Dictionary* (COLLEGIATE10) oder eine Erläuterung zu den Frequenzangaben in LDOCE4.

### *5.6.3 Elemente des Wörterbuchteils*

Der eigentliche Wörterbuchteil eines Wörterbuchs besteht im Wesentlichen aus Wörterbuchartikeln (> 5.3), kann aber darüber hinaus noch weitere Elemente enthalten, bei denen eine vollständige Auflistung wahrscheinlich nicht möglich ist. In

- Anhänge oder in den Wörterbuchteil integrierte Informationsblöcke, die in keinem unmittelbaren Zusammenhang zu den Artikeln, die sich an dieser Stelle des Wörterbuchs befinden, stehen,
- Informationskästen, die zwar nicht Teil eines Artikels sind, aber bei einem Artikel durch inhaltlichen und lokalen Bezug verankert sind.

---

32 Hierzu könnte man zum Beispiel auch die Definitionswortschätze rechnen, die in vielen neueren englischen Lernerwörterbüchern in einem Anhang abgedruckt sind.

33 Ähnlich das *Longman Dictionary of Contemporary English* (LDOCE2).

Inhaltlich kann es sich dabei um Listen unregelmäßiger Verben, Auflistungen von Ländernamen, Landkarten, oder auch enzyklopädische Informationen handeln.

## 5.7 Übersichtlichkeit und Benutzerfreundlichkeit

Zusammenfassend lässt sich also sagen, dass die Benutzerfreundlichkeit eines Wörterbuchs in Hinsicht darauf, wie leicht eine bestimmte Information zu finden ist, in entscheidender Weise durch verschiedene Faktoren wie zugrunde gelegte Artikelstrukturen und Anordnungsprinzipien bestimmt werden. Dabei muss betont werden, dass die verschiedenen Faktoren stark interdependent sind (und daher manche der hier getroffenen Differenzierungen vielleicht eher von metalexikografischer als von praktischer Relevanz sind). Eine entscheidende Rolle kommt dabei dem Layout zu. Übersichtlichkeit durch klare typografische Absetzung der einzelnen Artikelkonstituenten, Vermeidung wenig transparenter Codes und Abkürzungen, häufiger Einsatz neuer Zeilenanfänge, nicht nur für einen neuen Eintrag, sondern in längeren Einträgen auch für neue Bedeutungen, spärliche Verwendung von Nischen- und Neststrukturen und eine optisch ansprechende Gestaltung tragen in ganz erheblichem Ausmaß zur Benutzerfreundlichkeit eines Wörterbuchs bei.

In dieser Hinsicht sind – teilweise (deutlich etwa bei den englischen Lernerwörterbüchern) durch den Konkurrenzdruck des Marktes, teilweise durch die durch Computersatz verbesserten Herstellungsmöglichkeiten, teilweise vielleicht auch durch Impulse aus der lexikografischen Forschung bedingt – erhebliche Fortschritte in der Gestaltung von Wörterbüchern (jedenfalls mancher Wörterbücher) zu verzeichnen. Dabei ist der Einsatz von Farbe zur Hervorhebung nur ein Faktor, der sich heute aber in vielen Wörterbüchern findet (etwa in OALD6 (2000), im *Duden Band 1. Die deutsche Rechtschreibung* ($^{21}$1996), *Wahrigs Deutschem Wörterbuch WDW7* (2000), *Wahrig, Die deutsche Rechtschreibung* (2002), wobei die Differenzierung zwischen verschiedenfarbigen Lemmata (welche Frequenz ausdrückt) und verschiedenfarbig unterlegten Informationsblöcken in LDOCE4 richtungsweisend für Lernerwörterbücher sein dürfte.

Die allgemeinen Fortschritte in dieser Hinsicht lassen sich durch den Vergleich eines Ausschnitts aus dem *Oxford Advanced Learner's Dictionary* (OALD2) von 1963 mit zwei englischen Lernerwörterbüchern vierzig Jahre später gut veranschaulichen:

[1]**guar an tee** [ˌgærən'ti:] ***n.*** [C] **1.** (in law, *guaranty*) promise or undertaking (usu. in writing or print) that certain conditions agreed to in a transaction will be fulfilled: *a year's ~ with a watch,* a promise to keep it in good repair, etc. **2.** (in law, *guaranty*) undertaking given by one person to another that he will be responsible for sth. to be done (e.g. payment of a debt) by a third person. **3.** (in law, *guarantor*) person who gives such an undertaking: *be ~ for a friend's good behaviour. If I try to borrow £1,000 from the bank, will you be my ~?* **4.** (in law, *guaranty*) sth. offered (e.g. the deeds of a house or other document of ownership of property) as security for the fulfilling of conditions in a ~ (defs. 1 & 2): *'What ~ can you offer?' 'I can offer my house and land as a ~.'* **5.** (colloq.) sth. that seems to make an occurrence likely: *Blue skies are not always a ~ of fine weather.*

[2]**guar an tee** [ˌgærən'ti:] ***v.t.*** (VP 1, 2, 4, 11, 18, 19) **1.** give a guarantee (defs. 1, 2, 3) for (sth. or sb.): *~ a man's debts; ~ to pay a man's debts; ~ that the debts will be paid; ~ the payment of the debts. We cannot ~ the punctual arrival of trains in foggy weather. This clock is ~d for one year. We can't ~ our workers regular employment.* **2.** (colloq.) promise (without legal obligation): *Many shopkeepers ~ satisfaction to customers.*

**guar an tor** [ˌgærən'tɔ:*] ***n.*** (legal word for) guarantee. (See the noun, def. 3.)

**guar an ty** ['gærənti] ***n.*** (legal word for) guarantee. (See the noun, defs. 1, 2, & 4.)

[1]**guard** [gɑ:d] ***n.*** **1.** [U] state of watchfulness against attack, danger, or surprise: *The sentry (soldier) is on ~,* at his post, on duty. *The soldier was ordered to keep ~.* **2.** [U] attitude of readiness (to defend oneself, e.g. in fencing, boxing, bayonet-drill): ***be on (off) one's ~,*** be prepared (unprepared) against attack or surprise: *Be on your ~ against pickpockets. He struck me while I was off my ~.* **3.** [C] soldier or party of soldiers keeping ~; sentry: *mount ~,* take up one's post as a sentry; *relieve ~,* take the place of a sentry who has finished his period of duty; *stand ~,* act as a sentry. **4.** man (also called *warder*) or group of men in charge of a prison. **5.** (Gt. Brit., but not U.S.A.) official in charge of a railway train (and formerly a stage-coach). **6.** (in Gt. Brit. and some other countries) (pl.) troops employed to protect the sovereign: *the G~s; the Royal Horse G~s; a G~s officer.* **'~s-man** ['gɑ:dzmən] *n.* soldier of the G~s. **7.** [C] body of soldiers with the duty of protecting, honouring, or escorting a person: *The Duke, on his arrival, inspected the ~ of honour at the station.* (See also *rear ~, Home G~.*) **8.** (esp. in compounds) (part of) apparatus designed to prevent injury or loss: *a 'fire-~* (in front of a fireplace); *a 'mud~* (over the wheel of a bicycle, etc.); *the ~ of a sword* (the part of the hilt that protects the hand). **9.** (compounds) ***'~-boat*** *n.* one sent round a fleet of warships in harbour. ***'~-house*** *n.* (mil.) building for a military ~ or one in which prisoners are kept. ***'~-rail*** *n.* rail (e.g. on a staircase) to prevent falling. ***'~-room*** *n.* room for soldiers on ~ or for soldiers under ~. ***'~-ship*** *n.* ship protecting a harbour.

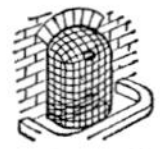

A fire-guard

[2]**guard** [gɑ:d] ***v.t. & i.*** **1.** (VP 1, 18) protect; keep from danger: *~ a camp; ~ one's life (one's reputation); ~ prisoners (lunatics),* prevent them from escaping. **2.** (VP 24) *~ against,* use care and caution to prevent: *~ against disease (bad habits, suspicion).* **~ed** ['gɑ:did] ***adj.*** (of statements, etc.) cautious: *a ~ed answer; be ~ed in what one says.* **~ed ly** ***adv.*** cautiously.

**guard ian** ['gɑ:djən] ***n.*** **1.** (official or private) person who guards, esp. (legal use) one who is responsible for the care of a young or incapable person and his property. ***~ angel,*** spirit watching over a person or place. **2.** (formerly in England) *~s of the poor,* members of Boards elected to administer the *Poor Laws in a parish or district. **~ship** ***n.*** position or office of a ~.

**gua va** ['gwɑ:və] ***n.*** (tropical tree with) acid fruit used for making jelly.

**gud geon** ['gʌdʒən] ***n.*** small freshwater fish used as bait.

**guel der rose** ['geldə'rouz] ***n.*** plant with round bunches of white flowers; snowball tree.

**guer don** ['gə:dən] ***n.*** (poet.) reward.

**gue(r) ril la** [gə'rilə] ***n.*** **1.** (now usu. *~ war*) war carried on by fighters who are not members of a regular army. ***~ strike,*** strike of workers without the approval of their trade union; unofficial strike. **2.** man engaged in a ~ war.

**guess** [ges] ***v.t. & i.*** (VP 1, 4, 11, 13, 15, 21, 23, 24) form an opinion, give an answer, make a statement, based on supposition, not on careful thought, calculation, or definite knowledge: *Can you ~ my weight (what my weight is, how much I weigh)? I should ~ his age at 50 (~ him to be 50). Can't you even ~ at her age? G~ what I'm thinking. You've ~ed right (wrong). I ~ it's going to rain,* (U.S.A. colloq.) I think it's going to rain. ***n.*** [C] opinion formed by ~ing: *make a ~. One man's ~ is as good as another's. It's anybody's ~,* no one can be sure about it. ***at a ~,*** making a ~: *At a ~ I should say there were 50 people present.* ***by ~,*** by the use of ~ing: *Don't answer by ~; work the problem out.* ***'~-work*** *n.* [U] ~ing; result of ~ing.

**guest** [gest] ***n.*** **1.** person staying at or paying a visit to another's house, or being entertained at a meal: *We're expecting ~s to dinner.* ***'~-room*** *n.* bedroom kept for the use of ~s. **2.** person staying at an inn, a hotel, or boarding-house, and paying for his entertainment. ***'~-house*** *n.* superior boarding-house. ***'~-night*** *n.* evening on which members of a club, college, [1]mess, etc., may bring in and entertain their friends as ~s. ***paying ~*** *n.* boarder in a private house.

**guf faw** [gʌ'fɔ:, gə-] ***v.i. & n.*** (give a) noisy laugh.

Abb. 39: OALD2

**guarantee[1]** /ˌgærən'ti:/ *n* **1** a promise, usu in writing, that sth will be done or that sth is of a specified quality: *give a guarantee of good behaviour* ○ *He gave me a guarantee that it would never happen again.* ○

*The watch comes with a year's guarantee* (ie a promise to repair it free within a year of its being bought). ○ *It's still* ***under guarantee*** (ie The guarantee is still valid), *so the manufacturer will repair it.* ○ *provide a 5-year guarantee against rust* ○ *They are demanding certain guarantees before signing the treaty.* Compare SECURITY. **2** an item of value offered as security for carrying out the conditions in a guarantee, esp as part of a legal agreement: *We had to offer our house as a guarantee when getting the loan.* See also SECURITY 3. **3** ~ **(of sth/that ...)** (*infml*) a thing that makes sth certain to happen or be the case: *Blue skies are not a guarantee of continuing fine weather.* ○ *There's no guarantee (that) she'll come* (ie She may not come).

**guarantee[2]** /ˌgærən'ti:/ *v* **1** to promise sth with certainty: [Vn] *We cannot guarantee the punctual arrival of buses in foggy weather.* [V.*that*] *The film's excellent — I guarantee you'll enjoy it.* [V.*to* inf] *We guarantee to deliver within a week.* [Vnn] *We guarantee you delivery within a week.* [Vn-adj] *This food is guaranteed free of artificial colouring.* **2** to make sth certain to happen or be the case: [Vn] *Her selection for the team should guarantee an exciting game.* ○ *Your qualifications might help you get a job but you can't guarantee that.* [also V.*that*]. **3** ~ **sth (against sth)** to agree to pay the cost of repairs resulting from a fault in an article which has been bought or in work done: [Vnpr] *The product is guaranteed for one year against mechanical failure or faulty workmanship.* [also Vn]. **4** to agree to be legally responsible for sth/doing sth: [Vn, V.*to* inf] *guarantee (to pay) sb's debts/the payment of sb's debts* [V.*that*] *guarantee that the debts will be paid.* IDM **be guaranteed to do sth** (*infml ironic*) to be certain to happen, be the case or have sth as a result: *It's guaranteed to rain just when you want to go out.* ○ *This news is not exactly guaranteed to please him.*

**guarantor** /ˌgærən'tɔ:(r)/ *n* (*fml or law*) a person or an organization that guarantees (GUARANTEE[2] 3,4) sth, eg an agreement: *The United Nations will act as guarantor of the peace settlement* (ie make sure that it is observed).

**guard[1]** /gɑ:d/ *n* **1** [U] the action or duty of watching out for attack, danger or surprise or of protecting sth/sb: *a soldier/sentry* ***on guard*** (ie at his post, on duty) ○ *The escaped prisoner was brought back* ***under close guard*** (ie closely guarded). ○ *Policemen were* ***keeping guard*** *outside the building.* ○ *guard duty* ○ *a guard dog* (ie one kept to guard a building or a place). **2** [U] a position of being ready to defend oneself, eg in boxing or fencing (FENCE[2] 1): *drop/keep up one's guard* ○ (*fig*) *In spite of the awkward questions the minister never let his guard fall for a moment.* **3** [C] **(a)** a person, esp a soldier or police officer, who watches over sb or sth: *The prisoner slipped past the guards on the gate and escaped.* ○ *a se'curity guard* (ie one responsible for protecting a place against entry by eg criminals) ○ *'border guards.* **(b)** (*esp US*) (*Brit* **warder**) a person who watches over prisoners in a prison. **4(a) the guard** [CGp] a group of soldiers who protect a building or a place: *the changing of the guard* (ie the replacing of one such group by another, eg at Buckingham Palace) ○ *The guard are/is being inspected today.* See also NATIONAL GUARD, THE OLD GUARD. **(b)** [CGp] a group of soldiers with the duty of accompanying, protecting or honouring sb: *The president always travels with an armed guard.* ○ *On her arrival the queen inspected the guard of honour.* **5 the Guards** [pl] (in Britain and some other countries) regiments whose original duty was to protect the king or queen: *the ˌRoyal 'Horse Guards* ○ *The ˌScots/ˌIrish/ˌWelsh 'Guards* ○ *a Guards officer.* **6** [C] (*Brit*) a person who is in charge of a railway train and travels with it, but is not the driver. **7** [C] (often in compounds) an object or a piece of apparatus, eg part of a machine, designed to prevent injury or loss: *Ensure the guard is in place before operating the machine.* ⇨ picture at SWORD. See also FIRE-GUARD. IDM **mount guard** ⇨ MOUNT[2]. **on 'guard / off (one's) 'guard** prepared/not prepared for an attack, a surprise or a mistake: *With journalists, you always have to be on your guard against saying the wrong thing.* ○ *put sb on their guard* ○ *The lawyer's apparently innocent question caught the witness off (his) guard.* **stand 'guard (over sb/sth)** to act as a guard: *Four soldiers stood guard over the coffin.*

■ **'guard-rail** *n* a protective rail, eg to prevent people falling off a staircase or to separate them from dangerous traffic.

**'guard's van** (*Brit*) (*US* **caboose**) *n* the carriage in which the guard on a train travels.

**guard[2]** /gɑ:d/ *v* [Vn] **(a)** to be near sb/sth in order to keep them safe, eg from danger or from being stolen; to protect sb/sth: *soldiers guarding the president* ○ *A dragon guarded the treasure.* ○ (*fig*) *a closely/jealously guarded secret.* **(b)** to watch over sb and prevent them from escaping: *the police officers guarding the prisoners.* PHR V **'guard against sth / doing sth** to be careful and cautious in order to prevent sth: *guard against disease* ○ *The government must guard against introducing measures which will increase inflation.*

▶ **guarded** *adj* (of remarks, etc) cautious: *a guarded reply* ○ *You should be more guarded in what you say to reporters.* **guardedly** *adv.*

**guardhouse** /'gɑ:dhaʊs/ *n* a building for soldiers on guard or for keeping military prisoners in.

**guardian** /'gɑ:diən/ *n* **1** a person who guards or protects sth: *The police are guardians of law and order.* ○ *a self-appointed guardian of public morality.* **2** a person who looks after and is legally responsible for sb unable to manage their own affairs, esp a child whose parents have died.

▶ **guardianship** *n* [U] the position or office of a guardian.

■ **ˌguardian 'angel** *n* **1** a person who protects and guides sb. **2** a spirit(2) that is believed to protect and guide a person or place.

**guardroom** /'gɑ:dru:m, -rʊm/ *n* a room for soldiers on guard or for keeping military prisoners in.

**guardsman** /'gɑ:dzmən/ *n* (*pl* **-men** /-mən/) a soldier in the Guards (GUARD[1] 5).

**guava** /'gwɑ:və/ *n* the fruit of a tropical American tree, with a light yellow skin and pink or white edible flesh.

**gubernatorial** /ˌgu:bənə'tɔ:riəl/ *adj* (*fml*) (esp in the USA) of or for the office of a state governor: *gubernatorial elections.*

**gudgeon** /'gʌdʒən/ *n* (*pl* unchanged) a small European fish found in rivers, lakes, etc. Gudgeon are often used as BAIT(1) to catch other fish.

**guerrilla** (also **guerilla**) /gə'rɪlə, ge'rɪlə/ *n* a person who is not a member of a regular army but who is engaged in fighting in small secret groups: *urban guerrillas* (ie those who fight in towns only) ○ *guerrilla war/warfare* (ie fought on one side or both sides by guerrillas) ○ *a guerrilla group/movement/leader.*

**guess** /ges/ *v* **1(a)** ~ **(at sth)** to give an answer, form an opinion or make a statement about sth without calculating or measuring and without definite knowledge: [V] *You don't know. You're just guessing!* [Vadv] *guess right/wrong* [Vpr] *We can only guess at the murderer's real motives.* [Vn, V.*wh*, V.*that*] *'Can you guess her age/guess how old she is?' 'I'd guess that she's about thirty.'* **(b)** to find the truth or the correct answer in this way: [Vn] *She guessed the answer straight away.* ○ *The next King of France after Louis XIV was — you've guessed it — Louis XV.* [V.*wh*] *I knew by her smile that she had guessed what I was thinking.* ○ *You'll never guess how they got in!* [also V.*that*]. See also SECOND-GUESS. **2** (*infml esp US*) (no passive) to suppose sth; to consider sth likely: [V.*that*] *I guess you're feeling tired after your journey.* [Vadv] *'Will you be there?' 'I guess so.'* **3** (used in the imperative to show that one is about to say sth surprising or exciting): [V.*wh*] *Guess who I've just seen — David Bowie!* ○ ***Guess what!*** *I've just won £5000!* IDM **keep sb 'guessing** (*infml*) to keep sb uncertain about one's plans, etc.

Abb. 40: OALD5

▶ **guess** *n* ~ **(at sth)**; ~ **(that…)** an opinion formed by guessing: *have/make a guess (at sth)* ○ *If I might* ***hazard a guess****, I'd say she was about thirty.* ○ *My guess is that it will rain soon.* ○ ***Your guess is as good as mine*** (ie I do not know). ○ *'What's for supper?' 'I'll give you three guesses* (ie The answer is fairly obvious and you should guess it easily)*!'* See also EDUCATED GUESS. IDM **'anybody's guess** a fact or situation that no one can be sure about: *What will happen next is anybody's guess.* **at a 'guess** making a guess: *'How old is she?' 'At a guess, about thirty.'*

**guesstimate** /ˈgestɪmət/ *n* (*infml*) an estimate made by combining guessing with reasoning.

**guesswork** /ˈgeswɜːk/ *n* [U] the process of guessing or the results got by guessing: *We got the right answer but only by pure guesswork.*

**guest** /gest/ *n* **1** a person who is invited to visit one's house or is being entertained at one's expense: *We are expecting guests this weekend.* ○ *He invited her to be his guest for an evening at the theatre.* ○ *an uninvited guest* ○ *the guest of honour* (ie the most important guest) *at a banquet.* **2** a person staying at a hotel or similar lodging: *This hotel has accommodation for 500 guests.* ○ *a paying guest* (ie one living in a private house, but paying as if in a hotel). **3** a visiting performer taking part in an entertainment: *tonight's guests on Terry Wogan's chat show* ○ *a guest artist/star/singer/conductor* ○ *make a guest appearance on a TV show.* **4** a person specially invited to visit a place, take part in a conference, etc: *The scientists are visiting this country as guests of the government.* ○ *a guest speaker.* IDM **be my 'guest** (*infml*) (used as a response to a request) please do: *'May I see the newspaper?' 'Be my guest!'*

▶ **guest** *v* [V, Vpr] ~ **(on sth)** (*infml*) to appear as a guest(3) on a television or radio programme.

■ **'guest beer** *n* [U, C] (*Brit*) a beer which is not usu available in a particular pub, but which is served there for a limited period, often at a specially reduced price.

**'guest-house** *n* a small hotel.

**'guest-night** *n* an evening on which members of a club or other society may invite guests.

**'guest-room** *n* a bedroom kept for the use of guests.

**'guest worker** *n* a person who comes to live in a foreign country in order to work there: *Turkish guest workers in Germany.*

**guff** /gʌf/ *n* [U] (*infml*) worthless talk or ideas; nonsense: *politicians talking a lot of guff.*

**guffaw** /gəˈfɔː/ *v* [V, V.speech] to give a noisy laugh.

▶ **guffaw** *n*: *let out a loud guffaw* ○ *burst into guffaws.*

---

**guar·an·tee¹** S2 W3 /ˌgærənˈtiː/ *v* [T]

**1 a)** to promise to do something or to promise that something will happen: **guarantee (that)** *I guarantee you'll love this film.* | **guarantee sb sth** *If you send the application form in straight away, I can guarantee you an interview.* | **guarantee to do sth** *I cannot guarantee to work for more than a year.* | *The law guarantees equal rights for men and women.* **b)** to make a formal written promise to repair or replace a product if it breaks within a specific period of time: *All our products are* ***fully guaranteed****.* | **guarantee sth against sth** *The stereo is guaranteed against failure for a year.*

**2 LEGALLY RESPONSIBLE** to promise that you will pay back money that someone else has borrowed, if they do not pay it back themselves: *The bank will only lend me money if my parents guarantee the loan.*

**3 CERTAIN** to make it certain that something will happen: *In movies, talent by no means guarantees success.* | **guarantee that** *The built-in thermostat guarantees that the water remains at the same temperature all the time.* | **be guaranteed to do sth** *This latest incident is guaranteed to make the situation worse.* | **be guaranteed sth** *Even if you complete your training, you aren't guaranteed a job.*

**guarantee²** S2 *n* [C]

**1** a formal written promise to repair or replace a product if it breaks within a specific period of time; ⊟ **warranty**: *They offer a two-year guarantee on all their electrical goods.* | **come with/carry a guarantee** *Our computers come with a one year guarantee.* | **under guarantee** *Is your TV under guarantee* (=protected by a guarantee)*?* | *a* ***money-back guarantee***

**2** a formal promise that something will be done: [+**of**] *I'm afraid there's no guarantee of success.* | **guarantee that** *I cannot* ***give a guarantee*** *that there will be no redundancies.*

**3 a)** a promise that you will pay back money that someone else has used or borrowed, if they do not pay it themselves **b)** something valuable that you give to someone to keep until you have done something you promised to do: *The bank is holding the airline's assets as guarantees.*

**guar·an·tor** /ˌgærənˈtɔː $ -ˈtɔːr/ *n* [C] *law* someone who promises to pay a debt if the person who should pay it does not

**guard¹** S3 W3 /gɑːd $ gɑːrd/ *n*

**1 PERSON** [C] **a)** someone whose job is to protect a place or person: *There were two* ***security guards*** *on duty outside the building.* | *We were stopped by* ***border guards****.* | ***Armed guards*** *were posted by the exit.* **b)** someone whose job is to prevent prisoners from escaping: *The* ***prison guards*** *were reasonably friendly.*

**2 PROTECTION** [U] the act or duty of protecting places or people, or of preventing prisoners from escaping: **be on guard** *Who was on guard the night the fire broke out?* | **keep/stand guard (over sb/sth)** *Gunmen stood guard at the camp entrance.* | **be under (police/armed etc) guard** (=to be guarded by a group of people) *He was taken to hospital, where he is now under police guard.*

**3 SOLDIERS a)** [singular] a group of soldiers who guard someone or something: *The President has called in the National Guard.* **b)** the Guards *BrE* a group of soldiers who protect the king or queen

**4 EQUIPMENT** [C] something that is used to protect someone or something from damage or injury: *a face guard* | *a fire guard*

**5 ON A TRAIN** [C] *BrE* a person whose job is to be in charge of a train; ⊟ **conductor** *AmE*

**6** on your guard to be paying attention to what is happening in order to avoid danger, being tricked etc: *These men are dangerous so you'll need to* ***be on*** *your* ***guard****.* | *Something in his tone* ***put*** *her* ***on*** *her* ***guard****.*

**7** catch/throw sb off guard to surprise someone by doing something that they are not ready to deal with: *Senator O'Hare was caught off guard by the question.*

**8** guard of honour a group of people who walk or stand together at a special occasion in order to show respect: *Police colleagues formed a guard of honour at her funeral.*

**9** the old guard a group of people in an organization who want to do things in the way they were done in the past: *the Communist old guard*

**10 FIGHTING** [singular] the position of holding your arms or hands up in a fight in order to defend yourself: *He swung at me and I brought my guard up.*

**11 SPORT** [C] **a)** one of two players on a BASKETBALL team who is responsible for moving the ball to help their team gain points **b)** one of two players on an American football team who plays either side of the centre

**guard²** *v* [T] **1** to protect a person, place, or object by staying near them and watching them: *The Sergeant told Swift to guard the entrance.* | *a lioness guarding her cubs* | **guard sb/sth against sth** *There is no one to guard these isolated farms against attack.* **2** to watch a prisoner to prevent them from escaping **3** to protect something such as a right or a secret by preventing other people from taking it away, discovering it etc: *chiefs who* ***jealously guarded*** *their independence* | *a* ***closely guarded secret*** **4** to prevent another sports player from gaining points, getting the ball etc

**guard against** sth *phr v* to prevent something from happening: *Exercise can guard against a number of illnesses.* | **guard against doing sth** *Nurses should guard against becoming too attached to their patients.*

**guard dog** *n* [C] a dog that is trained to guard a place → see picture at GUIDE DOG

**guard·ed** /ˈgɑːdɪ̵d $ ˈgɑːr-/ *adj* not giving very much information or showing your feelings about something; ⊟ **cautious**: *The minister was quite guarded in his comments.* | *He gave the proposal a guarded welcome.* —**guardedly** *adv*

**guard·house** /ˈgɑːdhaʊs $ ˈgɑːrd-/ *n* [C] a building for soldiers who are guarding the entrance to a military camp

**guard·i·an** /ˈgɑːdiən $ ˈgɑːr-/ *n* [C] **1** someone who is legally responsible for looking after someone else's child, especially after the child's parents have died: **sb's guardian** *His aunt is his* ***legal guardian****.* **2** *formal* someone who guards or protects something: [+**of**] *The US sees itself as the guardian of democracy.*

**guardian 'angel** *n* [C] **1** a good SPIRIT who is believed to protect a person or place **2** someone who helps or protects someone else when they are in trouble

**guard·i·an·ship** /ˈgɑːdiənʃɪp $ ˈgɑːr-/ *n* [U] *law* the position of being legally responsible for someone else's child

**guard·rail** /ˈgɑːd-reɪl $ ˈgɑːrd-/ *n* [C] **1** a bar that is intended to prevent people from falling from a bridge, cliff etc **2** *AmE* a bar that is intended to prevent cars from going off the road in an accident; ⊟ **crash barrier** *BrE*

**guard·room** /ˈgɑːd-rʊm, -ruːm $ ˈgɑːrd-/ *n* [C] a room for soldiers who are guarding a military camp

**guards·man** /ˈgɑːdzmən $ ˈgɑːr-/ *n plural* **guardsmen** /-mən/ [C] a soldier who is a member of a GUARD

**guard's van** *n* [C] *BrE* the part of a train where the person in charge of it travels; ⊟ **caboose** *AmE*

**gua·va** /ˈgwɑːvə/ *n* [C] a tropical fruit with pink flesh and a lot of seeds

**gu·ber·na·to·ri·al** /ˌguːbənəˈtɔːriəl◂ $ -bər-/ *adj formal* relating to the position of being a GOVERNOR: *gubernatorial elections*

**guer·ril·la** /gəˈrɪlə/ *n* [C] a member of a small unofficial military group that fights in small groups: **guerrilla war/warfare** *American troops found themselves fighting a guerrilla war.* | *left-wing guerrillas* | *a guerrilla leader*

**guess¹** S1 W3 /ges/ *v*

**1** [I,T] to try to answer a question or form an opinion when you are not sure whether you will be correct: *I'd say he's around 50, but I'm only guessing.* | **guess right/correctly/wrong** *If you guess correctly, you have another turn.* | **guess what/who/how etc** *You can guess what happened next.* | [+**at**] *We can only guess at the cause of the crash.* | *What star sign are you? No,* ***let me guess****.* | **difficult/hard/easy etc to guess** | *It's hard to guess his age because he dyes his hair.*

**2** [I,T] to realize that something is true even though you do not know for certain: **guess (that)** *I guessed that you must be related because you look so similar.* | [+**from**] *I guessed from his expression that he already knew about the accident.* | *Can you guess the identity of this week's special guest?*

**3 keep sb guessing** to make someone feel excited or not sure about what will happen next: *a thriller that keeps audiences guessing*

**4 I guess** *spoken* **a)** used to say that you think something is true or likely, although you are not sure: *His light's on, so I guess he's still up.* **b)** used to say that you will do something even though you do not really want to: *I'm tired, so I guess I'll stay home tonight.*

**5 I guess so/not** *spoken* used to agree or disagree with a statement or question: *'You're one lucky guy.' 'I guess so.'* | *'I don't really have any choice, do I?' 'I guess not.'*

**6 guess what/you'll never guess who/what etc** *spoken* used before you tell someone something that will surprise them: *Guess what! Bradley's resigned.* | *You'll never guess who I saw today.* → SECOND-GUESS

**guess²** S2 *n* [C]

**1** an attempt to answer a question or make a judgement when you are not sure whether you will be correct

Abb. 41: LDOCE4

**have a guess (at sth)** *BrE*
**take a guess (at sth)** *AmE*
**hazard a guess** (=guess something, when you feel very uncertain)
**give sb three guesses** (=allow someone to guess three times)
**lucky guess**
**good guess**
**best guess**
**educated/informed guess** (=one that is likely to be correct because you have enough information)
**rough guess** (=one that is not exact)
**wild guess** (=one made without much thought)
**my guess is (that)**
**at a guess** (=used to show that what you are saying is just a guess)

*If I had to* ***make a guess****, I'd say Sam was the youngest.* | *Does anyone want to* ***take a guess*** *at what all this has to do with grammar?* | *I can only* ***hazard a guess*** *at what it must have been like.* | *I'll* ***give you three guesses*** *who I'm going out with tonight.* | *It had been a* ***lucky guess****, that was all.* | *It's a* ***good guess****, but wrong nonetheless.* | *Our* ***best guess*** *is that the forests will not recover for a long time.* | *People started making* ***educated guesses*** *about the outcome of the election.* | *I'd say she's about 35, but that's only a* ***rough guess****.* | ***My guess is that*** *there won't be many people there today.* | ***At a guess****, she'd had an argument with her boyfriend.* → see box at SUPPOSE

**2 be anybody's guess** to be something that no one knows: *What she's going to do with her life now is anybody's guess.*

someone that you do not know any more than they do about something

**guess·ti·mate** /ˈgestɪ̵mɪ̵t/ *n* [C] *informal* an attempt to judge a quantity by guessing it; → **estimate**: *Could you give us a guesstimate of the numbers involved?* —**guesstimate** /-tɪ̵meɪt/ *v* [I,T]

**guess·work** /ˈgeswɜːk $ -wɜːrk/ *n* [U] the method of trying to find the answer to something by guessing: *There's a lot of guesswork in these calculations.*

**guest**[1] S2 W2 /gest/ *n* [C]
**1 AT AN EVENT** someone who is invited to an event or special occasion: *a banquet for 250 distinguished guests* | **as sb's guest** *You are here as my guests.* | **dinner/wedding etc guests** *Most of the wedding guests had left.* | *Among the invited guests were Jerry Brown and Elihu Harris.* | *The actress was* ***guest of honour*** (=the most important guest) *at the launch.* | *I've nearly finished the* ***guest list*** *for the wedding.*
**2 IN A HOUSE** someone you have invited to stay in your home for a short time: *We have guests staying right now.* → HOUSE GUEST
**3 IN A HOTEL** someone who is paying to stay in a hotel: *Use of the sauna is free to guests.*
**4 ON A SHOW** someone famous who is invited to take part in a show, concert etc, in addition to those who usually take part: *We have some great guests for you tonight.* | *Fontaine* ***appeared as a guest*** *on the show.*
**5 be my guest** *spoken* used to give someone permission to do what they have asked to do: *'Do you mind if I look at your notes?' 'Be my guest.'*

**guest**[2] *adj* [only before noun] **1** for guests to use: *He was still asleep in the guest bedroom.* **2** a guest star,

invited to take part in an event, in addition to the people who usually take part: *Camfield was lucky in getting Cage and Rampling as guest stars.* | *He will* ***make*** *a special* ***guest appearance*** *on next week's show.*

**guest**[3] *v* [I] to take part in a show, concert etc as a guest: [+**on**] *She guested on a comedy show last year.*

**guest book** *n* [C] a book in which everyone who comes to a formal occasion or stays at a hotel signs their name

**guest·house** /ˈgesthaʊs/ *n* [C] a private house where people can pay to stay and have meals

**guest room** *n* [C] a bedroom for a visitor or visitors to use

**guest worker** *n* [C] a worker from one country who works in another country for a short time

**guff** /gʌf/ *n* [U] *informal* remarks that are stupid and untrue; **nonsense**: *I don't believe any of that guff!*

**guf·faw** /gəˈfɔː $ -ˈfɒː/ *v* [I] to laugh loudly: *We guffawed at what Graham had written.* —**guffaw** *n* [C]: *The announcement was greeted with loud guffaws.*

# 6 Wichtige Wörterbuchtypen und Wörterbücher

## 6.1 Spezialwörterbücher und allgemeine Wörterbücher

In Kapitel 2 wurde ausgeführt, dass bei der Gestaltung von Wörterbüchern verschiedene Lexikoparameter berücksichtigt und in ihrer Bedeutung für einen bestimmten Zweck gegeneinander abgewogen werden müssen.[1] Infolgedessen resultieren die verschiedenen Zwecke, die Wörterbücher haben können, auch in verschiedenen Wörterbuchtypen. Grundlegend ist dabei die Unterscheidung zwischen allgemeinen Wörterbüchern und Spezialwörterbüchern.[2] Allgemeine Wörterbücher wenden sich an ein relativ breites, unspezifisches Zielpublikum und sind in der Auswahl der Informationen beziehungsweise Informationstypen entsprechend breit und unspezifisch. Zu den Allgemeinwörterbüchern in diesem Sinne zählen für das Deutsche das *Wörterbuch der Deutschen Gegenwartssprache* von Ruth Klappenbach und Wolfgang Steinitz, das *Duden-Universalwörterbuch, Wahrigs Deutsches Wörterbuch* oder der zehnbändige *Duden. Das große Wörterbuch der deutschen Sprache* ($^3$1999) von Werner Scholze-Stubenrecht und Dieter Mang;[3] in Großbritannien etwa das *Concise Oxford Dictionary* oder das *Chambers English Dictionary*, das 1901 als *Chambers's 20th Century Dictionary* erstmals erschien; in den USA *Merriam Webster's Collegiate Dictionary* oder *Webster's Third New International Dictionary*;[4] und in Frankreich der *Grand Robert,* der 1967 erstmals erschienene *Petit Robert* und der *Petit Larousse*.[5]

Spezialwörterbücher hingegen haben einen deutlichen Schwerpunkt auf einem bestimmten Segment der Sprache oder der Sprachbeschreibung oder einem bestimm-

---

1 Hausmann (1989b) führt aus, dass Typologien von Wörterbüchern nach ganz unterschiedlichen Kriterien erstellt werden können. Neben offensichtlich als adäquat betrachteten Typologien, die Unterscheidungen wie einsprachiges Wörterbuch – zweisprachiges Wörterbuch, gemeinsprachliches Wörterbuch – fachsprachliches Wörterbuch, synchronisches Wörterbuch – diachronisches Wörterbuch betreffen, führt Hausmann (1989b) Funktionstypologien oder phänomenologische Typologien an. Für die Klassifikation im Handbuch *Wörterbücher, Dictionaries, Dictionnaires* wird eine Typologie verwendet, die nach der Unterscheidung einsprachig – zweisprachig die zwischen allgemeinen Wörterbüchern und Spezialwörterbüchern trifft, was dann weiter differenziert wird. Für die Zwecke einer Charakterisierung der Breite der Wörterbuchlandschaft führen wir eine wesentlich gröbere und weniger stringente Klassifizierung an. Es sei aber ausdrücklich auf die Darstellung der einzelnen Wörterbuchtypen im zweiten Teilband des Handbuchs *Wörterbücher, Dictionaries, Dictionnaires* von Hausmann/Reichmann/Wiegand/Zgusta (1990) verwiesen. Vgl. auch Svensén (1993: 17-39).

2 Ausführlich hierzu s. Hausmann (1989b).

3 Zu einer ausführlichen Beschreibung und Erörterung dieser Wörterbücher s. Haß-Zumkehr (2001: 224-251).

4 Zu den amerikanischen und britischen Allgemeinwörterbüchern s. u.a. Béjoint (1994: 44-65) und Algeo (1990).

5 S. Hausmann (1983).

ten Nachschlagezweck und sind in der Regel an einen wesentlich kleineren und meist auch spezifischeren Adressatenkreis gerichtet. Letzteres ist zum Beispiel bei allen fachsprachlich bestimmten Wörterbüchern, also medizinischen oder technischen Wörterbüchern, der Fall, die vorwiegend von Medizinern oder Technikern konsultiert werden dürften. Weniger spezifisch ist der Benutzerkreis bei solchen Spezialwörterbüchern, die, wie etwa Aussprache- oder Valenzwörterbücher, einen bestimmten Aspekt der sprachlichen Beschreibung in den Vordergrund stellen, wobei hier ein bestimmtes wissenschaftliches oder auf andere Weise beruflich bedingtes Interesse an Sprache bei einem Großteil der Benutzern unterstellt werden kann. Dass – wie immer – die Übergänge auch in diesem Bereich fließend sind, weil ein Fremdwörterbuch weit weniger speziell als ein rückläufiges Wörterbuch oder ein Wörterbuch für Lebensmittelchemiker ist, muss nicht eigens betont werden.

Gemeinsam ist aber vielen, wenn auch nicht allen Spezialwörterbüchern, dass sie aufgrund der eindeutigen Priorität eines einzigen, klar definierten Lexikoparameters sehr selektiv sein können in Bezug auf

- Lemmatisierungspraxis (Ein Fachwörterbuch muss Lemmata enthalten, die in allgemeinen Wörterbüchern nicht erfasst sind, kann aber auf viele allgemeinsprachliche Wörter ebenso verzichten wie ein Valenzwörterbuch alle Wörter, die keine Valenz besitzen, weglassen wird.)
- Inhalt der zum jeweiligen Lemma gegebenen Information (Ein Valenzwörterbuch kann etwa auf Angaben zur Morphologie oder Aussprache weitgehend oder vollkommen verzichten und die Bedeutungsbeschreibung der Valenzbeschreibung unterordnen.)
- Art der Informationsangaben (Die größere Spezifik des Benutzerkreises erleichtert zum Beispiel Entscheidungen darüber, welcher Wortschatz in Definitionen verwendet werden kann, usw.).

Das Spektrum der Spezialwörterbücher ist entsprechend weit. Grob lassen sich unterschiedliche Gesichtspunkte umreißen, die das Spezielle des Spezialwörterbuchs ausmachen können:

1. Segment des Wortschatzes einer Sprache: Fremdwörterbücher (> 6.9), Fachwörterbücher (ein- oder zweisprachig) für linguistische Terminologie, Physik, Medizin, Automechanik, Sport etc., Namenwörterbücher.
2. Explizite Darstellung von Einzelaspekten der sprachlichen Beschreibung: etymologische Wörterbücher (> 6.2), Orthografiewörterbücher (> 6.3), Aussprachewörterbücher (> 6.4), Valenzwörterbücher (> 6.5), *Phrasal Verb*-Wörterbücher (> 6.6), Idiomwörterbücher (> 6.7), Kollokationswörterbücher (> 6.8), Wörterbücher von Redensarten, Zitatenschätze etc.
3. Besonderheit der Anordnung oder Zugriffsstruktur: Thesauri (> 6.11), rückläufige Wörterbücher (> 6.10), Bildwörterbücher (> 6.12).
4. Beschreibung einer bestimmten Varietät einer Sprache, die keinem nationalen Standard entspricht: Dialektwörterbücher.

5. Besonderheit des Zielpublikums: Lernerwörterbücher (> 6.13), Korrekturwörterbücher, Fehlerwörterbücher, Reisewörterbücher (> 6.14) oder Wörterbücher für Kinder (> 6.15).

Die in den folgenden Abschnitten kurz charakterisierten Wörterbuchtypen und Wörterbücher sollen einen Eindruck von der immensen Vielfalt innerhalb der Wörterbuchlandschaft vermitteln, ohne dass dabei eine exhaustive Darstellung aller Wörterbuchtypen oder aller sie repräsentierenden Wörterbücher auch nur im Entferntesten beabsichtigt wäre.

## 6.2 Etymologische und historische Wörterbücher

### *6.2.1 Etymologische Wörterbücher und allgemeine Wörterbücher*

Nachdem zur historischen Entwicklung eines Wortes nicht nur Veränderungen der orthografischen und phonologischen Form gehören, sondern ebenso morphologische, semantische und syntaktische Eigenschaften, trifft auf historische Wörterbücher das Kriterium der größeren Selektivität, das in 6.1 als für viele Spezialwörterbücher charakteristisch angeführt wurde, nicht zu. Sie unterscheiden sich von allgemeinen Wörterbüchern, die zum Teil ja durchaus auch etymologische Informationen enthalten, vor allem durch die Explizitheit, mit der die Darstellung dieses Aspekts der Beschreibung erfolgt. Da im Vergleich zum allgemeinen Wörterbuch wenig wegfällt, aber viel hinzukommt – etwa authentische Belege für die Verwendung eines Wortes in früheren Sprachstufen oder die Aufnahme von mittlerweile ausgestorbenen Wörtern – sind historische Wörterbücher unter Umständen sehr umfangreich.

Etymologische Wörterbücher unterscheiden sich von historischen dadurch, dass sie den Anspruch erheben, die Entwicklung eines Wortes nicht nur für einen unter Umständen begrenzten Beschreibungszeitraum darzustellen, sondern seine Etymologie bis zu den Anfängen zurückzuverfolgen und entsprechend auch rekonstruierte, etwa germanische oder indogermanische Formen anzugeben. Eines der ältesten etymologischen Wörterbücher der deutschen Sprache stellt **Kluges *Etymologisches Wörterbuch der deutschen Sprache*** dar, das 1883 in einer ersten und zweiten Auflage erschien und das seitdem eine große Zahl von Auflagen erreicht hat.[6]

[6] Zum Charakter des Wörterbuchs schreibt Seebold (1995: ix) im Vorwort: „Nach Abstimmung zwischen den Bearbeitern der beiden wichtigsten historischen Wörterbücher des Deutschen soll der KLUGE sich auf die Untersuchung der Etymologie im Sinne der Herkunft der Wörter untersuchen, während das von Hermann Paul begründete *Deutsche Wörterbuch* die Wortgeschichte stärker betonen soll. Aus diesem Grund wurde hier auf die Behandlung durchsichtiger Wörter verzichtet, auch wenn sie wortgeschichtlich durchaus behandelswert gewesen wären.“

**Ebbe** *f.* (<16. Jh.). Ursprünglich niederdeutsches Wort: Mndl. *ebbe*, afr. *ebba*, ae. *ebba m.(?)*, as. *ebbiung a* aus wg. **abjōn F.* ‚Ebbe'. Das Wort kann entweder zu nhd. *ab* gehören, dann ist die Ausgangsbedeutung ‚das Ab-, Wegfließende', oder zu den verwandten Formen mit der Bedeutung ‚wieder', die unter *aber* behandelt sind, also ‚das Wiederkommende, Zurückkommende': In diesem Fall wäre die ursprüngliche Bedeutung ‚Gezeiten' gewesen. Falls anord. *efja* ‚Schlamm, Schlick' dazugehört, ist eher von der ersten Möglichkeit auszugehen. Die in den Wörterbüchern angegebene Bedeutung ‚Gegenstrom in einem Fluß' (die für die zweite Möglichkeit sprechen würde) ist zumindest im Altnordischen nicht nachzuweisen; norw. *evje* bedeutet sowohl ‚Bucht mit sumpfigen Ufern', wie auch ‚Strudel (am Rande einer Strömung)'. <Kluge 23>

### *6.2.2 Historisch-philologische Wörterbücher*

Große historisch-philologische Wörterbücher, wie es sie für das Englische, das Deutsche und das Französische gibt, richten sich wohl allein schon vom Anschaffungspreis her eher an den philologischen Spezialisten als an ein breites Publikum und erstrecken sich über eine beträchtliche Anzahl von Bänden:[7]

| Sprache | Titel | Bände | Einträge |
|---|---|---|---|
| Englisch: | *Oxford English Dictionary* (OED) | 20[8] | 292.500 |
| Deutsch: | *Deutsches Wörterbuch* (DWB) | 32 | 350.000 |
| Französich: | *Trésor de la Langue Française* (TLF)[9] | 16 | 100.000[10] |

Zentrale Charakteristika der historisch-philologischen Wörterbücher sind zum einen der historische Ansatz, zum anderen die Belegpraxis.

Das ***Oxford English Dictionary*** **(OED)** ist das bis heute umfangreichste Wörterbuch der englischen Sprache. Seine Einträge machen folgende Angaben (Burchfield 1985: 89):[11]

---

[7] Die folgenden Zahlen vermitteln einen Eindruck der Umfassendheit dieser Wörterbücher, gestatten jedoch keinen direkten Vergleich. Zum einen versteht es sich, dass „Band" keine geeignete Maßeinheit ist, zum anderen hängt aber auch die Anzahl der Lemmata einerseits von der Lemmatisierungspraxis des jeweiligen Wörterbuchs (> Kapitel 5), andererseits aber auch von den strukturellen Gegebenheiten der jeweiligen Sprache ab. So erklärt sich die geringe Lemmazahl des TLF zum Teil auch aus der Tatsache, dass vielen Lexemen im Deutschen oder Englischen im Französischen ganze Syntagmen entsprechen, die im Wörterbuch nicht lemmatisiert sind.

[8] Die Zahlen beziehen sich auf die 2. Auflage (1989).

[9] Im Französischen existieren daneben mit dem *Grand Robert* und den *Grand Larousse De La Langue Française* weitere Wörterbücher, die vom Charakter mit dem TLF vergleichbar sind (vgl. Rothe 2001, 24).

[10] Die Zahlenangabe bezieht sich auf den TLF *informatisé* im Internet (http://www.inalf.cnrs.fr/_ns/produits/tlfi.htm); sie kann zweifellos in gleicher Weise für das gedruckte Buch gelten.

[11] Wesentliche Elemente dieses Wörterbuchs – die weitgehende Erfassung des englischen Wortschatzes, die chronologische Anordnung der Bedeutungen, der deskriptive Charakter, unterstrichen durch authen-

- heutige Aussprache
- Wortklasse(n)
- Etymologie
- Erstbeleg (früheste im Druck belegte Verwendung)
- ursprüngliche Bedeutung
- spätere Bedeutungen in chronologischer Reihenfolge
- authentische Beispiele zu allen Bedeutungen

Die Entstehungsgeschichte des *Oxford English Dictionary* erstreckte sich von den ersten Planungen (1857) bis zum Abschluss der ersten Auflage (1928) über mehr als 70 Jahre. Den Anstoß zur Entwicklung des *New English Dictionary* (so der ursprüngliche Titel) gab die wachsende Überzeugung, dass die damals gängigen Standardwörterbücher von Samuel Johnson (1755) und Charles Richardson (1836-7) weder von der Aktualität des Wortschatzes noch von der lexikografischen Methodik her ausreichend waren. Das Projekt, anfangs eher ein Amateurprojekt der English Philological Society, nahm Form an, als 1879 der Schotte James Murray die Herausgeberschaft übernahm; gleichzeitig erklärte sich die Oxford University Press bereit, das Werk zu finanzieren und zu veröffentlichen, woraus sich der heutige Titel erklärt. Angesichts der langen Entstehungsgeschichte des *Oxford English Dictionary* war schon bei Abschluss der Arbeiten (1928) klar, dass vor allem die ersten Bände der Ergänzung bedurften. Dies geschah in Form zweier Supplemente, von denen das erste 1933 und das zweite in vier Bänden zwischen 1972 und 1986 herausgegeben wurde. Ab 1982 wurde zudem an einer zweiten Auflage des *Oxford English Dictionary* gearbeitet, deren Ziel es zum einen war, die Supplemente in den Haupttext zu integrieren und zum anderen das Wörterbuch in eine elektronische Datenbankstruktur zu überführen. Eine dritte, grundlegend neubearbeitete Auflage soll bis 2010 erscheinen.

Das *Oxford English Dictionary* ist als CD-ROM erhältlich sowie online (wenn auch gebührenpflichtig) im Internet abrufbar.[12] Interessant an der Internetversion ist vor allem, dass die im Zuge der dritten Auflage neu erarbeiteten Artikel vierteljährlich integriert werden. Abgesehen von dem fundamentalen Wert, den eine derartige Erfassung des Wortschatzes einer Sprache überhaupt darstellt, ist das OED aber auch deshalb von so großer Bedeutung, weil zahlreiche kleinere Wörterbücher – wie das zweibändige *Shorter Oxford English Dictionary* bzw. *New Shorter Oxford English Dictionary* oder das *Concise Oxford English Dictionary* – mehr oder weniger direkt von ihm beeinflusst sind.

Als historisches Wörterbuch verzeichnet das *Oxford English Dictionary* nicht nur den synchronen Zustand des heutigen Englisch, sondern gibt auch Auskunft über die historische Entwicklung der Wörter. Es erfasst den englischen Wortschatz, der

---

tische Belege – gehen auf einen 1857 veröffentlichten Aufsatz von Dean Trench mit dem Titel ‚On Some Deficiencies in our English Dictionaries' zurück (Burchfield 1985: 88). Zur Geschichte des OED siehe auch Burchfield (1986).

12 http://www.oed.com

nicht bereits 1150 ausgestorben war. In den Wörterbucheinträgen finden sich die Etymologie des Lemmas, seine historischen Schreibungsvarianten und seine Bedeutungen in chronologischer Abfolge verzeichnet.

**doubt** (daʊt), *sb.*[1] Forms: 3–4 **dut(e**, (4 **dote**), 3–6 **doute**, (4–6 **dowt(e**, **douȝt(e**, **dought(e**, **dowght**), 4–7 **dout**, 5– **doubt**, (5–6 **doubte**, 6 **dubte**, **dowbt**). [ME. a. Of. *dute*, *dote*, *doute*, vbl. sb. f. *douter* to DOUBT. The spelling *douȝte*, *dought*, arose from the spoken identity, which per contra caused DOUGHTY to be spelt *doubty*. As to the mod. spelling with *b*, see DOUBT *v.*]

**1. a.** The (subjective) state of uncertainty with regard to the truth or reality of anything; undecidedness of belief or opinion. With *pl.*: A feeling of uncertainty as to something. *spec.* Uncertainty as to the truth of Christianity or some other religious belief or doctrine (freq. *pl.* and occas. personified).

*a* **1225** *Leg. Kath.* 2463 Ne beo þu na þing o dute Of al þet tu ibeden hauest. *c* **1300** *Beket* 375 Thanne was the Bischop in gret doute what were therof to done. *c* **1400** Maundev. (Roxb.) xiii. 57 Þou man of litil faith, whi had þou doute? **1483** *Cath. Angl.* 105/2 A Dowte, *ambiguitas*, *dubietas*, *dubitacio*, *dubium*. **1559** W. Cunningham *Cosmogr. Glasse* 17 Your wordes bringe me in a doubt. **1576** Fleming *Panopl. Epist.* 17 You ought not to stand in doubt. **1585** Q. Eliz. in *Four C. Eng. Lett.* 29, I write not this, my deare brother, for dout. **1606** Shaks. *Tr. & Cr.* ii. ii. 16 Modest Doubt is cal'd The Beacon of the wise. **1708** Stanhope *Paraphr.* (1709) IV. 67 To remove all Remains of Unbelief and Doubt. **1779** Cowper *Hymn*, '*When darkness long*' i, The folly of my doubts and fears. **1850** Tennyson *In Mem.* xcvi, There lives more faith in honest doubt, Believe me, than in half the creeds. **1855** Browning *Men & Women* I. 216 What have we gained then by our unbelief But a life of doubt diversified by faith, For one of faith diversified by doubt. **1915** G. K. Chesterton *Poems* 98 John Grubby, who was short and stout And troubled with religious doubt. **1924** C. Mackenzie *Heavenly Ladder* xxiv. 296 It was all right so long as I said Mass myself; I had no doubts then. **1934** H. G. Wells *Exper. Autobiogr.* I. iv. 188, I had not yet been confirmed... I suggested that I might have 'doubts'. **1960** P. Mortimer *Saturday Lunch with Brownings* 109 For the first time in his life..he had Doubts. **1971** *Daily Tel.* 8 Apr. 10/6 (*heading*) 3 per cent. of church-goers have doubts.

**b.** The condition of being (objectively) uncertain; a state of affairs such as to give occasion for hesitation or uncertainty. Phr. ***to give*** (an accused person) ***the benefit of the doubt***: to give a verdict of Not Guilty where the evidence is conflicting; to assume his innocence rather than guilt; hence in wider use, to incline to the more favourable or kindly decision, estimate, or the like.

*a* **1300** *Cursor M.* 22612 (Gött.) Saint paul it sais, it es na dute. **1375** Barbour *Bruce* xiv. 207 Quhill eftir myd-morne, the fichting Lestit, in-till sic ane dout. **1678** Dryden *All for Love* iv. i. (Seager) Like A polished glass held to the lips, when life's In doubt. **1818** Jas. Mill *Brit. India* II. v. vi. 556 It..brought in doubt the sincerity of the former professions. [**1844** C. Napier *Let.* 21 Feb. in W. Napier *Life* (1857) III. 48, I shall therefore..give him the benefit at your request.] **1848** *Bell's Life* 9 July 2/3 If he thought he was out, it must suffice; but he ought to have been quite certain, or.. to have given the batter the benefit of the doubt. **1860** T. Inman *On Myalgia* 104 We should more frequently give our patients the 'benefit of our doubts', and abstain from attempting to cure an inflammation [etc.]. **1892** Sir A. Kekewich in *Law Times Rep.* LXVII. 140/1 In a case of this kind I think I ought to give the defendant the benefit of the doubt. **1961** P. Ustinov *Loser* xi. 259 He deserved the benefit of the doubt, for old times' sake. *Ibid.* xiii. 284 Perhaps, he now thought, he had just been a microcosm of a world addled by a desperate malady... No, he deserved no benefit of any doubt.

†**2.** A matter or point involved in uncertainty; a doubtful question; a difficulty. *Obs.*

*c* **1374** Chaucer *Boeth.* iv. pr. vi. 134 Whan oon doute is determined and kut awey þer wexen oþer doutes wiþouten noumbre. **1398** Trevisa *Barth. De P.R.* xvi. xlvii. (1495) 569 No man shal wene that it is doubt or fals that god hath sette vertue in precyous stones. **1581** Pettie *Guazzo's Civ. Conv.* i. (1586) 41 b, Who will..now and then propose such doubtfull doubtes. **1693** *Col. Rec. Pennsylv.* I. 420 You doe Likewise alledge that the greatest bodie of Laws were transmitted..by Mr. penn, which is a doubt.

†**3. a.** Apprehension, dread, fear. *Obs.*

*a* **1225** *Juliana* 28 For dute of deaðe. **1297** R. Glouc. (1724) 89 He nadde of no prince in þe world doute. *c* **1386** Chaucer *Pars. T.* ¶ 949 Oonly for the doute of Ihesu Crist. **1411** *Rolls of Parlt.* III. 650/2, I havyng doute of harme of my body..dyd assemble these persones. *c* **1489** Caxton *Sonnes of Aymon* iii. 81 For doubte to be blamed he spored his horse. *a* **1533** Ld. Berners *Huon* xcv. 311 They dare not, for dought of Kyng Charlemayne. **1659** D. Pell *Impr. of Sea* 511 Being in many fears and doubts of starving.

†**b.** A thing to be dreaded; danger, risk. *Obs.*

**13..** *Coer de L.* 2922 It is gret doute he schal us wynne! *c* **1400** *Lanfranc's Cirurg.* 134 If þat ilke remile peerse þe brayn panne þer is a greet doute in þe caas. **1596** Spenser *F.Q.* v. xi. 47 How ever strong and stout They were, as well approv'd in many a doubt.

**4.** Phrases: **a.** ***to make doubt***: †(*a*) to hesitate, to scruple (*obs.*); (*b*) to doubt, to be uncertain. **b.** ***no doubt***: undoubtedly, doubtless. †**c.** ***out of doubt***: without doubt, doubtless (*obs.*). **d.** ***without doubt***: (*a*) certainly, undoubtedly; †(*b*) without fear, fearlessly (*obs.*).

**a. 1586** T. B. *La Primaud. Fr. Acad.* i. (1589) 185 Boleslaus the seconde..made no doubt to take women by violence from their husbands. **1709** Strype *Ann. Ref.* I. xxii. 264, I make some doubt, whether the..Proclamation.. were ever printed. **1875** Jowett *Plato* (ed. 2) I. 320, I make no doubt that you will prove the truth of your words.

**b.** *c* **1380** Wyclif *Wks.* (1880) 378 And no dowte.. siluestre..schulde haue synned more greuously þan giezi did. **1576** Fleming *Panopl. Epist.* 86 Your mother, a notable Gentlewoman (no dout). **1745** P. Thomas *Jrnl. Anson's Voy.* 65 It was done..to the entire Satisfaction of five or six (no doubt) very disinterested Officers. **1885** *Manch. Exam.* 25 Feb. 5/1 No doubt it was adroit, but the adroitness was of a vulgar kind.

**c.** *c* **1340** *Cursor M.* 2276 (Trin.) Þat story telleþ out of doute. **1459** *Paston Lett.* No. 323 I. 436 As I schal owt of dowght her after doo. **1577** *St. Aug. Manual* (Longm.) 111 Out of all doubt..their whole soule shall not suffise to reioise to the full. **1656** Cromwell *Sp.* 17 Sept., Whose ends have, out of doubt, been what I told you.

**d.** *a* **1300** *Cursor M.* 2053 (Cott.) Cham wit-outen dout Sal be his brothers vnderlote. *Ibid.* 6557 (Cott.) Cums again, wit-vten dute. *c* **1410** *Sir Cleges* 44 Rech and pore..Schulde be there wythoutton dought. **1556** *Aurelio & Isab.* (1608) D ij, Withouten doute I sholde merite to lease yow. **1674** tr. *Scheffer's Lapland* 64 This Henricus..was without doubt.. the head of the Birkali. **1895** F. Hall *Two Trifles* vii, Without doubt, in the judgment of many..he has done so.

**5.** *Comb.*

**1649** G. Daniel *Trinarch.*, *Hen. V*, cxliv, His doubt-Sprung Pietie has yet a farther Quest. *a* **1656** Bp. Hall *Rem. Wks.* (1660) 393 Against these doubt-mongers. **1895** *Tablet* 7 Dec. 901 The doubt-excluding certainty required.

Abb. 42: OED

Die Einträge des *Oxford English Dictionary* (Abb. 42) stützen sich auf umfangreiche Materialsammlungen vor allem literarischer Texte und belegen die Bedeutungsangaben durchwegs durch authentische Zitate aus dem zugrunde liegenden Material (> 8.4). Immer wurde dabei auch versucht, den Erstbeleg (vielfach aus altenglischer Zeit) für ein Wort bzw. eine Bedeutung im untersuchten Material aufzuführen.

Das ***Deutsche Wörterbuch***, das heute oft als das *Grimmsche Wörterbuch* bezeichnet wird, hatte eine noch längere Entwicklungsgeschichte als das *Oxford English Dictionary*. Sie erstreckte sich von den ersten Planungen im Jahr 1838 bis zur Fertigstellung 1960 über mehr als 120 Jahre. Anders als das *Oxford English Dictionary* wurde das *Deutsche Wörterbuch* von Anfang an von einem Verlag, der Weidenmann'schen Buchhandlung in Leipzig, verlegerisch begleitet. Auf der Suche nach einem geeigneten Herausgeber wandte man sich 1838 an die Brüder Grimm, die im Jahr zuvor als Teil der „Göttinger Sieben“[13] ihre Anstellung an der Universität Göttingen verloren hatten. Diese akzeptierten die Herausgeberschaft unter der Maßgabe, dass das Wörterbuch deutlich über das damalige Standardwerk von Adelung (1774-86) hinausgehen sollte. Vor allem Jacob Grimms Motive waren darüber hinaus durchaus auch politische; da für ihn Sprach- und Volksgemeinschaft praktisch gleich zu setzen waren, hoffte er, das kulturelle Zusammengehörigkeitsgefühl im politisch in Kleinstaaten aufgespaltenen deutschen Sprachgebiet dadurch zu fördern, dass er den Deutschen die historisch gewachsene Reichhaltigkeit ihrer Sprache vor Augen führte.[14] Umfassen sollte das *Deutsche Wörterbuch* ursprünglich vier bis sieben Bände; als Jacob Grimm 1863 vier Jahre nach seinem Bruder in Berlin starb, waren zwar vier Bände des Wörterbuchs erschienen, die aber erst die Buchstaben A – F enthielten. Die Fertigstellung des Wörterbuchs unter einer Reihe weiterer Herausgeber nahm noch einmal fast 100 Jahre in Anspruch. Schon 1957, also noch vor Abschluss der Arbeiten an der ersten Auflage des *Deutschen Wörterbuchs*, wurde beschlossen, die Bände A-F des Wörterbuchs – also die originalen Beiträge der Brüder Grimm – grundlegend neu zu bearbeiten. Erste Lieferungen der Neubearbeitung erschienen ab 1965. Das Projekt ist gegenwärtig noch nicht abgeschlossen; es wird in einer Kooperation der Arbeitsstellen *Deutsches Wörterbuch* an der Berlin-Brandenburgischen Akademie der Wissenschaften und der Göttinger Akademie der Wissenschaften durchgeführt.

Eine Internet und CD-Version des *Deutschen Wörterbuchs* wird momentan an der Universität Trier erstellt. Die Internetversion kann im gegenwärtigen Entwicklungsstadium schon jetzt frei eingesehen werden.[15]

Das *Deutsche Wörterbuch* erfasst den Wortschatz der neuhochdeutschen Zeit von 1450 bis zum Zeitpunkt der Bearbeitung. In den Artikeln (vor allem in den von Ja-

---

[13] Die sieben Professoren der Universität Göttingen hatten gegen die Aufhebung der hannoverschen Verfassung durch König Ernst August II. Einspruch erhoben, woraufhin ihnen die Lehrbefugnis entzogen wurde.

[14] Vgl. Haß-Zumkehr (2001: 120).

[15] http://www.dwb.uni-trier.de

cob Grimm verfassten) sind Bedeutungserklärungen durchwegs knapp gehalten, um das „geschlepp langweiliger definitionen“[16] zu vermeiden. Vielfach finden sich auch nach dem Vorbild des Wörterbuchs der *Accademia della Crusca* nur lateinische – und gelegentlich auch französische und englische – Äquivalente oder Paraphrasen. Ausführlich (und bei Jacob Grimm oftmals in Form ganzer Abhandlungen kommentiert) werden dagegen die Etymologie und Formgeschichte eines Lemmas dargestellt, weil es ihm doch vor allem darum ging, die hinter der Bedeutungsvielfalt eines Wortes verborgene Grundbedeutung darzustellen.[17] Dieser etymologische und formgeschichtliche Teil ist der Aufreihung der Bedeutungen meist vorangestellt und im Umfang oft länger als diese.

Wie das *Oxford English Dictionary* belegt das *Deutsche Wörterbuch* die Verwendung der Lemmata durch authentische Belege vor allem literarischer Art. Typisch ist in beiden Wörterbüchern die philologische Sorgfalt, mit der Zitate belegt werden. Auch ältere Wörterbücher, wie das deutsche Wörterbuch von Adelung (1774-86) oder das englische von Johnson (1755) benutzten Zitate, vielfach jedoch ohne Quellenbeleg.

Angesichts der langen Entstehungsgeschichte des *Deutschen Wörterbuchs* können Brüche in den editorialen Prinzipien zwischen den frühen und späteren Bänden kaum erstaunen. Schon Jacob und Wilhelm Grimm folgten im Detail keiner gemeinsamen Politik[18] und Jacob versäumte es zeitlebens, Nachfolger in das Projekt einzuarbeiten.[19] Bis zur Übernahme des Projekts durch die Preußische Akademie der Wissenschaften drückte so jeder nachfolgende Bearbeiter dem Projekt seinen eigenen Stempel auf; selbst Gustav Roethe, von 1908 bis 1926 Leiter des Projekts an der Preußischen Akademie der Wissenschaften, spricht daher von einem „Gemisch ungleichartiger Stilarten“.[20] Abb. 43 zeigt den Eintrag *Stuck* des DWB.

Die Entstehungsgeschichte des ***Trésor de la Langue Française*** ist viel jüngeren Datums als bei den beiden anderen hier behandelten Wörterbüchern. Seine Anfänge liegen in der Mitte des 20. Jahrhunderts, genauer gesagt 1957, als auf einem internationalen lexikologischem Symposium in Straßburg der Entschluss zu einem neuen großen Wörterbuch der französischen Sprache gefasst wurde.[21] Das Vorwort zum ersten Band (xiv) nennt explizit das *Oxford English Dictionary* als Vorbild; Ziel war es, ein ähnlich umfassendes und angesehenes Wörterbuch für das Französische zu schaffen. Darüber hinaus sollten gegenüber dem Standardwerk der französischen Lexikografie des 19. Jahrhunderts, dem *Littré*, die seither gewonnenen Erkenntnisse lexikologischer Forschung eingearbeitet werden. Die 16 Bände des *Trésor de la Langue Française* erschienen über einen Zeitraum von 23 Jahren zwischen 1971 und 1994, zunächst unter der Herausgeberschaft von Paul Imbs, ab Band 8 (1980) unter

[16] J. Grimm in der Vorrede zum DWB, Sp. XLI; zitiert nach Kirkness (1980: 35).
[17] Cf. Haß-Zumkehr (2001: 124-126).
[18] Vgl. dazu die bei Stackmann (1998: 222 fn 38) abgedruckten Äußerungen Jacob Grimms.
[19] Vgl. dazu Huber (1987: 60).
[20] Zitiert nach Stackmann (1998: 227). Vgl. auch Haß-Zumkehr (2001: 119).
[21] Vgl. Morrisey und Del Vigna (1985: 17).

STUCK, m., mörtelartiges gemisch aus gips, kalk, marmorstaub u. ähnl.; daraus hergestellte plastische ornamente, wand- und deckenputz. aus ital. stucco, das seinerseits aus westgerm. stukki (deutsch stück, s. d.) entlehnt ist, u. zw. wohl aus dem langobard. nach MEYER-LÜBKE nr. 8327; GAMILLSCHEG et. wb. 818, wenn auch ein langob. *stucci, *stuchi nicht bezeugt ist. den schwer verständlichen bedeutungsübergang veranschauliche: crustae stuchi vel rosun ahd. gl. 2, 639, 47 (eisschollen); crusta stucche ahd. gl. 4, 50, 48/50; 138, 46; 169, 56, wohl nach Isidor: crustae sunt tabulae marmoris 19, 13, ebenso ags. crustis stansticcum WRIGHT-WÜLCKER 376, 18. vgl. aus viel späterer zeit: crustatus tafflet, crustiert mit marmel oder ander stucken ALTENSTAIG voc. (1516) $107^{b}$; s. auch sp. 213. unwahrscheinlich ist directe entlehnung aus dem ahd., die früher angenommen wurde von DIEZ $^{5}$311; HEYNE wb. 3, 885 und altd. handwerk 83; KLUGE $^{10}$479; WEIGAND-HIRT 2, 995.

ital. stucco erscheint im deutschen seit ende des 16., häufiger erst seit ende des 17. jh., zunächst mit der fremden endung (doch sieh unten stuckwerk). vorher dafür tünch, gipswerk u. ähnl. (vgl. z. b. gyps, kalkschneid- oder bosiererarbeit J. WILHELM architectura civilis (1654) A $III^{b}$). um die mitte des 18. jh. einsilbig, wohl unter einwirkung des franz. stuc, da auch im deutschen zunächst stuc geschrieben, s. u.; seit ca. 1780 jedoch meist in der heute gültigen form stuck. im gelehrten und halbgelehrten schrifttum begegnet stucco vereinzelt bis in die gegenwart.

das neue wort zuerst in beschreibungen der fremden technik: in Italien machen sie einen schönen zeug, welchen sie stucco nennen GOLDMANN civilbaukunst (1699) 62; die Italiener nehmen von altem gelöschtem kalcke einen theil und 2 theile pulver von gestoszenem marmor oder alabaster, welches der eigentliche stuc ist Chomel 4 (1751) 1102; stuc ist eine vermischung des gypskalkes mit gestoszenem marmormehle, welche man brauchet, allerhand simse, laubwerk und figuren daraus zu machen v. EGGERS neues kriegslexicon 2 (1757) 1039; an den platten der capitäle (im tempel von Segesta) sind vorsprünge, wo sich vielleicht der stuck anschlieszen sollte GÖTHE I 31, 153 W. (ital. reise); weil der fels sprünge gehabt ... habe man den coloss mit stuck überzogen IV 8, 260 W.; der saal war von hellgelbem, poliertem stuck FONTANE ges. w. I 4, 116; dasz vieles von dem, was man für säulen des staates zu erklären geneigt ist ..., nur stuck und mauerputz ist BISMARCK ges. w. 13, 188 (rede vom 12. 4. 1886). — stuckarbeit, f., die fertigkeit, in stuck zu arbeiten: dasz er ... mit seinem rath hinzutrete wie die stuckarbeit, staffirmahlerey ... bei uns wieder herangebracht werden können GÖTHE IV 27, 143 W.; concret, die aus stuck hergestellten ornamente: die nackten, aber mit phantastischer stuckarbeit verzierten wände H. LAUBE ges. schr. 3, 93. — hierzu stuccator, stuccateur, m., stuckarbeiter. seit ende des 16. jh. aus ital. stuccatore, vorher dafür decker, besetzer, düncher, gipser oder kleiber, so z. b. bei L. FRONSPERGER bauordn. (1564) vorr. $V^{b}$, u. ähnl. stuccator im deutschen merklich schneller verbreitet als stuck. über die einzigartige bedeutung der Wessobrunner stuccatoren vgl. HAGER oberbayr. archiv 48 (1893/4), 347 ff. (nachweis von BASLER). dort viele urkundliche belege, in mannigfacher laut- und schriftgestalt: stuckhator, stuckhathorer, stuckador, stuckadorer u. a. die form mit d im 18. jh. allgemein häufig, noch 1800 bei MORITZ-VOLLBEDING wb. 4, 56 als unrichtig zurückgewiesen, in der nl. schriftsprache fest geworden: stukadoor. erklärung aus span. estucador (FRANCK-VAN WIJK 681) mindestens für Oberdeutschland nicht wahrscheinlich. im umkreis des nl. rheinisch stuckedör Elberfeld. ma. 159; LEIHENER Cronenberg. 118; stuckedores gewandter praktischer mensch, stuckeduren, vb., überlegen, z. b. wie zerbrochenes herzustellen sei Elberfeld. ma. 159; doch auch in Wien stukadorer ein zimmerdecker oder plafondarbeiter HÜGEL 160; stukkaturer JAKOB 187. auch die schriftsprache hat keine feste form: da postiren sich (unter dem unnötigen gesinde bei hofe) die fresco-mahler, die stuckeduren, die spieler, die bona-dies-brüder CALLENBACH quasi modo (1715) 64; da die spiegel nunmehr ... in die wand eingelassen werden ... so fallen die rahmen dazu meist in das feld des stuccaturers GÖTHE I 34, 1, 316 W.; theile die alsdann von andern stuccatoren ... eingesetzt werden ebda 286; bildhauer, stukkatore und vergolder MÖRIKE 3 (1905) 27. die form stuckateur ist ganz jung. stuccator- in älterer zeit auch in compositis, die später mit stuccatur- gebildet werden, z. b. stuccatorarbeit: stuccador-arbeit ist eben das, was structurarbeit GLADOW-SPERANDER alamodespr. (1727) 689 (s. $^{2}$structur- oben sp. 92). — stuccatur, f., stuckarbeit im concreten sinne; erst im 18. jh. nach ital. stuccatura:

die schön mit stuckatur verzierten wände
will ich mit einem leichten wedel säubern
GÖTHE 10, 234 W. (Tasso 3207);

seht nur das haus an da drüben, das neue! wie prächtig in grünen
feldern die stuckatur der weiszen schnörkel sich ausnimmt
50, 211 W. (Herm. u. Dor.);

der flackernde schein der kerze schweifte flüchtig über die stukkatur an den decken der verfallenen gemächer EICHENDORF 3 (1864) 200. vom concreten sich entfernend: die decken waren in weiszer stuccatur gearbeitet KELLER 1, 124. voll sinnlich der plural: die anmutigen stuccaturen an der decke EBNER-ESCHENBACH ges. schr. 4, 223; viele gut gearbeitete stuccaturen H. MEYER gesch. d. bild. künste 3 (1824) 413; (die schlösser) von innen noch putziger dekoriert mit schreiend bunten allegorien, vergoldeten arabesken, stuckaturen HEINE 3, 217 Elster. — stuckwerk, n., vom material des stuccators: nachdem ich ... etliche bilder von erden und stuckwerk oder kalch zu machen angefangen zs. d. hist. ver. f. Schwaben 23 (1896), 4 (beleg von 1583); soviel als stuckarbeit: es ist unnütz, dir das masz der pfeiler in der unteren stube zu schicken, da ich in dieser durchaus keine Berliner spiegel von stückwerk (lies stuckwerk) und halber vergoldung haben will FÜRST PÜCKLER briefw. u. tageb. 4 (1874) 199.

Abb. 43: DWB

der von Bernard Quemada. Ab dem 5. Band wurden die Einträge erheblich gestrafft (vgl. Bd. 16, vii-viii); hätte man die Praxis des ersten Bandes fortgesetzt, so wäre das Werk nach Schätzungen von Söll (1973: 355) auf 40 Bände gekommen.

Die elektronische Adaption des *Trésor de la Langue Française*, der TLF *informatisé*, ist im Internet frei verfügbar.[22] Anders als die meisten frei im Internet verfügbaren Wörterbücher (> 7.1) verfügt der TLF *informatisé* über fortgeschrittene Ab-

[22] http://atilf.inalf.fr/tlfv3.htm

fragefunktionen, u.a. die Möglichkeit der phonologischen Suche und die Möglichkeit, über die Eingabe einer Wortform zur Nennform des Lemmas zu gelangen.

Der *Trésor de la Langue Française* verzeichnet den französischen Wortschatz des 19. und 20. Jahrhunderts (genauer 1789-1960); er ist also in weit geringerem Maße ein historisches Wörterbuch als das *Oxford English Dictionary* und das *Deutsche Wörterbuch*, könnte vielmehr – unter entsprechend großzügiger Auslegung dessen, was man unter synchron versteht – auch als gegenwartssprachliches Wörterbuch gelten. Eine Besonderheit des *Trésor* gegenüber den anderen beiden Wörterbüchern ist die Angabe von Wortfrequenzen im Belegmaterial in Abschnitten von jeweils einem halben Jahrhundert, aus dem sich die Häufigkeitsentwicklung des jeweiligen Wortes über den behandelten Zeitraum ersehen lässt.

Wie das *Oxford English Dictionary* und das *Deutsche Wörterbuch* basiert auch der *Trésor de la Langue Française* auf einer groß angelegten Belegsammlung, wo-

**GAIN**, subst. masc.

**I.** — [Correspond à *gagner* I] Acquisition d'un avantage, matériel ou non.

**A.** — [Correspond à *gagner* I A] Action de gagner de l'argent, ce qu'on gagne.

**1.** [Par un travail ou une activité quelconque] Synon. *appointements, paie, traitement; bénéfice, excédent. Puisque vous avez besoin de vingt-cinq millions de plus, pourquoi n'émettez-vous pas les actions à mille ou douze cents francs tout de suite, ce qui vous éviterait d'anticiper sur les gains du prochain bilan?* (ZOLA, *Argent*, 1891, p. 260). *Astreints, par le service régulier des paquebots, de marcher par tous les temps, ils menaient une vie dure, mais assurée par un gain journalier de six à sept francs* (HAMP, *Champagne*, 1909, p. 192). *L'économie marchande propose le profit maximum, le gain maximum dans l'échange pour atteindre le but de l'enrichissement des individus et des groupes particuliers* (PERROUX, *Écon. XXe s.*, 1964, p. 462). V. *appât* ex. 4, *avidité* ex. 5 :

1. Je crains beaucoup que les financiers et les grands industriels qui deviennent peu à peu les maîtres de l'Europe ne se montrent tout aussi belliqueux que les rois et que Napoléon. Ils ont intérêt à l'être, tant pour le **gain** que leur procureront les fournitures de guerre que pour l'accroissement que la victoire donnera à leurs affaires. FRANCE, *Vie fleur*, 1922, p. 475.

**SYNT.** *Gain considérable, énorme, médiocre, modeste; gain honnête, licite; gain sordide, illicite, usuraire; gain d'un ouvrier, d'un paysan, d'un chef d'entreprise; être âpre au gain* (*cf. âpre* B 2); *appât du gain; avidité du (pour le) gain; amour, appétit, passion, soif du gain; âpreté au gain* (*cf. âpreté* B 1); *gains réalisés en fin d'exercice; anticiper sur les gains.*

**2.** [Par le hasard, par le jeu] *Gains réalisés par un joueur. Un homme qui après avoir longtemps perdu au jeu fait un jour un gain considérable* (DURANTY, *Malh. H. Gérard*, 1860, p. 217). *C'est toujours moi que l'on charge d'apprendre (...) le gain du million de la loterie à un cardiaque* (GIRAUDOUX, *Intermezzo*, 1933, I, 7, p. 70).

**B.** — [Correspond à *gagner* I B] Ce qu'on obtient en plus.

**1.** Avantage en quantité. *Rencontré notre curé* allant *à* la cérémonie. *Il paraît qu'il faut cela pour obtenir le gain fort hypothétique de quelques paroissiens de plus* (BLOY, *Journal*, 1899, p. 295). *Appelons C le changement survenu dans le plasma, C pouvant d'ailleurs être positif ou négatif, c'est-à-dire, représenter ou le gain ou la perte de certaines substances* (BERGSON, *Évol. créatr.*, 1907, p. 83). *N'assistons-nous pas (...) à chaque élection, à des présentations dessinées des gains et pertes des partis* (HUYGHE, *Dialog. avec visible*, 1955, p. 58).

— *En partic.* Synon. *économie. Gain de place. Oui, dit Marcel, il y a à vingt pas d'ici un excellent restaurant; il est un peu cher, mais comme il est notre voisin, la course sera moins longue, et nous nous rattraperons sur le gain de temps* (MURGER, *Scènes vie boh.*, 1851, p. 87).

**2.** *Au fig.* Avantage non matériel. *Le gain historique dont nous parlons ici, c'est la prise de conscience de la dignité du travail et de la dignité ouvrière, de la dignité de la personne humaine dans le travailleur comme tel* (MARITAIN, *Human. intégr.*, 1936, p. 249). *Dans la marche de l'humanité, une perte solde presque toujours un gain* (HUYGHE, *op. cit.*, p. 57) :

2. ... du sacrifice apparent qu'exige la mortification naturelle des désirs comprimés, résultera le **gain** réel qu'apporte à la volonté la conversion des mouvements rebelles. BLONDEL, *Action*, 1893, p. 195.

**II.** — [Correspond à *gagner* II] Manifestation ou indice d'une supériorité.

**A.** — [Correspond à *gagner* II B] Action de gagner (une compétition, une lutte). *Le gain d'une partie, d'un match. Mon avoué m'assure le gain de mon procès, parce que tout est en règle de mon côté* (BALZAC, *Corresp.*, 1833, p. 319). *Drouot (...) établit de lui-même une batterie qui assura du mouvement et le gain de la bataille par la prise de la redoute d'Hondtschoote* (LACORDAIRE, *Éloge fun. Drouot*, 1847, p. 14). *Cette fois, c'était tout à fait la bouteille à l'encre, parce que, semblait-il, l'affaire était liée avec le gain de la majorité parlementaire sur la question de la loi des trois ans* (ARAGON, *Beaux quart.*, 1936, p. 424) :

3. Volontiers, comme il faisait naguère aux échecs, il eût donné la tour à l'adversaire, et, comme si l'événement tout à coup lui faisait le **gain** trop facile et désintéressait tout son jeu, il sentait qu'il n'aurait de cesse qu'il n'eût poussé plus loin le défi. GIDE, *Caves*, 1914, p. 866.

— *Loc. verb. Avoir, obtenir, donner gain de cause* (*cf. cause*[1] B 2).

**B.** — [Correspond à *gagner* II C 3] *Gain de terrain. Quand le combat s'arrête à la tombée du jour, la 42e division d'infanterie seule a pu enregistrer un gain de terrain au nord et à l'est de la ferme d'Alger* (FOCH, *Mém.*, t. 1, 1929, p. 158).

◇◇ **Prononc. et Orth. :** [gɛ̃]. Ds *Ac.* dep. 1694. **Étymol. et Hist. 1.** *Ca* 1145 *gaaing* « ce qu'on gagne, augmentation d'avoir » (WACE, *Conception Notre-Dame*, éd. W. R. Ashford, 198); **2.** 1539 *gain de cause* (EST.). Déverbal de *gagner**; l'a. fr. a également connu *gain* « époque de la récolte; regain », directement issu de l'a. b. frq. **waida*, v. *regain*. **Fréq. abs. littér. :** 833. **Fréq. rel. littér. :** XIXe s. : a) 1 255, b) 857; XXe s. : a) 1 413, b) 1 161.

Abb. 44: TLF

bei der Großteil der ausgewerteten Texte (ca. 80%) literarischer Art ist (Söll 1973: 355).[23] Die Auswertung der Materialbasis von ca. 1000 Texten konnte im Falle des *Trésor de la Langue Française*, der ja wesentlich neueren Datum ist als das *Oxford English Dictionary* und das *Deutsche Wörterbuch*, EDV-gestützt erfolgen. Abb. 44 zeigt den Beispieleintrag *gain*.

## 6.3 Rechtschreibwörterbücher

Rechtschreibwörterbücher sind in ihrer Mikrostruktur äußerst restriktiv, da sie einzig und allein den Zweck haben, Information über die Orthografie der Wörter einer Sprache zu liefern, und zwar auch über die Schreibung eines Wortes in bestimmten Wendungen oder einzelnen Flexionsformen. Von daher enthalten sie zwar eine große Zahl von Lemmata, aber nur wenige Angaben zu anderen Eigenschaften der Wörter außer zur Disambiguierung von Homografen.

Das wohl bekannteste Orthografiewörterbuch dieser Art im deutschsprachigen Raum ist der ***Duden Band 1. Die deutsche Rechtschreibung***. In der 21. Auflage von 1996 enthält er laut Umschlagstext mehr als 115000 Stichwörter. Neben Orthografie und Silbentrennung werden systematisch einige morphologische Angaben (Genus, Genitiv Singular, Nominativ Plural) gemacht, knappe Bedeutungsangaben findet man nur „bei schwierigen Fremdwörtern, Fachtermini, umgangssprachlichen, landschaftlichen und veralteten Ausdrücken" (1996: 14), außerdem Ausspracheangaben bei Fremdwörtern und deutschen Wörtern mit unregelmäßiger Aussprache sowie Hinweise zur Herkunft von Fremdwörtern und einigen neueren Lehnwörtern. Daneben finden sich in einem eigenen Teil noch Regeln zur Rechtschreibung.

Der heutige Rechtschreibduden geht zurück auf Dr. Konrad Dudens *Vollständiges Orthographisches Wörterbuch der deutschen Sprache*, das im Jahre 1880 im Bibliographischen Institut in Leipzig erschien. Während der deutschen Teilung gab es eine DDR-Ausgabe des Dudens, die in Leipzig erschien, und eine westdeutsche Ausgabe, die in Mannheim erschien. Mit der 20. Auflage des Rechtschreibdudens wurden die Mannheimer und die Leipziger Ausgabe zusammengeführt. Beide Ausgaben orientierten sich übrigens an den amtlichen Regeln, die seit der II. Orthographischen Konferenz von 1901 Gültigkeit hatten. In der Bundesrepublik Deutschland hatte die Konferenz der Kultusminister im Übrigen die Dudenredaktion mit der Vollmacht zur Regelung von Zweifelsfällen ausgestattet, sodass dem *Duden Band 1* normative Kraft in Bezug auf die Regelung der deutschen Orthografie zukam. Dieser Zustand wurde erst mit der Rechtschreibreform, die 1996 in einer zwischenstaatlichen Erklärung der deutschsprachigen Länder verabschiedet wurde und die am 1. August 1998 offiziell in Kraft trat, beendet. Seitdem gibt es neben dem *Duden* auch

[23] Eine ausführlichere Beschreibung des Textauswahlverfahrens gibt Hausmann (1997: 182-183).

andere Rechtschreibwörterbücher, etwa *Wahrig Band 1. Die deutsche Rechtschreibung.*

## 6.4 Aussprachewörterbücher

Aussprachewörterbücher sind in ihrer Mikrostruktur ähnlich restriktiv wie Rechtschreibwörterbücher, da sie ebenfalls einem sehr speziellen und eng definierten Nachschlagezweck dienen. In gewisser Weise sind sie jedoch weitaus problematischer als Rechtschreibwörterbücher, und zwar weil die Orthografie in den meisten Sprachen in weitaus stärkerem Maße kodifiziert und standardisiert sein dürfte als die Aussprache. Wie bei Orthografiewörterbüchern besteht eine der Hauptfunktionen von Aussprachewörterbüchern darin, dass sie nicht nur die gebräuchlichste, sondern im Prinzip alle in der beschriebenen Varietät beziehungsweise den beschriebenen Varietäten vorkommenden Aussprachevarianten eines Wortes erfassen. Das gilt jedenfalls für die englischen Aussprachewörterbücher. Für das Deutsche scheint hier – ähnlich wie bei der Orthografie – wesentlich stärker der Gedanke zu bestehen, dass es so etwas wie verbindliche Norm geben sollte. Zwar betonen de Boor, Moser und Winkler (1969: 9) im Vorwort zur „19., umgearbeitete[n] Auflage" des ***Siebs. Deutsche Aussprache***, des 1898 unter dem Titel *Deutsche Bühnenaussprache* erstmals erschienenen Aussprachewörterbuchs von Theodor Siebs, den deskriptiven Charakter des Siebsschen Unterfangens:

> ... Oberster Grundsatz war, daß die deutsche Bühnenaussprache nicht umgebildet werden sollte; es sollte vielmehr der Gebrauch festgestellt und darüber hinaus erwogen werden, wie sich Unsicherheiten ausgleichen lassen.

Dennoch wird an vielen Stellen auch der sprachpflegerische Gedanke des Wörterbuchs deutlich, der sich vor dem Hintergrund des Wörterbuchs leicht erklären lässt:

> Eine auf Vereinheitlichung zielende Pflege der deutschen Aussprache wurde zuerst dort notwendig, wo sich eine gehobene Sprache an einen weiten, gebildeten Hörerkreis wendete, auf der deutschen Bühne der Klassiker. Werke wie Lessings Nathan oder Goethes Iphigenie verlangen ein „reines" Sprechen, das überall als vorbildlich empfunden werden kann und über dem Landschaftlichen steht. (1969: 1)

Interessant ist dabei – vor allem auch im Kontrast zu den englischen Aussprachewörterbüchern – dass der Aspekt der Verwendung einer bestimmten Aussprachevarietät in anderen überregionalen Kommunikationssituationen wie Rundfunk und Fernsehen explizit ausgeschlossen wird.[24] Auch wenn der Gegenstand der Beschrei-

[24] Vgl. de Boor/Moser/Winkler (1969: 6): „... bezieht sich die vorliegende Darstellung nicht auf die durch Technik manipulierte Rundfunkaussprache, sondern auf die natürliche Rede von Mund zu Ohr."

bung auf die so genannte „gemäßigte Hochlautung“ ausgedehnt wird, ist der Normgedanke, der auch der 19. Auflage des Siebs zugrunde liegt, deutlich zu erkennen. Ähnliches gilt auch für ***Duden 6. Das Aussprachewörterbuch*** in der 4. Auflage aus dem Jahr 2000, wo es bezeichnenderweise heißt:

> Während die Schreibnorm als amtliche Rechtschreibregelung durchgesetzt werden konnte, ist es bisher nicht gelungen, eine Aussprachenorm, eine verbindlich festgelegte Lautung mit demselben Erfolg durchzusetzen. (*Duden 6*, 2000: 34)

Allerdings wird dort deutlich gesagt, dass die Grundlage für das Wörterbuch die so genannte Standardaussprache bildet, „die vor allem die Aussprache geschulter Rundfunk- und Fernsehsprecher wiedergibt“ (*Duden 6*, 2000: 34). Von dieser Standardlautung wird als eine Form einer so genannten ungenormten Lautung die „Umgangslautung“ unterschieden, der zum Beispiel Aussprachevarianten wie /keˈmiː/ (statt /çeˈmiː) zugerechnet werden. Entsprechend wird im Wörterbuchteil unter *Chemie* auch nur /çeˈmiː/ angegeben, während der Siebs ($^{18}$1969) immerhin folgende Angabe macht (Abb. 45):

**Chemie** çeːˈmiː; (Schwz., Ö.) keː-

Abb. 45: Siebs $^{18}$1969

In Großbritannien stellt sich die Frage, welche Art von Aussprache beschrieben werden soll, in ganz anderer Weise. Das ***English Pronouncing Dictionary*** wurde von dem berühmten englischen Phonetiker Daniel Jones 1917 erstmals veröffentlicht, die 13. und die 14. Auflage wurden von seinem Nachfolger am University College London, A.C. Gimson, betreut; mit der 15. Auflage mit den Herausgebern P. Roach und J. Hartman und dem Wechsel aus der Everyman Reihe der Verlage Dent & Sons und Dutton & Co zu Cambridge University Press wurde ein entscheidender Einschnitt vollzogen. Besonders augenfällig wird dies auch dadurch, dass das EPD in der 15. Auflage dem Beispiel des 1990 von John Wells veröffentlichtem *Longman Pronunciation Dictionary* folgt und eine Transkription nicht nur für das britische, sondern auch für das amerikanische Englisch angibt.

Im Falle eines englischen Aussprachewörterbuchs ist die Problematik des zu beschreibenden Ausspracheslandards, jedenfalls soweit das britische Englisch betroffen ist, leichter zu lösen als im Deutschen, und zwar weil es mit der sogenannten *Received Pronunciation* in England und Wales einen weitgehend sozial, aber eben (innerhalb dieses Teils der englischsprachigen Welt) nicht regional bestimmten Aussprachestandard gab, der – vielleicht im Gegensatz zum sogenannten Hochdeutschen – von einer bestimmten Bevölkerungsgruppe in allen Gesprächssituationen verwendet wurde. Dass Daniel Jones diese Varietät ursprünglich als „that most usually heard in everyday speech in the families of Southern English persons whose menfolk have been educated at the great boarding-schools“ (EPD14: x) charakterisierte und dafür auch den Terminus *Public School English* verwendete, zeigt die große Bedeutung, die Jones in diesem Zusammenhang dem Schulsystem zumaß. In der 14. Auflage weist Gimson (EPD14: x-xi) auf die Ausweitung des RP-Konzepts hin:

Such a definition of RP is hardly tenable today. ... in recent times, and especially in the last thirty years, the structure of British society has lost much of its earlier rigidity, so that it has become less easy to define a social class and, consequently, to correlate a certain type of pronunciation exclusively with one section of society. Because the whole population has, for nearly half a century, been exposed through broadcasting to RP in a way that was never the case before, it can safely be assumed that a much greater number of speakers, in more extensive layers of society, use RP or a style of pronunciation closely approximating to it. The result has been a certain dilution of the original concept of RP, a number of local variants formerly excluded by the definition have now to be admitted as of common and acceptable usage. Such an extended scope of usage is difficult to define. A specification in terms of a public boarding-school education is no longer valid... Nor can it be called simply ‚educated' pronunciation, since not all educated speakers use it nor can all those who use it be safely described as ‚educated'.

Ist bei Gimson noch offensichtliches Unbehagen in Zusammenhang mit dem Terminus RP zu spüren, verwerfen ihn Roach und Hartmann im EPD15 völlig und kennzeichnen die von ihnen beschriebene Varietät der britischen Aussprache als *BBC English*. Damit hat sich die Situation bezüglich eines Ausspracheschandards in Großbritannien am Ende des 20. Jahrhunderts der in Deutschland sehr angenähert, denn die Definition von *BBC English*, die Roach und Hartman (EPD15: v) geben, impliziert eine formale Verwendungssituation, unterstrichen durch die explizite Nennung bestimmter Programme der BBC:[25]

... this is the pronunciation of professional speakers employed by the BBC as newsreaders and announcers on BBC1 and BBC2 television, the World Service and BBC Radio3 and 4, as well as many commercial broadcasting organizations such as ITN. Of course, one finds differences between such speakers, but there is still a reasonable consensus on pronunciation in this group of professionals, and their speech does not carry for most people the connotations of high social class and privilege that PSP and RP have had in the past.

Die Geschichte des EPD ist aber nicht nur in Hinblick auf die Frage des Ausprachestandards von Interesse, sondern auch in Bezug auf die Entscheidungen, die in einem Aussprachewörterbuch bezüglich des Umschriftsystems zu treffen sind. Auch wenn sich das EPD, wie auch das *Duden-Aussprachewörterbuch* oder das *Longman Pronunciation Dictionary* an dem Transkriptionssystem der IPA orientiert und ein phonologisches Umschriftsystem befolgt, also eine phonologische und keine eigentlich phonetische Umschrift (im Sinne einer Transkription, die auch Allophone anzeigen würde) bietet, ist die Wahl einzelner Symbole aus verschiedenen Gründen

[25] Wells weist aber im LPD2 (2000: 13) zu Recht darauf hin, dass die Verwendung des Terminus auch problematisch ist: „... now that the BBC admits regional accents among its announcers this name has become less appropriate." (PSP = Public School Pronunciation)

nicht unproblematisch. Entsprechend wurden verschiedene Lautsymbole in den verschiedenen Auflagen des EPD geändert.

Dies geschah zum Teil, um einem entsprechenden Lautwandel in der Sprache Rechnung zu tragen: So wurde z.B. /ou/ in Wörtern wie *home* in der 13. Auflage durch /əu/ ersetzt, um der veränderten Aussprache des Diphthongs Rechnung zu tragen.

Ein weitaus radikalerer Einschnitt wurde von Gimson in der 14. Auflage vollzogen, in der er korrespondierende Kurz- und Langvokale nicht nur – wie in den vorherigen Auflagen – durch das Längenzeichen : unterschied, sondern zusätzlich unterschiedliche Lautsymbole verwendete, um die unterschiedliche Lautqualität der Kurz- und der Langvokale zu unterstreichen, den Paaren /i/ – /i:/, /ɔ/ – /ɔ:/ und /u/ – /u:/ stehen damit also die Paare /ɪ/ – /i:/, /ɒ/ – /ɔ:/ und /ʊ/ – /u:/ gegenüber. Damit wird die Beschreibung zwar phonetisch exakter, gleichzeitig aber auch phonologisch redundant. Die 15. Auflage des EPD geht in dieser Hinsicht noch weiter, indem sie der von Wells im ***Longman Pronunciation Dictionary*** (1990) eingeführten Praxis folgt, das Symbol i auch ohne Längenzeichen einzusetzen, um Neutralisation der beiden Phoneme in bestimmten Positionen zu verdeutlichen.[26]

Die Unterschiede zwischen den verschiedenen Wörterbüchern lassen sich anhand von *feel busy* darstellen:

| EPD13 | EPD14 | LPD/EPD15 |
|---|---|---|
| fiːl bizi | fiːl bɪzɪ | fiːl bɪzi |

Ein drittes Problem der Transkription in Ausssprachewörterbüchern zeigt sich beim Lautsymbol /æ/. Zum einen ist fraglich, ob dieses Symbol den Lautwert des entsprechenden Vokals im heutigen Englisch noch repräsentiert, wie auch Roach und Hartman (EPD15: ix) ausführen:

> The quality of this vowel is now more open than it used to be, and the symbol /a/ might one day be considered preferable. We have retained the /æ/ symbol partly because it is phonetically appropriate for the corresponding American vowel.

Das wirft zum zweiten die Problematik der Verwendung derselben phonologischen Symbole für relativ unterschiedliche Phone in verschiedenen Varietäten auf. So gibt zum Beispiel LPD2 (und in ähnlicher Form auch EPD15) unter dem Eintrag *Newcastle* eine amerikanische Aussprache /ˈnu:kæsᵊl/ und eine regional-britische (für Tyne and Wear) /nju:ˈkæsᵊl/ an. Dass dabei von dialektologisch und geographisch nicht so versierten Benutzern leicht übersehen werden kann, dass das amerikanische *-castle* tatsächlich [ˈkæ:sl] mit einem nicht extrem offenen (und relativ langem) [æ]

[26] In einer ausführlichen Darstellung zu *Neutralization* wird im LPD2 diese Praxis folgendermaßen erläutert: „In these positions the vowel is traditionally identified with ɪ. But in fact some speakers use ɪ, some use iː, some use something intermediate or indeterminate, and some fluctuate between the two possibilities."

ausgesprochen wird, das nordenglische aber eben [ˈkasl] mit einem sehr offenen, aber kurzen [a], zeigt die Grenzen des Nutzens einer phonologischen Transkription in Bezug auf Sprachvarietäten auf (> 3.6.3). Abgesehen von dieser Darstellungsproblematik ist aber festzustellen, dass sowohl das *English Pronouncing Dictionary* als auch das *Longman Pronunciation Dictionary* sich von den deutschen Aussprachewörterbüchern durch die Angabe einer Vielzahl von Varianten und eine explizite Orientierung am tatsächlichen Sprachgebrauch unterscheiden. Im LPD2 wird dies durch die Einbeziehung einiger *polls* verdeutlicht, die bei konkurrierenden Aussprachevarianten eines Wortes im entsprechenden Eintrag auch in grafischer Form repräsentiert sind (Abb. 46).

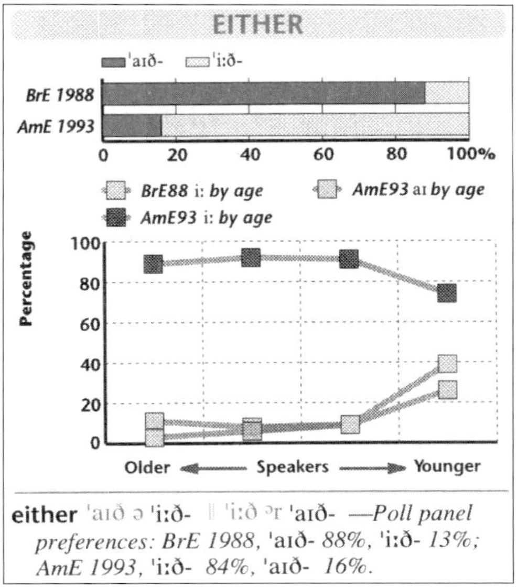


Abb. 46: LPD2

## 6.5 Valenzwörterbücher

Valenzwörterbücher widmen sich einem einzelwortspezifischen Problem der Grammatik, nämlich den Satzbauplänen oder *complementation patterns*, in denen Wörter, meist Verben, aber auch Adjektive oder Substantive, auftreten können, wobei die Grundlage die weitgehend in der Germanistik entwickelte Valenztheorie bildet. Im Gegensatz zu Aussprache- oder Rechtschreibwörterbüchern erfassen sie eine minimale Zahl von Einträgen (oft nur einige Hundert), geben dafür aber eine extrem extensivere Beschreibung. Angestrebt wird eine möglichst ausführliche und vor allem auch vollständige Darstellung der formalen, meist aber auch der semantischen Ergänzungsmöglichkeiten der beschriebenen Wörter.

Valenzwörterbücher können vor allem drei Funktionen erfüllen, nämlich die

- der Basis für wissenschaftliche Untersuchungen im Bereich der Lexikologie und der Syntax,
- eines Schreibwörterbuchs (vor allem für fortgeschrittene Fremdsprachenlerner)
- eines Korrekturwörterbuchs (für fremdsprachige Lehrerinnen und Lehrer der jeweiligen Sprache).

Je nach Zielsetzung und Gestaltung des Wörterbuchs kann der anvisierte Benutzerkreis vorwiegend bei Wissenschaftlerinnen und Wissenschaftlern oder bei Fremdsprachenstudierenden und -lehrenden liegen.

1968 erschien das erste deutsche Valenzwörterbuch, das ***Wörterbuch zur Valenz und Distribution deutscher Verben*** von G. Helbig und W. Schenkel (Abb. 47). Es

**vorbereiten**

I. vorbereiten$_{2+(1)=3}$

II. vorbereiten → Sn, Sa, (pS/NS$_{\text{daß}}$)

III. Sn → 1. Hum (*Der Lehrer* bereitet den Text vor.)
2. Abstr (als Hum) (*Das Institut* bereitet die Feier vor.)

Sa → keine Selektionsbeschränkungen (Wir bereiten *uns, die Schüler, das Institut, die Tiere, die Bücher, die Tagesordnung, das Schwimmen* vor.)

p = auf, für
Wenn p = auf,
pSa → 1. Abstr (Wir bereiten die Studenten *auf die Prüfung* vor.)
2. Act (Wir bereiten die Studenten *auf das Schwimmen* vor.)

Wenn p = für,
pSa → 1. Abstr (Wir bereiten die Studenten *für die Prüfung* vor.)
2. Act (Wir bereiten die Studenten *für das Schwimmen* vor.)

NS → Act (Wir bereiten die Studenten darauf / dafür vor, *daß sie in der Praxis bestehen.*)

*Anmerkungen:*

1. Wenn Sa → Abstr, dann ist ein zusätzliches pS nicht möglich: „Wir bereiten die Studenten vor“ – „Wir bereiten die Studenten *auf das Examen* vor“. Aber: „Sie bereiten den Überfall vor“ – „Sie bereiten den Überfall *auf das Nachbarland* vor“. Die Präpositionalphrase erhält dabei attributive Funktion (vgl. auch „die Tagesordnung *für die Feier*“) und verliert den Charakter als Mitspieler.

2. Sa → Refl, wenn Sa = Sn: „Wir bereiten *ihn/uns* auf das Examen vor“. Im allgemeinen wird Sa zu pS im reflexiven Satz: „Sie bereiten *den Überfall* vor“ – „Sie bereiten *sich auf den Überfall* vor“. Beide Sätze sind semantisch äquivalent.

3. Trotzdem sind die entstehenden Sätze bei p = auf und p = für nicht notwendig immer synonym: „Wir bereiten das Institut *auf eine Feier* vor“ – „Wir bereiten das Institut *für eine Feier* vor“ (In diesem Falle findet die Feier im Institut statt!).

4. Dagegen erscheint pS als frei, wenn p = zu: „Er bereitet *zum Jubiläum* eine Überraschung vor“.

Abb. 47: Helbig/Schenkel 1968

ist deutlich von den Erfordernissen des Fremdsprachenunterrichts geprägt und basiert in seiner Darstellung stark auf den vor allem von Helbig entwickelten Kategorien. Die Beschreibung umfasst drei Ebenen:

I. quantitative Valenz (mit einer Unterscheidung zwischen obligatorischen und fakultativen Ergänzungen)
II. qualitative Valenz auf der Ebene der Form (z.B. Kasus) der einzelnen Ergänzungen
III. qualitative Valenz auf der Ebene der Bedeutung durch Angabe von semantischen Merkmalen der einzelnen Ergänzungen

Konzeptionell sehr ähnliche Wörterbücher, wenn auch mit einer etwas anderen theoretischen Grundlage, wurden für Adjektive und Substantive von Sommerfeldt und Schreiber 1974 und 1977 veröffentlicht.

Das ***Französische Verblexikon*** von Winfried Busse und Jean-Pierre Dubost (1977; Abb. 48) ist weit weniger linguistisch orientiert als die deutschen Valenzwörterbü-

Abb. 48: Busse/Dubost 1977

| | |
|---|---|
| • inventer (2) | erfinden, s. einfallen lassen, erdichten |
| *N - V - N* | *On n'a pas encore inventé le mouvement perpétuel. Je vais réfléchir toute la journée, il faut que j'invente quelque chose /R. Vailland/. Qu'inventerait-il encore pour la tourmenter? /Triolet/.* |
| *que S Ind* | *Il a inventé que son train avait du retard.* |
| *de Inf 1* | auf die Idee kommen<br>*Il a inventé de partir en montagne sans guide.* |
| inventorier (2) | inventarisieren, Bestandsaufnahme machen |
| *N - V - N* | *Inventorier des livres, le stock du magasin. C'était pour inventorier et cataloguer ces manuscrits que je venais à N./A. France/.* |
| inverser (2) | (die Reihenfolge, Richtung) umkehren |
| *N - V - N(pl)* | *Inverser le sujet et l'objet dans une phrase. Inverser l'ordre des mots. Inverser la direction du courant.* |
| invertir (2) | (symmetrisch) umkehren |
| *N - V - N* | *Le miroir invertit l'image du corps.* |
| investir$^{1}$ (2) | einschließen, umstellen |
| *N - V - N* | *Les troupes ont investi la place forte. La police a investi l'immeuble. Masqués par des cagoules et brandissant des fusils de chasse, les assaillants investissent la cave vinicole/LeM/.* |
| investir$^{2a}$ (2+L) | investieren, (Geld) anlegen |
| *N - V -(N) -(qp)* | *Investir des capitaux en Inde.* |
| ▼*N - V - N* | *Investir des capitaux.* |
| ▼*N - V - qp* | *Investir en Inde, dans le textile, dans la pierre.* |
| ▼*N - V* | *Les chefs d'entreprise hésitent à investir.* |
| investir$^{2b}$ (2+L) | investieren, aufwenden |
| *N - V - N -* $qp_{dans}$ | *Il investit beaucoup (d'énergie) dans son travail.* |
| investir$^{3}$ (3) | jm verleihen, jn ausstatten mit |
| *N - V - N - de N* | *Le premier ministre a investi les préfets de pouvoirs accrus.*<br>⌘ *Loc: investir qn de sa confiance:* jm Vertrauen schenken |
| • inviter$^{a}$ (2+L/3) | einladen |
| *Nqn - V - N -(qp)* | *Je l'ai invité chez nous. Je vous invite pour demain.* |
| *à N* | *Je vous invite au bal.*<br>⌘ *inviter qn à la danse:* zum Tanz auffordern |
| *à Inf 2* | *Il nous a invités à venir chez lui.* |
| • inviter$^{b}$ (3) | auffordern |
| *Nqc - V -(Nqn) - à N* | *Le nombre des accidents invite (les automobilistes) à la prudence.* |
| *Nqn - à ce que S Kj 2* RARE | *On l'a invité à ce qu'il recommence sa conférence.* |
| *Nqn - à Inf 2* | *Le gendarme qui vous invite à le suivre et une dame qui vous invite à dîner n'ont pas les mêmes intonations /F. Brunot/. M. Johnson a fait allusion à ces menaces, en invitant tout agresseur à ne pas se tromper sur ce que pourraient être les sentiments des Etats-Unis/LeM/.* |

cher. Es arbeitet mit allgemein verständlichen Kürzeln, die zum Teil formale und semantische Angaben kombinieren. Die Zielsetzung liegt eher im Bereich des Fremdsprachenunterrichts, was sich auch in einer vergleichsweise simplen Artikelstruktur und einer relativ großen Zahl von Einträgen niederschlägt.[27]

Das ***Valency Dictionary of English*** von Thomas Herbst, David Heath, Ian F. Roe und Dieter Götz aus dem Jahr 2003 stellt den Versuch dar, die theoretischen Grundlagen der Valenzforschung, die vor allem in Deutschland entwickelt wurden, auf die englische Sprache anzuwenden. Es ist das erste Valenzwörterbuch, das auf einer großangelegten Korpusuntersuchung, nämlich der Auswertung der Cobuild Bank of English an der Universität Birmingham, beruht.

Dieses Wörterbuch ist sowohl von wissenschaftlichen als auch von fremdsprachenpädagogischen Zielsetzungen geprägt. Einerseits erhebt es den Anspruch einer umfassenden Valenzbeschreibung der behandelten Verben, Adjektive und Substantive, wobei formale Ergänzungsklassen identifiziert werden und die einzelnen Ergänzungen hinsichtlich ihrer semantischen und lexikalisch-kollokationellen Eigenschaften beschrieben werden. Andererseits ist jeder Wörterbucheintrag in einen wissenschaftlich-analytischen Teil und einen illustrativen Teil gegliedert, der weitgehend unabhängig von den im ersten Teil des Eintrags explizierten Kategorien interpretierbar ist, so dass das Wörterbuch einerseits für linguistische Analysen und als Grundlage für Lehrmaterialien, andererseits aber gleichermaßen als Produktionswörterbuch und vor allem als Korrekturwörterbuch von Fremdsprachenlehrerinnen und -lehrern genutzt werden kann.[28]

Verbeinträgen ist ein eher für die wissenschaftliche Beschreibung der Valenz relevanter Kasten vorangestellt, der folgende Informationen enthält:

- Angaben zur quantitativen Valenz für jede identifizierte Bedeutung
- ein Ergänzungsinventar mit Angaben zur Form der Ergänzungen in Aktiv- und Passivsätzen und zu ihrem Optionalitätsgrad (obligatorisch – kontextuell-fakultativ – fakultativ)[29]
- semantische Angaben zu den Ergänzungen und zur Identifizierung unterschiedlicher Bedeutungen

Der Patternteil des Wörterbucheintrags besteht aus einer Auflistung aller bei einem Wort auftretenden Valenzpatterns mit authentischen Korpusbeispielen für die jeweils vorkommenden Bedeutungen, bei besonders häufig oder sehr selten auftretenden Er-

---

[27] Zu Überlegungen für ein französisches Valenzwörterbuch s. Zöfgen (1994: 278-309).

[28] Eine pädagogische Version dieses Wörterbuchs ist bisher an kommerziellen Überlegungen der Verlage gescheitert, wird aber weiterhin angestrebt.

[29] Die einzelnen Ergänzungen sind dabei durch römische Ziffern markiert. Wenn eine Ergänzung in dem Sinn obligatorisch ist, dass ein Verb nur gebraucht werden kann, wenn diese Ergänzung ebenfalls realisiert wird, ist sie als „obl“ gekennzeichnet. A bedeutet, dass eine Ergänzung Subjekt im Aktivsatz sein kann; P, dass sie als Subjekt in einem Passivsatz auftreten kann. $_{it}$ bezeichnet Passivkonstruktionen mit unpersönlichem *it*. Der Patternteil ist in monovalente (M), divalente (D) und trivalente (T) Verwendungen aufgeteilt.

gänzungen mit Frequenzmarkierungen. Auf den Patternteil folgt eine Beschreibung der Bedeutungen, die für die verschiedenen Verwendungen identifiziert werden. In diesem Teil liegt das Schwergewicht der Beschreibung auf den Möglichkeiten der lexikalischen Füllung der einzelnen Ergänzungen.

**consider** ***verb***

| | | | |
|---|---|---|---|
| **A** | **think** | | |
| | **Active: 1/3** | **Passive: 1/3** | **General: 0 V$_{non\text{-}fin}$ only sub-sense (i)** |
| **I** | **[N]$_A$/[by N]** | | |
| **II** | **[N]$_P$** | D1 | T4.6 |
| | **[V-ing]$_P$** | D2 | |
| | **[that-CL]$_{P:it}$** | D3 | |
| | **[wh-CL]$_{P:it}$** | D4 | |
| | **[wh to-INF]$_{P:it}$** | D5 | |
| **III** | **[as N]** | | T4 |
| **IV** | **[for N]** | | T6 |
| **B** | **regard** | | |
| | **Active: 2/3** | **Passive: 1/3** | |
| **I** | **[N]$_A$[by N]** | | |
| **II obl** | | **[N]$_P$** | T1.3-4 |
| | **[that-CL]$_{P:it}$** | D3 | |
| | **[SENTENCE]$_{P:it}$** | D6 | |
| **III** | **[it + pattern of N$_{III}$/ADJ$_{III}$]** | | T1-2.4-5 |
| | | | T1 |
| | **[ADJ]** | | T2 |
| | **[to-INF]** | | T3 |
| | **[as N]** | | T4 |
| | **[as V-ing]** | | T5 |
| | **[as ADJ]** | | T5 |

**M** [A] Cook tilted her head to one side, *considering*.

**D1** **+ N$_P$** [A] He said he would take time to *consider* the matter.| Industrialised nations should *consider* the impact of their own economic trade and development policies on international migration.| Students, in *considering* a college, should look carefully at who teaches lower-division courses. | The committee said that while security must still be *considered* the abolition of visa requirements would greatly encourage contact between ordinary Europeans.

**D2** **+ V-ing$_P$** ***very frequent*** **A** In this case, you should *consider* seeking professional help.| Brian Wilson, Labour's transport spokesman, wrote to Brian Cox, a Stagecoach director, telling him a Labour government would *consider* referring the company's operation of bus and train services in southwest England to the Office of Fair Trading.

**D3** **+ that-CL$_{P:it}$** ***frequent*** [A] Newcomers, living in homes built within the past 20 years, are often the most vociferous objectors and rarely seem to *consider* that they themselves have benefited from recent planning permission. [B] I began to seriously *consider* that she should not be attending school this year at all.

**D4** **+ wh-CL$_{P:it}$** ***frequent*** [A] As long ago as 1970 Dr Van de Carr began to *consider* how a mother could make better contact with her baby before birth.| A Church of England group which has been *considering* whether women can be bishops has said it's painfully divided over the issue.

**D5** **+ wh to-INF-CL** [A] Mrs Thatcher also said NATO must *consider* how to extend its role from one of preventing war to one of building peace.

**D6** **+ SENTENCE$_{P:it}$** [B] The least his fiancee could have done, he *considered*, was to have switched her wedding date with the same ease and facility as she had switched prospective husbands.| Artists, he *considered*, have to be able to draw in a way that is appropriate to the way they want to paint.

**T1** **+ N$_p$ + N | + it + N-pattern** [B] The telephone has come to be *considered* a necessity, but is this in fact true? | On Chile, he said he planned an official visit to Santiago, and *considered* it a scandal that Chile – a friend and ally was being ostracised.

**T2** **+ $N_P$ + ADJ | + it + ADJ-pattern** **B** Mr Advani's enemies *consider* him dangerous. |Thus he would not *consider* it appropriate to regard any individual as having a fixed amount of intelligence.

**T3** **+ $N_P$ + to-INF B** Until the late eighteenth and early nineteenth centuries insanity was *considered* to be largely incurable.

**T4** **+ N + as N | it + as N-pattern** **A** Most adoption agencies will not *consider* single people as adoptive parents for babies, although they might for children with special needs. **B** They simply *considered* him as a promising player.| Would you *consider* it as part of your arrangement not to promote any other competition?

**T5** **+ $N_P$ + as ADJ/V-ing | it + as ADJ-pattern** **B** They are most appropriately *considered* as helpful rather than a hindrance.| Among the Igbo people of Nigeria, when a child is born it is not *considered* as being fully part of the world.

**T6** **+ $N_P$ + for N** **A** After he was fired, he found no one would *consider* him for another job.

**A** *Consider* can mean
(i) ‚think about something very carefully', typically used in the phrase *consider a problem.*
(ii) ‚think seriously about someone as a candidate or something as an option', typically used in sentences such as *She considered him for the job* or *They considered going to Amsterdam.*
(iii) ‚take something into account as an important factor' used in sentences such as *You should consider your children when moving house.* [used in patterns M D1-5 T4.6]

**B** *Consider* can mean ‚have a certain view of someone or something' [used in patterns D3.6 T1-5]

## 6.6 Phrasal-Verb-Wörterbücher

Während sich etymologische Wörterbücher, Rechtschreibwörterbücher, Aussprachewörterbücher und Valenzwörterbücher in der Art der Information, die zu den einzelnen Lemmata gegeben wird, von allgemeinen Wörterbüchern unterscheiden (was natürlich auch Auswirkungen auf die Auswahl des in diesen Wörterbüchern erfassten Wortschatzes hat), sind *Phrasal-Verb*-Wörterbücher, Idiomwörterbücher und Fremdwörterbücher (> 6.9) über die Art der erfassten Lexeme definiert. *Phrasal-Verb*-Wörterbücher widmen sich einem Bereich der englischen Lexis, der zwischen Valenz und Idiomatik anzusiedeln ist. Dass *phrasal verbs* in der englischen Lexikografie sehr viel Aufmerksamkeit erfahren haben, hängt wohl einerseits damit zusammen, dass diese Verb-Partikel-Kombinationen in einer Sprache, deren Substantive im Grunde keine Kasus besitzen, eine zentrale Lernschwierigkeit darstellen; andererseits aber auch damit, dass viele dieser Kombinationen eben tatsächlich als Mehrwortlexeme zu analysieren sind.

*Phrasal-Verb*-Wörterbücher legen häufig einen sehr weiten *phrasal verb*-Begriff zugrunde und nehmen entsprechend verschiedene Verb-Partikel-Kombinationen auf, die in der Terminologie der Quirk-Grammatiken (etwa in der *Comprehensive Grammar of the English Language*, Kapitel 16) folgendermaßen differenziert werden:

*I.* *prepositional verbs*, bestehend aus Verb und Präposition (*look at*; Objekt steht nach der Präposition: *look at the picture*)
*II.* *phrasal verbs*, bestehend aus Verb und adverbieller Partikel (*look up*; nicht-präpositionales Objekt steht vor oder nach Partikel: *look up a word/*it – look a word/it up*)
*III.* *phrasal-prepositional verbs*, bestehend aus Verb, adverbieller Partikel und Präposition (*put up with*)

Aus der Perspektive der Valenztheorie kann man an solchen Wörterbüchern kritisieren, dass sie nur einen Teilbereich der Valenzschwierigkeiten des Englischen erfassen, dass sie häufig der Unterscheidung zwischen Ergänzungen und Angaben nicht Rechnung tragen und auch unidiomatische Kombinationen mit Angaben aufnehmen (wie etwa *apply within*), die im Grunde genommen keine lexikografische Behandlung in dieser Form erfordern. Dennoch handelt es sich um einen in der englischen Lexikografie weit verbreiteten Wörterbuchtyp.

Ein herausragendes *Phrasal-Verb-Dictionary* stellt das ***Oxford Dictionary of Phrasal Verbs*** (1993) von A.P. Cowie und R. Mackin dar (Abb. 49 und 50), das ursprünglich den ersten Band des *Oxford Dictionary of Current Idiomatic English. Volume 1: Verbs with Prepositions and Particles* aus dem Jahr 1975 bildete. Dieses Wörterbuch ist nicht nur aufgrund seines Vorworts, das die theoretischen Grundlagen der Analyse dieses Bereichs der englischen Sprache erörtert, bemerkenswert, sondern auch, weil es in den einzelnen Einträgen eine Reihe von sehr wesentlichen Informationen enthält:

- authentische Beispiele unter Angabe der Quellen
- Variationen der Idiome
- Angabe von typischen Kollokatoren, die in den einzelnen Ergänzungspositionen (Subjekt, direktes Objekt, indirektes Objekt etc.) auftreten.

**pop**

**pop across, along, away etc 1** [Vp emph, Vpr emph] (*informal*) move across etc quickly: *'I'll just* **pop across** *to get an evening paper.'* ○ *'Would you* **pop round** *to the baker's and pick up the cake?'* = nip across etc.
**2** [Vn ⇆ p pass, Vn.pr pass] (*informal*) bring or take (sth) across etc quickly. **O:** book, parcel, letter: *'I'll just* **pop** *this letter* **into** *the post.'* ○ *John* **popped** *his head* **round** *the door.* ○ *'I'll* **pop** *the results* **over** *when I get a minute.'*

**pop along, around, down, in, over, round** [Vp] (*informal*) make a brief, casual visit to sb or a place: *'There's a meeting tonight, and I was thinking of* **popping along** *for half an hour or so.'* ○ *'I just* **popped in** *to say hullo.'* EHOW ○ *'They'll* **pop over** *in person if they don't get an answer.'* AT □ pop in this sense combines esp with the particles shown. ⇨ come along (to), come around/round (to) 1.

**pop off 1** [Vp] (*informal*) die: *'Now you can all stop fighting over my money: I've no intention of* **popping off** *yet.'*
**2** [Vp, Vn ⇆ p pass] (*informal*) (cause sth to) explode with a sharp sound. **S** [Vp], **O** [Vn.p]**:** firework; rifle, gun; (champagne) bottle, cork: *A brilliant flare* **popped off** *right over our heads.* ○ *There were children running all over the place,* **popping off** *toy guns.* ⇨ go off 5, let off 4, set off 1.

**pop out/out of** [Vp emph, Vpr] come out (of sth) with a sharp, explosive sound. **S:** cork, stopper. **o:** bottle, tube: *The cork* **popped out** *and the champagne gushed from the bottle.*

**pop up 1** [Vp emph] (*informal*) appear, esp in unlikely places, when one is unexpected etc; surface: *Rogers disappeared for a whole year, then* **popped up** *in Bolivia, of all places.* ○ *'Then, when finally we've given him up for lost,* **up** *he* **pops**!' = bob up.
**2** [Vp nom] (esp of illustrated pages in a book) rise into three-dimensional form as the book is opened: *'There you are, you see. You just press the pages flat and all the animals* **pop up**.' □ nom form is used attrib, as in: *a* **pop-up** *book, picture.*

Abb. 49: Oxford Dictionary of Phrasal Verbs 1993

**post**

**post up** [Vn ⇆ p pass adj] attach (sth) to a wall or board so that it is easily seen. **O:** notice, announcement; names; results: *They haven't* **posted up** *the results yet.* ○ *A number of students clustered around a notice* **posted up** *outside the chairman's office.* = put up 2.

**potter**

**potter about/around** [Vp nom, Vpr] (*informal*) move in a leisurely, unorganized way from one little job to another. **A:** in the garden, in one's study: *I imagine that he enjoys life.* **Pottering about** *and buying his drawings.* ASA ○ *I'll take it easy today; perhaps have a* **potter-about** *in the garden.*

Abb. 50: Oxford Dictionary of Phrasal Verbs 1993

## 6.7 Idiomwörterbücher

Idiomwörterbücher führen ausschließlich Mehrwortlexeme auf, d.h. also, Lexeme, die aus mehreren Wörtern bestehen, deren Bedeutung aber der einer einzigen lexikalischen Einheit entspricht.[30] Dass es Abstufungen im Idiomatisierungsgrad der Einheiten gibt, die lexikologisch identifiziert und entsprechend lexikografisch erfasst werden können, ist in der linguistischen Forschung hinreichend dokumentiert:[31] Diese Einheiten reichen von relativ festen, weil häufig wiederkehrenden, aber dennoch semantisch transparenten Wendungen wie *I would like to say ...* bis hin zu den eigentlichen Mehrwortlexemen wie etwa *get on like a house on fire*, die über eine isolierbare Gesamtbedeutung verfügen, die aus der Bedeutung der Bestandteile zwar unter Umständen nachvollziehbar erscheint, sich aber keineswegs zwingend daraus ergibt und die daher in Wörterbüchern als selbstständige Einheiten aufgeführt werden müssen.

Das grundlegende Problem, das sich bei der Erfassung von Idiomen in allgemeinen Wörterbüchern wie in Spezialwörterbüchern stellt, ist das der Einordnung in die alphabetische Struktur des Wörterbuchs. Soll man *Don't cross your bridges before you come to them* unter *do* (wohl kaum), *cross* (schon eher), *your* (bestimmt nicht)

30 Vgl. dazu Cruse (1986: 37): „An idiom may be briefly characterised as a lexical complex which is semantically simplex."

31 S. 4.5.3.3.

oder *bridges* (vielleicht am ehesten) einordnen? Verschiedene Wörterbücher folgen dabei unterschiedlichen Prinzipien (etwa, ein Idiom unter dem ersten vorkommenden Wort einer offenen Wortklasse aufzuführen), die aber alle den Nachteil haben, dass man sie als Benutzer kennen muss, um schnell an der richtigen Stelle nachzuschauen. Um den Nachschlagevorgang zu beschleunigen, führen manche dieser Wörterbücher manche Ausdrücke mehrmals auf oder verwenden mehr oder weniger explizite Querverweissysteme, um von den jeweiligen Stellen des Alphabets, an denen jemand das entsprechende Idiom suchen könnte, auf die Stelle zu verweisen, an der das entsprechende Idiom tatsächlich behandelt wird.

Was die Gestaltung der Einträge angeht, so können Idiome teilweise etwas selektiver behandelt werden als Einwortlexeme, weil Angaben zur Aussprache oder Morphologie (etwa die unregelmäßigen Verbformen von *come* in *Don't cross your bridges before you come to them*) sich aufgrund des Kenntnisstandes des Benutzerkreises erübrigen (und natürlich aus einem Allgemeinwörterbuch ersichtlich sind). Dies lässt sich allerdings keineswegs pauschal so sagen, weil Idiome durchaus auch in diesen Bereichen idiosynkratische Eigenschaften aufweisen können. In jedem Fall muss die lexikografische Erfassung von Idiomen natürlich eine Bedeutungserklärung enthalten, häufig sind Angaben zur Betonung der einzelnen Bestandteile, zur Stilebene des Idioms und zu den syntaktischen Verwendungsmöglichkeiten bzw. morphologischen oder syntaktischen Restriktionen ebenfalls wichtig.

Ein Beispiel für ein Idiomwörterbuch ist das ***Oxford Dictionary of English Idioms*** von A.P. Cowie, R. Mackin und I.R. McCaig (Abb. 51 und 52), das ursprünglich als Band 2 des *Oxford Dictionary of Current Idiomatic English* veröffentlicht wurde und analog aufgebaut ist.[32] So finden sich wiederum authentische Belege sowie systematische Konstruktions- und Kollokationsangaben. Besonders erwähnenswert sind auch pragmatische Hinweise zur Verwendung des jeweiligen Idioms sowie zu gebräuchlichen Verkürzungen und Abwandlungen, in denen das Idiom ebenfalls vorkommt.

**easier said than done** [Comp (AdjP)] (saying) suggesting some course of action is very much easier than actually carrying it out (esp if the person proposing it expects others to do it) **S:** it; writing the letter, moving house, putting up the new shelves; to write the letter, to move house, to get agreement to the plan. **V:** ⚠ be, look, seem □ *The essence of all reducing diets is to eat less—often* ***easier said than done****—and keep eating less than before.* RT □ *Wormold thought, I have no arsenic or cyanide. Besides I will have no opportunity to drink with him. I should have forced that whisky down his throat.* ***Easier said than done****, off the Elizabethan stage.* OMIH □ *Forcing a child to eat is* ***easier said than done***. □ often rueful comment on the difficulty of doing sth.

Abb. 51: Oxford Dictionary of English Idioms

**eat sb alive/for breakfast** [V + O + Comp pass] (informal) be able to dominate, make maximum use of sb and then discard him, esp in a sexual relationship **O:** him, us, you, them; that type of man, a married man □ *You want to steer clear of Gloria. She'd* ***eat*** *someone as green as you* ***for breakfast***. □ *'But watch out for Jack Wales. Bags of money, about seven foot tall and a beautiful R.A.F. moustache.' I laughed. 'I* ***eat*** *those types* ***for breakfast****,' I said.* RATT □ *He'll get* ***eaten alive*** *if he tries anything on with Barbara.* □ esp used of a woman's domination etc of a man in a sexual relationship.

Abb. 52: Oxford Dictionary of English Idioms

[32] Vgl. Herbst (1985b).

Einen etwas anderen Ansatz in Bezug auf die Frage der Daten verfolgt das ***Collins Cobuild Dictionary of Idioms*** von Rosamund Moon (Abb. 53 und 54). Sie führt im Vorwort des Wörterbuchs aus, dass die Auswertungen der *Bank of English* deutlich gemacht haben, dass Idiome relativ selten verwendet werden:[33]

> Nearly one third of the idioms in this dictionary occur less often than once per 10 million words of the corpus. The idioms in the highest frequency band occur in our data at least once per two million words of English. However, to set the matter in perspective, only a few of these occur as frequently as any of the words that we have marked for frequency in the COBUILD English Dictionary. (1995: v)

Entsprechend werden die Idiome in diesem Wörterbuch in Hinblick auf die Frequenz ihres Vorkommens markiert (mit der Höchststufe ◀◀◀).

**the early bird catches the worm**
**an early bird** ◀

If you tell someone that **the early bird catches the worm**, you are advising them that if they want to do something successfully then they should start as soon as they can.

*If you're going to make it to the Senate, you need to start right now. The early bird catches the worm.*

*Portobello and Bermondsey markets are rewarding for early risers; most of the serious buying there happens between six and eight o' clock in the morning and it is very much the case that the early bird catches the worm.*

□ You can refer to someone who gets up early in the morning or who does something before other people as **an early bird**. **Early bird** can also be used to describe things that are available to these people.

*We've always been early birds, up at 5.30 or 6am.*

*The restaurant's 'early-bird specials' offer cheaper food to early-evening diners.*

*An early-bird discount is sometimes available at the beginning of the season.*

Abb. 53: Collins Cobuild Dictionary of Idioms

**rules**

**bend the rules**
**stretch the rules** ◀◀◀

If someone **bends the rules**, they do something which is not allowed, either to help someone else or for their own advantage. You can also say that they **stretch the rules**.

*The river authorities said they were willing to bend the rules for us and allowed us to go through the first lock.*

*He accused Benetton of stretching the sport's rules to the limit.*

*The rules are often bent at the organiser's discretion to ensure a good show.*

**run**

**a dummy run** ◀

**A dummy run** is a trial or test procedure which you carry out in order to see if a plan or process will work properly. This expression is used in British English.

*Before we started we did a dummy run, checking out all the streets and offices we would use, and planning our escape route.*

*If it is not possible to do a dummy run in the hire car, calculate how long the journey to the church will take on the day.*

Abb. 54: Collins Cobuild Dictionary of Idioms

## 6.8 Kollokationswörterbücher

Kollokationswörterbücher sind produktionsorientierte Wörterbücher, die ausführlicher als dies im allgemeinen monolingualen Wörterbuch möglich ist, über typische

[33] Zu diesem Aspekt vgl. Moon (1999).

Wortkombinationen Aufschluss geben. Von daher sind sie vor allem für Nichtmuttersprachler eine große Hilfe bei der Textproduktion, aber auch Muttersprachler können sich von den verzeichneten Wortkombinationen anregen lassen. Mit den Valenzwörterbüchern haben Kollokationswörterbücher die syntagmatische Ausrichtung gemein, mit den Synonymenwörterbüchern und Thesauri die Tatsache, dass es sich um Wortwahlwörterbücher handelt.

Grundlegend für die Qualität eines Kollokationswörterbuchs sind vor allem zwei Aspekte, auf die in 3.9 und 4.5.2 eingegangen wurde, nämlich:

- Die Frage, welche Wortkombinationen im Wörterbuch verzeichnet sind, d.h. die Frage nach dem zugrunde gelegten Kollokationsbegriff. In engem Zusammenhang hiermit steht dann auch die Frage der Kollokationsdatenerhebung.
- Die Frage nach der Anordnung von Kollokationen im Wörterbuch, d.h. unter welchem der Kollokationspartner – Basis oder Kollokator – eine Kollokation aufindbar ist.

Zu den Kollokationswörterbüchern kann man wohl den ***Duden 2: Das Stilwörterbuch*** zählen (Abb. 55), denn es verzeichnet, wenn auch ohne das Konzept der Kollokation explizit zu nennen, spezifische Wendungen des Deutschen wie *stürmischer* ***Beifall***[34], *schwere* ***Niederlage***, ***online*** *gehen* oder *sich in Grund und Boden* ***schämen***.[35] Neben diesen semantisch spezifischen und für Nichtmuttersprachler wohl nicht vorhersagbaren Wendungen findet sich jedoch auch eine große Zahl zwar typischer, aber semantisch unspezifischer Wendungen wie *großes* ***Gefäß***, *weißer* ***Kragen*** oder *seidener* ***Schal***. Auf der anderen Seite verzeichnet das Wörterbuch aber auch idiomatische Wendungen wie *jmdm. platzt der* ***Kragen*** oder *aus dem* ***Schneider*** *sein*, so dass das Spektrum der behandelten Wortkombinationen sehr breit – vom völlig frei kombinierten bis zum idiomatisch verfestigten – angelegt ist.

Neben den Wendungen enthalten die Einträge noch (wo notwendig) knappe Bedeutungsangaben, sowie stilistische, fachsprachliche, dialektale und diachronische Markierungen und grammatische Angaben. Die vor allem in Verbeinträgen verzeichneten Konstruktionsangaben geben dem Wörterbuch in gewissem Maße auch den Charakter eines Valenzwörterbuchs.

Bei der Anordnung der Wendungen im Wörterbuch wird nicht systematisch nach Basis und Kollokator unterschieden. Vielmehr wird eine Kollokation häufig unter beiden Kollokationspartnern verzeichnet. So findet sich die Kollokation *Geld abheben* sowohl im Eintrag ***Geld*** als auch bei ***abheben***, so dass sich die Herausgeber des Wörterbuchs fragen lassen müssen, aus welchem Grunde denn Benutzer bei der Textproduktion wohl unter *abheben* nachschlagen sollten, um herauszufinden, was man alles abheben kann. Sinnvoll ist die Kollokation nur unter ***Geld*** untergebracht.[36]

[34] Lemmata, unter denen eine Kollokation verzeichnet ist, sind durch Fettdruck markiert.

[35] Vgl. Hausmann (1991: 226).

[36] Eine ausführlichere Diskussion hierzu findet sich in Bezug auf ein anderes Kollokationswörterbuch (Friedrich & Canavan 1979) bei Hausmann (1991: 228f.)

**gedenken:** **1.** (geh.): ⟨jmds., etw. g.⟩ *an jmdn., etw. denken:* seines alten Lehrers in Dankbarkeit, dankbar g.; sie gedachte ihres toten Vaters; ich gedenke gern jener schönen Tage; SUBST.: jmdn. in gutem Gedenken behalten; zum Gedenken an unseren Vater/unserem Vater zum Gedenken.
**2.** ⟨mit Infinitiv mit *zu*⟩ *beabsichtigen:* was gedenkst du jetzt zu tun?; sie gedachte, länger zu bleiben.
**Gedicht,** das: ein lyrisches, episches, dramatisches G.; Gedichte verfassen, schreiben, lesen, [auswendig] lernen, vortragen, aufsagen, interpretieren; sie veröffentlichte einen Band Gedichte; eine Anthologie mit modernen Gedichten; ® [und] noch ein G. (salopp scherzh.; *noch etwas von derselben Sorte*);
⋆ **ein Gedicht sein** (ugs.; *herrlich, außergewöhnlich gut/schön sein*).
**gediegen:** **1. a)** *sorgfältig gearbeitet; von solider Qualität:* gediegener Schmuck; eine gediegene Einrichtung; eine gediegene Verarbeitung, Ausführung; **b)** *gründlich, fundiert, solide:* ein gediegenes Wissen, gediegene Kenntnisse haben; er ist ein gediegener Charakter.
**2.** *massiv, rein:* gediegenes Gold; Erz kommt hier g. vor.
**3.** (ugs.) *lustig, merkwürdig:* sein Bruder ist eine gediegene Marke; du bist ja g.!

Abb. 55: Duden 2: Das Stilwörterbuch

Durch das systematische Verzeichnen von Kollokationen unter der jeweiligen Basis hätte man viel Platz einsparen können.

**castle** *noun*

• ADJ. **grand, great, magnificent, splendid | strong | turreted | historic | ancient, medieval | royal | ruined | fairy/fairy-tale, fantasy**
• VERB + CASTLE **approach** *They had to approach the castle through thick swamps.* | **build, fortify | attack, besiege, lay siege to | capture, seize, take | defend, hold** *Edinburgh castle was loyally held in the queen's name.*
• CASTLE + VERB **perch, stand** *The castle perches on a high rocky outcrop.* | **overlook sth** *The castle overlooks the town.*
• CASTLE + NOUN **gate, grounds, keep, tower, wall | ruins**
• PREP. **in a/the ~**

**casual** *adj.*

• VERBS **appear, be, sound | become**
• ADV. **extremely, very | almost** *She sounded almost casual.* | **fairly, quite, rather | apparently, seemingly | carefully, elaborately, studiedly** *There was something a little too carefully casual in his tone.* | **deceptively**
• PREP. **about** *He was very casual about it all.*

Abb. 56: Oxford Collocations Dictionary

Das ***Oxford Collocations Dictionary for Students of English*** (Abb. 56) ist ein korpusbasiertes Kollokationswörterbuch des Englischen, dem vor allem das *British National Corpus* zugrunde liegt. Kollokationen wurden nach ihrer statistischen Signifikanz aus dem Korpus extrahiert und dann in einem zweiten Schritt von Lexikografen auf ihren Nutzen bei der Sprachproduktion hin bewertet. Das Verfahren resultiert in einem Spektrum von verzeichneten Wortkombinationen, welches von relativ freien Kombinationen (*large **handbag***) über typische Kollokationen (*poor **handwriting***) bis hin zu festen Wendungen (*the **heart** of the matter*) reicht, idiomatische Wendungen im Gegensatz zum *Duden Stilwörterbuch* jedoch weitgehend ausschließt.

Wie das *Duden Stilwörterbuch* verzeichnet das *Oxford Collocations Dictionary* Bedeutungen nur insoweit, als sie zur Differenzierung polysemer Einträge notwendig sind. Die Kollokationen selbst werden nicht semantisch kommentiert, so dass es der Kompetenz der Benutzer überlassen ist, den feinen Unterschied etwa zwischen *delicately* und *lightly* in Kollokation mit ***scented*** zu erfassen.[37] In den Einträgen enthalten sind dagegen gelegentliche Markierungen, die den Stilwert einer Kollokation oder Wendung beschreiben.

Besondere *usage notes* sind Gruppen von Lexemen gewidmet, die ähnlich kollokieren; z.B. unter den Gruppenbezeichnungen *crimes, languages* oder *sounds.*

Anders als das *Duden Stilwörterbuch* verzeichnet das *Oxford Collocations Dictionary* Kollokationen konsequent unter der Basis, so dass sich etwa Substantiv-

[37] Klotz (2003).

Verb-Kollokationen wie *add flavour* sinnvollerweise nur im Eintrag des Substantivs (*flavour*) aber nicht des Verbs (*add*) finden lassen.

## 6.9 Fremdwörterbücher

Zu den Wörterbüchern, die sich auf Grund bestimmter Charakteristika des erfassten Wortschatzes von allgemeinen Wörterbüchern unterscheiden, zählen auch Fremdwörterbücher. Sie enthalten Wörter, die aus anderen Sprachen stammen und auf Grund von Besonderheiten in Morphologie, Phonologie oder Orthografie nicht in die Sprache integriert sind oder die allgemein nicht als integriert empfunden werden.[38] Fremdwörterbücher stellen insofern eine Ergänzung zu allgemeinen Wörterbüchern dar, als sie auch relativ wenig frequenten Wortschatz erfassen, der Gebrauchsrestriktionen in stilistischer oder fachsprachlicher Hinsicht unterliegt.

Interessanterweise liegen die Ursprünge der englischen Lexikografie in einem Wörterbuchtyp, den man als Fremdwörterbuch bezeichnen könnte, weil es primär um die Erklärung als schwierig empfundener Wörter ging, die nicht germanischen Ursprungs waren.[39] Heute spielen Fremdwörterbücher in der englischen Lexikografie keine nennenswerte Rolle. In Deutschland wird dieser Typ beispielsweise durch den ***Duden. Band 5. Das Fremdwörterbuch*** repräsentiert (Abb. 57).

**Pha|rus** *der;* -, - u. -se ⟨*gr.-lat.;* nach der Insel bei Alexandria, auf der im Altertum ein berühmter Leuchtturm stand⟩: (veraltet) Leuchtturm
**pha|ryn|gal** ⟨*gr.-nlat.*⟩: (Sprachw.) auf den Pharynx bezüglich, dort artikuliert
**pha|ryn|ga|li|sie|ren:** mit verengtem Rachenraum artikulieren
**Pha|ryn|gen:** *Plural* von ↑Pharynx
**Pha|ryn|gis|mus** *der;* -, ...men: (Med.) Verkrampfung der Schlundmuskulatur, Schlundkrampf
**Pha|ryn|gi|tis** *die;* -, ...itiden: (Med.) Rachenentzündung
**Pha|ryn|go|lo|ge** *der;* -n, -n: (Med.) Facharzt auf dem Gebiet der Pharyngologie. **Pha|ryn|go|lo|gie** *die;* -: Teilgebiet der Medizin, auf dem man sich mit den Krankheiten des Rachens befasst. **Pha|ryn|go|lo|gin** *die;* -, -nen: weibliche Form zu ↑Pharyngologe. **pha|ryn|go|lo|gisch:** (Med.) die Pharyngologie, die Rachenkrankheiten betreffend
**Pha|ryn|go|s|kop** *das;* -s, -e: (Med.) Instrument zur Untersuchung des Rachens, Rachenspiegel. **Pha|ryn|go|s|ko|pie** *die;* -, ...ien: (Med.) Untersuchung des Rachens mithilfe des Pharyngoskops, Ausspiegelung des Rachens. **pha|ryn|go|s|ko|pisch:** die Pharyngoskopie betreffend; unter Anwendung des Pharyngoskops
**Pha|ryn|go|spas|mus** *der;* -, ...men: ↑Pharyngismus
**Pha|ryn|go|to|mie** *die;* -, ...ien: (Med.) operative Öffnung des Schlundes vom Hals aus
**Pha|rynx** *der;* -, ...ryngen ⟨*gr.*⟩: (Med.) zwischen Speiseröhre u. Mund- bzw. Nasenhöhle liegender Abschnitt der oberen Luftwege; Schlund, Rachen
**Pha|se** *die;* -, -n ⟨*gr.-fr.*⟩: 1. Abschnitt einer [stetigen] Entwicklung; Zustandsform, Stufe. 2. (Astron.) a) bei nicht selbst leuchtenden Monden od. Planeten die Zeit, in der die Himmelskörper nur z. T. erleuchtet sind; b) die daraus resultierende jeweilige Erscheinungsform der Himmelskörper. 3. (Chem.) Aggregatzustand eines chemischen Stoffes (z. B. feste, flüssige Phase). 4. (Phys.) Größe, die den Schwingungszustand einer Welle an einer bestimmten Stelle, bezogen auf den Anfangszustand, charakterisiert. 5. (Elektrot.) a) Schwingungszustand beim Wechselstrom; b) (nur Plural) die drei

[38] Zur Unterscheidung zwischen Fremd- und Lehrnwort s. u.a. Gneuss (1955: 19), von Polenz (1967: 72) oder Herbst (1994: 146-150).

[39] Zu Cawdreys *Table Alphabeticall* vgl. Landau (1989: 39-41).

Wechselströme des Drehstromes; c) (nur Plural) die drei Leitungen des Drehstromnetzes
**Pha|sin** *das;* -s ⟨*gr.-nlat.*⟩: durch längeres Kochen zerstörbarer giftiger Eiweißbestandteil der Bohnen
**pha|sisch** ⟨*gr.*⟩: die Phase (1) betreffend; in bestimmten Abständen regelmäßig wiederkehrend
**Pha|so|pa|thie** *die;* -, ...ien ⟨*gr.-nlat.*⟩: (Psychol.) vorübergehende charakterliche Abnormität
**Pha|so|phre|nie** *die;* -, ...ien: in Phasen verlaufende ↑Psychose
**phat** [fɛt] vgl. phatt
**pha|tisch** ⟨*gr.-nlat.*⟩: (Sprachw.) Kontakt knüpfend u. erhaltend (z. B. die phatische Funktion eines Textes)
**phatt,** phat [fɛt] ⟨*engl.*⟩: (Jugendsprache) hervorragend (z. B. phatte Beats)
**Pha|ze|lie** [...i̯ə] *die;* -, -n ⟨*gr.-nlat.*⟩: Büschelschön (Wasserblattgewächs, das als Bienenweide angepflanzt wird)

Abb. 57: Duden 5. das Fremdwörterbuch

Einen besonderen Typ eines Fremdwörterbuchs stellt das ***Anglizismen-Wörterbuch*** von Broder Carstensen und Wolfgang Busse dar (Abb. 58 und 59). Hier ergeben sich enge Berührungspunkte mit etymologischen Wörterbüchern, weil das Eindringen von Anglizismen in die deutsche Sprache akribisch beschrieben und auch mit Erstbelegen dokumentiert wird. Das *Anglizismen-Wörterbuch* ist nicht nur in Bezug auf die lexikografische Erfassung von Anglizismen grundlegend, sondern auch in Hinblick auf ihre Kategorisierung. Entlehnungswege werden im *Anglizismen-Wörterbuch* nämlich klassifiziert als „aus engl. *X*“, „nach engl. *X*“ und „zu engl. *X*“, wobei auch Einschränkungen wie „wahrsch./evtl. Nach engl *x*“ gemacht werden.

**Bordkarte** ⌜Kontrollschein, den der Passagier nach Abgabe bzw. Vorzeigen seiner Flugkarte erhält und der ihn zum Besteigen des Flugzeugs berechtigt⌝ ◇ 1985‖- ○ evtl. nach engl. *boarding card* ['bɔ:dɪŋkɑ:d] □ Neben ~ findet man im Dt. gelegentlich auch *Boarding Card* und *Boarding-Paß*, die auf engl. *boarding card* bzw. engl. *boarding pass* zurückgehen könnten (vgl. 2 f.).

1 Daß ein herrenloser Koffer auf Reisen geht, wie im Fall der vor Irland explodierten Air-India-Maschine, ist bei der Lufthansa unmöglich. Beim Boarding vergleicht das Abfertigungspersonal die Bordkarten der Fluggäste mit der Passagierliste. (SPIEGEL 1.7.1985: 89)

* * *

2 Boarding Cards [...] wir [...] klettern ohne Blick zurück die Gangway hinauf, geben unsere „Boarding Cards“ wieder ab (FRANKF. RUNDSCH. 29.6.1968: 10)

3 Nun haben die Gesellschaften eine neue Generation von Ticket-Maschinen geordert, die mit dem Zentralcomputer der Fluglinie verbunden sind und innerhalb von Sekunden (über Kreditkarte) kassieren, die Kreditwürdigkeit des Kunden prüfen und den Boarding-Paß auswerfen. (SPIEGEL 23.7.1984: 141)

Abb. 58: Anglizismenwörterbuch

**Cam·cor·der** <['kɛmkɔ:ɐdɐ, 'kamkɔ:ɐdɐ, -'--] m; -s; -, -s> ⌜Kombination von Kamera und ↑*Videorecorder*⌝ ◇ 1986‖1989 DU ○ aus engl. *camcorder* ['kæmkɔ:də] □ Engl. *camcorder* ist eine Wortmischung aus *camera* 'Kamera' und *recorder* '↑Recorder'. Der ~ wird auch als *Kamerarecorder* oder *Videomovie* bez. (vgl. 5).

Vgl. ↑Recorder, ↑videographieren, ↑Videokamera, ↑Videorecorder

1 Wenn demnächst die Ferienzeit beginnt, dann werden sich im Urlaubsgepäck der Deutschen einige hunderttausend Videokameras und „Camcorders“ oder „Videomovies“ befinden, also eine Kombination von Kamera und Videorecorder. (FAZ 14.6.1986: 14)
2 „Video-8-Camcorder“ heißt das neue Zauberwort. Eine neuartige Kombination von Videokamera und -rekorder mit acht Millimeter Band, in denen alle Funktionen von Kamera und Wiedergabegerät zusammengefaßt sind. (WESTF. VOLKSBL. 26.8.1986: o.S.)
3 Der Grund für den unerwarteten Markterfolg der Camcorder ist deren kinderleichte Bedienung - auf Knopfdruck holen lichtstarke Zoom-Objektive („Gummilinsen“) per Motorantrieb weit entfernte Objekte ganz nah heran, eine Automatik besorgt die Schärfeeinstellung („Auto-Focus“), auch die einst mühselige Einstellung der Elektronik auf die Farbtemperatur des Lichts („Weißabgleich“) übernimmt jetzt ein Chip [...]. Ein eingebauter Monitor, auf dem das Geschehen vor der Linse so abgebildet wird, wie es später auf dem TV-Schirm erscheint, macht den Camcorder gänzlich idiotensicher. (SPIEGEL 24.8.1987: 193)
4 Etwa 200000 Camcorder sind 1987 in der Bundesrepublik verkauft worden. Das waren 40 Prozent mehr als im Vorjahr, ein Zeichen für die zunehmende Beliebtheit dieser Kamerarecorder, die das Videofilmen und -Abspielen so einfach gemacht haben. (FAZ 26.1. 1988: 13)

* * *

5 Sehr aktiv ist JVC auch bei der Entwicklung und Produktion von Kamerarecordern, den sogenannten „Videomovies“. (FAZ 20.7.1984: 15)
{~-Modell (SPIEGEL 24.8.1987: 192)}

Abb. 59: Anglizismenwörterbuch

# 6.10 Rückläufige Wörterbücher

Einer der vielleicht ungewöhnlichsten Wörterbuchtypen ist das rückläufige Wörterbuch, das sich wie die in 6.11 und 6.12 behandelten Wörterbücher durch eine spezielle Zugriffsstruktur auszeichnet. Im rückläufigen Wörterbuch werden die Lemmata alphabetisch nicht mit den Anfangsbuchstaben beginnend, sondern von hinten sortiert.[40] Der Verwendungszweck ist entsprechend auf sprachwissenschaftliche Untersuchungen beschränkt, wo eine derartige Ordnungsstruktur für bestimmte Fragestellungen relevant sein kann, etwa wenn man alle Wörter einer Sprache finden will, die über dasselbe Suffix verfügen. Da sich der Zweck dieses Wörterbuchs in seinem Ordnungsprinzip erschöpft, werden etwa in Martin Lehnerts ***Reverse Dictionary of Present-Day English*** (1971) außer der Auflistung der Wörter keine weiteren Angaben gemacht (Abb. 60).
Das ***Reverse English Dictionary*** von Muthmann (1999) bezieht hingegen phonologische Gesichtspunkte mit ein.[41] Entsprechend ist die Struktur des Wörterbuchs komplexer (Abb. 61):

[40] Elektronische Wörterbücher können mit ihren weitergehenden Abfragemöglichkeiten übrigens dieselbe Funktion erfüllen.
[41] Vgl. Muthmann (1999: XI): „... a reverse dictionary should not only give the pronunciation of all headwords but also group them according to the spelling-to-sound correspondences of their endings.“

| | | | |
|---|---|---|---|
| *n* crane's-b | *n* treasury bill | *n* uphill | *n* rolling mill |
| *n* spotted | *n* wrybill | *n* thill | *n* fulling mill |
| crane's-b | *n* navy bill | *n* ant-hill | *n* pug-mill |
| *n* stinking | *n* dill | *n* foot-hill | *n* smock-mill |
| crane's b | *n,v* fill | *n* jill | *n* steel mill |
| *n* stork's-b | *n* ['--] refill | *n* lumberjill | *n* gin mill |
| *n* hawksb | *v* [-'-] refill | *n,v* kill | *n* cotton mill |
| *n* heron's-b | *v* overfill | *n* lambkill | *n* stamp mill |
| *n* crossb | *n,v* gill | *v* cosh-kill | *n* sugar-mill |
| *n* omnibus b | *n* bluegill | *v* winterkill | *n* lumber-mill |
| *n* boat-b | *n* louping ill | *n* ['--ˌ-] overkill | *n* paper-mill |
| *n* sight b | *n,v* hill | *v* [ˌ--'-] overkill | *n* pepper mill |
| *n* sawb | *n,v,a* chill | *n* skill | *n* water-mill |
| *n* show b | *adv* achill | *v* deskill | *n* flour mill |
| *n* crow-b | *n* sand-hill | *n,v* mill | *n* gristmill |
| *n* sparrow-b | *n* molehill | *n* treadmill | *n* smut-mill |
| *n* waxb | *n* dunghill | *n,v* windmill | *n* sawmill |
| *n* playb | *n* muckhill | flying windmill | *n* graymill |
| *n* wayb | *n* ['-ˌ-] downhill | *n* coffee-mill | *v* nill |
| *n* luggage wayb | *a,adv* ['-'-] | *n* snuff-mill | *n* pennill |
| *n* ivory b | downhill | *n* gig mill | *n,v* pill |

Abb. 60: Reverse Dictionary of Present-Day English

# -ɔɪl/-oil

| | |
|---|---|
| ɔɪl | *v,n* **oil** |
| ˌɒlɪv 'ɔɪl | *n* **olive oil** |
| ˌkɒd-lɪvər 'ɔɪl (*AE* ˌkæstər-) | *n* **cod-liver oil** |
| ˌkɑ:stər 'ɔɪl | *n* **castor oil** |
| 'sæləd-ɔɪl | *n* **salad-oil** |
| 'ʃeɪl-ɔɪl | *n* **shale-oil** |
| 'tʌŋ-ɔɪl | *n* **tung-oil** |
| 'pɑ:m-ɔɪl | *n* **palm-oil** |
| 'heər-ɔɪl | *n* **hair-oil** |
| bɔɪl | *v,n* **boil** |
| 'gʌmbɔɪl | *n* **gumboil** |
| 'pɑ:bɔɪl | *v* **parboil** |
| kɔɪl | *v,n* **coil** |
| rɪ'kɔɪl | *v,n* **recoil** |
| fɔɪl | *v,n* **foil** |
| gəʊld-'fɔɪl | *n* **gold-foil** |
| 'trefɔɪl | *n* **trefoil** |
| 'sɪŋkfɔɪl | *n* **cinquefoil** |
| ɪm'brɔɪl | *v* **embroil** |
| sɔɪl | *v,n* **soil** |
| 'naɪt-sɔɪl | *n* **night-soil** |
| 'sʌbsɔɪl | *n* **subsoil** |
| tɔɪl | *v,n* **toil** |

# -ɒl/-ol

(*AE* -ɔ:l/-ol)

| | |
|---|---|
| kɒl | *n* **col** |
| 'prəʊtəkɒl | *n* **protocol** |
| 'ælkəhɒl | *n* **alcohol** |
| 'menθɒl | *n* **menthol** |
| 'fi:nɒl | *n* **phenol** |
| 'ɪntəpɒl | *n* **Interpol** |
| sɒl | (↗soh) *n* **sol** |
| 'pærəsɒl | *n* **parasol** |
| 'eərəsɒl | *n* **aerosol** |
| vɒl | *abbr* **vol** |
| 'eɪwɒl | *abbr* **AWOL** |

| | |
|---|---|
| 'tɪnfɔɪl | *n* **tinfoil** |
| 'haɪdrəfɔɪl | *n* **hydrofoil** |
| 'kaʊntəfɔɪl | *n* **counterfoil** |
| mɔɪl | *v* **moil** |
| 'tɜːmɔɪl | *n* **turmoil** |
| spɔɪl | *v,n* **spoil** |
| dɪ'spɔɪl | *v* **despoil** |
| brɔɪl | *v* **broil** |

**-əʊl/-ol**

(*also esp AE* enroll)

| | |
|---|---|
| ɪn'rəʊl | *v* **enrol** |
| pə'trəʊl | *v,n* **patrol** |
| kən'trəʊl | *v,n* **control** |
| 'praɪs-kəntrəʊl | *n* **price-control** |
| 'faɪə-kəntrəʊl | *n* **fire-control** |
| self-kən'trəʊl | *n* **self-control** |
| 'bɜːθ-kəntrəʊl | *n* **birth-control** |
| ˌdiːkən'trəʊl | *v* **decontrol** |
| ɪk'stəʊl | *v* **extol** |

**-əl/-ol**

| | |
|---|---|
| 'kærəl | *v,n* **carol** |
| 'petrəl | *n* **petrol** |

**-l/-ol**

| | |
|---|---|
| 'gæmbl | *v,n* **gambol** |
| 'sɪmbl | *n* **symbol** |
| 'aɪdl | *n* **idol** |
| 'mɒŋgl | *n,adj* **mongol** |
| 'kæpɪtl | *n* **Capitol** |
| 'pɪstl | *n* **pistol** |
| 'frɪvl | *v* **frivol** |

**-eɪl/-aol**

| | |
|---|---|
| dʒeɪl | (↗jail) *n,v* **gaol** |

**-ɪəl/-iol**

| | |
|---|---|
| 'vɪtrɪəl | *n* **vitriol** |

**-aɪəl/-iol**

| | |
|---|---|
| 'vaɪəl | *n* **viol** |

**-uːl/-ool**

| | |
|---|---|
| kuːl | *v,n,adj* **cool** |
| fuːl | *v,n* **fool** |
| ˌtɒm'fuːl | *n* **tomfool** |
| skuːl | *v,n* **school** (↗reformatory) |
| ˌriː'fɔːm-skuːl | **reform school** |
| 'prep-skuːl | *also* **prep school**, |
| 'sekəndrɪ skuːl | *n* **secondary school** |
| prɪ'pærətrɪ skuːl | *n* **preparatory school** |
| 'raɪdɪŋ-skuːl | *n* **riding-school** |
| 'bɔːdɪŋ-skuːl | *n* **boarding-school** |
| 'kwaɪə-skuːl | *n* **choir-school** |
| 'deɪ-skuːl | *n* **day-school** |
| 'pleɪskuːl | *n* **playschool** |
| puːl | *v,n* **pool** |

Abb. 61: Reverse English Dictionary

## 6.11 Synonymenwörterbücher, Antonymenwörterbücher und Thesauri

Eine andere, weitaus weiter verbreitete Zugriffsstruktur, die ebenfalls von der konventionellen alphabetischen Listung der Wörter abweicht, stellen so genannte Thesauri dar. Synonymenwörterbücher und Thesauri haben gemein, dass sie denjenigen Benutzern helfen wollen, die „nach dem richtigen, treffenden, passenden, situations-, text- oder stilangemessenen Wort" suchen.[42] Synonymenwörterbücher und Thesauri sind also paradigmatische Wortwahlwörterbücher für produktive Zwecke. Sie bilden strukturelle semantische Zusammenhänge ab, die zwischen den Wörtern einer Sprache bestehen und die im konventionellen, alphabetisch angeordneten Wörterbuch höchstens in Form von Querverweisen oder gelegentlichen *usage notes* zum Ausdruck gebracht werden. Insbesonders zu denken ist hier an Synonymie- sowie Hyponymiebeziehungen, aber auch Antonymierelationen werden oft mit erfasst. Lexikografen wie Peter Mark Roget, die sich schon im 19. Jhd. und früher mit dieser Art der lexikografischen Wortschatzerfassung beschäftigten, können von daher auch als Vorläufer der modernen strukturellen Semantik gelten.[43] Synonymen- und Antonymenwörterbücher verfolgen ein ähnliches Ziel, beschränken sich dabei jedoch auf einen Typ der semantischen Relation und verfügen über eine relativ etablierte Zugriffsstruktur, wie ein Auszug aus dem ***Gegenwort-Wörterbuch*** von Wolfgang Müller (1998) deutlich macht (Abb. 62):

| | |
|---|---|
| **Abnehmerland/Erzeugerland** | *ein Abnehmerland für agrarische Produkte* |
| **Abneigung/Neigung** | *seine Neigungen und Abneigungen (was man nicht möchte) erkennen* |
| **Abneigung/Zuneigung; a. Liebe, Sympathie** | *er verspürte eine Abneigung (Antipathie) ihm gegenüber* |
| **Abonnement/Abbestellung** | *das Abonnement erfolgte am 1. April* |
| **abonnieren/abbestellen** | *eine Zeitschrift, ein Magazin abonnieren* |
| **aboral/adoral** | *(vom Mund entfernt liegend; Medizin)* |
| **abpaddeln/anpaddeln** | *am 1. Oktober wird abgepaddelt (das letzte Mal im Jahr gepaddelt)* |
| **abpfeifen/anpfeifen** | *das [Fußball]spiel abpfeifen (unterbrechen, beenden)* |
| **Abpfiff/Anpfiff** | *(Pfiff als Zeichen, daß das Spiel beendet ist; Sport)* |
| **abprallen/eindringen** | *das Geschoß prallte (von der Wand) ab* |
| **abprallen/Wirkung zeigen** | *die Vorwürfe prallten an ihm ab* |

Abb. 62: Gegenwort-Wörterbuch

***Duden Band 8*: *Die sinn- und sachverwandten Wörter*** (Abb. 63) illustriert den Typ des Synonymenwörterbuchs. Es verfügt über eine alphabetische Anordnung der Lemmata, zu denen jeweils eine Reihe von Synonymen angegeben werden. So finden sich nach dem Lemma ***Abendruhe***[44] durch Kommata abgetrennt die Synonyme *Abendstille, Abendfriede,* etc. Der Begriff Synonym muss dabei allerdings als sehr weit gefasst verstanden werden, denn zum einen werden nicht nur Wörter, sondern

[42] Müller (1998: 54). Kritisch dazu äußert sich Püschel (1986).
[43] Vgl. in diesem Sinne Hausmann (1990a: 1069).
[44] Lemmata werden im folgenden fett gedruckt, um sie von ihren Synonymen zu unterscheiden.

auch Wendungen erfasst (z.B. *ohne viel Federlesens zu machen* unter ***kurzerhand***) und zum anderen sind die Lexeme, die dem Lemma folgen, nur selten wirklich bedeutungsgleich.[45] Das entspräche auch nicht der Konzeption dieses Wörterbuchtyps, denn es geht, wie oben gesagt, um die Auswahl des treffendsten Ausdrucks, was schon einen Grad von Bedeutungsverschiedenheit impliziert.

Im Hinblick auf diese Bedeutungsverschiedenheit kann dabei zwischen

- konzeptuellen Bedeutungsunterschieden einerseits und
- stilistischen bzw. varietätenbezogenen Bedeutungsunterschieden andererseits

unterschieden werden. Ein konzeptueller Unterschied besteht z. B. zwischen ***beenden*** und *abbrechen*, denn nur letzteres impliziert den Aspekt des „nicht zu Ende Geführten", wie man etwa an *sie brachen das Experiment ab* gegenüber *sie beendeten das Experiment* sieht. Genau genommen ist *beenden* denn auch ein Hyperonym zu *abbrechen*, denn letzteres lässt sich paraphrasieren als ‚vorzeitig beenden'. Noch deutlicher zeigt sich die Hyponymiebeziehung in einem Eintrag wie ***Zupfinstrument***; dem Lemma folgen hier Lexeme wie *Harfe, Zither, Gitarre,* etc. Ein stilistischer bzw. varietätenbezogener Bedeutungsunterschied liegt dagegen vor bei ***Muskelschmerz*** und *Myalgie* (allgemein- gegenüber fachsprachliches Register) oder bei ***Handfeger***, *Handbesen* und *Handwischer* (dialektale Unterschiede).

Während *Duden 8* die stilistischen und varietätenbezogenen Bedeutungsunterschiede vielfach durch Labels markiert, werden die konzeptuellen Bedeutungsunterschiede weit seltener kommentiert. Zielgruppe des Wörterbuchs sind von daher eher kompetente Muttersprachler, denen man die paradigmatische Vielfalt des Wortschatzes ihrer Sprache zwar in Erinnerung rufen, aber nicht – wie etwa Fremdsprachenlernern – erläutern muss.[46]

Die Entscheidung, welches Lemma einer Wortgruppe in einem Synonymenwörterbuch voransteht, ist zu einem gewissen Grad arbiträr, denn es ist klar, dass eine Synonymengruppe wie *abnehmen, nachlassen, schwinden*, etc. ebenso gut unter die Lemmata ***nachlassen***, ***schwinden***, etc. hätte gestellt werden können wie unter das Lemma ***abnehmen***, unter dem die Grup-

> [1]**Einfall**, Gedanke, Idee, Eingebung, Erleuchtung, Intuition, Inspiration, Geistesblitz *(ugs.)* · *witziger:* Gag, Slapstick · *eigenartiger, verrückter:* Schnapsidee *(salopp)*, Kateridee *(salopp)*, Schnurrpfeiferei *(veraltet)*; **einen [guten] E. haben**, auf eine Idee / auf einen Gedanken kommen, einen Gedanken / eine Idee haben, jmdm. fällt etwas ein, sich etwas einfallen lassen, erfinderisch sein, einen lichten Moment haben *(scherzh.)*; **einen verrückten E. bekommen**, einen Rappel bekommen / kriegen *(salopp)*; **verrückte Einfälle haben**, Einfälle haben wie ein altes Haus *(ugs.)*; ↑Absicht, ↑Ausspruch, ↑Entwurf, ↑Eskapade, ↑Pointe; ↑denken, ↑entwerfen.
>
> [2]**Einfall**: ↑Laune, ↑Okkupation; närrischer E. ↑Ausgefallenheit; schöpferischer E. ↑Erfindung.
>
> **einfallen**: ↑einmarschieren, ↑einstürzen; sich etwas e. lassen, jmdm. fällt etwas ein ↑Einfall; sich etwas nicht im Traum e. lassen ↑tun; etwas fällt jmdm. ein ↑erinnern (sich).

Abb. 63: Duden 8: Die sinn- und sachverwandten Wörter

[45] Vgl. auch Kühn (1985: 66).

[46] Kühn (1985: 52) unterscheidet in diesem Sinne kumulative Synonymiken, die bedeutungsverwandte Wörter nur auflisten, von distinktiven Synonymiken, die die bestehenden Unterschiede erläutern; vgl. auch Hausmann (1990ab), Müller (1998: 54-55.). Müller (1998: 58) weist darauf hin, dass distinktive Synonymiken einen weitaus begrenzteren Wortschatz erfassen.

pe im *Duden 8* tatsächlich verzeichnet ist.[47] Um eine Vielfachnennung der Synonyme unter verschiedenen Lemmata zu vermeiden und trotzdem ein Nachschlagen unter allen möglichen Lexemen einer Synonymengruppe zu ermöglichen, enthält der *Duden 8* eine große Anzahl von Verweisartikeln vom Typ ***Abendstern*** ↑ *Planet.* Andere Synonymenwörterbücher führen stattdessen ein Verweisregister im Anhang oder listen die Synonyme tatsächlich mehrfach.[48]

Thesauri wie der 1852 vom Arzt und Gelehrten Peter Mark Roget zuerst herausgegebene ***Thesaurus of English Words and Phrases*** (Abb. 64) unterscheiden sich von den Synonymenwörterbüchern grundlegend durch ihre ontologische Zugriffsstruktur, d.h. die Anordnung der Lemmata basiert auf dem Versuch einer hierarchischen Klassifikation der Welt und ihrer Phänomene.[49] *Roget's Thesaurus* unterteilt das verzeichnete Wortmaterial hierzu zunächst in sechs Klassen:[50]

1. ABSTRACT RELATIONS, 2. SPACE, 3. MATTER, 4. INTELLECT, 5. VOLITION und 6. EMOTION, RELIGION AND MORALITY

Diese werden weiter unterteilt zunächst in Unterklassen, wie etwa MATTER IN GENERAL, INORGANIC MATTER und ORGANIC MATTER und schließlich in sog. *heads*, die einen relativ homogenen Konzeptbereich benennen, durchgängig nummeriert sind und das eigentliche Grundgerüst der Zugriffsstruktur bei *Roget's Thesaurus* bilden. Unter ORGANIC MATTER finden sich etwa *heads* wie *organisms: living matter, life, animality* aber auch (meist dem positiven Konzept folgend) die negativen Entsprechungen wie *mineral: inorganic matter, death* etc. Synonymengruppen unter einem *head* sind nach Wortarten gegliedert und werden jeweils von einem sogenannten *keyword* eingeleitet, welches die Synonymengruppe charakterisiert. Der folgende fragmentarische Überblick macht die hierarchisch-ontologische Anordnungsstruktur von *Roget's Thesaurus* nochmals deutlich:

Das vorgeschlagene Klassifizierungssystem ist universell, d.h. sprachunabhängig, gedacht[51], und wurde nach dem Vorbild von *Roget's Thesaurus* auch auf andere Sprachen angewendet.[52]

---

[47] Allerdings nennt *Duden 8* es als Prinzip, eine Synonymengruppe unter dem Lexem mit der allgemeinsten Bedeutung zu verzeichnen.

[48] Hausmann (1990b: 1077).

[49] Sager (1982: 6) definiert Thesauri als " ... word lists whose structure is determined by the relationships holding between the concepts these words represent ..." Eine wichtige Rolle spielt der Begriff neben der Lexikografie auch in den Terminologie- und Informationswissenschaften. Kühn (1985: 54) führt aus, dass Roget's Thesaurus das erste Wörterbuch war, in dem eine solche ontologische Systematik unternommen wurde.

[50] Eine Diskussion der möglichen Vorbilder, denen Roget verpflichtet ist, findet sich bei Christmann (1992: 148-149.)

[51] Aus diesem Grunde wurde hier auch der Begriff der ontologischen Zugriffsstruktur dem der onomasiologischen vorgezogen. Ausgangspunkt der Klassifikation sind universell gedachte Konzeptklassen und nicht Bedeutungsklassen, die ja immer sprachabhängig sind.

[52] Beispiele hierfür nennt Marello (1990: 1089).

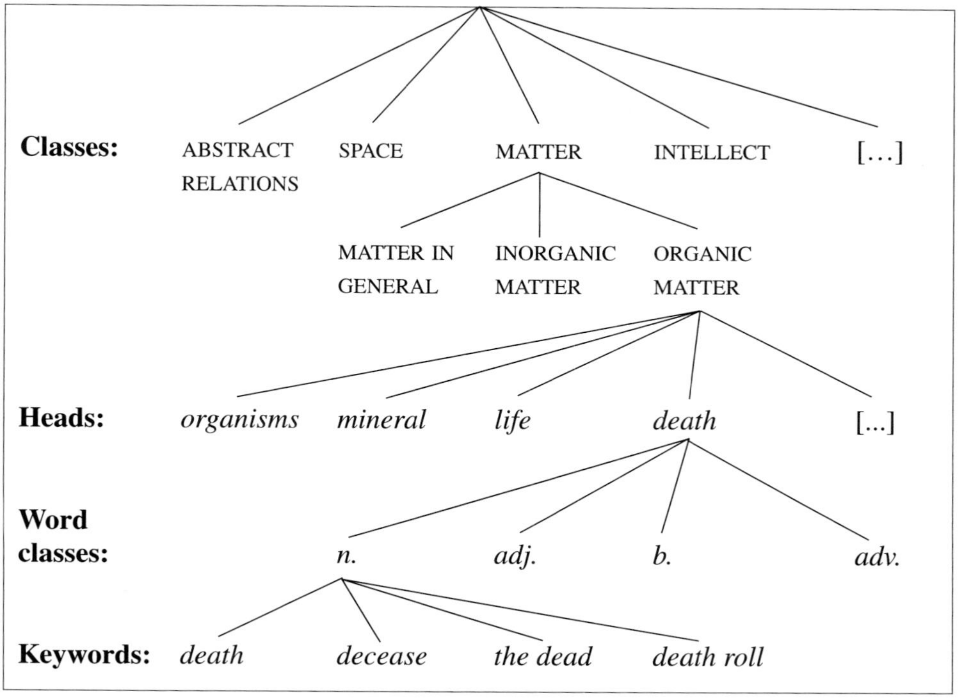


Problematisch an ontologischen Klassifizierungssystemen wie dem von *Roget's Thesaurus* ist, dass sie für den Benutzer nicht immer nachvollziehbar und damit benutzbar sind. So finden sich die *heads health* und *disease* nicht, wie man vielleicht erwarten könnte, in der Klasse MATTER (Unterklasse ORGANIC MATTER) sondern unter VOLITION (Unterklasse PROSPECTIVE VOLITION), wo sie nur dann motiviert erscheinen, wenn man Gesundheit und Krankheit als eine Frage des Willens sieht. Fälle wie dieser machen deutlich, dass Klassifizierungssysteme wie das von *Roget's Thesaurus* niemals neutral sind, sondern immer eine ideologische Sichtweise beinhalten. Je nach eigener ideologischer Ausrichtung werden Benutzer dann besser oder schlechter mit dem Klassifizierungssystem umgehen können.[53]

Angesichts der Probleme, die die ontologische Anordnungsstruktur mit sich bringt, ist es sinnvoll, dem Thesaurus einen alphabetischen Index beizufügen, der es den Benutzern gestattet, von einem Wort ausgehend das umgebende Sinn- bzw. Sachfeld zu erschließen. Im Falle von *Roget's Thesaurus* nimmt dieser Index etwa die Hälfte des gesamten Wörterbuchs ein.

Im Hinblick auf die einem *keyword* folgende Synonymengruppe gilt für *Roget's Thesaurus* dasselbe wie für den *Duden 8*, nämlich dass der Terminus Synonym sehr weit gefasst werden muss. In noch stärkerem Maße als der *Duden 8* listet *Roget's*

[53] Kühn (1985: 61-62) spricht von „unüberwindbaren Schwierigkeiten, eine konsistente Begriffssystematik aufzustellen"; vgl. auch Püschel (1986).

CLASS FOUR

# *Intellect: the exercise of the mind*

## 4.1
## Formation of ideas

SECTION ONE

### *General*

**447 Intellect**

**N.** *intellect*, mind, psyche, mentality; affect 817 *affections*; conation 595 *will*; understanding, intellection, conception; thinking principle, powers of thought, intellectual faculty, cogitative f.; rationality, reasoning power; reason, discursive r., association of ideas 475 *reasoning*; philosophy 449 *thought*; awareness, sense, consciousness, self-c., stream of c. 455 *attention*; cognition, perception, apperception, percipience, insight; extrasensory perception, ESP, instinct, sixth sense 476 *intuition*; flair, judgment 463 *discrimination*; intellectualism, intellectuality; mental capacity, brains, wits, senses, sense, grey matter, IQ, intelligence quotient, mind sorts 498 *intelligence*; great intellect, genius; mental evolution, psychogenesis; seat of thought, organ of t., brain, cerebrum, cerebellum, cortex 213 *head*; electroencephalograph, EEG, brain scan; alpha waves; sensorium 818 *feeling*; healthy mind 502 *sanity*; diseased mind 503 *personality disorder*; mind over matter 984 *occultism*.

*spirit*, soul, geist, mind, inner m., inner sense, inner being; heart, heart's core, breast, bosom, inner man 5 *essential part*; double, ka, ba, genius 80 *self*; psyche, pneuma, id, ego, superego, animus, anima, self, subliminal s., the unconscious, the subconscious; personality, dual p., multiple p., split p. 503 *personality disorder*; spiritualism, spiritism, psychomancy, psychical research 984 *occultism*; spiritualist, occultist.

*psychology*, science of mind, metapsychology; parapsychology 984 *psychics*; abnormal psychology; Freudian psychology, Jungian p., Adlerian p.; Gestalt psychology, configuration theory; behaviourism; crowd psychology; personality testing, psychometry 459 *enquiry*; profiling, psychological p.; psychopathology, psychiatry, antipsychiatry, psychotherapy, psychodrama, psychoanalysis, cognitive therapy, cognitive behaviour *or* behavioural t., neurolinguistic programming 658 *therapy*; self-analysis, enneagram; psychosurgery 658 *surgery*; psychophysiology, psychobiology, psychophysics, psycholinguistics.

*psychologist*, psychoanalyst, psychiatrist, psychotherapist 658 *doctor*; analyst, head shrinker, shrink, trick cyclist; profiler; sports psychologist.

**Adj.** *mental*, thinking, endowed with reason, reasoning 475 *rational*; cerebral, intellective, intellectual, conceptive, noological, noetic, conceptual, abstract; theoretical 512 *suppositional*; unconcrete 320 *immaterial*; perceptual, percipient, perceptive; cognitive, cognizant 490 *knowing*; conscious, self-c., subjective.

*psychic*, psychological; psychogenic, psychosomatic; subconscious, subliminal; spiritualistic, mediumistic, psychomantic 984 *psychical*; spiritual, otherworldly 320 *immaterial*.

**Vb.** *cognize*, perceive, apperceive 490 *know*; realize, sense, become aware of, become conscious of; objectify 223 *externalize*; note 438 *see*; advert, mark 455 *notice*; ratiocinate 475 *reason*; use one's head, understand 498 *be wise*; conceptualize, intellectualize 449 *think*; conceive, invent 484 *discover*; ideate 513 *imagine*; appreciate 480 *estimate*.

**448 Absence of intellect**

**N.** *absence of intellect*, unintelligence; brute creation 365 *animality*; vegetation 366 *vegetable life*; inanimate nature, stocks and stones; instinct, brute i. 476 *intuition*; unreason 449 *thought*; vacuity, brainlessness, mindlessness 450 *absence of thought*; brain damage, dis-

Abb. 64: Roget's Thesaurus of English Words and Phrases

*Thesaurus* Synonyme zwar, erläutert sie aber nicht. In diesem Sinne ist auch er ein Wörterbuch, das sich in erster Linie an Muttersprachler wendet.[54]

Da sich die Welt natürlich auf mehr als eine Weise klassifizieren lässt, kann ein Synonym innerhalb einer Gruppe auch seinerseits an anderer Stelle als *head* dienen, worauf im *Roget's Thesaurus* ein Querverweis hindeutet. Die Häufigkeit derartiger Fälle sorgt dafür, dass der Thesaurus von einem umfassenden Querverweissystem durchzogen ist. Die Begriffe des Thesaurus ordnen sich aus dieser Sicht weniger zu einer hierarchischen Baumstruktur sondern vielmehr zu einer Art komplexer Gewebestruktur an.

Der ***Longman Language Activator*** (LLA2; Abb. 65) nimmt zwischen dem Synonymenwörterbuch und Thesaurus eine Zwischenstellung ein. Die Zugriffsstruktur ist weder rein alphabetisch (wie bei den Synonymenwörterbüchern), noch basiert sie auf dem Versuch einer umfassenden hierarchischen Klassifizierung der Welt. Die Basis der Zugriffsstruktur ist vielmehr eine alphabetische Liste von insgesamt 866 Kernbegriffen (sog. *Keywords*), die semantischen Feldern vorstehen, in die sich der übrige Lemmabestand des Wörterbuchs einfügt. Da sich der *Longman Language Activator* an fortgeschrittene Fremdsprachenlerner wendet, spielte bei der Auswahl der *keywords* der angenommene Bekanntheitsgrad eines Wortes eine wichtige Rolle, d.h. nur solche Wörter wurden als *keyword* ausgewählt, von denen man annehmen kann, dass ein einigermaßen fortgeschrittener Fremdsprachenlerner sie auch kennt.[55]

Idealerweise sollten den Benutzern, die ein bestimmtes Konzept enkodieren möchten, die passenden *keywords* von selbst einfallen, d.h. jemand, der die Vorstellung „hinken" auf English ausdrücken möchte, sollte von selbst auf das *keyword* WALK verfallen, wo er in Sektion 5 „walk slowly because you are in pain or weak" den passenden englischen Ausdruck *limp* finden kann. Was im Falle von WALK und *limp* einleuchtend erscheint, ist in anderen Fällen weit weniger nachvollziehbar: das Verb *float* etwa findet sich unter dem *keyword* ON TOP OF, worauf wohl kaum ein Benutzer von selbst verfallen dürfte. *Thief* findet sich unter dem *keyword* STEAL, hätte aber wohl ebenso gut unter dem ebenfalls vorhandenen *keyword* CRIME stehen können.[56] Allgemeiner gesagt teilt auch die semantische Zugriffsstruktur des *Longman Language Activator* die Probleme, die oben für *Roget's Thesaurus* ausgeführt wurden. Auch der *Longman Language Activator* verfügt daher über einen alphabetischen Index, der den Zugriff auf ein Begriffsfeld über ein jedes der dort verzeichneten Wörter erlaubt.

Der Erläuterungsteil der einzelnen Artikel im *Longman Language Activator* ist stark an die englischen Lernerwörterbücher angelehnt. Anders als bei *Duden 8* oder *Roget's Thesaurus* werden die miteinander kontrastierten bedeutungsähnlichen Lemmata also definiert und mit Beispielen und grammatischer sowie kollokationeller Information versehen. Dies entspricht der Forderung Hausmanns (1990a: 1069), dass ein Synonymenwörterbuch, welches sich als Produktionswörterbuch versteht,

---

[54] Marello (1990: 1083) spricht in diesem Zusammenhang von „cumulative thesauri", die sie mit „defining thesauri" kontrastiert.

[55] *Longman Language Activator* (2002: viii)

[56] Klotz (1994: 382) führt als weiteres Beispiel *stock market crash* auf, welches unter dem *keyword* FAIL zu finden ist.

# dance

**RELATED WORDS**

▸ *see also* **music, perform/performance, sing**

## 1 to dance

▸ **dance** ▸ **do**
▸ **dancing**

**dance** /dɑːns‖dæns/ [v I] to move your body in time to music, for example at a social event or as part of a performance: *Everyone got up and danced.* | **+ with** *Will you dance with me?* | **+ to** *If you like dancing to drum and bass, come to the Coven on Saturday night.* | **dance the night away** (=dance all night) *The disco starts at 11pm so you can dance the night away.* | **dance the waltz/the tango/the twist etc** (=dance a particular kind of dance) *I have an old photo of my parents dancing a waltz.*

**dancing** /ˈdɑːnsɪŋ‖ˈdæn-/ [n U] the activity of moving your feet and body to music: *My boyfriend doesn't like dancing.* | *There was music, Scottish dancing, and lots of food.* | **go dancing** (=go somewhere in order to dance) *Mum and Dad used to go dancing every Friday night.*

**do** /duː/ [v T] to **do** a particular kind of dance: *She got up and did a little dance.* | *The tribespeople did a special dance, which they said would bring rain.* | **do the waltz/the tango/the twist etc** *Can you do the twist?*

## 2 a set of movements performed to a particular type of music

▸ **dance** ▸ **steps**

**dance** /dɑːns‖dæns/ [n C] a set of movements that you do to a particular kind of music: *I prefer old-fashioned dances like the waltz or the tango.* | **folk dance** (=a traditional dance) *Hungarian folk dances* | **dance craze** (=a style of dance that is very popular for a short time) *The surprise hit of that summer was 'Macarena', which was also a dance craze.*

**steps** /steps/ [n plural] the movements you make with your feet as part of a particular dance: *Can you show me the right steps for this dance?* | *I'd like to dance but I don't know the steps.* | **dance steps** *It took me ages to get right some of the more complicated dance steps.*

## 3 someone who dances

▸ **dancer** ▸ **partner**

**dancer** /ˈdɑːnsəʳ‖ˈdæn-/ [n C] someone who dances, either because it is their job or for enjoyment: *I'm not a very good dancer.* | *a world famous dancer* | **ballet/belly/break etc dancer** *The ballet dancer, Rudolph Nureyev, died at the age of fifty-four.*

**partner** /ˈpɑːʳtnəʳ/ [n C] another person that you dance with: *When I saw her again, she was dancing with a different partner.* | *Try not to step on your partner's toes.*

## 4 a social event where people dance

▸ **dance** ▸ **ball**
▸ **club** ▸ **prom**
▸ **disco**

**dance** /dɑːns‖dæns/ [n C] an organized social event where people go to dance: *Do you want to go to the dance on Saturday night?* | **hold a dance** (=organize a dance) *Dances used to be held in the church hall at least once a month.* | **dinner dance** (=a formal event with dinner and dancing) *The Society are holding their 15th anniversary dinner dance at the Broomshill Hotel.*

**club** /klʌb/ [n C] a place where people go at night to dance to loud popular music: *I met some friends at a party and then we went on to a club.* | **go clubbing** (=go to one or more clubs) *If you want to go clubbing, London's the place to be.*

**disco** /ˈdɪskəʊ/ [n C] a place or fairly informal social event where people dance to popular music: *Nick met Rachel at a disco when she was 17 years old.* | *It was a small seaside town with a couple of bars and one shabby-looking disco.*

**ball** /bɔːl/ [n C] a formal social event at which people dance and wear formal clothes: *It was the first time I'd ever been invited to a ball.* | **hold a ball** *The University holds a summer ball at the end of June.*

**prom** /prɒm‖prɑːm/ [n C usually singular] a social event for high school students in the US where there is music and dancing, and that people usually go to with a partner: *Joey walked me home after the prom.* | **high school prom** *The band first played together at a high school prom.*

## 5 to invent a set of movements or steps to be used in a dance

▸ **choreograph** ▸ **choreographer**
▸ **choreography**

**choreograph** /ˈkɒriəgrɑːf, ˈkɔː-‖ˈkɔːriəgræf/ [v T] *She has been asked to choreograph a modern ballet for the National Dance Theatre.* | *There were some fabulous, beautifully choreographed dance routines.*

**choreography** /ˌkɒriˈɒgrəfi, ˌkɔː-‖ˌkɔːriˈɑːg-/ [n U] the art of inventing steps and movements and combining them into a dance: *She studied choreography at the Royal School of Ballet.* | *The splendid choreography was by Ann-Marie Brady.*

**choreographer** /ˌkɒriˈɒgrəfəʳ, ˌkɔː-‖ˌkɔːriˈɑːg-/ [n C] someone who invents the movements or steps to be used in a dance: *McKayle was considered the leading black modern dance choreographer of his day.*

Abb. 65 : LLA2

zu den aufgelisteten Synonymen ein ausreichendes Maß an syntagmatischer Information liefern muss, um eine normgerechte Produktion zu ermöglichen.

Falsch wäre jedoch der Eindruck, dass der *Longman Language Activator* ein Lernerwörterbuch ersetzen könnte. Zum einen enthält der *Longman Language Activator* deutlich weniger Lemmata als etwa das *Longman Dictionary of Contemporary English*, denn so genannte „real world items"[57] sind nicht erfasst. Hierbei handelt es sich um Lexeme, die konkrete Gegenstände bezeichnen, etwa Obstarten wie *apple, pear, plum, strawberry*, etc., deren Bedeutung sich weniger aus strukturellen Kontrastverhältnissen im Wortschatz sondern vielmehr denotativ durch Bezug auf eine Klasse von Objekten ergibt.[58] Lexeme wie diese eignen sich weniger zur Erfassung in einem Wörterbuch wie dem *Longman Language Activator*.

Der zweite wichtige Unterschied zum Lernerwörterbuch besteht darin, dass durch die onomasiologische Anordnungsstruktur des *Longman Language Activator* die Polysemiestrukturen der Lexeme nicht mehr abgebildet werden, da die verzeichneten Lemmata nicht Lexeme sondern lexikalische Einheiten (vgl. oben Kap. 5.3.4.2) sind. Zum Beispiel finden sich die diversen Bedeutungen des Verbs *catch* über eine Reihe von Einträgen unter den *keywords* BREATHE (*catch your breath*), CATCH (*catch a ball*), GET ON OR OFF A BUS, PLANE etc (*catch a plane*), ILLNESS/DISEASE (*catch the flu*), etc. verteilt, so dass sich aus den einzelnen Einträgen kein Bild über das ganze Bedeutungsspektrum des Lexems ergibt. Die Vermittlung derartiger Bedeutungsspektren ist aber ein wichtiger didaktischer Nebeneffekt, der sich bei der Benutzung von Lernerwörterbüchern (und anderen semasiologisch geordneten Bedeutungswörterbüchern) einstellt.

## 6.12 Bildwörterbücher

Eine dem Thesaurus-Prinzip verwandte, aber doch gänzlich andersartige Struktur findet sich in Bildwörterbüchern. Ausgangspunkt der Gliederung sind hierbei nicht sprachliche Elemente, sondern Bildvorlagen, meist in der Form von Zeichnungen. Diese Bilder werden dann mit Bezeichnungen für die abgebildeten Gegenstände beziehungsweise Teile dieser Gegenstände versehen. Dabei gibt es sowohl einsprachige Bildwörterbücher wie das *Duden Bildwörterbuch der deutschen Sprache* als auch zwei- oder mehrsprachige wie das *Duden Oxford Bildwörterbuch Deutsch und Englisch* oder das *PONS Bildwörterbuch Deutsch-Englisch-Französisch-Spanisch*.

[57] Der Begriff entstammt dem Vorwort zur ersten Auflage des *Longman Language Activator* (1993, F8); in der zweiten Auflage (2002) wird der systematische Ausschluss dieses Teilbereichs des englischen Wortschatzes nicht mehr explizit erwähnt. Mit dem *Longman Lexicon of Contemporary English* (McArthur 1991) liegt allerdings ein für Lerner konzipiertes ontologisch geordnetes Wörterbuch vor, dass sich vorrangig der „real world items" annimmt und damit als Komplement zum *Longman Language Activator* gelten kann.

[58] Zur Unterscheidung von Bedeutung (*sense*) und Denotation (*denotation*) siehe Lyons (1977: 197-215).

Wie Thesauri sind auch Bildwörterbücher nach Sachgebieten gegliedert, so dass sich auch hier in gewissem Maße das Problem einer konsequenten und nachvollziehbaren ontologischen Systematik stellt.[59] Die Besonderheit solcher Wörterbücher liegt darin, dass sie es sozusagen erlauben, von einer Sache auszugehen und ein Wort zu seiner Bezeichnung zu suchen, ohne dass intra- oder intersprachliche Vermittlungsprozesse in der Form von Definitionen, L1-L2-Äquivalenten oder Hyperonymen zwischengeschaltet wären. In diesem Sinne haben auch Bildwörterbücher onomasiologischen Charakter.[60] Dies ist insbesondere im Bereich solcher Fachsprachen erfolgversprechend, wo es um die konkrete Benennung einzelner Maschinenteile, Pflanzen etc. geht, die sich verbal schlecht beschreiben lassen. Für die Nutzung im allgemeinsprachlichen Bereich sind Bildwörterbücher dagegen aus verschiedenen Gründen eher begrenzt nutzbar: Zum einen lässt sich der Ansatz nur bei konkret zeigbaren und bildlich gut darstellbaren Gegenständen überhaupt verwenden, so dass – sprachlich gesehen – im Wörterbuch im Wesentlichen konkrete Substantive behandelt werden.[61] Und selbst dabei stellt sich oft das Problem, dass eine eindeutige Markierung des gemeinten Bildteils nur schwer möglich ist. So ist in der unten abgedruckten Abbildung (Abb. 66) eines Seenotrettungskreuzers aus dem ***Duden Oxford Bildwörterbuch Deutsch und Englisch*** (DOBW2) weder klar zu erkennen, ob sich 20 auf die gesamte Mastanlage bezieht oder nur auf Teile davon, noch ist klar,ob mit 29 die Bordwand des Schiffes gemeint ist oder etwas anderes. Klärung verschafft zwar die Legende, in der man für 20 *Feuerlöschanlage* und für 29 *die Seitenmotoren* eingetragen findet, doch ist klar, dass das Wörterbuch seine onomasiologische Funktion in dem Moment nicht mehr erfüllt, in dem man die Legende zur Interpretation des Bildes heranziehen muss. Dieses Problem lässt sich in elektronischen Versionen solcher Wörterbücher allerdings sehr gut lösen, weil der entsprechende Teil der Abbildung auf dem Bildschirm insgesamt markiert werden kann.

Eine weitere Schwäche vieler Bildwörterbücher besteht darüber hinaus darin, dass sie fachsprachliche Bezeichnungen angeben, ohne diese entsprechend zu markieren, was ihre Nutzbarkeit für allgemeine Kommunikationssituationen stark einschränkt.[62]

---

59 Vgl. in diesem Punkt Klotz (1995: 269f.) zum *Pons Bildwörterbuch Deutsch-Englisch-Französisch-Spanisch* und (1996: 344) zum *Duden-Oxford Bildwörterbuch Deutsch und Englisch* (DOBW2).

60 Scholze-Stubenrecht (1990: 1104) weist allerdings darauf hin, dass Bildwörterbücher über den alphabetischen Index auch semasiologischen Zugriff erlauben. Mehrsprachige Bildwörterbücher dienen darüber hinaus auch der Äquivalenzfindung.

61 Vgl. auch Scholze-Stubenrecht (1990: 1104).

62 Vgl. in dieser Hinsicht Klotz (1995: 270f.) zum *PONS Bildwörterbuch Deutsch-Englisch-Französisch-Spanisch.*

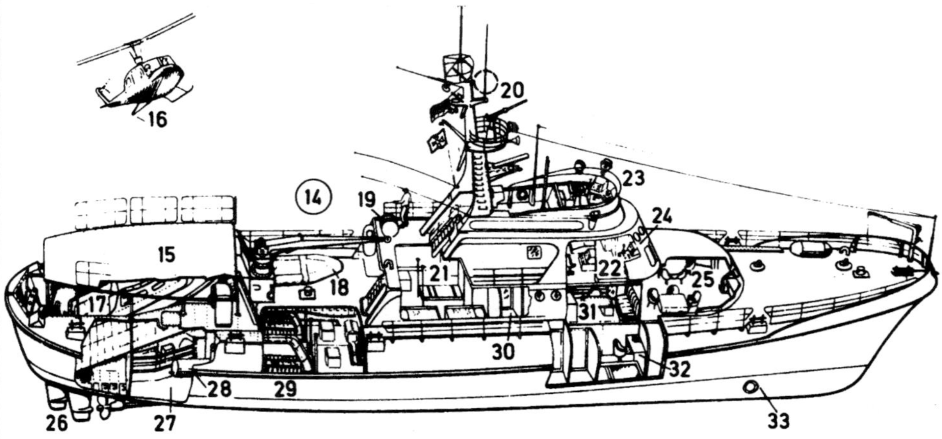


**14** der Seenotkreuzer
– *rescue cruiser*
**15** das Hubschrauberarbeitsdeck
– *helicopter landing deck*
**16** der Rettungshubschrauber
– *rescue helicopter*
**17** das Tochterboot
– *daughter boat*
**18** das Schlauchboot
– *inflatable boat (inflatable dinghy)*
**19** die Rettungsinsel
– *life raft*
**20** die Feuerlöschanlage zur Bekämpfung von Schiffsbränden *m*
– *fire-fighting equipment for fires at sea*
**21** das Hospital mit Operationskoje *f* und Unterkühlungsbadewanne *f*
– *hospital unit with operating cabin and exposure bath*
**22** der Navigationsraum
– *navigating bridge*
**23** der obere Fahrstand
– *upper tier of navigating bridge*
**24** der untere Fahrstand
– *lower tier of navigating bridge*
**25** die Messe
– *messroom*
**26** die Ruder- und Propelleranlage
– *rudders and propeller (screw)*
**27** der Stauraum
– *stowage*
**28** der Feuerlöschschaumtank
– *foam can*
**29** die Seitenmotoren *m*
– *side engines*
**30** die Dusche
– *shower*
**31** die Vormannkabine
– *coxswain's cabin*
**32** die Mannschaftseinzelkabine
– *crew member's single-berth cabin*
**33** die Bugschraube
– *bow propeller*

Abb. 66: DOBW2

## 6.13 Allgemeine und enzyklopädische Lernerwörterbücher

Lernerwörterbücher richten sich an Benutzer, die die entsprechende Sprache als Fremdsprache gelernt haben beziehungsweise lernen. Dieser Benutzerkreis unterscheidet sich von dem allgemeiner Wörterbücher sowohl in Hinblick auf die Nachschlagebedürfnisse als auch in Bezug auf die allgemeine Kompetenz in der Sprache des Wörterbuchs. Letzteres ist insbesondere in Hinblick auf die Gestaltung von Worterklärungen und Beispielen von Bedeutung, weil diese möglichst keine Wörter enthalten sollten, die den Benutzern unbekannt sind und sie vor große Verständnisprobleme stellen. Was die Funktion des Wörterbuchs angeht, so erfüllen Lernerwörterbücher in der Regel zwei Funktionen, nämlich die eines Rezeptions- und die eines Produktionswörterbuchs.[63] Dabei wirft die mangelhafte Kompetenz der Benutzer das Problem auf, dass die Suche nach dem „richtigen“ Wort – also der richtigen Form zu einem semantischen Inhalt – dadurch erschwert wird, dass sie nicht wissen können, wo sie nachschlagen sollen, weil sie das Wort ja eben genau nicht kennen. In dieser Hinsicht kommt Illustrationen und Querverweisen in Lernerwörterbüchern eine besondere Bedeutung zu.

Insgesamt ist angesichts des Zielpublikums der Lexikoparameter der Benutzerfreundlichkeit besonders hoch zu gewichten. Die historische Entwicklung der Lexikografie, insbesondere vielleicht der britischen Wörterbuchschreibung, zeigt, dass die Gestaltung von Lernerwörterbüchern gerade unter dem Gesichtspunkt der Benutzerfreundlichkeit in vielerlei Hinsicht innovativ war und dass von diesem Wörterbuchtyp viele wichtige Impulse auch für die Weiterentwicklung anderer Wörterbücher ausgingen, sodass die Unterscheidung zwischen Lernerwörterbüchern und allgemeinen Wörterbüchern heute zum Teil weit weniger streng zu treffen ist als zur Zeit des Erscheinens der ersten Lernerwörterbücher.[64]

Heute kann man vielen Lernerwörterbüchern, vor allem, aber keineswegs ausschließlich, im Bereich des Englischen, einen sehr hohen lexikografischen Standard attestieren. Typische Kennzeichen sind:

- gut verständliche Definitionen, häufig auf der Basis eines flexibel gehandhabten begrenzten Definitionswortschatzes
- viele Beispiele, oft auf der Basis von Korpusauswertungen, häufig in ganzen Sätzen
- relativ leicht interpretierbare Angaben zu grammatischen Eigenschaften von Wörtern, vor allem auch zur Valenz
- weitgehende Vermeidung von Abkürzungen (in Beispielen usw.)

---

[63] Zu allgemeinen Charakteristika von Lernerwörterbüchern s. Cowie (1984), Hausmann (1990c), Herbst (1990), Kühn (1998) und Heuberger (2000).

[64] Zur Geschichte der englischen Lernerlexikografie, der bedeutenden Rolle von Forschern wie A.S. Hornby und Harold Palmer und einer Darstellung der verschiedenen Generationen englischer Lernerwörterbücher sowie der Stärken und Schwächen der einzelnen Wörterbücher s. Cowie (1999a).

- Angaben zur Frequenz von Wörtern
- starke Berücksichtigung von Kollokationen
- flexible Einbeziehung pragmatischer und lernerspezifischer Information in *usage notes* etc.
- angemessene Berücksichtigung regionaler und nationaler Varietäten, vor allem natürlich des amerikanischen Englisch neben dem britischen Englisch
- großzügige und übersichtliche Lemmatisierungs- und Gliederungspraxis.

Das ***Oxford Advanced Learner's Dictionary*** (OALD) bildet den Klassiker unter den englischen Lernerwörterbüchern. Es erschien erstmals im Jahre 1942 in Japan unter dem Titel *Idiomatic and Syntactic English Dictionary*, 1948 als *A Learner's Dictionary of Current English* bei Oxford University Press, ab 1952 mit dem Titel *The Advanced Learner's Dictionary of Current English,* mit der dritten Auflage von 1974 als *Oxford Advanced Learner's Dictionary of Current English.* Über dreißig Jahre lang stellte das OALD unangefochten den Prototyp eines Wörterbuchs dieser Größe dar, das deutlich auf ein Zielpublikum zugeschnitten war, zu dem Ober- bzw. Kollegstufenschülerinnen und -schüler der deutschen Gymnasien und auch Studenten und Studentinnen zu zählen sind. Die herausgeberische Leistung seines Begründers A.S. Hornby kann als eine Pioniertat der englischen Lexikografie gesehen werden, die auch durch grundlegende Verbesserungen in den neueren Lernerwörterbüchern nicht geschmälert wird.[65]

Zunehmende Konkurrenz auf dem Markt – durch das Erscheinen des *Longman Dictionary of Contemporary English* (LDOCE) im Jahr 1978 und des ersten grundlegend korpusgestützten englischsprachigen Wörterbuchs, des *Collins Cobuild English Language Dictionary* im Jahr 1987 – hat auch das OALD zu entscheidenden Neuansätzen gezwungen. Nach anfänglichem Widerstand führte das OALD in der 5. Auflage nach dem Vorbild von LDOCE einen begrenzten Definitionswortschatz ein, Hornbys ursprünglich innovative, aber dennoch wenig transparente *verb patterns* wurden durch leichter verständliche Darstellungen der Valenz von Verben abgelöst, und die ursprünglich äußerst gedrängte und kompakte Eintragsstruktur und Lemmatisierungspraxis durch eine wesentlich benutzerfreundlichere ersetzt. Wie groß der Unterschied zwischen der 2. und der 6. Auflage ist, verdeutlichen folgende Einträge (Abb. 67 und 68):

> [1]**feed** [fi:d] ***v.t. & i.*** (p.t. & p.p. *fed* [fed]) **1.** (VP 1, 18) give food to: *Have the pigs been fed yet? Have you fed the chickens? What do you ~ your dog on,* what kind of food do you give it? **~ *oneself*,** put food into the mouth: *The baby can't ~ itself yet.* **~ *up*,** give extra food to, give nourishing food to: *There are hundreds of poor children there who need ~ing up.* ***be fed up (with)*,** (sl.) have had too much of sth.; be discontented: *I'm fed up with your grumbling.* **'~*ing*-ˌ*bottle*** *n.* bottle from which hand-fed infants are given milk, etc. **2.** (VP 18) give to as food: *~ oats to horses. I wouldn't ~ that stinking meat to my dog.* **3.** (VP 21) (chiefly of animals, colloquially or humorously of persons) eat: *The cows were ~ing in the meadows. Have you fed yet?* **4.** (VP 24) **~ *on*,** take as food: *Cattle ~ chiefly on grass.* **5.** (VP 1, 18) supply with material; supply (material) to: *This moving belt ~s the machine with raw material (~s raw material into the machine). The lake is fed by two rivers.*

Abb. 67: OALD2

[65] Zur Geschichte des OALD und seinen Vorläufern s. Cowie (1999b).

**feed** /fi:d/ *verb, noun*
■ *verb* **(fed, fed** /fed/)
GIVE/EAT FOOD | **1 ~ sb/sth (on) sth | ~ sth to sb/sth** to give food to a person or an animal: [VN] *Have you fed the cat yet?* ◊ *The baby can't feed itself yet* (= can't put food into its own mouth). ◊ *The cattle are fed on barley.* ◊ [VNN, VN] *The cattle are fed barley.* ◊ *The barley is fed to the cattle.* **2** [V] (of a baby or an animal) to eat food: *Slugs and snails feed at night.*—see also FEED ON/OFF STH **3** [VN] to provide food for a family or group of people: *They have a large family to feed.* ◊ *There's enough here to feed an army.*
PLANT | **4** [VN] to give a plant a special substance to make it grow: *Feed the plants once a week.*
GIVE ADVICE/INFORMATION | **5 ~ sb sth | ~ sth to sb** to give advice, information, etc. to sb/sth: [VNN, VN] *We are constantly fed gossip and speculation by the media.* ◊ *Gossip and speculation are constantly fed to us by the media.*
SUPPLY | **6** [VN] **~ A (with B) | ~ B into A** to supply sth to sb/sth: *The electricity line is fed with power through an underground cable.* ◊ *Power is fed into the electricity line through an underground cable.*
PUT INTO MACHINE | **7** [VN] **~ A (with B) | ~ B into A | ~ sth (into/through sth)** to put or push sth into or through a machine: *He fed coins into the meter.* ◊ *He fed the meter with coins.* ◊ *The fabric is fed through the machine.*
SATISFY NEED | **8** [VN] to satisfy a need, desire, etc. and keep it strong: *For drug addicts, the need to feed the addiction takes priority over everything else.*
IDM **ˌfeed your ˈface** (*informal*, usually *disapproving*) to eat a lot of food or too much food **a ˈfeeding frenzy** (*especially AmE*) a period of time during which sb/sth eats, spends, etc. a lot in a way that does not seem to be controlled—more at BITE *v.*
PHR V **ˈfeed on/off sth 1** (of an animal) to eat sth: *Butterflies feed on the flowers of garden plants.* **2** (often *disapproving*) to become stronger because of sth else: *Racism feeds on fear.* ◊ *He feeds off the work and reputation of others.* **ˌfeed ˈthrough (to sb/sth)** to reach sb/sth after going through a process or system: *It will take time for the higher rates to feed through to investors.* **ˌfeed sb↔ˈup** (*BrE*) to give a lot of food to sb to make them fatter or stronger

Abb. 68: OALD6

Das ***Longman Dictionary of Contemporary English*** (LDOCE) zeichnete sich bereits in seiner ersten Auflage durch eine Reihe von äußerst benutzerfreundlichen innovativen Elementen aus, durch die es sich entscheidend von der damaligen Version des OALD abhob. Neben der weitaus übersichtlicheren Struktur, die sich durch platzraubende Elemente wie der Verwendung einer neuen Zeile für jeden Eintrag ergab, und der Einführung von *usage notes* ist vor allem die Einführung eines begrenzten Definitionswortschatzes zu erwähnen (> 3.2.3). Dieser Ansatz hat sich als äußerst brauchbare Methode zur Erreichung einfacher Definitionen erwiesen – seine Verwendung in Beispielen wurde allerdings aufgrund der damit verbundenen mangelnden Authentizität wieder aufgegeben – und kann als wesentliche Innovation für Lernerwörterbücher gesehen werden, die in modifizierter Form nicht nur in den neueren Auflagen von LDOCE, sondern auch von fast allen anderen englischen Lernerwörterbüchern vergleichbarer Größe übernommen wurde. Ähnliches gilt für *usage notes* und das Bemühen um eine transparente Darstellung grammatischer Information. Neben den *Cobuild*-Wörterbüchern ist heute beim *Longman Dictionary of Contemporary English* der Einfluss der Korpusanalysen vielleicht am deutlichsten zu spüren, der sich nicht nur in der Markierung von Wörtern, die im gesprochenen oder geschriebenen Korpus unter die häufigsten 3000 fallen, äußert, sondern auch in statistischen Angaben von Formen im amerikanischen oder britischen Englisch oder der geschriebenen und gesprochenen Sprache. Vor allem aber zeichnet sich das *Longman Dictionary of Contemporary English* (LDOCE4) in seiner Identifizierung von lexikografischen Thema-Elementen dadurch aus, dass es den phraseologischen beziehungsweise idiomatischen Charakter von Sprache sehr in den Vordergrund stellt.

Angesichts des großen Marktes für Englisch als Fremdsprache haben auch andere Verlage ähnliche Wörterbücher auf den Markt gebracht. Dabei kann das ***Collins Cobuild English Language Dictionary*** von 1987 insofern als Pionierleistung in der

Lexikografie gelten, als es das erste Wörterbuch dieser Größenordnung ist, das grundlegend auf der systematischen Auswertung eines Korpus beruht, nämlich des von John Sinclair begründeten *Cobuild* Korpus, das später in der *Bank of English* aufging. Neben der Verwendung authentischer Korpusbeispiele ist für dieses Wörterbuch ebenfalls das Bemühen um Verständlichkeit kennzeichnend, was sich in der Vermeidung lexikografischer Kondensationselemente äußert. So werden die Definitionen in ganzen Sätzen gegeben (> 3.2.4.2), Labels vermieden und eine Lemmatisierungspraxis beschritten, die sich an einem wortklassenübergreifenden Lexembegriff (> 5.3.4) orientiert. Informationen mit technischem Charakter (zur Wortklasse, Valenz, Synonymie-, Antonymie- und Hyperonymiebeziehungen) werden in einer eigenen Spalte von der allgemein interpretierbaren getrennt aufgeführt.

Insgesamt ist festzustellen, dass sich für englische Lernerwörterbücher in den letzten 20 Jahren gewisse Standards etabliert haben, die generell zu einem hohen Niveau in diesem Wörterbuchtyp geführt haben. Interessant ist, dass die Neuauflagen des *Collins Cobuild English Language Dictionary* ([1]1987/[2]1995) und *Cambridge International Dictionary of English* ([1]1995) ihre bisherigen Titel aufgeben und jetzt – noch deutlicher als das neue Lernerwörterbuch des Macmillan-Verlags – einen expliziten Bezug zu den *advanced learners* des OALD herstellen: *Collins Cobuild English Dictionary for Advanced Learners* ([3]2001), *Macmillan English Dictionary. School edition. For advanced learners.* (2002), *Cambridge Advanced Learner's Dictionary* (2003).

Eine Erweiterung des Konzepts der Lernerwörterbücher um eine kulturkundliche Komponente findet sich in den sogenannten enzyklopädischen Lernerwörterbüchern[66] wie dem ***Oxford Advanced Learner's Dictionary. Encyclopaedic Edition*** (1992) und dem ***Longman Dictionary of the English Language and Culture*** (1992). Diese Wörterbücher basieren auf LDOCE und OALD, enthalten aber darüber hinaus Informationen zu Sachbegriffen wie *public school*, zu Personen der Geschichte und Zeitgeschichte, aber auch aus Kunst, Literatur, Film usw. wie *Henry VIII, Inigo Jones, James Joyce* sowie kultur- oder landesspezifische Ergänzungen zu Definitionen des Allgemeinwortschatzes, die eher dem konnotativen oder subjektiven Bereich zuzuordnen sind. Diese beiden Wörterbücher unterscheiden sich deutlich in ihrer Ausrichtung, und zwar dahingehend, dass die enzyklopädische Version des *Oxford Advanced Learner's Dictionary* einen eher als klassisch zu bezeichnenden Kulturbegriff zugrunde legt, während das *Longman Dictionary of English Language and Culture* sehr stark auch auf Elemente der Jugendkultur abzielt und Einträge zu *Madonna, Abba* oder *Dynasty* umfasst.

Unter dem Aspekt eines umfassenden Textverständnisses, entsprechend auch unter übersetzungstheoretischen Überlegungen sind manche dieser Informationen durchaus wünschenswert. Angesichts der großen Gefahr einer schnellen Überalterung, der Kürze und zuweilen auch Subjektivität der gegebenen Information muss man es jedoch keineswegs für erwiesen halten, dass ein Lernerwörterbuch diese Funktion gut erfüllen kann.

[66] Zu enzyklopädischen Lernerwörterbüchern s. Crowther (1999) und Heath/Herbst (1994).

Die Bedeutung der englischen Lernerwörterbücher zeigt sich auch in ihrer Ausstrahlung auf die Lexikografie anderer Sprachen. So lehnt sich ***Langenscheidts Großwörterbuch Deutsch als Fremdsprache*** (LGDaF)[67], das 1993 erschien, in der inhaltlichen und formalen Gestaltung an die englischen Lernerwörterbücher, insbesondere an das *Longman Dictionary of Contemporary English,* an. Zwar unterscheidet es sich in einigen Punkten von seinen Vorbildern – zum Beispiel sahen die Herausgeber im Falle des Deutschen keine Notwendigkeit für die Verwendung eines restringierten Definitionswortschatzes[68] –, zeichnet sich aber doch ebenso durch große Benutzerfreundlichkeit aus. Dabei entwickelte das LGDaF insbesondere im Bereich der Kollokationen (> 3.9) und der Wortbildung Techniken, die sich fruchtbringend auch für andere Sprache anwenden ließen. Mit der Neuauflage von 2003 tut das *Langenscheidt Großwörterbuch Deutsch als Fremdsprache* einen wesentlichen Schritt in Richtung auf ein enzyklopädisches Lernerwörterbuch, indem es Kästen einführt, in denen sich kulturkundliche Informationen der verschiedensten Art finden (Abb. 69 – 71).

**Johann Wolfgang von Goethe**

Johann Wolfgang von Goethe ist wohl der herausragendste Schriftsteller des deutschsprachigen Raums.
Er wurde am 28. August 1749 in Frankfurt am Main geboren. Mit 16 Jahren begann er Jura zu studieren, ab 1771 arbeitete er als Anwalt in Frankfurt. 1775 wurde er als Privatlehrer und Minister an den Hof des jungen Herzogs Karl August in Weimar berufen. Weimar wurde unter Goethes Einfluss zu einem wichtigen Kulturzentrum, das bedeutende Schriftsteller und Philosophen anzog. 1786 unternahm Goethe eine zweijährige Italienreise, deren Eindrücke seine späteren Werke beeinflussten. Ab 1794 vertiefte sich die Freundschaft zu Schiller und führte zu einer engen Zusammenarbeit der beiden Schriftsteller. Goethe starb am 22. März 1832 in Weimar.
Sein umfangreiches Werk umfasst Gedichte, Dramen, Romane und naturwissenschaftliche Abhandlungen. Zu seinen bekanntesten Werken zählen ***Götz von Berlichingen***, ***Die Leiden des jungen Werther***, ***Die italienische Reise***, ***Wilhelm Meisters Lehrjahre***, ***West-östlicher Divan*** und natürlich vor allem die beiden Teile des ***Faust***.

Abb. 69: LGDaF 2003

**Die Essenszeiten**

Die Zeiten für das Mittagessen liegen normalerweise zwischen 12 Uhr und 13.30 Uhr, die für das Abendessen zwischen 18 Uhr und 20 Uhr, in Restaurants auch später. Es ist wichtig, sich an diese Zeiten zu halten, wenn man in ein Lokal zum Essen geht, da die Küche vor allem mittags oft ab einer bestimmten Uhrzeit geschlossen wird.

Abb. 70: LGDaF 2003

---

67 Vgl.in diesem Zusammenhang Herbst (1998) und Schafroth/Zöfgen (1998).

68 Cf. Götz (1999).

| Wie bekomme ich einen Studienplatz? |
|---|
| Die Voraussetzung, einen Studienplatz an einer deutschen Universität zu erhalten, ist die „allgemeine **Hochschulreife**“, das so genannte **Abitur**. Zum **Studium** an einer der **Fachhochschulen** benötigt man die „fachgebundene Hochschulreife“, das so genannte **Fachabitur**.<br>Potenzielle Studenten aus dem Ausland, die nicht an einer deutschen Schule die Hochschulreife erlangt haben, sollten sich rechtzeitig (etwa ein Jahr vor dem geplanten Studienbeginn) darüber informieren, ob ihr Schulabschluss ausreicht, um ein Studium in Deutschland aufzunehmen. Auskünfte darüber geben die Akademischen Auslandsämter der jeweiligen Hochschulen bzw. die ZVS, die Zentralstelle für die Vergabe von Studienplätzen, in Dortmund.<br>Genaueres erfährt man beim Deutschen Akademischen Austauschdienst, dem DAAD, unter der Internetadresse **www.daad.de** oder bei der ZVS unter **www.zvs.de.**<br>Seit etwa 30 Jahren müssen angehende Studenten, die ein Fach studieren möchten, bei dem die Zulassungszahlen für Studienanfänger bundesweit begrenzt sind (das sind die „harten **Numerus-Clausus**-Fächer“ wie Medizin, Jura oder Betriebswirtschaft), ihren Antrag auf Zuteilung eines Studienplatzes an die ZVS richten. Man kann zwar seine Wünsche hinsichtlich des Studienortes äußern, hat jedoch keine Garantie, einen Studienplatz an der gewünschten Universität zu erhalten. |

Abb. 71: LGDaF 2003

## 6.14 Reisewörterbücher

Eine in der Forschung wenig beachtete, aber dennoch wichtige Kategorie von Wörterbüchern stellen die sogenannten Reisewörterbücher wie etwa das *PONS Reisewörterbuch Niederländisch* dar (Abb. 72 und 73). Dabei handelt es sich um kleine zweisprachige Wörterbücher, deren Zweck eindeutig bestimmt ist und die sich an ein Zielpublikum wenden, das keine oder sehr geringe Kenntnisse der Zielsprache besitzt und das von dem Wörterbuch im Wesentlichen nur eine Hilfe bei der sprachlichen Bewältigung von gewissen Standardsituationen, die bei einem Auslandsaufenthalt eintreten können, erwartet.

Entsprechend geben diese Wörterbücher grundlegende Informationen zu verschiedenen Aspekten der Zielsprache: Aussprache, Verhältnis Orthografie/Aussprache, Grundzüge der Morphologie und Grammatik. Außerdem enthalten sie alphabetische Wortlisten mit Ausspracheangaben und Übersetzungsäquivalenten für einige Tausend Wörter; sozusagen die simpelste Form des zweisprachigen Wörterbuchs. Den zentralen Bestandteil von Reisewörterbüchern bilden aber – in einer Mischung aus enzyklopädischem Wörterbuch, Thesaurus und kommunikativer Grammatik – Abschnitte wie *Gastronomie, Am Strand, Telefonieren, Bitte und Dank, Angaben zur Person, Gesundheit, Geschäftsreise* usw., in denen einerseits der elementare Wortschatz dieser Bereiche aufgeführt wird, andererseits sich aber auch viele Phrasen im Sinne von *prefabricated items* finden.

Auch wenn es sich hier um eine relativ einfache Form der lexikografischen Darstellung handelt, haben gute Reisewörterbücher durchaus ihren Sinn, selbst wenn der nur darin bestehen mag, elementares Verständnis (von Verkehrszeichen, Hin-

**Einladung zum Essen/Essen in Gesellschaft**

**Uitnodiging voor een etentje/Eten in gezelschap**

| | |
|---|---|
| Vielen Dank für die Einladung! | Hartelijk dank voor de uitnodiging. [ˈhartələɡ ˈdaŋk voːr də ˈœitnoːdəxɪŋ] |
| Auf Ihr Wohl! | Proost/Op uw gezondheid! [ˈproːst/ɔp yw xəˈzɔnthɛit] |
| Können Sie mir bitte … reichen? | Kunt u me alstublieft het/de … aanreiken? [kʌnt y mə alstyˈblift ət/də … ˈaːnrɛikən] |
| • Noch etwas …? | Nog wat … [ˈnɔx wat] |
| Danke, es war reichlich. | Dank u, het was meer dan genoeg! [ˈdaŋky ət was meːr daŋ xəˈnux] |
| Ich bin satt, danke. | Dank u, het is voldoende. [ˈdaŋky ət ɪs vɔlˈdundə] |
| Darf ich rauchen? | Mag ik roken? [max ɪk ˈroːkən] |

Abb. 72: PONS Reisewörterbuch Niederländisch

**Wortliste Gastronomie** ► **auch Kap. 8, Wortliste Lebensmittel**

| | |
|---|---|
| Abendessen | avondeten *n* [ˈaːvɔnteːtən] |
| alkoholfrei | alcoholvrij [ˈalcohɔlˈvrɛi] |
| anmachen *(Salat)* | aanmaken [ˈaːnmaːkən] |
| Aschenbecher | asbak [ˈasbak] |
| Bar | bar [bar] |
| bedienen, sich | zich bedienen [zɪx bəˈdinən] |
| Beilage | bijgerecht *n*, bijlage [ˈbɛixərɛxt, ˈbɛilaːxə] |
| Besteck | bestek *n* [bəˈstɛk] |
| bestellen | *(Essen)* bestellen [bəˈstɛlən] |
| | *(Tisch)* reserveren [reːzərˈveːrən] |
| Bestellung | bestelling [bəˈstɛlɪŋ] |
| Bier | bier *n* [biːr] |
| Brot | brood *n* [broːt] |
| Butter | boter [ˈboːtər] |
| Diabetiker | diabeticus [dijaːbeːtikəs] |
| Dressing | dressing [ˈdrɛsɪŋ] |
| durchgebraten | doorbakken [doːrˈbakən] |
| Eierbecher | eierdopje *n* [ˈɛiərdɔpjə] |
| entkorken | ontkurken [ɔntˈkʌrkən] |
| Essig | azijn [aːˈzɛin] |
| Fass, vom | van het vat [ˈvan ət ˈvat] |
| Fett | vet *n* [vɛt] |
| Fleck | vlek *n* [ˈvlɛk] |
| frisch | vers [vɛrs] |
| Frühstück | ontbijt *n* [ɔndˈbɛit] |
| Füllung | vulling [ˈvʌlɪŋ] |
| Gabel | vork [vɔrk] |
| Gang | gang [xaŋ] |
| gar | gaar [xaːr] |
| gebacken | gebakken [xəˈbakən] |
| gebraten | gebraden [xəˈbraːdən] |
| am Spieß | aan het spit [aːn ət ˈspɪt] |
| vom Grill | van de grill [van də ˈxrɪl] |
| in der Pfanne | in de pan [ɪn də ˈpan] |
| gedämpft | gestoofd [xəˈstoːft] |

Abb. 73: PONS Reisewörterbuch Niederländisch

weisschildern etc.) zu ermöglichen und den ausländischen Gesprächspartner(inne)n (etwa im Hotel oder Restaurant) das Bemühen, sich in ihrer Sprache zu verständigen, zu signalisieren. Trotz erheblicher Unterschiede in didaktischer und lexikografischer Aufarbeitung nehmen Reisewörterbücher natürlich, schon wegen ihrer Nähe zu Sprachführern, in der Wörterbuchlandschaft eher eine periphäre Position ein.

## 6.15 Wörterbücher für Kinder

Abschließend sei noch auf einen Wörterbuchtyp hingewiesen, der eine sehr wörterbuchuntypische Zielgruppe hat, nämlich Kinder. Sie nehmen auch insofern eine Sonderstellung ein, als die Grenze zwischen sprachlicher und sachlich-enzyklopädischer Information auf dieser Ebene der Beschreibung besonders schwer zu ziehen ist, wie die folgendenden Beispiele aus dem *Bertelsmann Kinder Lexikon* (2003) zeigen:

> **Luft** nennt man ein Gemisch aus vielen verschiedenen →Gasen, das als →Atmosphäre unsere Erde umgibt. Es enthält den für Menschen und Tiere wichtigen Sauerstoff (etwa 21 von 100 Teilen). Ungefähr 78 von 100 Teilen sind Stickstoff, außerdem sind noch acht andere natürliche Gase in der sauberen Luft enthalten. Leider wird die Luft immer wieder von Menschen verschmutzt mit schädlichen Abgasen aus Schornsteinen und Autos. < *Bertelsmann Kinder Lexikon* (2003)>

> **Nebel:** Wenn Wasserdampf abkühlt oder mit feinen Staubteilchen zusammentrifft, entstehen winzige Wasserteilchen. Sie sind viel kleiner als Tropfen und schweben deshalb noch in der Luft. Geschieht das in großer Höhe, so bilden sich aus den Wasserteilchen →Wolken. Passiert dasselbe nahe am Erdboden, so nennt man die in der Luft schwebenden Wasserteilchen *Nebel*. Nebel ist also eine am Boden liegende Wolke. Gefrorener Nebel wird zu *Reif.* < *Bertelsmann Kinder Lexikon* (2003)>

Aus metalexikografischer ist dieser Wörterbuchtyp aus verschiedenen Gründen interessant, und zwar vor allem deshalb, weil bereits auf dieser Stufe sehr viele lexikografische Darstellungsformen realisiert sind. Von vorrangiger Bedeutung ist der Einsatz von Bildern in solchen Wörterbüchern – was übrigens auch für zweisprachige Kinderwörterbücher gilt. Außerdem ist interessant, dass die Definitionen kleine Texte darstellen, die aus naheliegenden Gründen einen weitaus geringeren Komprimierungsgrad aufweisen als die Artikel von Wörterbüchern, die sich an ältere Benutzer richten. Dabei ist bemerkenswert, dass das Prinzip der Definition durch vollständige Sätze, das auf einer anderen Ebene ja auch in den *Cobuild*-Wörterbüchern eingesetzt wird (> 3.2.4.2), auch in Kinderwörterbüchern Anwendung findet. Trotz dieses Bemühens um Einfachheit der Darstellung werden in den Einträgen

**Narzisse:** Narzissen gehören zu den Frühblühern, die aus einer Zwiebel wachsen. Sie haben 6 Staubblätter und 6 Blütenblätter, die unten zu einer Röhre verwachsen sind. Die weiße Narzisse wird von Schmetterlingen besucht. Gelbe Narzissen, die wir auch *Osterglocken* nennen,

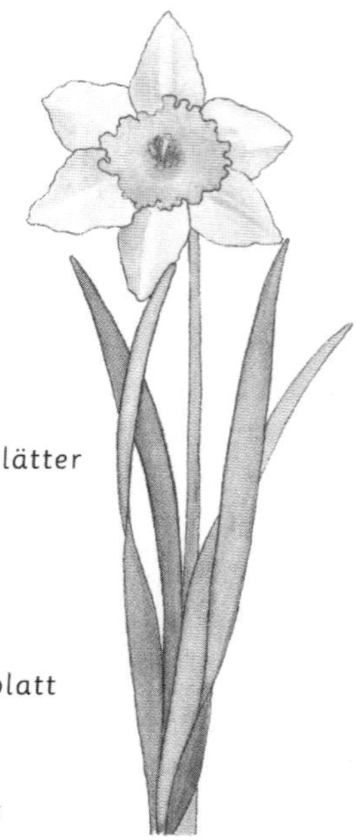

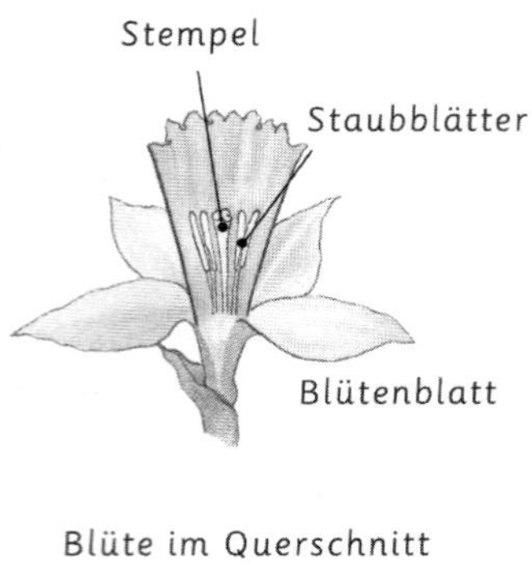


locken Hummeln an. Aus wilden Narzissen werden kostbare Öle für Parfüme gewonnen.

Abb. 74: Bertelsmann Kinder Lexikon (2003)

aber auch durchaus Beziehungen zu anderen Wörtern hergestellt (*Luft – Gas – Atmosphäre; Nebel – Wolke – Reif*), wobei sowohl Illustrationen als auch Querverweise wichtige Funktionen in dieser Hinsicht erfüllen. Dies erscheint deshalb erwähnenswert, weil durch solche Kinderlexika natürlich ein wichtiger Grundstein für die Entwicklung einer Wörterbuchbenutzungskompetenz gelegt werden kann.

# 7 Elektronische Wörterbücher

## 7.1 Elektronische Wörterbücher oder Wörterbücher auf elektronischem Medium?

Die gewaltigen Fortschritte, die seit den 1980er Jahren im Bereich der Computer- und Informationstechnologie gemacht wurden, haben nicht nur für die lexikografische Arbeit (Stichwort: Korpora) sondern auch für das Produkt dieser Arbeit, das Wörterbuch, weitreichende Folgen. Viele lexikografische Verlage bieten ihre Produkte inzwischen nicht nur als gedrucktes Buch sondern auch in elektronischer Form (als CD-ROM oder im Internet) an.

Derartige Parallelveröffentlichungen bieten denn auch Anlass, den Begriff „elektronisches Wörterbuch" etwas genauer zu beleuchten. Wenn nämlich etwa der Dudenverlag sein *Duden-Oxford Großwörterbuch Englisch* (DOG-E2) sowohl auf Papier als auch auf CD-ROM veröffentlicht, so liegt zunächst einmal ein- und dasselbe Wörterbuch zweimal vor, wenn auch in unterschiedlicher Form. Das Wörterbuch selbst als ein inhaltlich bestimmter abstrakter Gegenstand ist also zunächst zu trennen von dem technischen Medium, auf dem es konkrete Gestalt annimmt. Dies bedeutet aber, dass viele der lexikografischen Kriterien, die in den zurückliegenden Kapiteln vor allem mit dem gedruckten Wörterbuch im Blick diskutiert wurden, auch auf das elektronische Wörterbuch übertragbar sind. Die Probleme der Definitionspolitik im einsprachigen Wörterbuch oder der Äquivalentdifferenzierung im zweisprachigen bestehen im elektronischen Wörterbuch in genau derselben Weise im gedruckten.

Dennoch beschränkt sich der Unterschied zwischen gedruckten und elektronischen Wörterbüchern keinesfalls nur auf die äußere Form; elektronische Wörterbücher bieten Möglichkeiten der Informationsabfrage und -darbietung, die in Papierwörterbüchern nicht bestehen. Ein gelungenes elektronisches Wörterbuch muss von daher auch mehr sein als eine reine 1:1-Übertragung des gedruckten Buches.

Zusätzlich zu den gerade schon differenzierten Aspekten des Inhalts und des Mediums innerhalb dessen der Inhalt konkrete Gestalt annimmt, ist dabei auch noch der Aspekt des Formats, in dem die Information dargeboten wird, mit in die Überlegungen einzubeziehen, woraus sich die folgende Dreiteilung ergibt:

- Inhalt → Wörterbuch; lexikalischer Informationsgehalt
- Format → Text, Bild, Grafik, Audio, Video
- Medium → gedruckt, elektronisch

Auf der Basis dieser Dreiteilung lässt sich nun die Frage nach den Möglichkeiten stellen, die das elektronische Wörterbuch über die des Papierwörterbuchs hinaus bietet. Das betrifft, im Augenblick jedenfalls, weniger neue Informationstypen, die durch das elektronische Medium lexikografisch erfasst werden könnten[1] als neue Darstellungsformen, die das elektronische Wörterbuch bietet (> 7.2) und vor allen Dingen den Aspekt der Zugriffsstrukturen, wo die Elektronik geradezu revolutionäre Verbesserungen möglich macht (> 7.3). Unterschieden werden muss in diesem Zusammenhang zwischen

- PC-Wörterbüchern – meist auf CD-ROM –, die zur Benutzung auf einem Computer installiert sein müssen,
- den sog. *hand-held electronic dictionaries* – oder kürzer *hand helds* –, kleinen Lesegeräten, in die das Wörterbuch entweder fest eingespeichert ist oder über ein Speichermedium eingelesen wird, und
- internetbasierten Wörterbüchern.

Die lexikografische Qualität sowie die Zugriffsmöglichkeiten der *hand-helds* sind den PC-Wörterbüchern im Moment tendenziell noch unterlegen.[2] Bei den internetbasierten Wörterbüchern variiert die lexikografische Qualität sehr stark; frei zugänglich findet man hier ebenso etablierte professionelle Wörterbücher wie das *Merriam Webster Collegiate Dictionary*[3] wie auch Versuche von Amateuren wie das Wörterbuch von LEO.[4] Gemeinsam haben diese in der Regel die relative Beschränktheit der Zugriffsmöglichkeiten: Meist ist es lediglich möglich ein Wort einzugeben, um den zugehörigen Artikel zu finden; andere Arten der Suche sind nicht vorgesehen.[5] Die weitere Diskussion in diesem Kapitel wird sich von daher an den Möglichkeiten und dem Entwicklungsstand der PC-Wörterbücher auf CD-Rom orientieren.

## 7.2 Spezifische Darstellungsformen im elektronischen Wörterbuch

### *7.2.1 Audiomaterial*

Ein großer Vorteil des elektronischen Mediums besteht darin, dass es über die Formate Text, Bild und Grafik hinaus auch die Einbeziehung von Audio- und Videomaterial ermöglicht.[6]

---

1 Zu denken wäre an diesem Zusammenhang zum Beispiel an die Möglichkeit, Frequenzanalysen im Bereich der Kollokation oder Valenz an Hand von Teilkorpora der Korpora, auf denen ein Wörterbuch basiert, selbst durchzuführen.

2 Vgl. Nesi (1999: 56ff.)

3 http://www.m-w.com/

4 http://dict.leo.org/

5 Komplexere Suchen ermöglichen dagegen kostenpflichtige online-Wörterbücher wie das *OED* (http://www.oed.com/) oder das *Merriam Webster Unabridged Dictionary* (http://www.merriam-websterunabridged.com/). Ein frei zugängliches Wörterbuch, welches auch komplexe Suchen ermöglicht, ist dagegen der *Trésor de la Langue Française informatisé* (http://atilf.inalf.fr/tlfv3.htm).

6 Vgl. dazu auch Storrer (1998: 108-114)

In vielen elektronischen Wörterbüchern ist die Möglichkeit, das Lemma (teilweise auch seine flektierten Formen) auch hören zu können, bereits verwirklicht. Dies kommt nicht nur jenen Benutzern entgegen, die die Lautschrift nur mangelhaft oder gar nicht beherrschen, sondern ist auch aus linguistischer Sicht zu begrüßen. Die üblicherweise in Wörterbüchern vorliegende phonologische Transkription berücksichtigt nämlich diejenigen Lauteigenschaften, die als rein phonetisch (d.h. nicht-distinktiv) eingestuft werden, nicht (> 3.6). So ist etwa aus der in Wörterbüchern üblichen phonologischen Transkription /ˈlɪtl/ für *little* nicht zu ersehen, dass die beiden /l/-Laute eine deutlich unterschiedliche Qualität haben, weil eben keine phonetische Umschrift gegeben wird, die den Unterschied von *clear* [l] *und dark* [ɫ] zum Ausdruck bringen würde. Wird das Wort jedoch von einer Muttersprachlerin oder einem Muttersprachler vorgesprochen, so kann der Benutzer den Unterschied hören. Erlaubt das Wörterbuch zudem das Anhören verschiedener Varietäten, wie dies das *Longman Dictionary of Contemporary English* auf CD-Rom (LDOCE4-CD) für britisches und amerikanische Englisch tut, so wird im Falle von Wörtern wie *little* und *better* auch deutlich, dass der /t/-Laut in dieser Stellung in der amerikanischen Standardaussprache lenisiert, also ähnlich wie /d/, ausgesprochen wird, nicht jedoch in der britischen.

Natürlich sind aus linguistischer Sicht auch Vorbehalte angebracht: Zum einen werden die Wörter natürlich isoliert gesprochen, wobei die auditive Erfassung eines einzelnen Wortes ohne Kontext auch nicht vollkommen unproblematisch ist. Zum anderen setzt die tatsächliche Wahrnehmung dieser Unterschiede eine entsprechende Perzeptionsfähigkeit bei den Benutzern voraus. Insofern wäre die Vorstellung, dass die Transkription im elektronischen Wörterbuch durch die Möglichkeit der auditiven Präsentation überflüssig wird, natürlich verfehlt.[7] Transkription bietet dem Benutzer die Möglichkeit, sich die Aussprache eines Wortes auch visuell vor Augen zu führen und so vielleicht genauer zu durchdenken und zu erfassen. So macht die Transkription /ˈpleɪraɪt/ für *playwright* unmissverständlich klar, dass den Graphemen <w> und <gh> tatsächlich kein Lautwert entspricht; aus dem vorgesprochenem Wort wird dies vielleicht weniger unmittelbar deutlich.[8]

### *7.2.2 Videomaterial*

Bewegte Bilder sind auf elektronischen Wörterbüchern weit seltener zu finden als Töne. Dies liegt zum einem am doch beträchtlichen Speicherbedarf dieses Formats, zum anderen aber auch daran, dass die konkreten Anwendungsmöglichkeiten weni-

[7] In der Tat verzichten einige elektronische Wörterbücher wie das *Collins COBUILD E-dict*, die über Audiomerkmale verfügen, auf die phonologische Transkription, die in den zugrundeliegenden Papierwörterbüchern – im Falle des *E-dict* ist dies das *COBUILD English Dictionary* (²1995) – enthalten ist. Andere wie der *Petit Robert (Version Electronique)* bieten beides parallel an, wobei im Falle des *Petit Robert* nicht alle Lemmata mit Audiodaten verknüpft sind.

[8] Heuberger (2000: 110f.) weist auch darauf hin, dass Tonwiedergabe nicht unbedingt auf allen Rechnern möglich, bzw. nicht überall (z.B. im Lesesaal einer Bibliothek) einsetzbar ist.

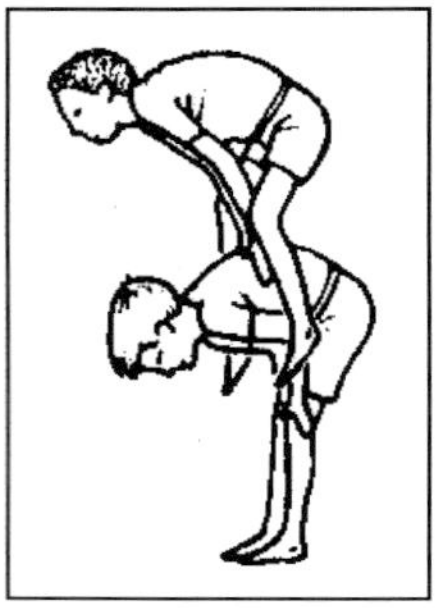

Abb. 75: OALD5

ger klar auf der Hand liegen, was allerdings nicht bedeuten soll, dass es sinnvolle Anwendungsmöglichkeiten nicht gäbe. Beispielsweise stellen Videoclips eine sehr wertvolle Ergänzung zu den Illustrationen des Papierwörterbuchs dar. So wird hier die Visualisierung von Bewegungsabläufen möglich, die etwa bei Verben wie *hüpfen* oder *leap-frog* oder Substantiven wie *Flamenco* eine wichtige Ergänzung zur Definition sein kann.[9] Auch gedruckte Wörterbücher versuchen gelegentlich, Bewegungsabläufe visuell darzustellen. Die resultierenden Grafiken sind aber ohne Kenntnis dessen, was eigentlich gemeint ist, manchmal nur schwer zu interpretieren, wie die Grafik zu *leap-frog* aus den *Oxford Advanced Learner's Dictionary* (OALD5) verdeutlicht (Abb. 75).

Videomaterial ist darüber hinaus auch dort vorstellbar, wo es darum geht, sprachliche Verhaltensweisen in bestimmten stereotypen Kommunikationssituationen darzustellen. Derartige Videoclips (z.B. *Ordering a meal in a restaurant*) finden sich etwa auf dem *Longman Interactive English Dictionary* (LIED2). Dabei ist klar, dass die Zahl derartiger Kommunikationssituationen so groß ist, dass die auf Video dargestellten Situationen – auf der LIED2-CD befinden sich acht derartiger Clips – immer nur eine verschwindend kleine und letztlich zufällige Auswahl sein können.

Sinnvoll einsetzbar ist Video schließlich auch in Bezug auf enzyklopädische Information in Wörterbüchern[10], die neben der rein sprachlichen auch Information über die Kultur des Ziellandes geben wollen. Einem Artikel zu Winston Churchill, Konrad Adenauer oder Charles de Gaulle ließe sich so etwa ein Videoausschnitt aus einer wichtigen politischen Rede beifügen, dem Artikel zum Popstar Madonna ein Song, etc.[11]

[9] Laut Storrer (1998: 110) findet sich im *Microsoft Bookshelf* zum Eintrag *Flamenco* ein kurzes Video, welches Aufschluss über typische Bewegungen und die zugehörige Musik gibt. In ähnlichem Sinne schreibt auch Ilson (1999: 73) im Hinblick auf die Erläuterung von *reggae*: „The best way to understand reggae is to hear some. Bob Marley singing „No woman no cry" will do the trick better than any definition."

[10] Als gedrucktes Buch existieren hier etwa für das Englische das *Longman Dictionary of English Language and Culture* oder das *Oxford Advanced Learner's Dictionary – Encyclopaedic Edition* (> 6.13). Im Rahmen eines allgemeinen Lernerwörterbuchs finden sich solche Informationen auch in den entsprechenden Boxen des *Langenscheidt Großwörterbuchs Deutsch als Fremdsprache* (LGDaF 2003). Für das Französische zu nennen wäre etwa der *Petit Larousse* (vgl. Rothe 2001: 25).

[11] Realisiert sind derartige Möglichkeiten in den reinen elektronischen Enzyklopädien, wie etwa Microsofts *Encarta* oder der elektronischen *Encyclopedia Britannica*.

### *7.2.3 Steigerung der Transparenz*

Die elektronische Plattform bietet aber auch in Hinblick auf die traditionellen Formate – Text und Bild – Vorteile, denn Platz ist hier im Gegensatz zum gedruckten Buch kein Problem; eindrücklich demonstriert zeigt sich dies beim *Oxford English Dictionary*, dessen 20 gedruckte Bände auf einer CD-Rom Platz finden. Problemlos lässt sich daher dem Wörterbuch beispielsweise ein Korpus an die Seite stellen, in dem die Benutzer über das im Wörterbuchartikel vorgegebene Material hinaus weitere Beispiele finden können – ein Gedanke, der sich bei *COBUILD on CD-ROM* ebenso wie beim *Longman Dictionary of Contemporary English* auf CD-Rom (LDOCE4-CD) verwirklicht findet. Es ist klar, dass das gedruckte Wörterbuch weder den Platz noch die für die Korpussuche notwendigen interaktiven Möglichkeiten hat, um hier mithalten zu können.

Das deutlich vergrößerte Platzangebot des elektronischen Mediums ermöglicht es auch, auf die für das gedruckte Wörterbuch so typischen Textverdichtungsstrategien zu verzichten. So fällt etwa im Vergleich der gedruckten und entsprechenden elektronischen Version von *Langenscheidts Handwörterbuchs Englisch* auf, dass in letzterer auf die Tilde (~) als Wiederholungszeichen für das Lemma ebenso verzichtet wurde, wie auf Abkürzungen wie *j-n* für *jemanden*. Andere Abkürzungen wie *s.o.* für *someone* und *v/t.* für *transitives Verb* werden erläutert, wenn man den Mauszeiger darüber bewegt (Abb. 76).

> **abbestellen** *v/t.* cancel (the order for); ***j-n*** **~** ask s.o. not to come
> <LHW-E2001>

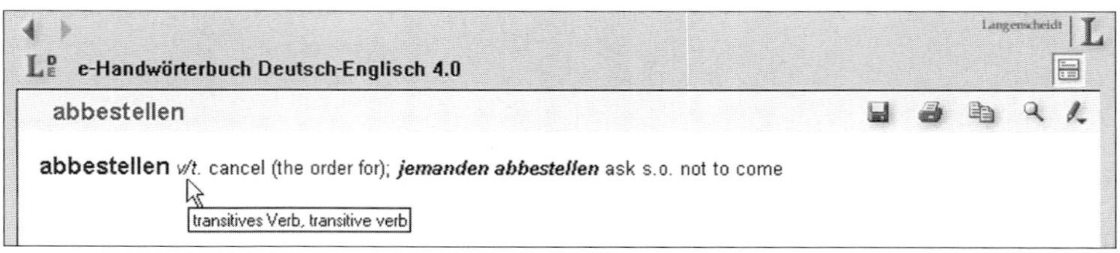


Abb. 76: LeHW-E 2003

Derartige „Entkomprimierungen" führen zu einem deutlich besser lesbaren Text, sind aber keineswegs in allen elektronischen Wörterbüchern selbstverständlich. Das *Duden Universalwörterbuch* (DUW5) behält so etwa auch in der CD-Rom Version alle Abkürzungen des gedruckten Buches bei, wie der folgende Ausschnitt aus dem Eintrag *Kreis* illustriert (Abb. 77):

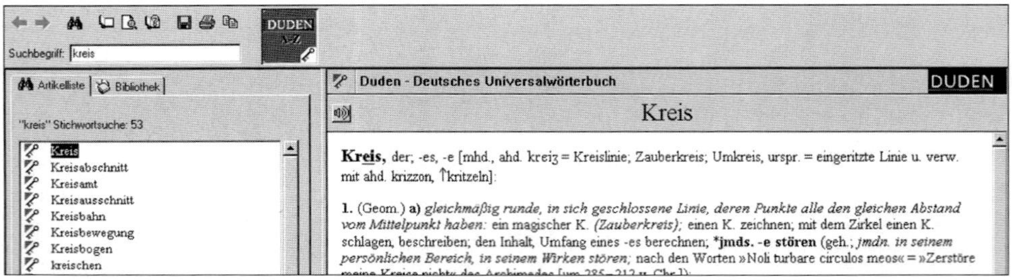


Abb. 77: DUW5-CD

### *7.2.4 Erhöhung der Informationsmenge*

Die lexikografische Forschung fördert, insbesondere seitdem der Einsatz von Korpora bei der lexikografischen Arbeit selbstverständlich geworden ist, eine zunehmende Fülle von Details in Bezug auf Valenzpatterns, Kollokationen, phraseologische Einheiten etc. ans Licht. Irgendwann stellt sich die Frage, ob und wie diese Erkenntnisse über einzelne lexikalische Einheiten noch darstellbar sind.[12] Angesichts der wachsenden weltweiten Bedeutung als Mutter- und Zweitsprache wird es außerdem auch immer wichtiger, andere Varietäten des Englischen als britisches und amerikanisches Englisch lexikografisch angemessen zu erfassen. Zu bewältigen ist diese Flut detaillierter lexikalischer Information in Zukunft wohl nur noch in Druckwörterbüchern mit mehreren Bänden, was für viele Wörterbuchtypen wie etwa Lernerwörterbücher völlig impraktikabel wäre, oder eben im elektronischen Medium.[13]

## 7.3 Zugriffsmöglichkeiten im elektronischen Wörterbuch

### *7.3.1 Reduzierung der Informationsmenge*

Die Steigerung der Datenmenge, die in Wörterbüchern erfasst werden kann, wirft jedoch auch beträchtliche Probleme in Bezug auf die Nutzung von Wörterbüchern auf. Nur im Ausnahmefall möchten Benutzer wirklich sämtliche Information zu einem Lemma einsehen; in den meisten Benutzungssituationen suchen Benutzer ge-

[12] Bolinger (1990: 144) vertrat schon im Hinblick auf das OALD4 die Auffassung, „[that] dictionaries of that type have just about reached their capacity", und dies gilt, wie Nesi (1999: 55) bemerkt, für die noch informationsreicheren neueren Ausgaben des OALD (und auch anderer Lernerwörterbücher) in noch höherem Maße.

[13] In diesem Zusammenhang ist es bezeichnend, dass das *Longman Dictionary of Contemporary English* in der CD-Rom-Version (LDOCE4-CD) in Gestalt einer Phrasen- und Kollokationsdatenbank deutlich mehr deskriptive Information enthält als in der Papierversion.

zielt nach einem bestimmten Informationstyp und alle daneben existierende Information wirkt hinderlich bei der Suche danach.[14] So gesehen kann ein Wörterbuch durchaus auch zu umfangreich sein, was ja auch für die bestehenden Papierwörterbüchern bereits gilt.

Dass das elektronische Medium Lösungen bietet, ist eine der entscheidendsten Neuerungen für die Lexikografie. So ist es durchaus vorstellbar, den dargestellten Text des Wörterbuchs zu flexibilisieren und über Filter so zu steuern, dass die angezeigte Information den spezifischen Nachschlagebedürfnissen entspricht. Je nachdem könnte ein Wörterbuch so eher rezeptive oder produktive Bedürfnisse bedienen, bestimmte Varietäten einer Sprache ein- oder ausschließen, etc. Alternativ könnte der Wörterbuchartikel auch in mehreren Erweiterungsebenen aufgebaut sein, wobei die spezifischere Information (etwa zu syntaktischen Konstruktionen, Kollokationen, Synonymen und Antonymen, etc.) zunächst verborgen ist und erst nach anklicken eines Hypertextelements angezeigt wird.[15] Das Wörterbuch wäre in diesem Sinne zu verstehen als umfassende lexikalische Datenbank, die sich von den Benutzern flexibel befragen lässt. Ansatzweise realisiert findet sich dieser Gedanke schon im *Nouveau Petit Robert (version électronique)* von 1996 (NPR-e). Hier ist es möglich, Teile des Wörterbuchartikels auszublenden, sich also neben dem Vollartikel auch gezielt nur eine Artikelübersicht, die Etymologie, Querverweise auf bedeutungsverwandte Lemmata, Beispiele, Zitate und Homophone anzeigen zu lassen. Ebenso enthält die CD-Rom-Version des *Longman Dictionary English* (LDOCE4-CD) Informationstypen wie etymologische Angaben, die in der gedruckten Fassung nicht enthalten sind und nur bei Bedarf abgerufen werden können.

Allgemein üblich sind derartige Möglichkeiten der gezielten Darstellung von Teilinformationen aus dem Artikel zum gegenwärtigen Zeitpunkt jedoch noch nicht. Wie Heuberger (2000: 116 und 187) betont, nutzen manche Verlage die Möglichkeiten des elektronischen Mediums nur bedingt und übernehmen vielfach den unveränderten Text des Druckwörterbuchs. Insbesondere bei den Neuentwicklungen auf dem Markt zeichnet sich allerdings ein Umdenken in Gestalt einer konsequenteren Ausnutzung der Möglichkeiten des Mediums ab.

### *7.3.2 Suchroutinen*

#### 7.3.2.1 Suche über das Eingabefeld

Das elektronische Wörterbuch enthält nicht nur in Bezug auf die Steigerung der Informationsmenge ein erhebliches Verbesserungspotential, sondern auch in Hinblick

[14] Feldweg (1997: 32) spricht von der „Polyfunktionalität" des Wörterbuchs, die er mit der „Monofunktionalität" des konkreten Nachschlagevorganges kontrastiert. Leech & Nesi (1999: 302) sprechen in ähnlichem Sinne von der Gefahr des *information overload*.

[15] Vgl. Leech & Nesi (1999: 302)

auf die Zugriffsmöglichkeiten: Das gilt selbst für elektronische Wörterbücher, die inhaltlich vollkommen oder weitgehend mit den entsprechenden gedruckten Versionen identisch sind, weil alle elektronischen Wörterbücher über so genannte Suchroutinen verfügen, die einen Nachschlagevorgang enorm erleichtern und beschleunigen.

Im einfachsten Falle existiert ein Eingabefeld, in das das gesuchte Lemma direkt eingetippt werden kann. Das spart gegenüber dem Blättern im gedruckten Buch Zeit und Mühe und kann dazu führen, dass das Wörterbuch häufiger konsultiert wird.[16] Vielfach ist dem Eingabefeld – wie unten anhand der CD-Ausgabe des *New Shorter Oxford English Dictionary* (NSOED-CD) dargestellt – noch ein alphabetischer Index an die Seite gestellt, dessen sichtbarer Teil sich je nach Stand der Eingabe aktualisiert. Meist genügt dann schon die Eingabe der drei oder vier ersten Buchstaben, um das gesuchte Lemma im Indexfenster erscheinen zu lassen, von wo der gewünschte Artikel dann durch Anklicken aufgerufen werden kann (Abb 78).

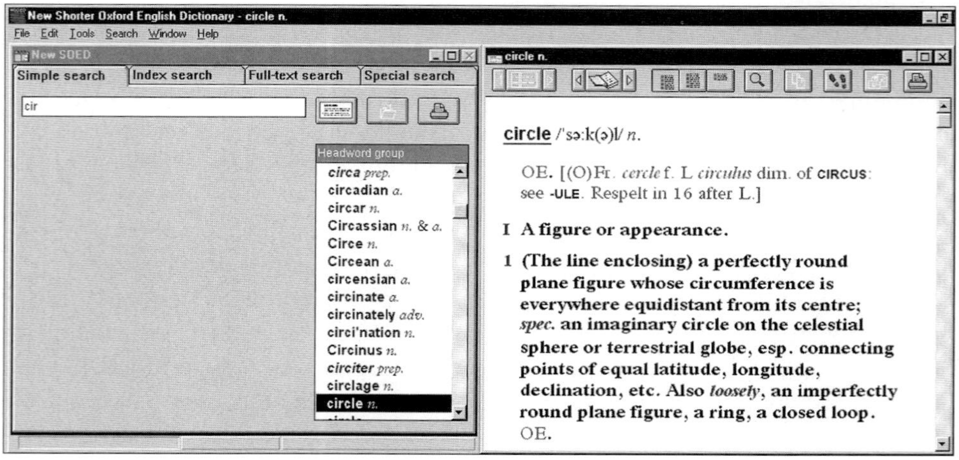


Abb. 78: NSOED-CD

Weiter verbessern lässt sich der Zugriff auf den Index durch sogenannte Platzhalter (*wild cards*), d.h. Sonderzeichen wie * (für eine beliebige Anzahl von Zeichen) und ? (für ein beliebiges Zeichen), die eine schreibungstolerante Suche ermöglichen. Ist man sich etwa nicht sicher über die Schreibung von /ɪnˈdaɪtment/, so kann man sich mit „ind*ment" behelfen; eine entsprechende Suche in der CD-Ausgabe des *New Shorter Oxford English Dictionary* führt zu einer Lemmaliste, die neben *indebtment, inducement* und *indument* eben auch die Homophone *indictment* und *inditement* enthält. Besonders wichtig ist eine solche Funktion natürlich in Lernerwörterbüchern. Tippt man bei einer Suche in der CD-Ausgabe des *Longman Dictionary of Contemporary English* (LDOCE4-CD) etwa schlampig *grapfrtuit* ein, so wird gefragt:

[16] Vgl. dazu Nesi (1999: 64), die eine Studie von Guillot & Kenning (1994) zum Gebrauch des *Robert Electronique* zitiert.

**Do you mean:**
grapefruit
gravitate

Wichtiger ist dieser Aspekt natürlich in Hinblick auf Rechtschreibunsicherheiten, so wird bei der Eingabe *seel* immerhin eine Liste von *steel, seek, see, eel, seal, sell, seer, feel, heel, keel, peel, reel* zur Auswahl angeboten. Zusätzlich dazu bieten manche elektronischen Wörterbücher, wie die CD-Ausgabe des *Longman Dictionary of Contemporary English* (LDOCE4-CD) oder auch das *New Shorter Oxford English Dictionary* (NSOED-CD), auch die Möglichkeit einer phonologischen Suche. Voraussetzung ist hier allerdings, dass die Benutzer die Transkription beherrschen (Abb 79).

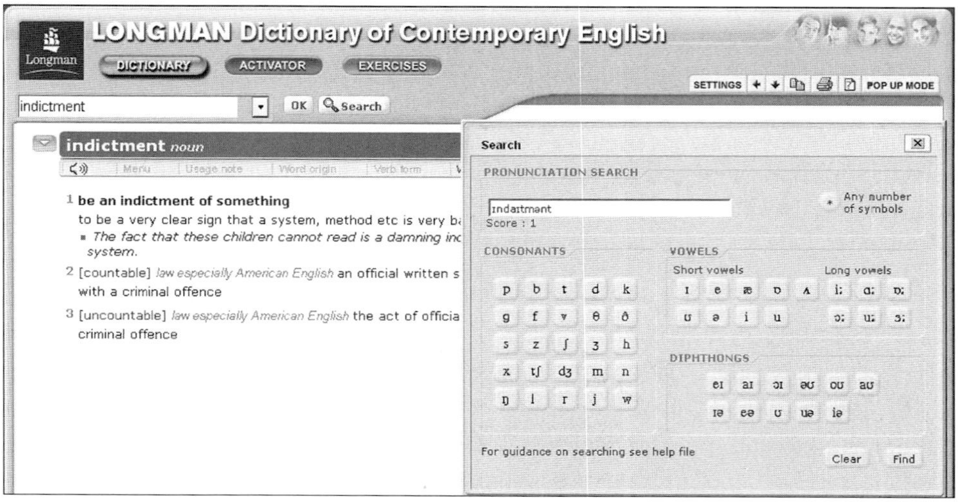


Abb. 79: LDOCE4-CD

*Langenscheidts e-Handwörterbuch Englisch* verfügt darüber hinaus ebenso wie der *Nouveau Petit Robert (version électronique)* auch über eine Suchroutine, die Wortformen auf die lemmatisierte Nennform zurückführt, so dass z.B. bei Eingabe der Wortform *genommen* das Lemma *nehmen* angeboten wird, bei *gibst* das Lemma *geben*, etc.[17] Weitverbreitet ist diese Suchmöglichkeit in den elektronischen Wörterbüchern zum gegenwärtigen Zeitpunkt jedoch noch nicht.

## 7.3.2.2 Hyperlinking

Üblicher ist dagegen die Möglichkeit, einen Eintrag direkt durch Anklicken des entsprechenden Wortes aus einem anderen Wörterbuchartikel heraus aufzurufen, was

[17] Das Auffinden eines Lemmas vom der Wortform aus funktioniert im *e-Handwörterbuch Englisch* allerdings nur für deutsche Lexeme. Gibt man Wortformen englischer Lexeme ein, so erscheint stattdessen ein Verweisartikel.

man als *hyperlinking* bezeichnet. Dies ist beispielsweise im Hinblick auf Bildillustrationen, die sich auf mehr als ein einzelnes Lemma beziehen (z.B. der Teile eines Fahrrades), interessant. Im Gegensatz zum gedruckten Buch ist die Illustration nicht mehr fest an einen Artikel gebunden, sondern erscheint immer dann, wenn eines der relevanten Lemmata aufgerufen wird. Das ist ein entscheidender Vorteil gegenüber den Papierwörterbüchern, die üblicherweise einen Querverweis enthalten, der natürlich einen zeitraubenden neuen Nachschlagevorgang erforderlich macht.

Überhaupt bietet Hyperlinking eine schnelle Lösung für das Nutzen von Querverweisen jeglicher Art. So öffnet sich im LDOCE4-CD im Eintrag von *guilty* durch Anklicken ein Teilfenster für *innocent*, von *flu* kommt man zu *influenza* und sieht sofort, dass es sich von *flu* durch das Label *medical* unterscheidet, weil beide Einträge gleichzeitig auf dem Bildschirm erscheinen. Von *euro* kommt man zur *Eurozone*, allerdings nicht zu *currency*. Bis zu einem gewissen Grad wird auch das Problem des Vorkommens von schwierigen Wörtern in Definitionen oder Beispielen gemildert[18], wenn – wie in LDOCE4-CD oder der CD-Ausgabe des *Oxford Advanced Learner's Dictionary* (OALD6-CD) der Fall – durch Anklicken jedes Wortes in einer Definition oder in einem Beispiel ein Unterfenster zu dem entsprechenden Eintrag geöffnet wird. Hier sind allerdings noch weitere Entwicklungsmöglichkeiten denkbar: In LDOCE4-CD kommt man etwa von dem Satz

> [1]$_{\text{LDOCE4-CD}}$ Penny's applied for a transfer to head office

zwar sofort durch Anklicken von *head* zu einem Teilfenster mit dem Eintrag, aber nicht zur entsprechenden Bedeutung, die erst durch Scrollen gefunden werden muss. *Head office*, worauf es in diesem Kontext ja ankommt, ist im Augenblick noch nicht anklickbar. Insofern können derartige Technologien sicherlich kein Ersatz für eine sorgfältig gestaltete Definitionspolitik und eine dem Skopos des Wörterbuchs angemessene Auswahl von Beispielen sein, sie stellen aber doch eine unglaubliche Beschleunigung und qualitative Verbesserung des Nachschlagevorgangs dar.

#### 7.3.2.3 Volltextsuche

Über die geschilderten Zugriffsmöglichkeiten auf die alphabetische Lemmaliste oder das Bildmaterial hinaus liegt ein weiterer wesentlicher Vorteil elektronischer Wörterbücher in der Möglichkeit auch den Volltext des Wörterbuchs, also die Explikationsteile der Artikel selbst zu durchsuchen. So finden sich im Artikel *deadline* des *Duden-Oxford Großwörterbuchs Englisch* (DOG-E2) die Kollokationen *meet the deadline* und *set a deadline for*. Eine Volltextsuche auf der CD-Version fördert darüber hinaus noch folgende Kollokationen zutage:

> *beat the deadline* (→Eintrag: *beat*); *fix a deadline* (→Eintrag: *ansetzen*); *agree [on] a deadline* (→Eintrag: *ausmachen*); *latest possible/last possible deadline*

[18] Vgl. Storrer (1998: 119)

(→Eintrag: *äußerst*); *have a deadline* (→Eintrag: *termingebunden*); *exceed the deadline* (→Eintrag: *überschreiten*)

Beispiele wie dieses machen deutlich, dass Volltextsuchen eine Fülle von Information zutage fördern können, die dem systematischen Zugriff über die Lemmaliste der gedruckten Version nicht zugänglich ist. Präziser gestalten lässt sich eine derartige Volltextsuche oft noch durch die Eingabe mehrerer Suchwörter, die durch die so genannten Boole'schen Operatoren (UND, ODER, NICHT) verknüpft sind.

Noch interessanter ist die Möglichkeit bestimmte Datenfelder, wie z.B. Definitionen, Beispiele, grammatische Angaben, etc. innerhalb der Artikelstruktur gezielt abfragen zu können[19], wie im Falle des unten abgebildeten *Collins COBUILD E-Dict*. Vor allem die gezielte Abfrage von Definitionen ermöglicht den onomasiologischen Zugriff auf das Wörterbuch, d.h. man kann von einer Bedeutung ausgehend das zugehörige Lemma finden (Abb. 80).

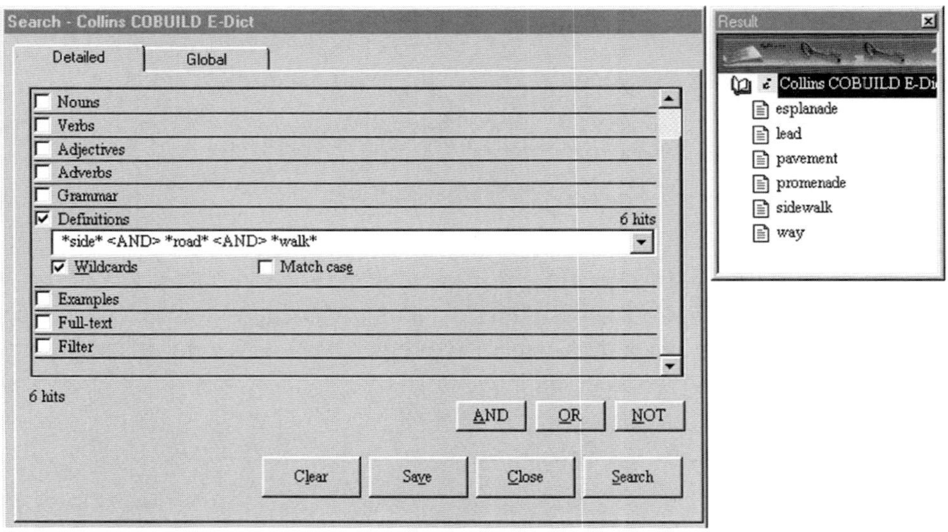


Abb. 80: E-Dict

Sucht man beispielsweise das englische Wort für „Weg neben der Straße auf dem Menschen gehen", so kommt man in *E-Dict* über die Suchwörter *side, road* und *walk* verknüpft durch den Boole'schen Operator <AND> im Definitionsfeld auf die sechs Lemmata *esplanade*, *lead*, *pavement*, *promenade*, *sidewalk* und *way*. Das passende Wort lässt sich aus dieser Liste leicht herausfinden.[20] Die Möglichkeit der feldbasierten Abfrage ist für die onomasiologische Suche wesentlich, weil sich nur so das mehr oder weniger zufällige Wortmaterial aus den Beispielsätzen des Wörterbuchs ausblenden lässt. Führt man die Abfrage oben im gesamten Volltext des *E-Dict* durch,

[19] Vgl. Storrer (1998: 120f.), die von einer „geparsten Wörterbuchdatenbank" spricht.

[20] Weitere Beispielabfragen finden sich bei Heuberger (2000: 134ff.)

so ergibt sich eine Lemmaliste mit 41 Einträgen, darunter so irrelevante wie *eye, continue* oder *keep*.

Die CD-Ausgabe des *Oxford Advanced Learners' Dictionary* (OALD6-CD)[21] bietet darüber hinaus eine sogenannte *3D-search*, bei der in grafischer Form lexikalische Einheiten dargestellt werden, die zu einem Ausgangswort in semantischer Beziehung stehen. Die Definitionen der lexikalischen Einheiten können dann durch einfaches Anklicken eingesehen werden (Abb. 81).

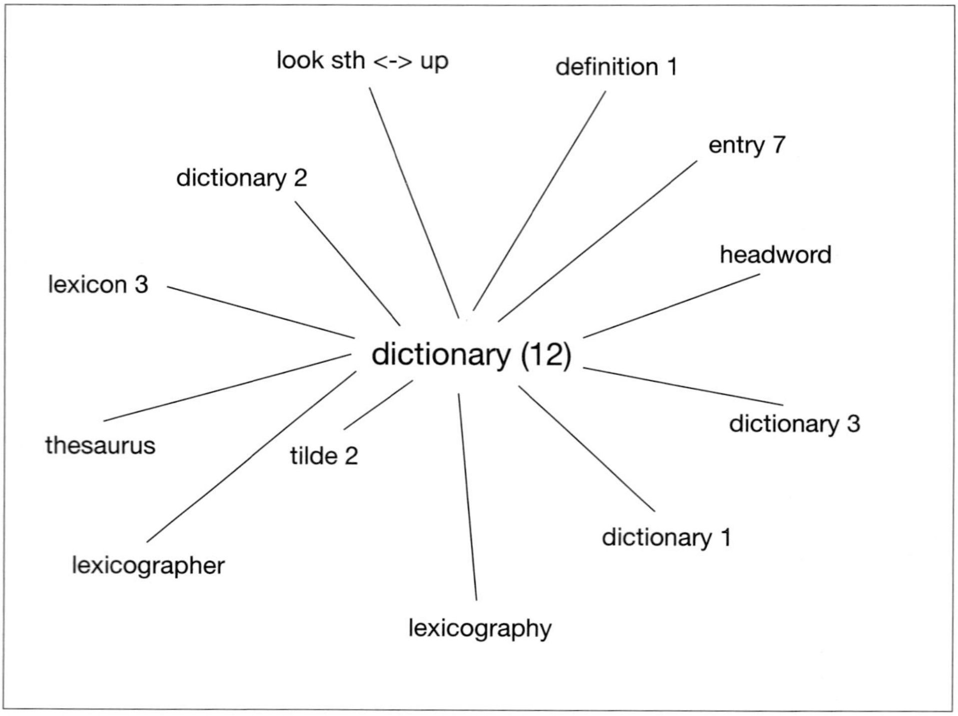


Abb. 81: OALD6-CD

Technisch ist dies wohl realisiert durch die Suche des Ausgangswortes in den Definitionen des Wörterbuchs. Je nach Ausgangswort kann die abgebildete Grafik daher allerdings sehr viele lexikalische Einheiten enthalten, die zum Ausgangswort auch nicht immer in einer sinnvollen semantischen Beziehung stehen. So findet die 3D-Suche auf Basis des Ausgangswortes *type* auch das Verb *dance*, weil dieses als „to do a particular type of dance" definiert ist. Die oben geschilderte feldbasierte Suche ist hier zielgerichteter.

Eine durchaus vergleichbare Funktion bietet auch die CD-Version des *Cambridge Advanced Learner's Dictionary* (CALD2-CD). Von jedem Eintrag des Wörterbuchs

[21] Die mit der Papierversion ausgelieferte CD ist allerdings eingeschränkt und bietet diese und andere Funktionen nicht.

aus lässt sich ein Thesaurus aufrufen, der sinnverwandte lexikalische Einheiten auflistet; durch Anklicken einzelner Einträge aus der Liste lässt sich deren Definition, grammatische Information und Beispiele einsehen. Der Thesaurus des CALD2-CD hat gegenüber der 3D-Suche des OALD6-CD den Vorteil, dass wirklich nur sinnverwandte Wörter aufgelistet werden. Perfekt ist das System allerdings auch nicht; so werden für das Stichwort *dictionary* zwar andere Nachschlagewerke wie *almanac*, *encyclopedia*, oder *handbook* genannt, nicht jedoch andere sinnverwandte lexikalische Einheiten wie *lexicographer* oder *entry*.

Nützlich sind derartige onomasiologische Abfragen trotz der zweifellos noch vorhandenen Schwächen jedoch allemal, überwindet durch sie doch das monolinguale elektronische Wörterbuch eine wesentliche Barriere der Papierversion: man muss die Form eines Wortes nicht mehr unbedingt kennen, bevor man es nachschlagen kann.[22] Insofern bieten monolinguale elektronische Wörterbücher erstmals eine erwägenswerte Alternative zum bilingualen Wörterbuch bei der Sprachproduktion. Nicht verschwiegen werden soll dabei allerdings, dass auch feldbasierte Suchen von Fall zu Fall unterschiedlich gut funktionieren. Ersetzt man etwa in der Abfrage oben das Wort *road* durch das ebenfalls naheliegende *street,* so kommt man schon nicht mehr ans Ziel. Der Erfolg einer onomasiologischen Suche im elektronischen Wörterbuch hängt so gesehen wesentlich vom semantischen Gespür und der Experimentierfreude der Benutzer ab.

Auch im bilingualen Wörterbuch könnten feldbasierte Suchen durchaus von Interesse sein. So ließen sich etwa über eine feldbasierte Suche in einem bilingualen elektronischen Wörterbuch alle Mehrwortlemmata finden, die das Wort *Kopf* enthalten, also etwa *den Kopf aufstützen – appuyer sa tête dans sa main, keine Augen im Kopf haben – être aveugle*, etc., eine Funktion, die vor allem für Sprachlehrer bei der Unterrichtsvorbereitung durchaus interessant sein kann.

#### 7.3.2.4 Vernetzung verschiedener Nachschlagewerke

Die bisherige Diskussion beschränkte sich auf die Möglichkeiten des Informationszugriffs innerhalb eines Wörterbuchs; das elektronische Medium ermöglicht aber auch die Suche innerhalb mehrerer Nachschlagewerke, die unter einer Oberfläche vereint sind. Ein gutes Beispiel hierfür ist die *PC-Bibliothek* der Verlage Brockhaus und Duden und deren Weiterentwicklung durch Langenscheidt.[23] Die Software wird mit einem der in diesen Verlagen angebotenen elektronischen Wörterbücher und Lexika erworben und kann dann beliebig mit weiteren elektronischen Nachschlagewerken dieser Verlage erweitert werden. Alle installierten Bücher sind gemeinsam

[22] Im gedruckten monolingualen Wörterbuch mit alphabetischer Zugriffsstruktur sind derartige onomasiologische Zugriffe nur sehr bedingt etwa über Illustrationen oder *usage notes* möglich (> 5.2.2).

[23] Der Verlag Langenscheidt, der in der Vergangenheit ebenfalls Titel für die PC-Bibliothek bereitgestellt hat, hat unter dem Titel *e-Wörterbücher* eine weiterentwickelte Version der PC-Bibliothek herausgebracht, in die sich die Titel der PC-Bibliothek integrieren lassen.

abfragbar, wobei auch das Hyperlinking funktioniert: englischsprachiger Benutzer können also beispielsweise das zweisprachige *Duden-Oxford Großwörterbuch Englisch* benutzen, um von einem englischen Wort ausgehend das deutsche Äquivalent zu finden; dann durch einfaches Anklicken des Äquivalents dessen Eintrag im monolingualen Lernerwörterbuch *Langenscheidts Großwörterbuch Deutsch als Fremdsprache* aufzurufen und sich hier über die Flexion des Wortes, typische Kollokationen, etc. Klarheit zu verschaffen. Allgemeiner gesprochen ergibt sich so ein interessantes Zusammenwirken der Stärken verschiedener – z.B. mono- und bilingualer – Wörterbücher, welches im gedruckten Medium nur ungleich mühsamer zu verwirklichen wäre und in der Praxis der Wörterbuchbenutzung wohl auch kaum je geschieht. Damit sind die in Kapitel 5 dargestellten Probleme zweisprachiger Wörterbücher im elektronischen Medium als weitgehend gelöst – oder zumindest lösbar – zu betrachten.

Die Suche über mehrere Bücher hinweg ermöglichen auch eine Reihe anderer Produkte auf dem Markt, wie etwa *COBUILD on CD-ROM*, welches neben dem Wörterbuch und dem oben schon erwähnten Korpus noch eine Grammatik und einen *usage-guide* enthält, das *Longman Interactive English Dictionary* (LIED2), auf welchem sich ebenfalls eine Grammatik und ein *dictionary of common errors* finden oder das *Longman Dictionary of Contemporary English* (LDOCE4), auf welchem sich auch der *Longman Language Activator* (LLA2) findet. Die – sicherlich wünschenswerte – weitergehende Verknüpfbarkeit von Wörterbüchern möglichst vieler Verlage auf der Basis eines gemeinsamen weltweiten Standards wird allerdings in absehbarer Zeit bloßes Wunschdenken bleiben.

## 7.4 Das Ende des gedruckten Wörterbuchs?

Angesichts der oben geschilderten Möglichkeiten elektronischer Wörterbücher mag man sich fragen, ob nicht das Ende des gedruckten Wörterbuchs schon in Sicht sei. Doch auch wenn die Entwicklung elektronischer Wörterbücher erst am Anfang steht und das Medium sich im Laufe der Zeit fraglos zunehmender Popularität erfreuen wird, so hat doch auch das gedruckte Buch Vorteile, die dafür sorgen werden, dass beide Medien für einige Zeit Seite an Seite existieren werden:

- Ein elektronisches Wörterbuch erfordert einen Computer oder andere „Hardware" um gelesen werden zu können. Erwirbt man dagegen ein Buch, kann man es ohne weitere Hardware benutzen.
- Niemand wird, um ein einzelnes Wort nachzuschlagen, seinen Computer hochfahren. Das Nachschlagen im PC-Wörterbuch ist nur dann von Interesse, wenn man sowieso am Computer arbeitet, bzw. viele Wörter nachgeschlagen werden müssen. Interessanter sind in diesem Zusammenhang allerdings die *hand-helds*, die schnell an- und ausgeschaltet werden können.

- PC-Wörterbücher sind „site dependent".[24] Ein Taschenwörterbuch passt in jede Jacken- oder Handtasche, der PC und auch der Laptop jedoch nicht. Auch hier bieten *hand-helds* jedoch vielleicht eine interessante Alternative. Außerdem gilt auch umgekehrt, dass ein Laptop mit dem elektronischen OED sehr wohl in die Aktentasche oder den Rucksack passt, die zwanzig Bände des gedruckten Werkes dagegen in hohem Maße „site dependent" sind.
- Das Nachschlagen im elektronischen Wörterbuch erfordert oft eine hohe Bedienkompetenz. Insbesondere PC-Wörterbücher ermöglichen wie oben dargestellt komplexe Suchen mit beeindruckenden Ergebnissen, die aber auch von den Benutzern eine entsprechend komplexe Bedienfähigkeit der Software verlangen. Nicht jeder ist hier Willens oder in der Lage, sich im notwendigen Maße einzuarbeiten.

Es gibt also gute Gründe, nicht völlig auf das gedruckte Wörterbuch zu verzichten. Letztendlich ist der Computer nach wie vor nicht jedermanns Sache, und auch Menschen, die den elektronischen Segnungen unserer Zeit distanziert gegenüber stehen, haben ein Nachschlagebedürfnis. Leech & Nesi (1999: 295) kommen so auch zu dem Schluss, „[that] the paper dictionary no doubt has a long and worthwhile future ahead of it."

Gleichzeitig ist aber festzuhalten, dass die (kurze) Entwicklungsgeschichte elektronischer Wörterbücher zu einer beträchtlichen Vielfalt neuer Darstellungsformen und neuer Zugriffsstrukturen geführt hat. Waren, wie eingangs dargestellt, die ersten elektronischen Wörterbücher mehr oder weniger noch Papierwörterbücher in elektronischer Form, so hat sich mittlerweile durchaus ein eigenes Profil dieses Mediums entwickelt. Die Fortentwicklung elektronische Wörterbücher hat sich inzwischen auch auf die Weiterentwicklung von Papierwörterbüchern ausgewirkt. So ist unübersehbar, dass beispielsweise die 2003 erschienene Neufassung des *Longman Dictionary of Contemporary English* (LDOCE4) in der Darstellung – etwa in Bezug auf den Einsatz von Farbe und die Differenzierung verschiedener Informationstypen – entscheidende Impulse von der Gestaltung elektronischer Wörterbücher erhalten hat.

Unter dem Gesichtspunkt der Metalexikografie erscheint vor allem bemerkenswert, dass die Möglichkeiten des elektronischen Mediums, insbesondere soweit sie das Ausblenden beziehungsweise Filtern von im Augenblick des Nachschlagens nicht gewünschter Information und die Vernetzung verschiedener Wörterbücher betreffen, zu einer Verschmelzung bisheriger Wörterbuchtypen führen wird. Wenn ein Lernerwörterbuch wie das *Longman Dictionary of Contemporary English* etymologische Informationen enthält, die nur auf Wunsch abgerufen werden, besteht auch kein Grund, warum es nicht auch andere Informationen in einer Ausführlichkeit enthalten soll, die bisher Spezialwörterbüchern vorbehalten war, und die natürlich dann in dieser Ausführlichkeit auch nur bei Bedarf abzurufen wären. Gleichzeitig kann

24 Nesi (1999: 64)

die Explikationsstruktur zweisprachiger Wörterbücher in den elektronischen Fassungen entscheidend reduziert werden, wenn ein Link zu einem einsprachigen Wörterbuch besteht. Insofern ist wohl abzusehen, dass die Vernetzung eines zweisprachigen Wörterbuchs, das einem gedruckten Wörterbuch im Artikelaufbau sehr ähnlich ist, mit einem einsprachigen Wörterbuch auch nur eine Übergangsphase darstellen dürfte. Diese Aufweichung etablierter Kategorien, die mit diesen Entwicklungen verbunden ist, betrifft im Übrigen nicht nur die Wörterbücher selbst, sondern auch die Abgrenzung von Wörterbuch und Sprachübungsbuch und die Abgrenzung von Wörterbuch und eigener Korpusrecherche.

# 8 Grundlagen der lexikografischen Beschreibung

## 8.1 Informationsbasis von Wörterbüchern

Ein entscheidender Aspekt von Wörterbüchern ist der Gebrauch, den die Benutzer von ihnen machen. Zwar hat Hausmann (1989a: 21) wahrscheinlich durchaus Recht, wenn er sagt, das „verbreitetste Urteil über das Wörterbuch" sei „die stillschweigende und voraussetzungslose Anerkennung seiner Autorität". Auch wenn es in Max Frischs Montauk[1] heißt

> ... ich habe den kleinen gelben Langenscheidt gekauft, um dann, wenn ich darin nachschlage, fast jedesmal das Gedächtnis zu blamieren; nämlich man hat das schon einmal gewußt ...

so wird hier zwar auch die Autorität des Wörterbuchs nicht in Frage gestellt. Gleichzeitig wird aber noch eine andere Art des möglichen Umgangs mit dem Wörterbuch verdeutlicht, nämlich es als Erinnerungshilfe zu begreifen. Wie man ein Wörterbuch benutzt, ob man ihm bedingungslos glaubt und vertraut oder nicht, dürfte von einer ganzen Reihe von Faktoren abhängen: zum Beispiel davon, ob es sich um eine Information in der eigenen Sprache handelt oder in der Fremdsprache, wenn in der Fremdsprache, dann davon, wie gut man sie beherrscht, usw. Wer rudimentär Niederländisch kann und ein Doppelzimmer sucht, dem bleibt wenig anderes übrig, als drauf zu vertrauen, dass die Information im Wörterbuch – tweepersoonskamer[2] – auch stimmt. Bei fortgeschritteneren Fremdsprachenkenntnissen mag das schon anders aussehen, und ob die Funktion von Synonymen- oder Antonymenwörterbüchern in der Muttersprache primär darin besteht, die Benutzer mit für sie „neuen" Wörtern bekannt zu machen, kann wirklich bezweifelt werden. Manche Benutzer mögen durchaus zögern, ein Wort zu verwenden, das sie nur aus dem Wörterbuch kennen – aber das werden die erfahreneren und prinzipiell skeptischeren unter den Wörterbuchbenutzern sein.[3]

Wie dem auch sei, Ziel der Wörterbuchersteller wird es in jedem Falle sein, „richtige" Information zu geben. Soweit sie dabei nicht normative oder sprachpflegerische, sondern im Sinne der post-Saussureschen Linguistik deskriptive Absichten verfolgen, stellt sich dann natürlich die Frage, was „richtige" Informationen eigentlich

---

1 Max Frisch: *Montauk*, Frankfurt: Suhrkamp (1975: 20).

2 Langenscheidts Eurowörterbuch Niederländisch (1992).

3 Eine solche Auffassung, dass eine der Funktionen eines Wörterbuchs sei, Benutzer an etwas „zu erinnern, was sie eigentlich wissen" vertritt zum Beispiel Dieter Götz. (personal communication)

sind. Dabei stellen sich in der Lexikografie im Prinzip genau dieselben Probleme wie in anderen Bereichen der Linguistik auch, nur könnte man sie angesichts des Wahrheitsanspruchs, mit dem viele Benutzer offenbar an Wörterbücher herangehen, für noch gravierender halten. In der Linguistik ist die Frage der Datengewinnung eng mit verschiedenen Denkschulen mit jeweils verschiedenen Zielsetzungen verknüpft und die Auseinandersetzung über den richtigen Weg zur Erfassung linguistischer Daten gleicht gelegentlich einem Glaubenskrieg.[4] Folgende Techniken stehen zur Verfügung:[5]

- Introspektion
- Informantenbefragung
- Sammlungen von Belegstellen aus authentischem Sprachmaterial
- Korpora

Daneben darf natürlich nicht übersehen werden, dass Wörterbücher sehr häufig auch auf anderen Wörterbüchern aufbauen, sei es auf früheren Auflagen desselben Wörterbuchs oder auf bestehenden Wörterbüchern, die durch eine Neuentwicklung übertroffen werden sollen, deren Beschreibung aber dennoch in Teilen durchaus von Nutzen sein kann.[6] Soweit es sich dabei um Teilaspekte der lexikografischen Darstellung handelt, werden Quellen auch oft angegeben, etwa wenn in einem allgemeinen einsprachigen oder zweisprachigen Wörterbuch auf ein Aussprachewörterbuch Bezug genommen wird, das die Grundlage für die phonetische Transkription bildet.[7] Dass in einem Wörterbuch explizit positiv auf ein Konkurrenzwerk Bezug genommen wird, wie dies John Wells in seinem Vorwort zur zweiten Auflage des *Longman Pronunciation Dictionary* (LPD2) tut, ist allerdings der Ausnahmefall.[8]

---

4 Vgl. Fillmore (1992).

5 Vgl. Bergenholtz und Mudgan (1990), Chafe (1992) oder Mair (1997: 9-13). Neben der Datenerhebung und Datenbewertung ist in diesem Zusammenhang noch die Datenpräsentation zu berücksichtigen, auf die jedoch in anderen Kapiteln schon ausführlich eingegangen wurde, so dass sie hier keine Rolle mehr spielen soll. Vgl. auch die Darstellung der Phasen der Datenverarbeitung bei Schaeder (1990: 1639).

6 Reichmann (1990b: 1589) unterscheidet in diesem Zusammenhang zwischen primärer und sekundärer Datenerhebung. Vgl. auch Bergenholtz und Mugdan (1990), die auch auf die Notwendigkeit der Prüfung des aus anderen Quellen übernommenen Materials hinweisen, um die Gefahr der Perpetuierung von Fehlern zu vermeiden.

7 So gibt *Langenscheidts Handwörterbuch Englisch* (LHW-E 2001) im Vorwort des englisch-deutschen Teils das *English Pronouncing Dictionary* von Jones und Gimson als Vorbild für die Transkriptionen an und im *Pons Großwörterbuch Englisch* (PGW-E1) findet sich vorne ein Hinweis auf die gelegentliche Verwendung von Material aus dem *Cambridge International Dictionary of English* (CIDE). Noch deutlicher verfährt der *Trésor de la Langue Française* (TLF), der in einem bibliografischen Anhang zu den einzelnen Wörterbucheinträgen relevante Forschungsliteratur angibt.

8 „I have been stimulated by the radical revisions made in the fifteenth edition of the Daniel Jones *English Pronouncing Dictionary*, now edited by Peter Roach and James Hartman (Cambridge University Press, 1997).“ (LPD2: vii) Ebenso bezieht sich Wells bereits in der ersten Auflage des LPD auf die verschiedenen Auflagen des EPD und anderer Aussprachewörterbücher.

## 8.2 Die Rolle der Introspektion

Es kann überhaupt nicht bezweifelt werden, dass der Introspektion bei der Erstellung von Wörterbüchern – wie bei vielen anderen linguistischen Analysen auch – eine entscheidende Rolle zukommt.[9] Ohne die Introspektion von Grammatiker(inne)n könnte keine Grammatik geschrieben werden, und ohne die Introspektion von Lexikograf(inn)en kein Wörterbuch. Das hängt damit zusammen, dass alle wie auch immer ermittelten Daten analysiert und insofern auch interpretiert werden müssen.

Die entscheidende Frage ist also nicht, ob Introspektion bei der Erstellung eines Wörterbuchs eine Rolle spielen darf oder nicht, sondern nur, welche. Während es in der einsprachigen Lexikografie eine lange Tradition gibt, sich bei der Darstellung im Wörterbuch auf Quellen authentischen Sprachgebrauchs zu berufen (> 8.4), beruhen zweisprachige Wörterbücher häufig primär auf der Intuition beziehungsweise Introspektion der Lexikograf(inn)en, die an der Erstellung des Wörterbuchs beteiligt sind, wobei es sich, jedenfalls bei größeren Wörterbüchern, jedoch zumeist um größere Teams handelt. So finden sich im Mitarbeiterverzeichnis des *Pons Großwörterbuchs Englisch* (PGW-E1) zu etwa gleichen Teilen englische und deutsche Mitarbeiternamen und im Vorwort des *Duden-Oxford Großwörterbuchs Englisch* (DOG-E2) wird betont, dass „die letzte Entscheidung über jedes englische Wort nur der englischen Redaktion, über jedes deutsche Wort nur der deutschen Redaktion“ vorbehalten blieb.

Die Problematik des sich Verlassens auf die eigene Intuition ist in der Linguistik hinreichend diskutiert und dokumentiert. So ergeben sich erhebliche Diskrepanzen in der Einschätzung der Akzeptabilität derselben Äußerungen durch dieselben Sprecher zu verschiedenen Zeitpunkten oder in verschiedenen Kontexten. Dabei darf insbesondere auch in der Lexikografie nicht übersehen werden, dass die eigene Einschätzung eines sprachlichen Sachverhalts durch den Wunsch, diesen so oder so beschreiben zu können, erheblich beeinflusst sein kann.[10] Und letztlich ist natürlich zu berücksichtigen, dass die Kompetenz jedes einzelnen Sprechers einer Sprache nur einen Teilbereich dieser Sprache als solcher umfasst.[11] Da es in der Lexikografie um die Beschreibung eines Sprachsystems im Sinne von Chomskys *E-language* und nicht um die Analyse der Kompetenz eines einzelnen (möglicherweise idealiserten) *speaker/hearers* im Sinne einer *I-language* geht,[12] sind hier ganz andere Voraussetzungen gegeben als etwa bei den Untersuchungszielen der generativen Forschung, die ja weitgehend auf Introspektion beruht. Letztlich darf nicht übersehen werden, dass Introspektion etwas Künstlich-Abs-

[9] Bergenholtz und Mugdan (1990: 1613).

[10] Zu dieser Problematik s. Heringer, Strecker und Wimmer (1980: 63).

[11] Vgl. Saussures (1913/1960) Auffassung von Sprache als sozialem Phänomen : “ … la langue n’est complète dans aucun, elle n’existe parfaitement que dans la masse.“

[12] Vgl. dazu etwa Chomsky (1986: 20) und Matthews (1993: 239).

trahierendes an sich hat, das von einer natürlichen Kommunikationssituation weit entfernt sein kann.[13]

Dennoch ist, wie bereits gesagt, Introspektion in der Lexikografie unverzichtbar, denn es gibt Aspekte der sprachlichen Beschreibung, die mit anderen Methoden der sprachlichen Datenerhebung zumindest momentan noch nicht ausreichend erfasst werden können. So liegen etwa für die Herstellung von Äquivalenzbeziehungen für die Zwecke der zweisprachigen Lexikografie weder Parallel- noch Übersetzungskorpora in ausreichender Größe vor, um bei der Erstellung zweisprachiger Wörterbücher ohne die Intuition der Lexikografen auskommen zu können.

Darüber hinaus erfordert jegliche Aus- und Bewertung von Korpusmaterial ein erhebliches Maß an Intuition. Zwar sind die morphologischen Eigenschaften eines Lexems, seine Valenz oder sein Kollokationsverhalten relativ objektiv ermittelbar, für Fragen der Bedeutungsbeschreibung, des Ansetzens verschiedener Bedeutungen von als polysem analysierten Wörtern oder die Beschreibung von Konnotationen gilt dies aber ebensowenig wie für die Frage, ob ein bestimmter Korpusbeleg im Rahmen eines bestimmten Wörterbuchs ein gutes Beispiel ausmacht oder nicht.

## 8.3 Informantenbefragungen

Um Urteile über sprachliche Phänomene auf eine breitere Basis zu stellen, lassen sich Informantenbefragungen oder Tests durchführen. Während solche Verfahren etwa im Rahmen des Survey of English Usage[14] sinnvoll zur Klärung des Gebrauchs bestimmter grammatischer Konstruktionen eingesetzt wurden, ist offensichtlich, dass angesichts der für lexikografische Zwecke zu erhebenden wortgebundenen Daten die Möglichkeiten in dieser Richtung bei der Erstellung von Wörterbüchern äußerst begrenzt – und durch die Entwicklung der computergestützten Korpuslinguistik auch weitgehend überholt – sind. Aus diesem Grund werden Umfragen für lexikografische Zwecke nur äußerst selten durchgeführt.[15] Ein Beispiel dafür wären die *opinion polls*, die im *Longman Pronunciation Dictionary* (2000: 12) für Wörter mit unterschiedlichen Aussprachevarianten aufgeführt sind:

---

[13] Chafe (1992: 84) weist auf die Zielgerichtetheit von Introspektion hin.

[14] Zum Survey of English Usage, dessen Analysen in die beiden großen Grammatiken von Quirk, Greenbaum, Leech und Svartvik (1972 und 1985) eingegangen sind, s. Quirk (1968b), wo er ausdrücklich auf Parallelen zwischen dem Survey und dem OED eingeht. Zur Gestaltung der Testbatterien s. Greenbaum/Quirk (1970). Ein wesentlicher Vorteil der Informantenbefragung gegenüber der Introspektion des Linguisten oder Lexikografen selbst ist, dass erstere auch quantitative Daten liefert. So zeigte sich bei einer von Greenbaum (1988: 117) durchgeführten Informantenbefragung zum Kollokationsverhalten von Gradadverbien und Verben, dass 82% der Informanten den Satz *I entirely ...* mit dem Verb *agree* vervollständigten.

[15] Vgl. in diesem Sinne auch Bergenholtz und Mugdan (1990: 1616). Sie weisen allerdings darauf hin, dass bei der Erstellung des *American Heritage Dictionary* bekannte Persönlichkeiten der amerikanischen Öffentlichkeit zum Stilwert von Lexemen befragt wurden.

For many words of uncertain pronunciation, LPD reports the preferences expressed in three opinion polls:

- a postal opinion poll carried out by the author in 1988 among a panel of 275 native speakers of BrE from throughout Britain;
- a postal opinion poll carried out by Yuko Shitara in 1993 among a panel of 400 native speakers of AmE from throughout the United States;
- an opinion poll carried out by the author in 1998 among a panel of 1,932 native speakers of BrE from throughout Britain, some of whom answered by postal questionnaire but others by e-mail or interactively through the World Wide Web.

## 8.4 Authentische Belege

Die Verwendung authentischer Belege in Wörterbüchern hat eine lange Tradition. Ein berühmtes Beispiel hierfür ist die Belegsammlung, die dem *Oxford English Dictionary* (OED) (> 6.2.2) zugrunde liegt. Bis zum Jahr 1881 hatten sich über 800 freiwillige Leser an der Exzerption von ca. 4.500 Büchern beteiligt und 656.900 Belegzettel an die Herausgeber des Wörterbuchs eingesandt;[16] bei Abschluss der Arbeiten an der 1. Auflage des OED war die Zahl der Belege auf ca. 5 Millionen angewachsen, von denen 1,8 Millionen ins Wörterbuch Eingang fanden.[17]

Viele große Wörterbücher basieren auf derartigen Belegsammlungen.[18] Für das Englische ist das nicht nur beim *Oxford English Dictionary*, sondern beispielsweise auch bei *Webster's Third New International Dictionary* der Fall.[19] Zu deutschen Wörterbüchern, die von Belegen Gebrauch machen, zählen neben dem *Deutschen Wörterbuch* der Brüder Grimm[20] (> 6.2.2) auch das *Wörterbuch der Deutschen Gegenwartssprache*[21] von Klappenbach und Steinitz sowie *Duden: Das große Wörterbuch der deutschen Sprache in zehn Bänden*[22]. Ebenso setzen der *Grand Robert* sowie der *Trésor de la Langue Française* Belege ein.[23]

[16] OED2 (1989: xli)

[17] OED1 (Nachdruck der 1. Auflage 1933: v). Vgl. in diesem Zusammenhang Quirk ([2]1968a: 144-145).

[18] Hausmann (1997: 173) nennt als Vorbild für viele das Wörterbuch der Accademia della Crusca aus Florenz von 1612.

[19] Das Vorwort von 1961 spricht von einer Anzahl von 4,5 Millionen Belegen, die einem bereits existierenden Archiv von ca. 1,6 Millionen Belegen hinzugefügt wurden. Darüber hinaus stütze man sich auch auf die Belege des *Oxford English Dictionary* und weitere Quellen, so dass eine Endziffer von über 10 Millionen Belegen genannt wird.

[20] Der Arbeit der Brüder Grimm lag ein Archiv von ca. 600.000 Belegen zugrunde (Dückert 1987: 34). Grundsätzlich zum DWB siehe 6.2.2.

[21] Das Archiv des WDG umfasst ca. 2,5 Millionen Belege (Klappenbach 1980: 6). Daneben stützte man sich vor allem zu Erfassung der klassischen Literatur und des 19. Jhds. auf die Belegsammlung des *Deutschen Wörterbuchs* (WDG Bd. 1 1964: 4).

[22] Das Vorwort des GWB3 spricht von „Millionen Belege[n] aus der Sprachkartei der Dudenredaktion". Daneben werden allerdings auch „Textkorpora" und „die Recherchemöglichkeiten des Internets" als

Angesichts der weiten Verbreitung des Rekurrierens auf Belege in Wörterbüchern stellen sich natürlich vor allem zwei Fragen, nämlich die

- woher die Belege, die in einem Wörterbuch angeführt sind, stammen, und die,
- wofür sie eigentlich Belege sein sollen.

Dabei muss zwischen verschiedenen Funktionen von Belegen, die in Wörterbüchern zitiert werden, differenziert werden:

I. Ein Beleg kann die Funktion haben, einen bestimmten Sprachgebrauch zu dokumentieren, also die Aussage, die im Wörterbuch getroffen wird, durch Zitieren einer authentischen Quelle zu untermauern.
II. Ein Beleg kann schlichtweg die Funktion eines Beispiels haben, wobei der authentische Charakter durch die Tatsache, dass es sich um authentische Sprachverwendung handelt, unterstrichen wird.

Die erste Funktion von lexikografischen Belegen wird immer dann im Vordegrund stehen, wenn in einem Wörterbuch die Ergebnisse von lexikologischen Forschungen dargestellt werden. So haben zum Beispiel die Erstbelege im *Oxford English Dictionary* sicher nicht nur illustrativen, sondern vor allem auch dokumentierenden Charakter. In gewisser Weise werden so die von den Lexikograf(inn)en dargestellten Ergebnisse auch für die Benutzer(innen) überprüfbar, weil man eben auch als Benutzer feststellen kann, ob man einen Beleg, der für die erste Verwendung eines Wortes im Englischen in einer bestimmten Bedeutung angeführt wird, tatsächlich für einen Beleg einer Verwendung dieses Wortes in der angegebenen Bedeutung hält. Eine ähnliche Funktion haben zum Beispiel die Belege im *Anglizismen-Wörterbuch* von Carstensen und Busse (> 6.9), in dem es ja auch um die Dokumentation bestimmter Vorkommensweisen geht. In ähnlicher Weise lässt sich auch der Einsatz von Belegen im *Oxford Dictionary of English Idioms* (> 6.7) verstehen, denn in diesem Wörterbuch spielt die Darstellung des Gebrauchs von abgewandelten Formen der beschriebenen Idiome (wie *at the end of the American rainbow*) eine große Rolle, was durch die Belege sicher auch dokumentiert werden soll.

In Hinblick auf die zweite Funktion von Belegen in Wörterbüchern ist zu berücksichtigen, dass vor allem Belege, die sich in älteren Wörterbüchern finden, sehr häufig aus Werken „‚guter' Schriftsteller" stammen.[24] Das legt die Vermutung nahe,

---

Quellen genannt. Im Anhang des Wörterbuchs findet sich ein 21-seitiges Quellenverzeichnis, das neben Monografien auch Zeitschriften und Zeitungen enthält. Vgl. dazu auch Haß-Zumkehr (2001: 234): „Alle Duden-Werke – das lässt sich generell sagen – befinden sich relativ nah an der Alltags- und Umgangssprache, d.h. an der vordersten Linie der Sprachentwicklung und sind damit alles andere als konservativ. Das Textsortenspektrum des Duden ist erheblich weiter als das WDG ...".

23 Vgl. Hausmann (1997: 181ff.). Nach Hausmann umfasst das beim TLF ausgewertete Korpus 416 literarische Werke es 19 Jhds. und 586 Werke des 20. Jhds. Mit dem Wechsel der Herausgeberschaft beim TLF öffnete sich das Belegkorpus allerdings auch etwa für Zeitungstexte (Hausmann 1997: 183). Die Auswertung der Belege beim TLF erfolgte allerdings elektronisch, was ihn in die Nähe der korpusbasierten Wörterbücher rückt.

24 Bergenholtz und Mugdan (1990: 1618).

dass hier normative und ästhetische Gesichtspunkte eine Rolle spielen. So kam es beispielsweise Jacob Grimm bei der Erstellung des *Deutschen Wörterbuchs* darauf an, „in jedem jahrhundert die mächtigsten und gewaltigsten zeugen der sprache zu erfassen".[25] Solche Haltungen sind aber keineswegs vollkommen ausgestorben: Auch der *Grand Robert* aus dem Jahr 1985 ist Hausmann (1997: 184) zufolge „in erster Linie eine Anthologie der schönen Literatur für den Leser aus dem französischen Bildungsbürgertum." Die Implikationen einer solchen Belegauswahl sind offensichtlich.

Damit wird natürlich auch die Problematik der Belegpraxis in Wörterbüchern deutlich. Während im Falle der primär dokumentierenden Belege des OED eine enge Affinität zu Korpusbelegen besteht, sind Belege vielleicht auch manchmal Belege für etwas, das die Lexikografen darstellen wollten, schon bevor sie den Beleg hatten. Belege können natürlich auch gesucht sein und insofern die Intuitionen der Lexikografen widerspiegeln und (zumindest scheinbar) stützen. Dennoch ist zu betonen, dass systematisch durchgearbeitete Belegsammlungen und Korpora trotz erheblicher Unterschiede in der Materialbasis eine sehr ähnliche Funktion erfüllen.

Aber auch der Dokumentationscharakter von Belegen ist keineswegs unproblematisch. Wenn nämlich Belegsammlungen zum Zwecke der sprachlichen Analyse benutzt werden, so besteht durchaus die Gefahr, dass das Unübliche und nicht das Übliche für bemerkenswert gehalten und insofern durch Belege dokumentiert wird, so dass letztlich ein verzerrtes Bild von der Sprachwirklichkeit entsteht.[26] In diesem Sinne klagt bereits Jacob Grimm im Hinblick auf die Belegsammlung des *Deutschen Wörterbuchs*:

> die excerpierenden berücksichtigten vorzugsweise die ihnen unbekannt und selten scheinenden wörter, und giengen die bekannten vorbei, auf deren leise färbung und verwendung es gerade ankommt.[27]

## 8.5 Korpora

### *8.5.1 Die Revolution der Korpuslinguistik*

Manche der Probleme der lexikografischen Datenerhebung, die mit den Methoden der Introspektion, der Informantenbefragung und dem Anlegen und Auswerten von Belegsammlungen verbunden sind, gehören der Vergangenheit an, denn in den letzten zwei Jahrhzehnten hat die Korpuslinguistik so entscheidende Fortschritte ge-

---

[25] Zitiert nach Dückert (1987: 13).

[26] Bergenholtz und Mugdan (1990: 1619).

[27] Zitiert nach Dückert (1987: 35). Dückert merkt hier allerdings an, dass die Exzerptoren in diesem Punkt letztlich nur den Anweisungen der Brüder Grimm gefolgt sind.

macht, dass für die lexikografische Arbeit zuverlässigere Datenquellen vorliegen als je zuvor. Wenn John Sinclair (1991: 1) schreibt „... the analysis of language has developed out of all recognition“, so ist das keine Übertreibung. Dass sich die Lebensdauer der englischen Lernerwörterbücher, also der Zeitraum von einer Auflage bis zur nächsten, sehr verkürzt hat, hängt einerseits mit der Konkurrenz in diesem Markt zusammen, aber zu einem nicht zu unterschätzenden Teil auch mit neuen Erkenntnissen, die durch die Auswertung neuer Korpora gewonnen werden.

Für bestimmte Aspekte der lexikografischen Beschreibung kann man mit Sicherheit sagen, dass die Verwendung von Korpora zu einer neuen Qualität der Aussagen in Wörterbüchern geführt hat. Die Überlegenheit von Korpusuntersuchungen gegenüber anderen Methoden zeigt sich in verschiedenster Hinsicht:

- Bei den Größenordnungen der Korpora, wie sie zu Beginn des 21. Jahrhunderts für das Englische zur Verfügung stehen, ist davon auszugehen, dass die Daten, die damit gewonnen werden, in einer Weise repräsentativ sind, die alle anderen Möglichkeiten der Datenerhebung bei weitem übertrifft.
- Korpora erlauben statistische Einsichten in die Verwendung von Wörtern, die anders nicht zu ermitteln sind: Das betrifft ihre Frequenz im allgemeinen Vorkommen, aber auch die Frequenz ihres Vorkommens in Verbindung mit anderen Wörtern (also in Bezug auf Phänomene wie Valenz, Kollokation und Phraseologie) oder in bestimmten Varietäten einer Sprache.
- Korpusanalysen können von der Fragestellung in weitaus höherem Maße objektiviert werden als das bei Befragungen oder Belegsammlungen der Fall ist, weil Routineanfragen an Korpora leichter so gestaltet werden können, dass die Fragestellung nicht schon ein bestimmtes Ergebnis präjudiziert.

Trotz des unbestreitbaren Durchbruchs, den die Entwicklung der Korpuslinguistik für die Qualität lexikografischer Arbeit bedeutet, darf natürlich nicht übersehen werden, dass Korpusanalysen keineswegs eine seelig machende und schon gleich gar keine allein seelig machende Methode darstellen. Zum einen ist natürlich ganz entscheidend, wie groß ein Korpus ist, und wie repräsentativ es ist.[28] Während ein Korpus wie *Frantext*, welches zu 80% literarische Texte enthält, sicherlich nicht als repräsentativ für das heutige Französisch anzusehen ist, ist die Frage, wie ein Korpus repräsentativ gestaltet werden kann, natürlich weitaus schwieriger zu lösen[29], noch dazu weil dabei Fragen der Verfügbarkeit von Texten – oder im Falle historischer Korpora die Begrenztheit des überhaupt vorhandenen Textmaterials[30] – in der Praxis zu erheblichen Beschränkungen führen können.

Zum zweiten sind seltenere sprachliche Phänomene – wie etwa bestimmte Variationen von Idiomen oder auch Valenzpatterns von wenig frequenten Adjektiven –

---

[28] Zu den Desiderata bezüglich der Zusammenstellung von Korpora siehe u.a. Hausser (1999: 290-291). Vgl. auch Leech/Fligelstone (1992).

[29] Über die genauen Modalitäten herrscht in der Korpuslinguistik keine Übereinstimmung. Vgl. dazu etwa Biber (1993).

[30] Vgl. Reichmann (1990b: 1593).

auf der Basis von Korpora nicht zuverlässig zu ermitteln. So muss betont werden, dass auch heutige Korpora trotz ihrer beeindruckenden Größe nur winzige Stichproben einer Sprache wie Deutsch, Englisch oder Französisch darstellen, wenn man sie mit dem vergleicht, was von den Sprechern dieser Sprachen Tag für Tag produziert wird. Insofern kann man von dem Fehlen eines bestimmten Gebrauchskontextes, eines Valenzpatterns oder einer Kollokation nicht automatisch darauf schließen, dass es diese in der Sprache selbst nicht gäbe. Für die Lexikografie haben Korpusanalysen aber den enormen Vorteil, dass sie das in einer Sprache Übliche in hervorragender Weise beleuchten.

Damit laufen die heutigen Lexikografen nicht mehr so leicht Gefahr, am Bekannten vorbei zu gehen, wie Jacob Grimm kritisiert hat. Außerdem ist das Bekannte unter Umständen eben doch nicht bekannt: Die eigene Erfahrung in der Korpusarbeit zeigt, dass Korpusbefunde zwar häufig die Intuition von Muttersprachlern im Wesentlichen bestätigen, dann immerhin präzisieren und objektivieren, dass es aber durchaus auch vorkommen kann, dass die Ergebnisse einer Korpussuche den Intuitionen der Muttersprachler radikal widersprechen.

Insofern stellt die Korpuslinguistik für die Lexikografie ein unschätzbares Instrumentarium dar, das allerdings mit einiger Vorsicht genutzt werden muss. Insofern wird für bestimmte Zwecke auch das Sammeln von Belegen aus mehr oder weniger zufällig erfassten Quellen keineswegs überflüssig. Vor allem aber kommt, wie oben bereits gesagt, der Introspektion der Lexikograf(inn)en nach wie vor eine entscheidende Rolle zu: Zum einen sind semantische Analysen (jedenfalls im Augenblick und wohl auf absehbare Zeit) noch nicht automatisierbar und zum anderen muss bei einer geringen Zahl von Korpusbelegen entschieden werden, ob es sich dabei um Belege für ein seltenes Phänomen handelt oder um Dinge, die man nicht in einem Wörterbuch haben will, wie Performanzerscheinungen oder gar Fehler ausländischer Sprecher.

Letztlich ist der Einsatz von Korpora in der Lexikografie natürlich davon abhängig, ob für die zu beschreibende Sprache überhaupt ein Korpus vorhanden ist, das den Anforderungen genügt. Heute spielen Korpora aus diesem Grund vor allem in der englischen Lexikografie eine zentrale Rolle. So stützen sich alle bedeutenden derzeit auf dem Markt befindlichen englischen Lernerwörterbücher auf Korpora.[31] In Deutschland und Frankreich ist die korpusgestützte Lexikografie bisher noch weniger entwickelt, wenngleich auch hier entsprechende Projekte auf den Weg gebracht sind.[32] Auch in die zweisprachige Lexikografie hat die Datenerhebung durch Korpora Eingang gefunden. So basieren sowohl das *Collins Großwörterbuch Englisch* (CGW-E4) als auch das *Pons Großwörterbuch English* (PGW-E1) auf der Auswertung deutscher und englischer Korpora.[33]

---

31 Im einzelnen sind dies das *British National Corpus* (u.a.) für OALD6 und LDOCE4, das *Cambridge International Corpus* für CIDE, die *Bank of English* für COBUILD3 sowie das *World English Corpus* für das *Macmillan English Dictionary*.

32 Vgl. etwa Heid et al. (2000) zur korpusgestützten Überarbeitung von *Langenscheidts Großwörterbuch Deutsch- Englisch, Der kleine Muret-Sanders*.

33 Für das PGW-E sind dies Korpora des *Instituts für Deutsche Sprache* in Mannheim und das *British National Corpus*. Da CGW-E4 nennt als Korpusbasis die *Bank of English* sowie die *Deutsche Textbörse*.

### *8.5.2 Die Entwicklung von Korpora für lexikografische Zwecke*

Als Pionier der Entwicklung von Korpora für lexikografische Zwecke kann John Sinclair gelten, der 1980 das *COBUILD Project in lexical computing*[34] begründete. Dank neuer technischer Hilfsmittel, wie Scannern in Verbindung mit OCR-Software[35], war es möglich ein Korpus von ca. 20 Millionen Wörtern zu erstellen[36], auf dessen Basis 1987 das *Collins COBUILD English Language Dictionary* (COBUILD1) als erstes streng korpusbasiertes Wörterbuch erstellt wurde. Nach 1991 wurde das Korpus in Birmingham unter dem Namen *Bank of English* entscheidend erweitert, sodass es zeitweise über 450 Millionen Wörter laufendenText enthielt.[37]

Als Reaktion auf das Birminghamer Korpus wurde zu Beginn der neunziger Jahre das *British National Corpus* geschaffen, und zwar interessanterweise unter maßgeblicher Beteiligung der beiden Verlage *Oxford University Press* und *Longman*. Im Gegensatz zur *Bank of English*, die auf ständiges Wachstum hin angelegt war, wurde das *British National Corpus* von vornherein auf eine feste Größe von 100 Millionen Wörtern hin angelegt. Das *British National Corpus* wurde 1994 fertig gestellt und ist – vor allem auch aufgrund der Tatsache, dass es Linguisten weltweit zugänglich ist – das wichtigste Korpus, das momentan für die englische Sprache existiert.[38]

Auch wenn sich deutsche Wörterbuchverlage nicht in gleicher Weise bei der Schaffung von Korpora engagiert haben, existieren für das Deutsche mittlerweile ebenfalls große Korpora wie etwa die Korpora des Instituts für deutsche Sprache in Mannheim, die im COSMAS-System zusammengefasst sind.[39] In Hinblick auf die französische Lexikografie ist vor allem das *Frantext*-Korpus zu nennen, welches dem

---

[34] Zu einer genauen Beschreibung vgl. Sinclair (1987b), Renouf (1987) und Krishnamurthy (1987). COBUILD (= *Collins Birmingham University International Language Database*) war eine Kooperation des Verlags HarperCollins mit der Universität Birmingham. Das Projekt ist inzwischen eingestellt worden.

[35] OCR (= *optical character recognition*) ermöglicht die Konvertierung von gedrucktem Text ins elektronische Medium. Die Dateneingabe bei älteren Korpora wie Brown und LOB erfolgte dagegen ausschließlich durch eintippen.

[36] Das Korpus teilte sich auf in ein 7,3 Millionen Textwörter umfassendes *main corpus* und ein 13 Millionen Textwörter umfassendes *reserve corpus*, welches dann heran gezogen wurde, wenn die Daten aus dem *main corpus* sich als nicht ausreichend erwiesen; vgl. Renouf (1987). Existierende Korpora der Zeit wie das amerikanische *Brown Corpus* oder das britische *LOB Corpus* umfassten 1 Million Textwörter, eine für bestimmte grammatische Studien sinnvolle, für lexikografische Zwecke jedoch völlig unzureichende Größe. Zu diesen Korpora vgl. Francis (1964) und Johansson (1992).

[37] Vgl. Clear/Fox/Francis/Krishnamurthy/Moon et al. (1996: 304), wo allerdings noch eine Größe von 320 Millionen Textwörtern genannt wird. Die Angabe zur momentanen Korpusgröße entstammt der COBUILD Homepage (http://www.cobuild.collins.co.uk).

[38] Ausführlichere Informationen zum BNC geben Aston und Burnard (1998) sowie die BNC Homepage unter http://www.natcorp.ox.ac.uk. Andere englische Wörterbuchverlage wie Cambridge University Press oder Macmillan haben in der Zwischenzeit gleichgezogen und vergleichbare Korpora für ihre lexikografische Arbeit erstellt. Information zum *Cambridge International Corpus* findet sich unter http://uk.cambridge.org/elt/corpus. Information zum *World English Corpus* findet sich auf der Produktseite des *Macmillan English Dictionary* unter http://www.macmillaneducation.com/catalogue/dictionaries/med.htm

[39] Informationen und Korpuszugang unter http://www.ids-mannheim.de/kt/corpora.shtml.

*Trésor de la Langue Française* zugrunde liegt, bei dem es sich jedoch im Wesentlichen um ein literarisches Korpus handelt.[40]

### *8.5.3 Anwendung in der Lexikografie*

Größenordnungen von 100 Millionen Wörtern oder mehr können natürlich nur elektronisch bewältigt werden. Entscheidend dabei sind vor allem so genannte Konkordanzprogramme,[41] die ein Korpus auf einen Suchbegriff hin durchforsten[42] und die Fundstellen beispielsweise nach der ersten Wortform, die dem Suchbegriff folgt, alphabetisch anordnen. Üblich ist hier das sogenannte KWIC-Format, bei dem für jeden Beleg jeweils eine Bildschirmzeile Kontext ausgegeben wird. Die folgende KWIC-Konkordanz zeigt zwanzig Belege zum Lexem *markerschütternd* aus den geschriebenen Korpora des *Instituts für Deutsche Sprache* in Mannheim.[43]

```
el war der Komtur treffend, aber nicht markerschütternd besetzt. So blieb
bis zur Wohnstraße. Baby Dario schreit markerschütternd, doch der sechs W
plazierten Popmelodiechen mitunter als markerschütternde Effekte platzen
häre unerläßlich sind. Genauso wie das markerschütternde Gebrüll von Spor
ganze Besatzung unter jeder Brücke ein markerschütterndes Gejohle an, weg
die Hexen sich zum Bösen und heben ein markerschütterndes Gelächter an.
s Ensemble an. Während es erneut sein markerschütterndes Gelächter erhebt
 Irre komisch. Gelungen allerdings die markerschütternden Gesangs- und Tan
 jemandem, der vielleicht plötzlich in markerschütterndes Geschrei ausbri
glichkeiten ist der Kontrabaß. Er kann markerschütternd grunzen, parodist
rdrutsch aus Heavy Metal und Hardrock, markerschütternd heftig – aber kau
ern durch sein Travestielokal bekannt. Markerschütterndes Jodeln tönte du
lichen Raum und singen. Dazu erklingen markerschütternde Jodler, die eine
tener Kehle, wozu die Black Föss ihren markerschütternden Ruf nach Bier e
opfen wild auf die Trommeln. Mit einem markerschütternden Schlag verschaf
lon stolz emporgehalten. Auch Titanias markerschütternder Schrei, als sie
r ab, manche davon begleitet von einem markerschütternden Schrei. So erre
gestellt wurde, stieß er einen langen, markerschütternden Schrei aus und
en Hauses hatten sich über „intensive, markerschütternde Schreie" eines H
lgt ein durchbrochener Choral, und die markerschütternde Vehemenz der Def
```

Die Interpretation einer solchen KWIC-Konkordanz führt bereits zu einer Reihe von interessanten Beobachtungen in Bezug auf das Lexem *markerschütternd*. So sieht

[40] Informationen und Korpuszugang unter http://zeus.inalf.cnrs.fr/frantext.htm.

[41] Vgl. Barnbrook (1996: 65-85).

[42] Moderne Korpussuchen unterstützen dabei auch die Suche nach allen Formen eines Lexems (so dass in der Suche nach *geben* auch *gibst*, etc. eingeschlossen ist) sowie die Berücksichtigung der Wortklasse (so dass man sich etwa für das Englische eine Konkordanz des Verbs *set* unter Ausschluss des homonymen Substantivs und Adjektivs anzeigen lassen kann). Derartige Suchverfahren setzen eine – ebenfalls elektronisch durchzuführende – Voranalyse des Korpus voraus, die in einem sogenannten annotierten Korpus resultiert. Vgl. dazu etwa Garside et al. (1997).

[43] Insgesamt ergab die Abfrage nach *markerschütternd* in allen Flexionsformen 78 Belege.

man, dass *markerschütternd* in der überwiegenden Mehrzahl der Fälle adjektivisch gebraucht wird und dabei vor allem in attributiver Position vorkommt, und dass eine adverbiale Verwendung von *markerschütternd* vor Verben möglich (*Er kann markerschütternd grunzen*), aber weitaus seltener ist.[44] Darüber hinaus lässt sich erkennen, dass *markerschütternd* ausschließlich mit Lexemen kollokiert, die lautliche Phänomene zum Ausdruck bringen, und dass innerhalb dieser Gruppe die Verbindung mit *Schrei* besonders häufig ist.[45] Aufgrund dieser Analyse ließe sich denn auch der Eintrag zu *markerschütternd* im Duden Universalwörterbuch (DUW5) in einigen Details verbessern:

> **mark|er|schüt|ternd** <Adj.>: *durchdringend laut [u. Schrecken, Mitgefühl auslösend]:* ein -er Schrei. <DUW5>

Zum einen wird im *Duden Universalwörterbuch* die Möglichkeit des adverbialen Gebrauchs von *markerschütternd* nicht aufgeführt. Zum anderen kann man sich aufgrund der Konkordanzdaten fragen, inwieweit der Zusatz *[u. Schrecken, Mitgefühl auslösend]* wirklich gerechtfertigt ist, denn die Mehrzahl der Belege unterstützen dies nicht. Gerechtfertigt erscheint dagegen das gegebene Beispiel, welches sowohl die Kollokation mit *Schrei* als auch die attributive Stellung des Adjektivs widerspiegelt.

Selbstverständlich sind für feinere Analysen die Angaben aus einer KWIC-Konkordanz nicht ausreichend. Insofern ist es wichtig, darauf hinzuweisen, dass für jede Zeile einer KWIC-Konkordanz der ganze Satz, in manchen Programmen auch der ganze Text, abrufbar ist. Außerdem sind natürlich Angaben zur Quelle des Textes verfügbar. Beides ist in Hinblick auf die kontextuelle Einbettung einer Verwendung von großer Bedeutung.

Besonders wichtig für lexikografische Zwecke ist auch die Möglichkeit, Kollokationslisten zu erstellen. Dabei werden verschiedene statistische Verfahren eingesetzt, die es ermöglichen, statistisch signifikante Wortkombinationen von den zufälligen zu trennen.[46] Die folgende Kollokationsliste zeigt die zehn signifikantesten Kollokatoren zu *commit* im *British National Corpus* in einem Kontext von je vier Wortformen vor und nach dem Suchwort:

| **Kollokator** | **Frequenz** | **statistische Signifikanz**[47] |
|---|---|---|
| *suicide* | 137 | 337,4 |
| *two-phase* | 13 | 218,5 |
| *crimes* | 59 | 144,9 |

[44] In der Gesamtkonkordanz finden sich auch zwei Belege, in denen *markerschütternd* als Adverb Adjektive (*heftig, laut*) prämodifiziert.

[45] In den 78 im Korpus enthaltenen Belege folgt in insgesamt 15 Fällen, also bei knapp 20%, das Substantiv *Schrei*. In sieben Fällen folgt *Gelächter*.

[46] Ausführlicher dazu Barnbrook (1996: 86-106). Zum statistisch orientierten Kollokationsbegriff siehe auch Kapitel 3.9).

[47] Die verwendete Teststatistik ist hier der sogenannte *z-score*; vgl. Barnbrook (1996: 95-7).

| | | |
|---|---|---|
| *offence* | 70 | 117,1 |
| *crime* | 61 | 74,2 |
| *themselves* | 107 | 70,6 |
| *to* | 1153 | 58,0 |
| *conspiring* | 7 | 57,2 |
| *ourselves* | 37 | 56,2 |
| *conspiracy* | 18 | 55,7 |

Aus einer Kollokationsliste wie dieser sind zum Beispiel typische Objekte von *commit* ersichtlich; zugrunde liegen hierfür Belege wie die folgenden zur Kollokation *commit crimes*:

[1]$_{\text{BNC}}$ Goethe once said: „I would be able to commit all crimes in my life if I did not have the possibility to express them."

[2]$_{\text{BNC}}$ The great majority of non-employees who commit crimes against business will live in the immediate area.

[3]$_{\text{BNC}}$ This suggests that holding constant other variables, the same youths commit more crimes while unemployed.

[4]$_{\text{BNC}}$ Naturally enough, those who commit crimes will tend to conceal their actions and protect themselves.

Das statistisch hohe Vorkommen von *themselves* und *to* im Kontext von *commit* bezieht sich dagegen auf Verwendungen des Verbs *commit*, die man wohl einer anderen Bedeutung zuordnen würde, wie die folgenden Belege illustrieren:

[5]$_{\text{BNC}}$ Why should rebels who would not commit themselves to the support of the state enjoy its fruits?

[6]$_{\text{BNC}}$ Until recently, volunteers in the CAB were required to commit themselves to four hours' voluntary service per week.

[7]$_{\text{BNC}}$ The World Health Organisation has called for individual developing countries to commit themselves to decade programmes.

Korpusauswertungen dieser Art finden ihren Niederschlag in den entsprechenden Einträgen von Wörterbüchern, etwa bei *commit* im *Oxford Advanced Learner's Dictionary* (OALD6):

**commit** ...

CRIME **1** [VN] **~ a crime, etc.** to do sth wrong or illegal: *to commit murder / adultery, etc.* ◇ *Most crimes are committed by young men.* ◇ *appalling crimes committed against innocent children*

SUICIDE **2** [VN] **~ suicide** to kill yourself deliberately

PROMISE/SAY DEFINITELY **3** **~ sb / yourself (to sth / to doing sth)** [often passive] to promise sincerely that you will definitely do sth, keep to an agreement or arrangement, etc: [VN] *The President is committed to refor-*

*ming health care.* ◇ *Borrowers should think carefully before committing themselves to taking out a loan. …* <OALD6> (Unterstreichung = blau)

Auch in der zweisprachigen Lexikografie können solche Kollokationsanalysen nutzbringend eingesetzt werden. So hat zum Beispiel der Einbezug von Korpusmaterial aus dem Stuttgarter IMS Corpus dazu geführt, dass Kollokationen wie *Daten austauschen/auswerfen/erfassen/löschen/speichern* oder *Schadenersatz fordern/leisten/zahlen/erhalten* in die neue Ausgabe von *Langenscheidts Großwörterbuch Englisch (Der kleine Muret-Sanders)* (2004) aufgenommen wurden.

Gleichzeitig ist natürlich zu betonen, dass die Frequenzanalysen aus Korpora ein wesentliches Instrumentarium in Bezug auf die Aufnahmekriterien für Wörter in ein Wörterbuch überhaupt darstellen. So sind zum Beispiel in *Langenscheidts Großwörterbuch Englisch* Wörter wie *Absacker, Ankerfrau, Ankermann, Cheftaste* oder *Gewinnwarnung* verzeichnet.

Frequenzanalysen sind außerdem die Grundlage für einen vollkommen neuen Informationstyp in einsprachigen Wörterbüchern, nämlich die Frequenzangaben, die sich etwa im *Cobuild Dictionary of Idioms* oder im *Longman Dictionary of Contemporary English* (LDOCE4) finden (> 3.12).

# 9 Der Status von Wörterbüchern

## 9.1 Qualitätsurteile über Wörterbücher

Man braucht nicht viel von Wörterbüchern zu verstehen, um zu sehen: Es gibt dicke und dünne, einbändige und mehrbändige, einsprachige und zweisprachige, allgemeine und spezielle, alte und neue, auf Papier gedruckte und elektronische, teure und billige, gute und schlechte. Mit der Ausnahme der letzten Kategorie ist die Zuordnung auch sehr schnell möglich, wenngleich man auch da wissen muss, dass nicht jedes Wörterbuch, auf dem „neu" oder „völlige Neubearbeitung" steht, so völlig neu ist wie es erscheinen soll.

Bei der Frage gut oder schlecht ist das etwas anders, und in gewisser Weise ist das ja die entscheidende Frage. Hier kann die metalexikografische Grundlagenforschung einen Beitrag leisten; natürlich nicht in der Form, dass die Frage, ob ein bestimmtes Wörterbuch gut sei, ohne weiteres eindeutig mit ja oder nein zu beantworten wäre. Das heißt: mit nein manchmal schon. Im Rahmen der hier dargestellten lexikografischen Skopostheorie wurde deutlich, dass die Qualitätsfrage seriös unter Berücksichtigung seines Zwecks, also den konkreten Nachschlagebedürfnissen einer Zielgruppe angegangen werden kann, für die es konzipiert ist. Ein gutes Wörterbuch wäre demnach eines, das die verschiedenen Lexikoparameter, die ja durchaus in Konkurrenz zueinander stehen, in einer für einen bestimmten Zweck als sinnvoll anzusehenden Weise hierarchisiert beziehungsweise justiert. Diese Formulierung ist deshalb etwas kompliziert, weil ein Wörterbuch allein dadurch, dass es einen bestimmten Zweck oder mehrere Zwecke nicht oder nicht besonders gut erfüllt, noch kein schlechtes Wörterbuch sein muss, sondern eben nur ein für diesen Zweck ungeeignetes.

Wiederum ist selbstverständlich, dass es angesichts der verschiedenen Lexikoparameter und der enormen Vielzahl ihrer Ausgestaltung unwahrscheinlich ist, dass von verschiedenen Konkurrenzwerken eines alle optimal umsetzt und die anderen nicht; zu erwarten ist vielmehr, dass das eine Wörterbuch diese, ein anderes Wörterbuch jene Vorzüge hat, manches – und das ist auch wichtig, weil wir uns sonst einer quasi dekonstruktionistischen oder resignativen Beliebigkeit ausgesetzt sähen – aber eben auch gar keine. Weiterhin ist zu erwarten, dass nicht alle Benutzer oder Metalexikografen dieselbe Hierarchisierung von Lexikoparamtern oder dieselben Realisierungen bestimmter Elemente als optimal ansehen.

Insofern kann man auch wissenschaftlich darüber streiten, ob ein Wörterbuch gut oder schlecht ist, oder, wahrscheinlicher, ob es sehr gut oder relativ gut ist. Wirklich schlechte Wörterbücher lassen sich relativ leicht identifizieren. In diesem Buch sollten einige der Kriterien dargestellt werden, die bei der Gestaltung, aber auch bei der qualitativen Bewertung von Wörterbüchern eine Rolle spielen, und in diesem Sinne leistet lexikografische Forschung eben auch einen Beitrag zur Beurteilung der Qualität von Wörterbüchern.

Die Frage ist nur, inwieweit die Gesellschaft, also die tatsächlichen oder potentiellen Benutzerinnen und Benutzer, über diese Kriterien verfügen oder inwieweit wissenschaftliche Arbeiten dazu beitragen können, entsprechendes Qualitätsbewusstsein in der Gesellschaft zu schaffen. Allzu viel Optimismus scheint hier nicht angebracht.

Kaufentscheidungen in Buchhandlungen fallen vergleichsweise schnell, und unter Umständen spielt die bewährte Farbe eines Einbands eine größere Rolle als lexikografische Aktualität. Buchhändlerinnen und Buchhändler sind angesichts der Vielfalt des Angebots vielfach sicher überfordert und auf Verlagswerbung und Verlagsangaben angewiesen. Und da liegt natürlich schon ein Systemfehler: Da das primäre Interesse von Verlagen darin besteht, dass Wörterbücher gekauft werden, und nicht unbedingt, dass ein für bestimmte Zwecke adäquates Wörterbuch gekauft wird, sind die Zielgruppenangaben auf Wörterbüchern häufig viel zu weit gefasst. Außerdem wird vielfach mit Elementen geworben, die aus metalexikografischer Sicht vielleicht eher von sekundärer oder tertiärer Bedeutung sind: Zahl der Einträge (weder wirklich nachprüfbar noch schrecklich relevant), Aufnahme von Neologismen (jedenfalls für bestimmte Wörterbuchtypen wirklich nicht entscheidend) usw. Was sich hinter Angaben wie „Neuauflage“ oder „völlig neu bearbeitete Auflage“ verbirgt, hängt ebenfalls sehr vom Einzelfall ab.

Insofern haben es die Käufer, aber auch die um ernsthafte Beratung bemühten Buchhändler nicht ganz einfach. Denn selbst wenn sie die Zeit und Energie aufbringen, unabhängige Rezensionen der einzelnen Wörterbücher zu lesen, ist festzustellen, dass selbst die wissenschaftliche Rezensionspraxis keineswegs immer vorbildlich ist. Rezensionen, die die offensichtlichen Merkmale eines Wörterbuchs schildern und ihr Urteil aus einigen wenigen zufällig ausgewählten Einträgen bilden, sind durchaus keine Seltenheit, wie Jehle (1990) in einer großangelegten Untersuchung der Rezensionen von englischen und französischen Lernerwörterbüchern offengelegt hat; unter anderem identifiziert Jehle (1990: 299-300) folgende Schwachstellen der Rezensionspraxis:

> Bei den wissenschaftlichen Rezensenten ist die Tendenz unverkennbar, in der Besprechung des Wörterbuchs stets den wissenschaftlichen Sachverstand durchschimmern zu lassen, auch wenn dies für die Belange des betreffenden Lernerwörterbuches wenig relevant ist oder gar zu einem nicht-validen Urteil führt.
> Aber auch die Verfasser populärwissenschaftlicher Rezensionen sind zumeist bestrebt zu zeigen, daß sie über manches Detail besser Bescheid wissen als die Lexikographen.
> Neben den Definitionen gehört insbesondere der lexikographische Inhalt „Wortschatz und Wortschatzerfassung“ zu den Steckenpferden vieler Rezensenten.

> Gerade in diesem Bereich spielt die subjektive Einstellung des Rezensenten eine große Rolle, wenn es darum geht, über die Lemmatisierung bzw. die Auslassung eines bestimmten Wortes zu befinden. In den meisten Fällen schicken sich die Rezensenten an, Wörter oder Unterbedeutungen aufzuspüren, die in dem betreffenden Wörterbuch nicht berücksichtigt wurden.

Als Beispiel führt Jehle eine Rezension an, in der bemängelt wird, dass LDOCE1 Wörter wie *siskin, gadwall, francolin, esker, gabbro* oder *keuper* nicht aufführt. Währernd die Unsinnigkeit solcher Kritik den Leserinnen und Lesern der Rezension auch bewusst werden kann, gilt dies nicht für zwei weitere Schlussfolgerungen Jehles (1990: 300):

> Die Praxis der Rezension einsprachiger englischer und französischer Lernerwörterbücher sieht in vielen Fällen leider so aus, daß der Rezensent keine Vorüberlegungen anstellt, um die Parameter auszuloten, innerhalb deren Grenzen seine Urteile und kritischen Wertäußerungen dem Prinzip der Validität entsprechen. In vielen Rezensionen ist nicht bedacht worden, wer der typische Benutzer des zu rezensierenden Wörterbuchs ist, in welchen Benutzungssituationen das Wörterbuch konsultiert wird ... Darüber hinaus verraten die Urteile der Mehrheit der Rezensenten, daß die Plurifunktionalität des einsprachigen Lernerwörterbuchs als Lese-, Schreib- und Lernwörterbuch keine Berücksichtigung gefunden hat.
> Selbst wenn die vom Rezensenten gefällten Urteile valide, fair und wohlbegründet sind, kann sich der Leser der Rezension oft nicht des Eindrucks erwehren, daß die vorliegenden Urteile für das besprochene Wörterbuch nicht repräsentativ sind; zumeist weiß man als Leser in etlichen Fällen nicht genau, ob die geäußerte Kritik symptomatisch für das ganze Wörterbuch ist oder ob sie lediglich ein paar wenige Einzelfälle betrifft.

Dass diese Kritik an der Kritik nicht nur auf Lernerwörterbücher zutrifft, sondern im Gegenteil eine lange Geschichte hat und sich auch an der Rezeption so bedeutender Wörterbücher wie dem Grimmschen *Deutschen Wörterbuch*, dem *Woordenboek der Nederlandse Taal* oder des *Oxford English Dictionary* äußern lässt, zeigt Osselton (1989). Ein sinnvoller und (einigermaßen) aussagekräftiger Vergleich verschiedener Wörterbücher erfordert eine systematische und quantitative Analyse in Hinblick auf die Realisierung der unterschiedlichsten Lexikoparameter und stellt ein entsprechend umfangreiches Unterfangen dar.[1]

---

[1] Zu Evaluationskriterien vgl. auch Nation (2001: 290-295) und Heuberger (2000).

## 9.2 Der Status des Wörterbuchs in der Gesellschaft

### *9.2.1 Lexikografischer Fortschritt im Nebel*

Ansehen und Status von Wörterbüchern in der Gesellschaft sind wenig erforscht, insofern spiegeln die folgenden Gedanken vielleicht eher subjektive Erfahrungen wider. Dennoch kann es nicht ganz falsch sein zu sagen, in der deutschen Gesellschaft herrsche kein besonders ausgeprägtes Bewusstsein für Wörterbücher. Das gilt nicht nur in dem Sinne, dass neue Modelle von Autos, neue Versionen von Computerprogrammen, aber auch literarische Neuerscheinungen eine ganz andere Art von Aufmerksamkeit in der Öffentlichkeit erfahren als etwa Neuauflagen oder gar Neuentwicklungen von Wörterbüchern. Das wäre ja irgendwo durchaus nachvollziehbar und hinnehmbar. Es scheint aber in der Gesellschaft auch wenig Bewusstsein in der Richtung zu bestehen, dass es auf dem Wörterbuchmarkt, jedenfalls dem nichtelektronischen Wörterbuchmarkt, überhaupt Neuentwicklungen gibt.

Dass etwa im Bereich der englischen Lernerwörterbücher durch die computergestützte Auswertung von vor wenigen Jahrzehnten noch vollkommen unvorstellbaren Textmengen eine neue empirische Basis vorliegt, die einen ohne Übertreibung als revolutionär zu bezeichnenden Schritt bedeutet, wird kaum zur Kenntnis genommen, hat man den Eindruck. Man sieht es den Wörterbüchern ja auch nicht an, dass etwas anderes darin steht. Dass sich die Benutzerfreundlichkeit verbessert hat, sieht man ihnen an; aber die Frage bleibt: Wie viele Leute kaufen sich schon ohne zwingenden Grund die Neuauflage eines Wörterbuchs, von dem sie eine frühere besitzen, oder ein neu entwickeltes Wörterbuch, wenn sie ein ähnliches schon haben? Wer heute einen Wagen aus dem Jahr 1960 fährt, tut bewusst etwas Besonderes; wer heute ein Textverarbeitungsprogramm aus dem Jahr 1970 verwendet, spinnt; aber wer heute ein Wörterbuch vergleichbaren Alters benutzt, tut etwas weitgehend Selbstverständliches.

Dies zeigt sich bei Forschungsanträgen zur Lexikografie bei Kultusministerien, bei denen man Antworten vom Typ „Gibt es da etwas zu erforschen? Ich benutze ein Wörterbuch aus dem Jahr 1957, und das ist völlig in Ordnung“ bekommen kann, es zeigt sich aber auch, wenn man untersucht, mit welchen Wörterbüchern etwa die Sekretariate von Firmen mit viel Auslandskorrespondenz ausgestattet sind.[2]

Insofern scheint es, als ob sich das viel zitierte Wort Dr. Johnsons vom Lexikografen als *harmless drudge* trotz zunehmender Professionalisierung und Technisierung dieses Berufs auch heute noch anwenden ließe, jedenfalls was die gesellschaftliche Wahrnehmung in Deutschland betrifft. Damit unterscheiden sich Wörterbücher und Lexikografen übrigens nicht so sehr von Übersetzungen und Übersetzern, wo zum Beispiel auch Snell-Hornby (1986: 9) eine ähnliche Klage führt.

Ein weiteres Indiz für dieses mangelnde Wörterbuchbewusstsein ist übrigens, dass die wenigsten Leute, auch Studienanfänger im Fach Anglistik, in der Lage sind, ge-

2 Vgl. dazu Gast (1990: 143-150).

nau zu sagen, welche Wörterbücher sie benutzen oder besitzen. Umschlagfarbe, Name des Verlages ja; Titel des Wörterbuchs nein.

### *9.2.2 Wörterbücher im Wohnzimmer*

Trotz der Skepsis, die gegenüber der gesellschaftlichen Wahrnehmung lexikografischen Fortschritts angebracht sein mag, darf nicht übersehen werden, dass manche Wörterbücher, insbesondere einsprachige, über einen sehr hohen Stellenwert verfügen, indem sie wohl in vielen Haushalten anzutreffen sind.

In Deutschland gilt dies mit Sicherheit für den Band 1 des *Duden*, was ja durch den quasi-rechtsverbindlichen Normcharakter, den dieses Wörterbuch bis vor kurzem besaß, leicht zu erklären ist.[3] Von den Bedeutungswörterbüchern oder historischen Wörterbüchern dürfte keines einen ähnlichen Bekanntheits- oder Verbreitungsgrad haben. Zur Standardausstattung bei Nachschlagewerken gehört in Deutschland dann wohl eher noch eine Enzyklopädie wie der *Brockhaus* und weniger ein weiteres Wörterbuch.

In Großbritannien und Frankreich nehmen Wörterbücher einen wesentlich höheren Status ein als in Deutschland.[4] Selbst das *Oxford English Dictionary* ist in vielen Haushalten der gehobenen Mittelklasse anzutreffen, Wörterbücher wie das *Concise Oxford Dictionary* aber allemal. Stein (1984: 3)[5] verweist auf eine Umfrage, derzufolge mehr als 90% der befragten Haushalte in Großbritannien über ein Wörterbuch verfügten. Auch in englischen Buchhandlungen nehmen Wörterbücher eine auffällig prominentere Stellung ein als in Deutschland. Was Frankreich angeht, so spricht Hausmann (1985a: 36) von einem „haut degré de culture dictionnairique". Allein die Tatsache, dass ein Wörterbuch wie der *Petit Larousse* jedes Jahr in einer neuen Auflage erscheint, kann als Indiz in dieser Richtung gesehen werden. Die Situation in Frankreich beschreibt Hausmann (1983: 120) folgendermaßen:

> Frankreich hatte PIERRE LAROUSSE, EMILE LITTRÉ und PAUL ROBERT. Und es hat sie noch, weil jeder Franzose ihre Wörterbücher kennt. Man weiß: was im LITTRÉ steht, ist richtig und entscheidet jeden Sprachstreit (deren es in Frankreich nicht wenige gibt). Den *Petit LAROUSSE* besitzen 80% der französischen Haushalte. Die Wörterbücher PAUL ROBERTs wurden seit den sechziger Jahren in Millionenauflage verkauft und haben sich einen unbestreitbaren Platz in der Wörterbuchgeschichte erkämpft.

Wie viele Wörterbücher gekauft werden, lässt sich für metalexikografische Zwecke praktisch nicht ermitteln. Einerseits sind Auflagenstärken und Verkaufszahlen von

---

[3] Vgl. in diesem Zusammenhang Kühn (1989a: 123): ‚Die kontinuierliche Benutzung des Rechtschreibwörterbuches in Deutschland ist nur auf den hohen Prestigewert des normgerechten Schreibens zurückzuführen und hat damit sicher zu einer Verarmung der Wörterbuchkultur beigetragen.'

[4] Zur Popularität amerikanischer Wörterbücher vgl. Béjoint (1994: 55).

[5] Vgl. Algeo (1989: 29).

Wörterbüchern für die Verlage offenbar so wichtig, dass sie die entsprechenden Zahlen streng geheim halten, für die Gesellschaft aber offenbar so unwichtig, dass keinerlei Daten darüber erhoben werden.[6] Immerhin wurden in einer Allensbach-Umfrage im Februar 2002 auf die Frage „Was für Bücher interessieren Sie ganz besonders? Was lesen Sie besonders gern“ von 29% der Befragten „Nachschlagewerke, Lexika“ genannt.[7]

Was man mit größerer Sicherheit sagen kann, ist, dass Wörterbücher einen großen Autoritätsvorsprung genießen. So schreibt Algeo (1989: 29):

> English speakers have adopted two great icons of culture: the Bible and the dictionary. As the Bible is the sacred Book, so the dictionary has become the secular Book, the source of authority, the model of behavior, and the symbol of unity in language.

Und auch Hausmann (1989a: 21) nennt die „stillschweigende und voraussetzungslose Anerkennung seiner Autorität“ als verbreitestes Urteil über das Wörterbuch und schreibt:

> Der gesellschaftliche Effekt des Wörterbuchs ist offenbar zweischneidig. Solange es keines gibt, herrscht schöpferische Freiheit. Existiert erst einmal eins, wird es automatisch zur Autorität mystifiziert (obwohl vielfach nicht mehr Autorität dahinter steckt als die eines einzigen Sprechers) und legt eine ganze Nation sprachlich an die Kette.

## 9.3 Wörterbücher und Fremdsprachenunterricht

### *9.3.1 Einsatz des einsprachigen Wörterbuchs in der Schule*

Es dürfte unmöglich sein, eine Fremdsprache zu erlernen oder über einen längeren Zeitraum hinweg zu verwenden, ohne dabei ein oder mehrere Wörterbücher zu benutzen. Insofern stellt sich die Frage, in welcher Weise der schulische Fremdsprachenunterricht dieser Tatsache Rechnung trägt.

Für Deutschland lässt sich dabei trotz gewisser Unterschiede zwischen den einzelnen Bundesländern sagen, dass im Gymnasium etwa in der 11. Klasse das einsprachige Wörterbuch eingeführt wird, in Klausuren und Abiturprüfungen ist seine Verwendung gestattet.[8] Die Länder unterscheiden sich dahingehend, ob, wie etwa

[6] Aus Daten des Statistischen Bundesamts geht immerhin hervor, dass etwa im Jahr 1988 ein Durchschnittshaushalt in der Bundesrepublik Deutschland DM 26 für Bücher ausgegeben hat, eine weitergehende Differenzierung wird hier nicht durchgeführt.

[7] Noelle-Neumann/Köcher (2002).

[8] In österreichischen Schulen scheint hingegen zweisprachigen Wörterbüchern ein höherer Stellenwert im Fremdsprachenunterricht zugemessen zu werden.

in Bayern, nur einige Wörterbücher zugelassen sind, oder ob durch den Lehrplan ein bestimmter Wörterbuchtyp und -standard vorgegeben wird. Das zweisprachige Wörterbuch, das im Umgang mit einer Fremdsprache vielleicht – jedenfalls zunächst, und, wie in Kapitel 4 gezeigt wurde, keineswegs zu Recht – als der vielversprechendere und schnellere Weg zur Problemlösung erscheinen mag, bleibt im gymnasialen Schulunterricht weitgehend ausgeklammert.

### *9.3.2 Wörterbuchdidaktik*

Darüber, was in der Schule dann mit dem Wörterbuch gemacht wird beziehungsweise wie es im Schulunterricht verwendet wird, gibt es vergleichsweise wenige Untersuchungen und pauschale Verallgemeinerungen sind sicherlich nicht möglich. Im deutschen Englischunterricht ist es aber wohl so, dass die meisten Lehrerinnen und Lehrer bei der Einführung des einsprachigen Wörterbuchs in der 11. Klasse, unter Umständen sogar noch einmal zu Beginn der Kollegstufe, dem Umgang mit dem Wörterbuch einige Unterrichtsstunden widmen. Allerdings scheint sich – einer Umfrage aus dem Jahr 1985 zufolge[9] – die Wörterbucharbeit weitgehend in einer solchen systematischen Einführung zu erschöpfen; regelmäßige oder auch sporadische Übungen zum Wörterbuchgebrauch scheinen eher selten zu sein.

Darauf, dass der Umfang der Wörterbucharbeit im Unterricht nicht immer als ausreichend betrachtet werden kann, deutet manches hin: Zum einen zeigte sich, dass Studienanfänger mit wesentlichen Eigenschaften des Wörterbuchs, das sie in der Kollegstufe benutzt hatten und in dessen Benutzung sie entsprechend eingeführt worden waren, nicht vertraut waren und so entscheidende Informationen, insbesondere in Hinblick auf die Sprachproduktion nicht nutzen konnten[10]. Ebenso zeigten Analysen von Schülerarbeiten, dass ein erheblicher Prozentsatz der von den Schülerinnen und Schülern beim Verfassen von Aufsätzen gemachten Fehler in einer Situation, in der Motivation zur Fehlervermeidung und Zeit zum Nachschlagen bestanden hätte, nämlich etwa 30 bis 40%, durch die Benutzung gängiger ein- oder auch zweisprachiger Wörterbücher hätte vermieden werden können.[11]

Die Gründe für die mangelnde Beherrschung von Wörterbuchbenutzungstechniken sind vielfältig: Offensichtlich ist der Umgang mit dem Wörterbuch nichts, was man ohnehin irgendwie kann.[12] Offensichtlich genügen auch ein oder zwei Unterrichtssegmente von wenigen Stunden, in denen das Wörterbuch eingeführt

---

[9] Vgl. Heath/Herbst (1985). Vgl. auch Schneider (1993).

[10] Vgl. Heath/Herbst (1985).

[11] Vgl. Herbst (1985a). Zur Wörterbuchbenutzung bei der Übersetzung s. Müllich (1990). Grundsätzlich zu Problemen der Wörterbuchbenutzung und der Erforschung von Wörterbuchbenutzung siehe Wiegand (1998b). Vgl. auch Wiegand (1987).

[12] So schreibt auch Nation (2001: 184): „Learners need to be trained in dictionary use so that they can readily find words that they need in their writing."

wird, nicht, um dessen optimalen Gebrauch zu gewährleisten. Zum Zeitpunkt der oben angeführten Untersuchungen war eine Schwierigkeit sicherlich auch in der Gestaltung der Wörterbücher zu sehen; zumindest im Bereich der englischen Lernerlexikografie hat sich seitdem aber in puncto Benutzerfreundlichkeit sehr viel getan, sodass die Ergebnisse ähnlicher Tests heute vielleicht etwas besser ausfallen würden.[13]

Dennoch liegt ein wesentlicher Grund für relativ geringe Wörterbucharbeit im Fremdsprachenunterricht natürlich darin, dass die Vermittlung einer guten Wörterbuchbenutzungskompetenz im Widerspruch zu anderen Zielen, besonders eines kommunikationsorientierten Fremdsprachenunterrichts liegt oder jedenfalls zu liegen scheint, und zwar in zweierlei Hinsicht:

I. Ein Ziel des Unterrichts ist Wortschatzerwerb. Die Gewissheit, in der Prüfung schnell nachschlagen zu können, dämpft, so meinen zumindest manche Lehrer, die Motivation zum Wörterlernen. Diesem Argument ist nur mit Hinweis auf den zeitlichen Aufwand des Nachschlagens zu begegnen.
II. Ein weiteres Unterrichtsziel besteht in einer hohen und auch schnellen spontanen Kommunikationsfähigkeit, die nicht durch allzu großes Reflektieren über Richtigkeit beziehungsweise *monitoring* getrübt werden soll. Erstaunlich viele Fehler beim Schreiben von Texten werden von Schülern aber gemacht, weil sie sich gar nicht unsicher sind. Wer Wörter wie *pattern pupil* verwendet, tut dies sicher ohne Risikobewusstsein. Vermittlung einer Nachschlagekompetenz bedeutet also auch Vermittlung der Grenzen der eigenen Kompetenz. Hier wichtige Unterschiede zwischen schriftlicher und mündlicher Kommunikation herauszuarbeiten, ist sicher eine didaktische Herausforderung.

Dennoch bleibt festzuhalten, dass die Verwendung einer Fremdsprache so gut wie immer die Benutzung von Wörterbüchern beinhaltet. Wer nach einem Leistungskurs Englisch Physik, Medizin oder Wirtschaftswissenschaften studiert oder in einem Betrieb arbeitet, in dem englische Korrespondenz gefordert ist, wird sehr schnell auf Wortschatz stoßen, der in der Schule nicht vermittelt wurde und auch nicht vermittelt werden konnte. Für Sprachen, die einen kürzeren Zeitraum gelernt wurden, gilt das umso mehr.

Ziel des Fremdsprachenunterrichts muss also sein, die dort zu vermittelnde Kompetenz so zu definieren, dass sie sich nicht ausschließlich als Sprachkompetenz versteht, sondern als Kompetenz zur Bewältigung fremdsprachlicher Situationen. Dazu gehören neben der eigentlichen Sprachkompetenz gewisse allgemein-pragmatische Fähigkeiten und eben vorrangig auch eine Wörterbuchbenutzungskompetenz

[13] Vgl. in diesem Zusammenhang aber auch die Ergebnisse einer Umfrage von Schneider (1993: 96), die allerdings auf der Befragung von nur 38 Studierenden der Universitäten Hamburg und Rostock beruht: „Knapp die Hälfte aller Befragten verneinte die Frage, ob die Wörterbuchbenutzung Unterrichtsgegenstand war.“ Das Ergebnis einer Befragung von Englischlehrkräften schildert Schneider (1993: 98) ähnlich ernüchternd: „Die Einführung in die Arbeit mit dem einsprachigen Wörterbuch und die Entwicklung von Nachschlagetechniken findet oberflächlich oder gar nicht statt.“

(Herbst/Stein 1987). Zu dieser Wörterbuchbenutzungskompetenz zählen verschiedene Elemente, unter anderem:[14]

I. das Bewusstsein, dass das Nachschlagen eines Wortes (gegenüber dem Beherrschen seines Gebrauchs) die zwar zweitbeste, aber eine durchaus legitime und in vielen Fällen unausweichliche Lösung ist, dass entsprechend dem Wörterbuch und seinem Gebrauch nichts Anrüchiges anhaftet.
II. die Einsicht in die Grenzen der eigenen Kompetenz und ein Bewusstsein dafür, wann eine Absicherung durch Nachschlagen lohnenswert und angebracht sein mag.
III. Kenntnis der vollen Informationsbreite und der Funktionen eines Wörterbuchs beziehungsweise idealerweise sogar unterschiedlicher Wörterbücher. Im Fremdsprachenunterricht ist unbedingt zu vermitteln, dass Wörterbücher nicht nur Verständnishilfen, sondern auch Produktionshilfen darstellen und dass die Nutzung eines Lernerwörterbuchs als Schreibwörterbuch in erheblichem Maße zur Fehlervermeidung beitragen kann.
IV. Vertrautheit mit dem im Unterricht benutzten Wörterbuch.

Diese Wörterbuchbenutzungskompetenz darf nicht nur in einigen Unterrichtseinheiten bei der Einführung des Wörterbuchs vermittelt werden. Vielmehr sollte sie auch danach dem Unterricht zugrunde liegen, etwa in der Weise, dass immer wieder auf die Möglichkeit der Vermeidung von Fehlern beim Schreiben durch entsprechende Nachschlagevorgänge eingegangen wird. Entscheidend ist dabei, dass das Wörterbuch nicht als Selbstzweck thematisiert wird (denn die Beschäftigung mit Wörterbüchern wird von vielen unbegreiflicherweise als langweilig empfunden), sondern das Wörterbuch als Instrument zur Bewältigung sprachlicher Aufgaben erscheint.

### *9.3.3 Wörterbuchübungen und -begleitmaterialien*

Die Konsequenz aus diesen didaktischen Überlegungen ist, dass der Umgang mit dem Wörterbuch im Schulunterricht auch geübt werden muss. Manche Verlage bieten Begleitmaterialien in der Form sogenannter *workbooks* an, um die Vertrautheit mit bestimmten Wörterbüchern zu fördern.[15] Allerdings eignen sich diese Materialien häufig nur für die eigentliche Einführungsphase. Zudem haben sie oft den Nachteil, dass sie für den weltweiten Markt konzipiert sind und damit Übungen enthalten (wie etwa das alphabetische Sortieren von Wörtern), die deutschsprachige

[14] Zu einer detaillierten Beschreibung der Elemente, die in den Bereich einer Wörterbuchbenutzungskompetenz fallen, siehe Nation (2001: 284-288). Vgl. auch Schneider (1993) und Zöfgen (1985). Siehe in diesem Zusammenhang auch Hartmann (1989).

[15] Zu einer umfassenden Darstellung der verschiedenen Aspekte von *dictionary workbooks* und der dort zu findenden Aufgabenstellungen und ihrer Problematik siehe Stark (1990).

Schüler nicht als relevant empfinden. Sinnvoll sind solche Übungshefte eigentlich nur, wenn sie (zumindest implizit kontrastiv) für Schüler einer klar definierten Zielgruppe, was Ausgangssprache und Lernniveau in der Zielsprache angeht, konzipiert sind.

Für die, im Grunde genommen weit wichtigere, Übungsphase in der Folge kommen vor allem solche Aufgabentypen in Frage, die im Unterricht ohnehin besprochen werden. Es lässt sich also dafür plädieren, etwa in die Textaufgabe hin und wieder Aufgabenstellungen einzubauen, die explizit die Benutzung des einsprachigen Wörterbuchs erfordern, und zwar sowohl für Rezeptions- als auch für Produktionszwecke. Dass sich solche Wörterbuchaufgaben durch geringfügige Modifizierung üblicher Übungsformen leicht gestalten lassen, zeigen zum Beispiel die in den Begleitheften zum *Longman Dictionary of Contemporary English* (LDOCE2 und LDOCE3) – *Dictionary Techniques* und *Dictionary Skills* – zusammengestellten Aufgabenformen, die sich ohne Weiteres in Textaufgaben integrieren lassen. Diese *workbooks* enthalten auch Regeln zur Einübung allgemeiner Nachschlagetechniken und zum Gebrauchs des speziellen Wörterbuchs, wobei sie auch Kopiervorlagen enthalten, weil Overhead-Folien bei der Besprechung von Wörterbucheinträgen besonders geeignet erscheinen, um sicherzustellen, dass alle Schüler tatsächlich an die richtige Stelle eines Eintrags schauen. Solche Folien und Übungen sind natürlich nicht an ein bestimmtes Wörterbuch oder *workbook* gebunden, sondern sollten vielmehr auch nach der Einführungsphase von den Lehrkräften spontan eingesetzt werden, wann immer sich im Unterricht Nutzen und Funktion von Wörterbüchern bei der Sprachproduktion gut demonstrieren lässt.[16]

Soweit Unterrichtsräume mit Beamern ausgestattet sind, lässt sich die Wörterbuchbenutzung im Unterricht natürlich mit Hilfe eines elektronischen Wörterbuchs noch viel besser demonstrieren als mit einigen vorbereiteten Folien. Dann kann der Nutzen des Wörterbuchs für die Sprachproduktion – und natürlich auch für die Rezeption von Texten – laufend im Unterricht demonstriert werden.

Auch hier trägt also der technische Fortschritt durchaus dazu bei, dass im Fremdsprachenunterricht mit der Vermittlung von Wörterbuchbenutzungskompetenz eine über den Schulunterricht und die einzelne Sprache hinausgehende wesentliche Fertigkeit für den Umgang mit Fremdsprachen erworben werden kann.

Wenn es gelingen könnte, dabei auch etwas von der Faszination, die von Wörterbüchern ausgehen kann, zu vermitteln, wäre es schön – ebenso übrigens, wenn es uns gelungen sein sollte, dies mit dem vorliegenden Buch zu tun.

---

[16] Inwieweit die Entwicklung elektronischer Wörterbücher solche *workbooks* überflüssig macht, wird sich zeigen. Jedenfalls ist festzustellen, dass der Zugriff auf Informationen im elektronischen Wörterbuch in der Tat wesentlich einfacher ist als in Printwörterbüchern. Möglicherweise kommt das Medium auch der Experimentierfreude entgegen. Trotzdem wird Wörterbuchdidaktik durch diese Entwicklungen keineswegs überflüssig, weil die Bandbreite der im Wörterbuch enthaltenen Informationen und ihr Nutzen vor allem für die Sprachproduktion nach wie vor keineswegs offensichtlich sind.

# 10 Anhang: Zitate zum Wörterbuch

Dictionaries are like watches: the worst is better than none, and the best cannot be expected to go quite true.

*Dr. Johnson*

It is the fate of those who toil at the lower employments of life ... to be exposed to censure, without hope of praise; to be disgraced by miscarriage, or punished for neglect ... Among these unhappy mortals is the writer of dictionaries ...

*Dr. Johnson (1777)*

Lexicographer: a writer of dictionaries, a harmless drudge.

*Dr. Johnson (1755)*

To make dictionaries is dull work.

*Dr. Johnson*

Every quotation contributes something to the stability or enlargement of the language.

*Dr. Johnson*

Every other author may aspire to praise; the lexicographer can only hope to escape reproach.

*Dr. Johnson*

‚And he wants me to sink into a dunce, meantime,‘ answered Catherine. ‚Yes, I hear him trying to spell and read to himself, and pretty blunders he makes! I wish you would repeat Chevy Chase as you did yesterday: it was extremely funny. I heard you; and I heard you turning over the dictionary to seek out the hard words, and then cursing because you couldn't read their explanations!‘

*Emily Brontë,* Wurthering Heights (1847)

A stand between them supported a second candle and two great volumes, to which they frequently referred, comparing them, seemingly, with the smaller books they held in their hands, like people consulting a dictionary to aid them in the task of translation. ‚We could probably tell something of what they said, but not all – for we are not as clever as you think us, Hannah. We don't speak German, and we cannot read it without a dictionary to help us.‘

*Charlotte Brontë,* Jane Eyre (1847)

One evening, while, with her usual child-like activity, and thoughtless yet not offensive inquisitiveness, she was rummaging the cupboard and the table-drawer of my little kitchen, she discovered first two French books, a volume of Schiller, a German grammar and dictionary, and then my drawing-materials and some sketches, including a pencil-head of a pretty little cherub-like girl, one of my scholars, and sundry views from nature, taken in the Vale of Morton and on the surrounding moors. She was first transfixed with surprise, and then electrified with delight.

*Charlotte Brontë,* Jane Eyre (1847)

He never said who was the real offender, though he smarted for it next day, and was imprisoned so many hours that he came forth with a whole churchyard-full of skeletons swarming all over his Latin Dictionary.

*Charles Dickens,* David Copperfield (1849-50)

Also, how the Doctor's cogitating manner was attributable to his being always engaged in looking out for Greek roots; which, in my innocence and ignorance, I supposed to be a botanical furor on the Doctor's part, especially as he always looked at the ground when he walked about, until I understood that they were roots of words, with a view to a new Dictionary which he had in contemplation. Adams, our head-boy, who had a turn for mathematics, had made a calculation, I was informed, of the time this Dictionary would take in completing, on the Doctor's plan, and at the Doctor's rate of going. He considered that it might be done in one thousand six hundred and forty-nine years, counting from the Doctor's last, or sixty-second, birthday.

*Charles Dickens,* David Copperfield (1849-50)

It was very pleasant to see the Doctor with his pretty young wife. He had a fatherly, benignant way of showing his fondness for her, which seemed in itself to express a good man. I often saw them walking in the garden where the peaches were, and I sometimes had a nearer observation of them in the study or the parlour. She appeared to me to take great care of the Doctor, and to like him very much, though I never thought her vitally interested in the Dictionary: some cumbrous fragments of which work the Doctor always carried in his pockets, and in the lining of his hat, and generally seemed to be expounding to her as they walked about.

*Charles Dickens,* David Copperfield (1849-50)

The Doctor was sitting in his easy-chair by the fireside, and his young wife was on a stool at his feet. The Doctor, with a complacent smile, was reading aloud some manuscript explanation or statement of a theory out of that interminable Dictionary, and she was looking up at him.

*Charles Dickens,* David Copperfield (1849-50)

How it ever came about that the Doctor began to read out scraps of the famous Dictionary, in these walks, I never knew; perhaps he felt it all the same, at first, as reading to himself. However, it passed into a custom too; and Mr. Dick, listening with a face shining with pride and pleasure, in his heart of hearts believed the Dictionary to be the most delightful book in the world.

*Charles Dickens,* David Copperfield (1849-50)

The date – thanks to my dear parents, no dictionary that ever was written can be more particular than I am about dates – was Friday, June 30th, 1848.

*Wilkie Collins*, THE MOONSTONE (1868)

The Red Queen shook her head. ‚You may call it „nonsense“ if you like,‘ she said, ‚but I've heard nonsense, compared with which that would be as sensible as a dictionary!‘

*Lewis Carroll*, Through the Looking Glass (1872)

Demgemäß ist die ganze heutige, auf den Warencharakter der Arbeit begründete Gesellschaft von jetzt an eine poetische Lizenz, auf einen figürlichen Ausdruck begründet. Will die Gesellschaft „alle Unzuträglichkeiten ausmerzen“ (...), unter denen sie zu leiden hat, nun, so merze sie die anstößigen Ausdrücke aus, so ändere sie die Sprache; und sie braucht sich zu diesem Behufe nur an die Akademie zu wenden, um von ihr eine neue Ausgabe ihres Wörterbuchs zu verlangen.

*Karl Marx*, Das Elend der Philosophie (1847/1885)

Les sentiments religieux offraient un avenir à cet enfant désavoué, qui aimait son père, qui tous les ans s'acheminait chez lui pour y apporter le pardon de sa mère; mais qui, tous les ans, se cognait contre la porte de la maison paternelle, inexorablement fermée. Son frère, son unique médiateur, n'était pas venu la voir une seule fois en quatre ans, et ne lui envoyait aucun secours. Elle suppliait Dieu de dessiller les yeux de son père, d'attendrir le coeur de son frère, et priait pour eux sans les accuser. Madame Couture et madame Vauquer ne trouvaient pas assez de mots dans le dictionnaire des injures pour qualifier cette conduite barbare. Quand elles maudissaient ce millionnaire infâme, Victorine faisait entendre de douces paroles, semblables au chant du ramier blessé, dont le cri de douleur exprime encore l'amour.

*Victor Hugo,* Le pere Goriot

Le soir, à l'Etude, il tira ses bouts de manches de son pupitre, mit en ordre ses petites affaires, régla soigneusement son papier. Nous le vîmes qui travaillait en conscience, cherchant tous les mots dans le dictionnaire et se donnant beaucoup de mal. Grâce, sans doute, à cette bonne volonté dont il fit preuve, il dut de ne pas descendre dans la classe inférieure; car, s'il savait passablement ses règles, il n'avait guère d'élégance dans les tournures.

*Gustave Flaubert*, Madame Bovary (1957)

De l'autre côté du corridor était le cabinet de Charles, petite pièce de six pas de large environ, avec une table, trois chaises et un fauteuil de bureau. Les tomes du _ Dictionnaire des sciences médicales _, non coupés, mais dont la brochure avait souffert dans toutes les ventes successives par où ils avaient passé, garnissaient presque à eux seuls, les six rayons d'une bibliothèque en bois de sapin.

*Gustave Flaubert*, Madame Bovary (1957)

Elle voulut apprendre l'italien: elle acheta des dictionnaires, une grammaire, une provision de papier blanc.

*Gustave Flaubert*, Madame Bovary (1957)

Charles voulut feuilleter son dictionnaire de médecine; il n'y voyait pas, les lignes dansaient.

*Gustave Flaubert*, Madame Bovary (1957)

Ich werde schon wissen, wie ich mich im Konvexationslexikon zu benehmen habe!

*Karl May*, Der Schatz im Silbersee (1894)

She often looked at them dreamily when there for a certain purpose and felt her own arms that were white and soft just like hers with the sleeves back and thought about those times because she had found out in Walker's pronouncing dictionary that belonged to grandpapa Giltrap about the halcyon days what they meant.

*James Joyce*, Ulysses (1922)

LYNCH (Laughs.) And to such delights has Metchnikoff inoculated anthropoid apes.
FLORRY (Nods.) Locomotor ataxy.
ZOE (Gaily.) O, my dictionary.

*James Joyce*, Ulysses (1922)

THE NYMPH (Her fingers in her ears.) And words. They are not in my dictionary.

*James Joyce*, Ulysses (1922)

Not to inherit by right of primogeniture, gavelkind or borough English, or possess in perpetuity an extensive demesne of a sufficient number of acres, roods and perches, statute land measure (valuation #42), of grazing turbary surrounding a baronial hall with gatelodge and carriage drive nor, on the other hand, a terracehouse or semidetached villa, described as Rus in Urbe or Qui si Sana, but to purchase by private treaty in fee simple a thatched bungalowshaped 2 storey dwellinghouse of southerly aspect, surmounted by vane and lightning conductor, connected with the earth, with porch covered by parasitic plants (ivy or Virginia creeper), halldoor, olive green, with smart carriage finish and neat doorbrasses, stucco front with gilt tracery at eaves and gable, rising, if possible, upon a gentle eminence with agreeable prospect from balcony with stone pillar parapet over unoccupied and unoccupyable interjacent pastures and standing in 5 or 6 acres of its own ground, at such a distance from the nearest public thoroughfare as to render its houselights visible at night above and through a quickset hornbeam hedge of topiary cutting, situate at a given point not less than 1 statute mile from the periphery of the metropolis, within a time limit of not more than 5 minutes from tram or train line (e.g. Dundrum, south, or Sutton, north, both localities equally reported by trial to resemble the terrestrial poles in being favourable climates for phthisical subjects), the premises to be held under feefarmgrant, lease 999 years, the message to consist of 1 drawingroom with baywindow (2 lancets), thermometer affixed, 1 sittingroom, 4 bedrooms, 2 servants rooms, tiled kitchen with close range and scullery, lounge hall fitted with linen wallpresses, fumed oak sectional bookcase containing the Encyclopaedia Britannica and New Century Dictionary, transverse obsolete medieval and oriental weapons, dinner gong, alabaster lamp, bowl pendant, vulcanite automatic telephone receiver with adjacent directory, handtufted Axminster carpet with cream ground and trellis border, loo table with pillar and claw legs, hearth with massive firebrasses and ormolu mantel chronometer clock, guaranteed timekeeper with cathedral chime, barometer with hygrographic chart, comfortable lounge settees and corner fitments, upholstered in ruby plush with good springing and sunk centre, three banner Japanese screen and cuspidors (club style, rich wine-coloured leather, gloss renewable with a minimum of labour by use of linseed oil and vinegar) and pyramidically prismatic central chandelier lustre, bentwood perch with a fingertame parrot (expurgated language), embossed mural paper at 10/-per dozen with transverse swags of carmine floral design and top crown frieze, staircase, three continuous flights at successive right angles, of varnished cleargrained oak, treads and risers, newel, balusters and handrail, with stepped-up panel dado, dressed with camphorated wax, bathroom, hot and cold supply, reclining and shower: water closet on mezzanine provided with opaque singlepane oblong window, tipup seat, bracket lamp, brass tierod brace, armrests, footstool and artistic oleograph on inner face of door: ditto, plain: servant's apartments with separate sanitary and hygienic necessaries for cook, general and betweenmaid (salary, rising by biennial unearned increments of #2, with comprehensive fidelity insurance annual bonus (#1), and retiring allowance (based on the 65 system) after 30 years service), pantry, buttery, larder, refrigerator, outoffices, coal and wood cellarage with winebin (still and sparkling vintages) for distinguished guests, if entertained to dinner (evening dress), carbon monoxide gas supply throughout.

*James Joyce*, Ulysses (1922)

Leider trat gerade der Diener ein und meldete, der Herr Direktor habe ihn geschickt, um nachzusehen, ob der Herr Prokurist schon hier sei; sei er hier, dann möge er so freundlich sein und ins Empfangszimmer hinüberkommen, der Herr aus Italien sei schon da. »Ich komme schon«, sagte K., steckte ein kleines Wörterbuch in die Tasche, nahm ein Album der städtischen Sehenswürdigkeiten, das er für den Fremden vorbereitet hatte, unter den Arm und ging durch das Büro des Direktor-Stellvertreters in das Direktionszimmer.

*Franz Kafka,* Der Prozeß (1914-5/1925)

Die Zeit, die ihm noch freiblieb, verbrachte er damit, seltene Vokabeln, die er zur Führung im Dom benötigte, aus dem Wörterbuch herauszuschreiben. Es war eine äußerst lästige Arbeit, Diener brachten die Post, Beamte kamen mit verschiedenen Anfragen und blieben, da sie K. beschäftigt sahen, bei der Tür stehen, rührten sich aber nicht weg, bevor sie K. angehört hatte, der Direktor-Stellvertreter ließ es sich nicht entgehen, K. zu stören, kam öfters herein, nahm ihm das Wörterbuch aus der Hand und blätterte offenbar ganz sinnlos darin, selbst Parteien tauchten, wenn sich die Tür öffnete, im Halbdunkel des Vorzimmers auf und verbeugten sich zögernd – sie wollten auf sich aufmerksam machen, waren aber dessen nicht sicher, ob sie gesehen wurden –, das alles bewegte sich um K. als um seinen Mittelpunkt, während er selbst die Wörter, die er brauchte, zusammenstellte, dann im Wörterbuch suchte, dann herausschrieb, dann ihre Aussprache übte und schließlich auswendig zu lernen versuchte. Sein früheres gutes Gedächtnis schien ihn aber ganz verlassen zu haben, manchmal wurde er auf den Italiener, der ihm diese Anstrengung verursachte, so wütend, daß er das Wörterbuch unter Papieren vergrub, mit der festen Absicht, sich nicht mehr vorzubereiten, dann aber sah er ein, daß er doch nicht stumm mit dem Italiener vor den Kunstwerken im Dom auf und ab gehen könne, und er zog mit noch größerer Wut das Wörterbuch wieder hervor.

*Franz Kafka,* Der Prozeß (1914-5/1925)

'How is the Dictionary getting on?‘, said Winston raising his voice to overcome the noise.
'Slowly,‘ said Syme. ‚I'm on the adjectives. It's fascinating.'

*George Orwell: Nineteen Eighty-Four (1949)*

Diccionario, no eres
tumba, sepulcro, féretro,
túmulo, mausoleo,
sino preservación,
feugo escondido,
plantación de rubies,
perpetuidad viviente
de la esencia,
granero del idioma.

*Pablo Neruda* ($^{2}$1962)[1]

HOW DO YOU FEEL ABOUT RENOWN?
Als Lynn einmal die Frage stellt – das ist in ihrer Kitchenette, während sie zum ersten Mal für den Fremden kocht – kennt er diese Vokabel nicht. Er hat den kleinen

1 Zitiert von Hausmann (1989a: 23), wo sich auch weitere Referenzen auf Wörterbücher in literarischen Texten finden.

Langenscheidt nicht zur Hand; Lynn umschreibt, was diese Vokabel heißt.

*Max Frisch*, Montauk (1975: 59)

Flaubert would hardly have been surprised at the lazy rush to understand. It was an impulse out of which he made a whole book (or at least a whole appendix): the *Dictionnaire des idées reçues.*

At the simplest level, his Dictionary is a catalogue of clichés (DOG: *Especially created to save its master's life. A dog is a man's best friend*) and cod definitions (CRAYFISH: *Female of the lobster*). Beyond this it's a handbook of fake advice, both social (LIGHT: *Always say* Fiat lux! *when lighting a candle*) and aesthetic (RAILWAY STATIONs: *Always go into ecstasies about them; cite them as models of architecture*).

*Julian Barnes*, Flaubert's Parrot (1984: 87)

Flaubert's Dictionary offers a course in irony: from entry to entry, you can see him applying it in various thicknesses, like a cross-Channel painter darkening the sky with another wash. It tempts me to write a Dictionary of Accepted Ideas about Gustave himself.

*Julian Barnes*, Flaubert's Parrot (1984: 87)

The dictionary says, Virgin, woman (usually a young woman) who is and remains in a state of inviolate chastity. Now I have to look up inviolate and chastity and all I can find here is that inviolate means not violated and chastity means chaste and that means pure from unlawful sexual intercourse. Now I have to look up intercourse and that leads to intromission, which leads to intromittent; the copulatory organ of any male animal. Copulatory leads to copulation, the union of the sexes in the art of generation and I don't know what that means and I'm too weary going from one word to another in this heavy dictionary which leads me on a wild goose chase from this word to that word and all because the people who wrote the dictionary don't want the likes of me to know anything.

*Frank McCourt*, Angela's Ashes. New York: Touchstone, 1997: 360

„Well, now we know what to do next time I can't manage a spell," Harry said, throwing a rune dictionary back to Hermione, so he could try again, „threaten me with a dragon. Right..." He raised his wand once more. „Accio Dictionary!"

The heavy book soared out of Hermione's hand, flew across the room, and Harry caught it.

*JOANNE ROWLING,* Harry Potter and the Goblet of Fire (2000)

Why it is that all Merchantseamen, and also all Pirates and Man-of-War's men, and Slave-ship sailors, cherish such a scornful feeling towards Whale-ships; this is a question it would be hard to answer. Because, in the case of pirates, say, I should like to know whether that profession of theirs has any peculiar glory about it. It sometimes

ends in uncommon elevation, indeed; but only at the gallows. And besides, when a man is elevated in that odd fashion, he has no proper foundation for his superior altitude. Hence, I conclude, that in boasting himself to be high lifted above a whaleman, in that assertion the pirate has no solid basis to stand on.
But what is a gam? You might wear out your index-finger running up and down the columns of dictionaries, and never find the word. Dr. Johnson never attained to that erudition; Noah Webster's ark does not hold it.

*Herman Melville* – Moby Dick (1851)

It was Septimus, his trusted friend, who gave him the dictionary, just as the Nine had instructed, and it was Septimus who led him out to the west pasture to witness the death of the woman in blue. [...] The dictionary grew and Sir John's investigation gathered pace. Its arrows were converging on a single point and Lemprière seemed intent on meeting him there. [...] Sir John's investigation circled its eventual suspect, narrowing and focusing. The city boiled in the summer heat. Lemprière's dictionary neared its end and the long loading of the *Vendragon* was completed.

Lawrence Norfolk – Lemprière's Dictionary (1991 521-525)

# Bibliografie

## B.1 Wörterbücher

### *B.1.1 Einsprachige Wörterbücher*

#### B.1.1.1 Deutsch


*Anglizismen-Wörterbuch. Der Einfluß des Englischen auf den deutschen Wortschatz nach 1945,* begründet von Broder Carstensen, fortgeführt von Ulrich Busse, Berlin/New York: de Gruyter (1993)

*Bertelsmann Kinder Lexikon,* Bertelsmann Lexikon Institut, Gütersloh/München: Wissen Media Verlag ([3]2003)

DWB — *Deutsches Wörterbuch* herausgegeben von Jacob Grimm und Wilhelm Grimm, Leipzig Hirzel (1854-1960), Nachdruck: München: DTV (1984)

*Duden1* — *Duden 1: Die Deutsche Rechtschreibung* herausgegeben von der Dudenredaktion, Mannheim/Leipzig/Wien/Zürich: Dudenverlag ([21]1996)

*Duden 1: Die Deutsche Rechtschreibung* herausgegeben von der Dudenredaktion, Mannheim/Leipzig/Wien/Zürich: Dudenverlag ([20]1991)

*Vollständiges Orthographisches Wörterbuch der deutschen Sprache,* Dr. Konrad Duden, Leipzig: Bibliographisches Institut (1880)

*Duden2* — *Duden 2: Das Stilwörterbuch* herausgegeben von der Dudenredaktion, Mannheim/Leipzig/Wien/Zürich: Dudenverlag ([8]2002)

*Duden3* — *Duden 3: Duden Bildwörterbuch der deutschen Sprache*, herausgegeben von der Dudenredaktion, Mannheim/Leipzig/Wien/Zürich: Dudenverlag ([5]1999)

*Duden5* — *Duden 5: Das Fremdwörterbuch* herausgegeben von der Dudenredaktion; bearbeitet von Dieter Baer, Pia Fritzsche, Werner Lange, Claudia Pein, Gudrun Vogel und weiteren Mitarbeiterinnen und Mitarbeitern der Dudenredaktion unter Mitwirkung von Dr. Jochen Bär, Gesellschaft für deutsche Sprache, Wiesbaden, Mannheim/Leipzig/Wien/Zürich: Dudenverlag ([7]2001)

*Duden6* — *Duden 6: Das Aussprachewörterbuch* herausgegeben von Max Mangold in Zusammenarbeit mit der Dudenredaktion, Mannheim/Leipzig/Wien/Zürich: Dudenverlag ([4]2000)

*Duden8* — *Duden 8: Die sinn- und sachverwandten Wörter* herausgegeben von Wolfgang Müller, Mannheim/Leipzig/Wien/Zürich: Dudenverlag ([2]1997)

DUW5 — *Duden Deutsches Universalwörterbuch,* herausgegeben vom Wissenschaftlichen Rat der Dudenredaktion: Dr. Kathrin Kunkel-Razum, Dr. Werner Scholze-Stubenrecht, Dr. Matthias Wermke, Mannheim/Leipzig/Wien/Zürich: Dudenverlag ([5]2003)

DUW5-CD *Duden Deutsches Universalwörterbuch*, Mannheim: Bibliographisches Institut & F. A. Brockhaus AG, (CD-Version mit PC-Bibliothek Express, 5. Auflage 2003 )

DUW4 *Duden Deutsches Universalwörterbuch*, herausgegeben vom Wissenschaftlichen Rat der Dudenredaktion: Dr. Annette Klosa, Dr. Kathrin Kunkel-Razum, Dr. Werner Scholze-Stubenrecht, Dr. Matthias Wermke, Mannheim/Leipzig/Wien/Zürich: Dudenverlag (4 2001)

DUW3 *Duden Deutsches Universalwörterbuch*, herausgegeben vom Wissenschaftlichen Rat der Dudenredaktion: Prof. Dr. Dr. h.c. Günther Drosdowski, Dr. Wolfgang Müller, Dr. Werner Scholze-Stubenrecht, Dr. Matthias Wermke, Mannheim/Leipzig/Wien/Zürich: Dudenverlag (3 1996)

DUW2 *Duden Deutsches Universalwörterbuch*, herausgegeben und bearbeitet vom Wissenschaftlichen Rat und den Mitarbeitern der Dudenredaktion unter Leitung von Prof. Dr. Günther Drosdowski, Mannheim/Wien/Zürich: Dudenverlag (2 1989)

DUW1 *Duden Deutsches Universalwörterbuch*, herausgegeben und bearbeitet vom Wissenschaftlichen Rat und den Mitarbeitern der Dudenredaktion unter Leitung von Prof. Dr. Günther Drosdowski, Mannheim/Wien/Zürich: Bibliographisches Institut (1 1983)

GWB3 *Duden: Das große Wörterbuch der deutschen Sprache in zehn Bänden* herausgegeben von Werner Scholze-Stubenrecht und Dieter Mang. Mannheim Leipzig Wien Zürich: Dudenverlag (3 1999)

*Das Gegenwort-Wörterbuch. Ein Kontrastwörterbuch mit Gebrauchshinweisen*, herausgegeben von Wolfgang Müller, Berlin/New York: de Gruyter (1998)

Kluge 23 Kluge, Friedrich: *Etymologisches Wörterbuch der deutschen Sprache*, bearbeitet von Elmar Seebold, Berlin/New York: de Gruyter (23 1995)

Kluge 24 Kluge, Friedrich: *Etymologisches Wörterbuch der deutschen Sprache*, bearbeitet von Elmar Seebold, Berlin/New York: de Gruyter (24 2002)

LGDaF 2003 *Langenscheidt Großwörterbuch Deutsch als Fremdsprache*, herausgegeben von Professor Dr. Dieter Götz, Professor Dr. Günther Haensch, Professor Dr. Hans Wellmann in Zusammenarbeit mit der Langenscheidt-Redaktion, Berlin: Langenscheidt (Neubearbeitung 2003)

LGDaF 1993 *Langenscheidts Großwörterbuch Deutsch als Fremdsprache*, herausgegeben von Professor Dr. Dieter Götz, Professor Dr. Günther Haensch, Professor Dr. Hans Wellmann in Zusammenarbeit mit der Langenscheidt-Redaktion, Berlin: Langenscheidt (1993)

LGDaF-CD *Langenscheidts Großwörterbuch Deutsch als Fremdsprache*, München: Langenscheidt (CD-Version mit PC-Bibliothek 2.0, 1999)

*Meyers großes Taschenlexikon: in 24 Bänden*, herausgegeben und bearbeitet von der Lexikonredaktion (Chefredakteur: Werner Digel), Mannheim/Wien/Zürich: Bibliographisches Institut (1983)

*Siebs. Deutsche Aussprache. Reine und gemäßigte Hochlautung mit Ausspracheswörterbuch,* herausgegeben von Helmut de Boor, Hugo Moser, Christian Winkler, Berlin: Walter de Gruyter (19 1969)

*Wahrig 1 Die deutsche Rechtschreibung*, verfasst von Ursula Hermann, völlig neu bearbeitet und erweitert von Prof. Dr. Lutz Götze, Güters-

| | |
|---|---|
| | loh/München: wissen media Verlag GmbH (vormals Bertelsmann Lexikon Verlag GmbH) (2002) |
| WDW7 | Wahrig, Gerhard: *Deutsches Wörterbuch*, neu herausgegeben von Dr. Renate Wahrig-Burfeind, Gütersloh/München: Bertelsmann Lexikon Verlag ($^{7}$2000) |
| WDW3 | Wahrig, Gerhard: *Deutsches Wörterbuch*, bearbeitet von Ursula Hermann, Renate Wahrig-Burfeind, Klaus Rüme, Norbert Raum, München: Mosaik-Verlag (Neuausgabe 1986) |
| WDG | *Wörterbuch der Deutschen Gegenwartssprache* herausgegeben von Ruth Klappenbach und Wolfgang Steinitz. Berlin: Akademieverlag (1964-1977) |
| | *Wörterbuch zur Valenz und Distribution deutscher Adjektive* herausgegeben von Karl-Ernst Sommerfeld und Herbert Schreiber. Leipzig: Bibliographisches Institut ($^{1}$1974) |
| | *Wörterbuch zur Valenz und Distribution deutscher Substantive* herausgegeben von Karl-Ernst Sommerfeld und Herbert Schreiber. Leipzig: Bibliographisches Institut ($^{1}$1977) |
| | *Wörterbuch zur Valenz und Distribution deutscher Verben* herausgegeben von Gerhard Helbig und Wolfgang Schenkel Leipzig: Bibliographisches Institut ($^{1}$1968, $^{3}$1975) |


### B.1.1.2 Englisch


| | |
|---|---|
| AHD | *American Heritage Dictionary* herausgegeben von William Morris, Boston u.a. (1976). |
| | *Chambers English Dictionary*, consultant editors: Sidney I Landau, W S Ramson, Cambridge/Edinburgh/New York/Melbourne: Chambers and Cambridge University Press ($^{7}$1988; 1901 u. d. T. *Chambers's Twentieth Century Dictionary*) |
| CALD2 | *Cambridge Advanced Learner's Dictionary,* Cambridge: CUP ($^{2}$2003; $^{1}$1995 u. d. T. *Cambridge International Dictionary of English)* |
| CALD2-CD | *Cambridge Advanced Learner's Dictionary,* Cambridge: CUP ($^{2}$2003; CD-Version) |
| CIDE | *Cambridge International Dictionary of English*, edited by Paul Procter, Cambridge: Cambridge University Press (1995) |
| | *Collins COBUILD Dictionary of Idioms,* edited by Rosamund Moon, London: HarperCollins (1995) |
| COBUILD3 | *Collins COBUILD English Dictionary for Advanced Learners*, edited by John Sinclair, Glasgow: Harper Collins ($^{3}$2001) |
| COBUILD2 | *Collins COBUILD English Dictionary*, edited by John Sinclair, London: Harper Collins ($^{2}$1995) |
| COBUILD1 | *Collins COBUILD English Language Dictionary*, edited by John Sinclair, London: Collins ($^{1}$1987) |
| e-Dict | *Collins Cobuild e-Dict*, London: HarperCollins (1998) |
| Cobuild on CD | *Cobuild on CD-Rom*, London: HarperCollins (1995) |
| COD9 | *The Concise Oxford Dictionary of Current English*, edited by Della Thompson, Oxford: Clarendon Press ($^{9}$1995) |

COD8 *The Concise Oxford Dictionary of Current English*, edited by R. E. Allen, Oxford: Clarendon Press ($^{8}$1990)

COD5 *The Concise Oxford Dictionary of Current English*, edited by Henry W. Fowler, Francis G. Fowler, Oxford: Clarendon Press ($^{5}$1972)

COLLEGIATE10 *Merriam-Webster's Collegiate Dictionary*, edited by Frederick C. Mish, Springfield, Mass.: Merriam-Webster ($^{10}$2000)

*Dictionary of English Words in Context* herausgegeben von Wolf Friederich & John Canavan, Dortmund: Lensing (1979)

EPD15 *English Pronouncing Dictionary,* Daniel Jones, edited by Peter Roach, Cambridge: Cambridge University Press ($^{15}$1997)

EPD14 *English Pronouncing Dictionary,* Daniel Jones, edited by A. C. Gimson, London: J. M. Dent & Sons ($^{14}$1977)

*Longman Active Study Dictionary*, edited by Della Summers, Harlow: Longman (1983)

LDOCE4 *Longman Dictionary of Contemporary English*, edited by Della Summers, Harlow: Pearson ($^{4}$2003)

LDOCE4-CD *Longman Dictionary of Contemporary English*, Harlow: Pearson ($^{4}$2003; CD-Version)

LDOCE3 *Longman Dictionary of Contemporary English*, edited by Della Summers, Harlow: Longman ($^{3}$1995)

LDOCE2 *Longman Dictionary of Contemporary English*, edited by Della Summers, Harlow: Longman ($^{2}$1987)

LDOCE1 *Longman Dictionary of Contemporary English*, edited by Paul Procter, Harlow: Longman ($^{1}$1978)

*Longman Dictionary of English Language and Culture* edited by Della Summers, Harlow: Longman (1992)

LIED2 *Longman Interactive English Dictionary*. Harlow: Pearson ($^{2}$2000)

LLA2 *Longman Language Activator*, herausgegeben von Della Summers, Harlow: Longman ($^{2}$2002)

LLA1 *Longman Language Activator*, herausgegeben von Della Summers, Harlow: Longman ($^{1}$1993)

*Longman Lexicon of Contemporary English*, herausgegeben von Tom McArthur, Harlow: Longman (1991)

LPD2 *Longman Pronunciation Dictionary*, edited by John C. Wells, Harlow: Longman ($^{2}$2000)

LPD1 *Longman Pronunciation Dictionary*, edited by John C. Wells, Harlow: Longman ($^{1}$1990)

*Macmillan English Dictionary School Edition for Advanced Learners*, edited by Michael Rundell, Hannover: Schroedel ($^{1}$2002)

NSOED-CD *The New Shorter Oxford English Dictionary*, Oxford: O.U.P (CD-Version 1996)

NSOED *The New Shorter Oxford English Dictionary on Historical Principles*, edited by Lesley Brown, Oxford: Clarendon Press (1993)

OALD6 *Oxford Advanced Learner's Dictionary of Current English*, A S Hornby, edited by Sally Wehmeier (phonetics editor Michael Ashby), Oxford: O.U.P. ($^{6}$2000)

OALD6-CD *Oxford Advanced Learner's Dictionary* (OALD6), Oxford: O.U.P $^{6}$2000; CD-Version

OALD5 *Oxford Advanced Learner's Dictionary of Current English*, A S Hornby, edited by Jonathan Crowther (phonetics editor Michael Ashby), Oxford: O.U.P. ($^{5}$1995)

OALD4 *Oxford Advanced Learner's Dictionary of Current English*, A S Hornby, edited by A.P. Cowie, Oxford: O.U.P. ($^{4}$1989)

OALD3 *Oxford Advanced Learner's Dictionary of Current English*, edited by A.S. Hornby with the assistance of A.P. Cowie, J. Windsor Lewis, Oxford: O.U.P. ($^{3}$1974)

*Oxford Advanced Learner's Dictionary of Current English*, edited by A.S. Hornby with A.P. Cowie, A.C. Gimson, Oxford: O.U.P. ($^{3}$1974; 12th impression 1980)

OALD2 *The Advanced Learner's Dictionary of Current English*, edited by A.S. Hornby, E.V. Gatenby, H. Wakefield, London: O.U.P. ($^{2}$1963)

OALD1 *Idiomatic and Syntactic English Dictionary* edited by A.S. Hornby, E.V. Gatenby, H. Wakefield, Tokyo: Kaitakusha ($^{1}$1942; Photographically reprinted and published as *A Learner's Dictionary of Current English* by Oxford University Press, 1948; subsequently, in 1952. retitled *The Advanced Learner's Dictionary of Current English*)

*Oxford Advanced Learner's Dictionary of Current English. Encyclopedic Edition*, edited by Jonathan Crowther, Oxford: O.U.P. (1992)

OCD *Oxford Collocations Dictionary for Students of English,* herausgegeben von Jonathan Crowther, Sheila Dignen & Diana Lea, Oxford: O.U.P (2002)

*Oxford Dictionary of English Idioms* edited by Anthony P. Cowie, Ronald Mackin and I. R. Craig, Oxford: OUP ($^{2}$1993)

1. Auflage unter dem Titel *Oxford Dictionary of Current Idiomatic English Vol. 2* edited by Anthony P. Cowie, Ronald Mackin and I. R. Craig, Oxford: O.U.P 1983)

*Oxford Dictionary of Phrasal Verbs* edited by A.P. Cowie, R. Mackin and I.R. McCaig, Oxford: O.U.P ($^{2}$1993),

1. Auflage unter dem Titel *Oxford Dictionary of Current Idiomatic English Vol. 1* edited by A.P. Cowie, R. Mackin and I.R. McCaig, Oxford: O.U.P 1975)

*The Oxford Encyclopedic English Dictionary,* edited by Joyce M. Hawkins and Robert Allen, Oxford: O.U.P (1991)

OED2 *The Oxford English Dictionary*, herausgegeben von John Simpson & E. S. C Weiner, Oxford: Clarendon ($^{2}$1989)

OED2-CD *Oxford English Dictionary*, Oxford: O.U.P. (CD-Version 2.1, 2002)

OED1 *The Oxford English Dictionary*, edited by James A. H. Murray, Henry Bradley, W.A. Craigie, C.T. Onions, Oxford: Clarendon Press ($^{1}$1933; 1884-1928 u. d. T. *New English Dictionary on Historical Principles*)

*Reverse English Dictionary* herausgegeben von Gustav Muthmann, Berlin und New York: de Gruyter (1999)

*Reverse Dictionary of Present Day English – Rückläufiges Wörterbuch der englischen Gegenwartssprache* herausgegeben von Martin Lehnert, Leipzig: Verlag Enzyklopädie (1971)

Roget *Roget's Thesaurus of English Words and Phrases*, herausgegeben von George Davidson, Harmondsworth: Penguin (150$^{th}$ anniversary edition, 2002)

SOED3 *The Shorter Oxford English Dictionary on Historical Principles*, prepared by William Little, H.W. Fowler, J. Coulson, revised and edited by Charles T. Onions, Oxford: Clarendon Press (³1956)

VDE *Valency Dictionary of English,* edited by Thomas Herbst, David Heath, Ian F Roe, Dieter Götz, Berlin/New York: de Gruyter (2003)

W3 *Webster's Third New International Dictionary of the English Language Unabridged*, edited by Philip Babcock Gove Ph.D. and the Merriam-Webster editorial staff, Springfield, Mass.: Merriam (1961)

### B.1.1.3 Französisch

*Dictionnaire Historique de la Langue Française*, herausgegeben von Alain Rey, Paris: Dictionnaires Le Robert (1998)

*Französisches Verblexikon* herausgegeben von Winfried Busse und Jean-Pierre Dubost. Stuttgart: Klett-Cotta (1977)

*Le Grand Larousse de La Langue Française*, herausgegeben von Louis Gilbert, René Lagane, Georges Niobey. Paris : Larousse (1971-1978)

GR2 *Le Grand Robert de la Langue Française. Dictionnaire Alphabétique et analogique de la Langue Française*, herausgegeben von Alain Rey, Paris: Dictionnaires Robert, (²1985).

PL 1999 *Le Petit Larousse 2000*, direction de la publication Bertrand Éveno, direction éditoriale de la présente édition Michel Legrain, Yves Garnier, Paris: Larousse/HER (1999)

NPR 3 *Le Nouveau Petit Robert,* nouvelle édition du Petit Robert de Paul Robert, texte remanié et amplifié sous la direction de Josette Rey-Debove et Alain Rey, Paris: Dictionnaires Le Robert (1993, Ausgabe 1996)

NPR-e *Le Petit Robert : version electronique du Nouveau Petit Robert*. Paris: Dictionnaires Le Robert (1996)

TLF *Trésor de la Langue Francaise. Dictionnaire de la Langue du XIXe et du XXe siècle (1789-1960)*, herausgegeben von Paul Imbs & Bernard Quemada, Paris: Centre National de la Recherche Scientifique (1971-1994)

### *B.1.2 Zweisprachige Wörterbücher*

CGW-E4 *Collins Großwörterbuch für Experten und Universität. Deutsch-Englisch / Englisch-Deutsch,* herausgegeben von Peter Terrell, Veronika Schorr, Wendy V.A. Morris, Roland Breitsprecher, Stuttgart: Klett (⁴1999)

*Dictionnaire Générale FranCais-Allemand, Allemand-FranCais,* herausgegeben von Pierre Grappin, Paris: Larousse (1990)

DOBW2 *Duden Oxford Bildwörterbuch Deutsch und Englisch*, red. Koordination: W. Scholze-Stubenrecht, Mannheim; Leipzig; Wien; Zürich: Dudenverlag (²1994)

DOG-E2-CD *Duden Oxford Großwörterbuch Englisch*, Mannheim: Bibliographisches Institut & F. A. Brockhaus AG (CD-Version mit PC-Bibliothek 2.0, 1999)

DOG-E2 *Duden Oxford Großwörterbuch Englisch. Deutsch-Englisch / Englisch-Deutsch*, herausgegeben von der Dudenredaktion (redaktionelle Bearbeitung: Olaf Thyen, Dr. Werner Schulze-Stubenrecht, Magdalena Seubel) und Oxford University Press (Dr. Michael Clark et al.), Mannheim/Leipzig/Wien/Zürich: Dudenverlag ($^{2}$1999)

DOG-E1 *Duden-Oxford Großwörterbuch Englisch. Englisch-Deutsch / Deutsch-Englisch*, herausgegeben von der Dudenredaktion und Oxford University Press, redaktionelle Leitung: Dr. Werner Scholze-Stubenrecht, John Sykes, Mannheim/Leipzig/Wien/Zürich: Dudenverlag (1990)

Friesisches Schulwörterbuch *Sölring fuar sölring Skuulen. Friesisches Schulwörterbuch (Sylterfriesisch – Deutsch / Deutsch – Sylterfriesisch) mit einer Formenlehre* , von Anna Gantzel und Ommo Wilts, herausgegeben von der Söl´ring Foriining e.V., Husum: Matthiesen Verlag (1978/$^{3}$2001)

*Das große Oxford Wörterbuch für Schule und Beruf Englisch-Deutsch Deutsch-Englisch*, herausgegeben von Margaret Deuter, Oxford: O.U.P. und Berlin: Cornelsen 2003

LEW-E6 *Langenscheidts Enzyklopädisches Wörterbuch der englischen und deutschen Sprache*, begründet von Prof. Dr. E. Muret und Prof. Dr. D. Sanders; *Teil I Englisch-Deutsch*, 2 Bände, herausgegeben von Dr. Otto Springer, Berlin/München/Wien/Zürich: Langenscheidt ($^{6}$1981)

*Langenscheidts Eurowörterbuch Niederländisch Niederländisch-Deutsch, Deutsch-Niederländisch,* von Lic. Frans Beersmans, Berlin/München. Langenscheidt (1992)

LGW-E 2003 *Langenscheidt Großwörterbuch Muret-Sanders Deutsch-Englisch,* München (2004)

LHW-E 2001 *Langenscheidts Handwörterbuch Englisch. Teil I: Englisch-Deutsch,* von Heinz Messingschlager und der Langenscheidt-Redaktion, Neubearbeitung *Teil II: Deutsch-Englisch,* von Sonia Brough und der Langenscheidt-Redaktion, Neubearbeitung, Berlin/München/Wien/Zürich/New York: Langenscheidt (2001)

LeHW-E 2003 *Langenscheidt e-Handwörterbuch Englisch*, München: Langenscheidt (2003)

LHW 1996 *Langenscheidts Handwörterbuch Englisch. Teil I: Englisch-Deutsch*, von Heinz Messinger (1996 überarbeitet von der Langenscheidt-Redaktion) *Teil II: Deutsch-Englisch*, von Sonia Brough (1996 überarbeitet von der Langenscheidt-Redaktion), Berlin/München/Wien/Zürich/New York: Langenscheidt (1996)

LHW-E 1991 *Langenscheidts Handwörterbuch Englisch. Teil I: Englisch-Deutsch*, neu bearbeitet von Heinz Messinger *Teil II: Deutsch-Englisch*, neu bearbeitet von Sonia Brough, Berlin/München/Wien/Zürich/New York: Langenscheidt (1991)

LHW 1988 *Langenscheidts Handwörterbuch Englisch, Teil I: Englisch-Deutsch, Teil II: Deutsch-Englisch*, herausgegeben von Heinz Messinger, Berlin/München/Wien/Zürich/New York: Langenscheidt (1988)

LHW-F 2001 *Langenscheidts Handwörterbuch Französisch, Teil I: Französisch-Deutsch*, herausgegeben von Dr. Manfred Bleher, Danielle Bleher, Micheline Funke, Geneviève Lohr, *Teil II: Deutsch-Französisch*, herausgegeben von

Barbara Epple, Herbert Horn, Dr. Birgit Klausmann-Molter, Berlin/München/Wien/Zürich/New York: Langenscheidt (2001)

LPD-E *Langenscheidt Power Dictionary: Englisch-Deutsch / Deutsch-Englisch,* herausgegeben von der Langenscheidt-Redaktion (Konzeption: Vincent J. Docherty), Berlin/München/Wien/Zürich/New York: Langenscheidt (2002)

*Langenscheidts Power Dictionary: Englisch-Deutsch / Deutsch-Englisch,* herausgegeben von der Langenscheidt-Redaktion (Konzeption: Vincent J. Docherty), Berlin/München/Wien/Zürich/New York: Langenscheidt (1997)

LPW-F *Langenscheidt Power Wörterbuch Französisch, Französisch-Deutsch. Deutsch-Französisch,* Berlin/München: Langenscheidt (1999)

Muret-Sanders 1898 *Muret-Sanders Encyklopädisches englisch-deutsches und deutsch-englisches Wörterbuch. (Ein Parallelwerk zu Sachs-Vilatte's französisch-deutschem und deutsch-französischem Wörterbuche). Mit Angabe der Aussprache nach dem phonetischen System der Methode Toussaint-Langenscheidt. Hand- und Schulausgabe. Erster Teil: Englisch-Deutsch.* Von B. Klatt.Berlin: Langenscheidtsche Verlagsbuchhandlung (Prof. G. Langenscheidt) (1898)

PGW-E1 *PONS Großwörterbuch für Experten und Universität. Englisch-Deutsch / Deutsch-Englisch*, herausgegeben von Margaret Cop, Anette Dralle, Christiane MacKenzie, Astrid Procter, Stuttgart: Klett ([1]2002)

PGW-F1 *PONS Großwörterbuch Französisch: Französisch-Deutsch/ Deutsch-Französisch,* Konzeption und Projektleitung Veronika Schnorr, Frz. Ausgangstext Jean Chassard u.a., Übersetzung und Bearbeitung des französischen Ausgangstextes für das Deutsche Marianne Frischmann-Chautard, Stuttgart: Klett ([1]1996)

PKW-E5 *PONS Kompaktwörterbuch für alle Fälle Englisch-Deutsch, Deutsch-Englisch,* herausgegeben von Prof. Dr. Erich Weis, Projektleitung Andrea Ender, Stuttgart: Klett ([5]2002)

*PONS Bildwörterbuch Deutsch-Englisch-Französisch-Spanisch*, herausgegeben von Jean-Claude Corbeil & Ariane Archambault, Stuttgart: Klett (1992)

*PONS Reisewörterbuch Niederländisch,* bearbeitet von Sjoerd E. Arts und Renske Arts-Zonneveld, neu bearbeitet von Irmtraud Mecke-Leijen, Stuttgart: Klett (1992/1997)

vDGWND 1986 *van Dale Groot Woordenbook Nederlands-Duits,* herausgegeben von Prof. Dr. H.L. Cox, Utrecht/Antwerpen: Van Dale Lexicografie (1986)

vDGW 1984 *Van Dale Groot Woordenboek der Nederlandse Taal,* herausgegeben von Prof. Dr. G. Geerts, Dr. H. Heestermans, Utrecht/Antwerpen: Van Dale Lexicografie ([11]1984)

WHEGD 1953 *Wildhagen Héraucourt English-German German-English Dictionary in Two Volumes*, edited by Dr. Karl Wildhagen, Dr. Will Héraucourt, Wiesbaden: Brandstetter-Verlag ([1]1953)

# B.2 Wissenschaftliche Literatur


Aarts, Flor (1999): ‚Syntactic information in OALD5, LDOCE3, COBUILD and CIDE', in Thomas Herbst/Kerstin Popp (Hrsg.): *The Perfect Learners' Dictionary (?)*, Tübingen: Niemeyer, 15-32.

Aarts, Flor/Jan Aarts (1982/1988): *English Syntactic Structures*, New York/Leyden: Prentice Hall/Martinus Nijhoff.

Algeo, John (1989): ‚Dictionaries as Seen by the Educated Public in Great Britain and the USA' in: Franz Josef Hausmann/Oskar Reichmann/Herbert Ernst Wiegand/Ladislav Zgusta (eds), *Wörterbücher. Dictionaries. Dictionnaires.* Band 1. Berlin/New York: Walter de Gruyter, 28-34.

Algeo, John (1990): ‚American Lexicography': USA' in: Franz Josef Hausmann/Oskar Reichmann/Herbert Ernst Wiegand/Ladislav Zgusta (eds), *Wörterbücher. Dictionaries. Dictionnaires.* Band 2. Berlin/New York: Walter de Gruyter, 1987-2009.

Allerton, David J. (1982): *Valency and the English Verb*, London/New York: Academic Press.

Ammon, Ulrich (1987): ‚Language – Variety/Standard Variety – Dialect', in: Ulrich Ammon/Norbert Dittmar/Klaus J. Mattheier (Hrsg.): *Sociolinguistics/Soziolinguistik*, Berlin/New York: Walter de Gruyter, 316-335.

Aston, Guy/Burnard, Lou (1998): *The BNC Handbook. Exploring the British National Corpus with SARA*. Edinburgh: Edinburgh University Press.

Atkins, B.T.S./Krista Varantola (1997): ‚Monitoring Dictionary Use', *International Journal of Lexicography*, 10/1, 1-45.

Ayto, John (1984): ‚The Vocabulary of Definition', in Dieter Götz/Thomas Herbst, *Theoretische und praktische Probleme der Lexikographie*, München: Hueber, 50-62.

Ayto, John (1996): ‚Lexical life expectancy – a prognostic guide', in: Jan Svartvik (ed.) *Words*, Stockholm: Kungl. Vitterhets Historie och Antikvitets Akademien. *Konfernser 36*, 181-188.

Ayto, John (1999): ‚Lexical evolution and learners' dictionaries', in: Thomas Herbst/Kerstin Popp (Hrsg.): *The Perfect Learners' Dictionary (?)*, Tübingen: Niemeyer, 151-159.

Bahns, Jens (1996): *Kollokationen als lexikographisches Problem. Eine Analyse allgemeiner und spezieller Lernerwörterbücher des Englischen*, Tübingen: Niemeyer.

Barnbrook, Geoff (1996): *Language and Computers,* Edinburgh: Edinburgh University Press.

Barnickel, Klaus-Dieter (1980a): *Sprachliche Varianten des Englischen – Band 1: Nationale, regionale und soziale Varianten*, München: Hueber.

Barnickel, Klaus-Dieter (1980b): *Sprachliche Varianten des Englischen – Band 2: Register und Stile*, München: Hueber.

Barnickel, Klaus-Dieter (1999): ‚Political correctness in learners' dictionaries' in: Thomas Herbst/Kerstin Popp (Hrsg.): *The Perfect Learners' Dictionary (?)*, Tübingen: Niemeyer, 161-174.

Battenburg, John D. (1991): *English Monolingual Learners' Dictionaries. A user-oriented study*, Tübingen: Niemeyer.

Béjoint, Henri (1981): ‚The foreign student's use of monolingual English dictionaries', *Applied Linguistics 2/3*, 207-222.

Béjoint, Henri (1994): *Tradition and Innovation in Modern English Dictionaries*, Oxford: Clarendon Press.

Berg, Donna L. (1993): *A Guide to the Oxford English Dictionary*, Oxford: OUP

Bergenholtz, Henning/Joachim Mugdan (1990): ‚Formen und Probleme der Datenerhebung II: Gegenwartsbezogene synchronische Wörterbücher' in: Franz Josef Hausmann/Oskar Reichmann/Herbert Ernst Wiegand/Ladislav Zgusta (eds), *Wörterbücher. Dictionaries. Dictionnaires.* Berlin/New York: Walter de Gruyter, 1611-1625.

Biber, Douglas (1993): ‚Representativeness in corpus design', *Literary and Linguistic Computing*, 8/4, 243-57.

Böhner, Gisela (1999): ‚Classroom experience with the new dictionaries: OALD5, LDOCE3, COBUILD2, CIDE' in: Thomas Herbst/Kerstin Popp (Hrsg.): *The Perfect Learners' Dictionary (?)*, Tübingen: Niemeyer, 189-197.

Bolinger, Dwight (1990): ‚Review of: The Oxford Advanced Learner's Dictionary of Current English, 4th Edition', *International Journal of Lexicography* 3/2, 133-145.

Bray, Laurent (1990): ‚La lexicographie française de origines à Littré' in: Franz Josef Hausmann/Oskar Reichmann/Herbert Ernst Wiegand/Ladislav Zgusta (eds), *Wörterbücher. Dictionaries. Dictionnaires.* Band 2. Berlin/New York: Walter de Gruyter, 1788-1818.

Brown, Gillian (1977): *Listening to Spoken English*, London: Longman.

Brown, Gillian/George Yule (1983): *Discourse Analysis*, Cambridge: Cambridge University Press.

Burchfield, Robert (1985): *The English Language*, Oxford/New York: O.U.P.

Burchfield, Robert (1986): ‚The Oxford English Dictionary', in: Robert Ilson (ed.): *Lexicography. An emerging international profession*, Manchester: Manchester University Press, 17-27.

Burgschmidt, Ernst/Dieter Götz (1974): *Kontrastive Linguistik. Deutsch/Englisch*, München: Hueber.

Chafe, Wallace L. (1992): ‚The importance of corpus linguistics to understanding the nature of language', in Jan Svartvik (ed.), *Directions in Corpus Linguistics*, Berlin: Mouton, 79-103.

Chomsky, Noam (1986): *Knowledge of Language. Its Nature, Origin and Use*, New York/Westport/London: Praeger.

Christmann, Hans Helmut (1992): Zur Geschichte des strukturell-begrifflichen Wörterbuchs, in: Susanne R. Anschütz (Hg.), *Texte, Sätze, Wörter und Moneme: Festschrift für Klaus Heger zum 65. Geburtstag*, Heidelberg: Heidelberger Orientverlag, 143-151.

Clark, Herbert H./Eve V. Clark (1977): *Psychology and Language*, San Diego: Harcourt Bace Jovanovich.

Clear, Jeremy/Gwyneth Fox/Gill Francis/Ramesh Krishnamurthy/Rosamund Moon (1996): ‚COBUILD: the state of the art', *International Journal of Corpus Linguistics* 1/2, 303-314.

Cop, Margaret (1991): ‚Collocations in the bilingual dictionary' in: Franz Josef Hausmann/Oskar Reichmann/Herbert Ernst Wiegand/Ladislav Zgusta (eds), *Wörterbücher. Dictionaries. Dictionnaires.* Band 2. Berlin/New York: Walter de Gruyter, 2775-2778.

Coseriu, Eugenio (1973): *Probleme der strukturellen Semantik*, Tübingen: Narr.

Coseriu, Eugenio (1978): ‚Falsche und richtige Fragestellungen in der Übersetzungstheorie', in: Lillebill Grähs/Gustav Korlén/Bertil Malmberg: *Theory and Practice of Translation*, Bern/Frankfurt/Las Vegas: Peter Lang, 17-32.

Cowie, Anthony P. (1978): ‚The place of illustrative material and collocations in the design of a learner's dictionary', in: P. Strevens (Hrsg.): *In honour of A.S. Hornby*, Oxford: O.U.P., 127-139.

Cowie, Anthony P. (1984): ‚EFL dictionaries: past achievements and present needs', in: R.R.K. Hartmann (Hrsg.): *LEXeter, 83 proceedings*, Tübingen: Niemeyer, 155-164.

Cowie, Anthony P. (1989a): ‚Learners‘ dictionaries: recent advances and developments‘, in: Makhan L. Tickoo (ed.): *Learners‘ Dictionaries: State of the Art*, Singapore: SEAMEO Regional Language Centre, 42-51.

Cowie, Anthony P. (1989b): ‚Information on Syntactic Constructions in the General Monolingual Dictionary‘, in: Franz Josef Hausmann/Oskar Reichmann/Herbert Ernst Wiegand/Ladislav Zgusta (eds), *Wörterbücher. Dictionaries. Dictionnaires.* Berlin/New York: Walter de Gruyter, 588-592.

Cowie, Anthony P. (1995): ‚The Learner's Dictionary in a Changing Cultural Perspective‘, in: B.B. Kachru/H. Kahane (eds.): *Cultures, Ideologies and the Dictionary*, Tübingen: Niemeyer, 283-295.

Cowie, Anthony P. (1999a): *English Dictionaries for Foreign Learners: A History*, Oxford: Clarendon Press.

Cowie, Anthony P. (1999b): ‚Learners‘ dictionaries in a historical and a theoretical perspective‘, in: Thomas Herbst/Kerstin Popp (Hrsg.): *The Perfect Learners‘ Dictionary (?)*, Tübingen: Niemeyer, 3-13.

Crowther, Jonathan (1999): ‚Encyclopedic learners‘ Dictionaries‘, in: Thomas Herbst/Kerstin Popp (Hrsg.): *The Perfect Learners‘ Dictionary (?)*, Tübingen: Niemeyer, 213-219.

Cruse, David (1986): *Lexical Semantics*, Cambridge: Cambridge University Press.

Cruttenden, Alan (1994): *Gimson's Pronunciation of English*, London: Arnold [fifth edition of A.C. Gimson: *An Introduction to the Pronunciation of English*]

Culler, Jonathan (1976): *Saussure*, Glasgow: Fontana.

Dane_, Franti_ek (1970): ‚Zur linguistischen Analyse der Textstruktur‘, *Folia Linguistica* IV, 72-78.

Dodd, W. Steven (1989): ‚Lexicomputing and the dictionary of the future‘, in: Gregory James (Hg.), *Lexicographers and their Works*, Exeter: University of Exeter, 83-93.

Drysdale, P.D. (1987): ‚The role of examples in a learner's dictionary‘, in: Anthony Cowie (ed.): *The Dictionary and the Language Learner*, 213-223.

Dückert, Joachim (Hg.) (1987): *Das Grimmsche Wörterbuch – Untersuchungen zur lexikographischen Methodologie*, Stuttgart: Hirzel.

Eisenberg, Peter (1999/2001): *Grundriß der deutschen Grammatik. Band 2: Der Satz*, Stuttgart/Weimar: Metzler.

Ellegård, Alvar (1978): ‚On dictionaries for language learners‘, *Moderna Språk LXXII/3*, 225-242.

Enkvist, Nils Erik (1964): ‚On defining style. An essay in applied linguistics‘, in: Nils Erik Enkvist/John Spencer/Michael J. Gregory (Hrsg.): *Linguistics and Style*, London: O.U.P., 1-56.

Enkvist, Nils Erik (1973): *Linguistic Stylistics*: The Hague/Paris: Mouton.

Esser, Jürgen (1979): *Englische Prosodie.* Tübingen: Narr.

Esser, Jürgen (1984): *Untersuchungen zum gesprochenen Englisch*, Tübingen: Narr.

Esser, Jürgen (1993): *English Linguistic Stylistics*, Tübingen: Niemeyer.

Feldweg, Helmut (1997): ‚Wörterbücher und neue Medien: Alter Wein in neuen Schläuchen?, *Zeitschrift für Literaturwissenschaft und Linguistik* 27, 110-23.

Fillmore Charles J. (1992): „„Corpus linguistics“ or „Computer-aided armchair linguistics“‘, in: Jan Svartvik (ed.), *Directions in Corpus Linguistics*. Berlin: Mouton, 35-60.

Firth John Rupert (1957/1968): ‚A synopsis of linguistic theory, 1930-55‘, in: Frank R. Palmer (ed.), *Selected Papers of J.R. Firth*, 1952-59. London: Longman, 168-205.

Fox, Gwyneth (1987): ‚The Case for Examples‘, in John Sinclair (ed.) *Looking Up. An account of the COBUILD Project in lexical computing*, London/Glasgow: Collins, 137-149.

Fox, Gwyneth (1989): ,A Vocabulary for Writing Dictionaries', in: Mackhan L.Tickoo (Hrsg.): *Learners' Dictionaries: State of the Art*, Singapore: SEAMEO Regional Language Centre, 153-171.

Francis, W. Nelson (1964): ,A standard corpus of Edited Present-Day American English', *College English* 26/1, 267-273.

Garside, Roger/ Geoffrey Leech/ Andrew McEnery (eds) (1997): *Corpus Annotation: Linguistic Information from Computer Text Corpora*. London und New York: Longman.

Gast, Angela (1990): *Die Verwendung von Fremdsprachen in Betrieben. Schwierigkeiten bei der Abwicklung des internationalen Geschäftsverkehrs*, Dissertation.

Geeraerts, Dirk (1987): ,Types of Semantic Information Dictionaries', in: Robert Ilson (ed.): *A Spectrum of Lexicography*, Amsterdam/Philadelphia, 1-10.

Gläser, Rosemarie ([2]1990): *Phraseologie der englischen Sprache*, Leipzig: Enzyklopädie.

Gneuss, Helmut (1955): *Lehnbildungen und Lehnbedeutungen im Altenglischen,* Berlin/Bielefeld/München: Schmidt.

Götz, Dieter (1976): *Stilistik und Idiomatik im Englischunterricht*, Dortmund: Lensing.

Götz, Dieter (1999): ,On some differences between English and German (with respect to lexicography)', in: Thomas Herbst/Kerstin Popp (Hrsg.): *The Perfect Learners' Dictionary (?)*, Tübingen: Niemeyer, 221-228.

Götz, Dieter/Günther Haensch (1998): ,Langenscheidts Großwörterbuch Deutsch als Fremdsprache: Ein-, Aus-, Rückblick', in: Herbert Ernst Wiegand (Hrsg.): *Perspektiven der pädagogischen Lexikographie des Deutschen*, Tübingen, Niemeyer, 345-357.

Greenbaum, Sidney (1984): ,Corpus Analysis and Elicitation Tests', in: Jan Aarts/ Willem Meijs (Hrsg.): *Corpus Linguistics*, Amsterdam: 193-201.

Greenbaum, Sidney (1988): *Good English and the Grammarian*, London/New York: Longman.

Greenbaum, Sidney/Randolph Quirk (1970): *Elicitation Experiments in English. Linguistic Studies in Use and Attitude*, London: Longman.

Guillot, Marie-Noelle & Marie-Madeleine Kenning (1994): ,Electronic monolingual dictionaries as language learning aids: a case study', *Computer & Education* 23, 63-73.

Halliday, M.A..K. (1970): ,Language Structure and Language Function', in: John Lyons (ed.): *New Horizons in Linguistics*, Harmondsworth: Penguin, 140-165.

Hanks, Patrick (1987): ,Definitions and Explanations', in John Sinclair (ed.) *Looking Up. An account of the COBUILD Project in lexical computing*, London/Glasgow: Collins, 116-136.

Hansen, Barbara/Klaus Hansen/Albrecht Neubert/Manfred Schentke ([2]1985): *Englische Lexikologie. Einführung in Wortbildung und lexikalische Semantik*, Leipzig: Verlag Enzyklopädie.

Hartmann, R.R.K. (1985): ,Contrastive text analysis and the search for equivalence in the bilingual dictionary', in: Karl Hyldgaard-Jensen/Arne Zettersten (eds.): *Symposium on Lexicography II*, Tübingen: Niemeyer, 121-132.

Hartmann, R.R.K. (1988): ,Equivalence in bilingual lexicography: from correspondence relation to communicative strategy', *Papers and Studies in Contrastive Linguistics*, 22, 21-28.

Hartmann, R.R.K. (1989): ,The Dictionary as an Aid to Foreign-Language Teaching', in: Franz Josef Hausmann/Oskar Reichmann/Herbert Ernst Wiegand/Ladislav Zgusta (eds), *Wörterbücher. Dictionaries. Dictionnaires.* Berlin/New York: Walter de Gruyter, 181-189.

Hartmann, R.R.K./Gregory James (1998): *Dictionary of lexicography*, London/New York: Routledge.

Harvey, Keith/Deborah Yuill (1997): ‚A Study of the Use of a Monolingual Pedagogical Dictionary by Learners of English Engaged in Writing', *Applied Linguistics* 18/3, 253-278.

Haß-Zumkehr, Ulrike (2001): Deutsche Wörterbücher – Brennpunkt von Sprach- und Kulturgeschichte, Berlin/New York: Walter de Gruyter.

Haugen E. (1966): ‚Dialect, Language, Nation', *American Anthropologist* 68, 922-935.

Hausmann, Franz Josef (1977): *Einführung in die Benutzung der neufranzösischen Wörterbücher*, Tübingen: Niemeyer.

Hausmann, Franz Josef (1983): ‚Wörterbücher in Frankreich und Deutschland. Ein Vergleich', *Germanistische Linguistik 1-4/82*, 119-152.

Hausmann, Franz Josef (1984): ‚Wortschatzlernen ist Kollokationslernen. Zum Lehren und Lernen französischer Wortverbindungen', *Praxis des neusprachlichen Unterrichts 31*, 395-406.

Hausmann, Franz Josef (1985a): ‚Trois paysages dictionnairiques: la Grande-Bretagne, la France et l'Allemagne. Comparaisons et connexions', *Lexicographica* 1, 24-50.

Hausmann, Franz Josef (1985b): ‚Kollokationen im deutschen Wörterbuch. Ein Beitrag zur Theorie des lexikographischen Beispiels', in: Henning Bergenholtz/Joachim Mugdan (Hrsg.): *Lexikographie und Grammatik*, Tübingen: Niemeyer, 118-129.

Hausmann, Franz Josef (1986): ‚The training and professional development of lexicographers in Germany', in: Robert Ilson (ed.): *Lexicography. An emerging international profession*, Manchester: Manchester University Press, 101-110.

Hausmann F. J. (1988): ‚Grundprobleme des zweisprachigen Wörterbuchs', in: Karl Hyldgaard-Jensen/ Arne Zettersten (Hrsg.), *Symposium on Lexicography III,* Tübingen: Niemeyer, 137-154.

Hausmann, Franz Josef (1989a): ‚Das Wörterbuch im Urteil der gebildeten Öffentlichkeit in Deutschland und in den romanischen Ländern', in: Franz Josef Hausmann/Oskar Reichmann/Herbert Ernst Wiegand/Ladislav Zgusta (eds), *Wörterbücher. Dictionaries. Dictionnaires.* Berlin/New York: Walter de Gruyter, 20-28.

Hausmann, Franz Josef (1989b): ‚Wörterbuchtypologie', in: Franz Josef Hausmann/Oskar Reichmann/Herbert Ernst Wiegand/Ladislav Zgusta (eds), *Wörterbücher. Dictionaries. Dictionnaires.* Berlin/New York: Walter de Gruyter, 968-981.

Hausmann, Franz Josef (1989c): ‚Pour une histoire de la métalexicographie', in: Franz Josef Hausmann/Oskar Reichmann/Herbert Ernst Wiegand/Ladislav Zgusta (eds), *Wörterbücher. Dictionaries. Dictionnaires.* Berlin/New York: Walter de Gruyter, 216-224.

Hausmann, Franz Josef (1990a): ‚The dictionary of synonyms: discriminating synonymy', in: Franz Josef Hausmann/ Oskar Reichmann/ Herbert Ernst Wiegand/ Ladislav Zgusta (eds), *Wörterbücher. Dictionaries. Dictionnaires. Band 2.*, Berlin/New York: Walter des Gruyter, 1067-1075.

Hausmann, Franz Josef (1990b): ‚Das Synonymenwörterbuch: die kumulative Synonymik', in: Franz Josef Hausmann/ Oskar Reichmann/ Herbert Ernst Wiegand/ Ladislav Zgusta (eds), *Wörterbücher. Dictionaries. Dictionnaires. Band 2.*, Berlin/New York: Walter des Gruyter, 1076-1080.

Hausmann, Franz Josef (1990c): ‚Les dictionnaires pour l'enseignement de la langue étrangère: français' in: Franz Josef Hausmann/ Oskar Reichmann/ Herbert Ernst Wiegand/ Ladislav Zgusta (eds), *Wörterbücher. Dictionaries. Dictionnaires. Band 2.*, Berlin/New York: Walter des Gruyter, 1386-1390.

Hausmann, Franz Josef (1991): ‚Collocations in monolingual and bilingual English dictionaries', in: Vladimir Ivir und D. Kalogiera (Hg.), *Languages in Contact*, Berlin und New York: Mouton de Gruyter, 225-236.

Hausmann, Franz Josef (1995): ,Von der Unmöglichkeit der kontrastiven Lexikologie', in: Hans-Peder Kromann/Anne Lise Kjær (Hrsg.), *Von der Allgegenwart der Lexikologie: Kontrastive Lexikologie als Vorstufe zur zweisprachigen Lexikographie*. Tübingen: Niemeyer, 19-23.

Hausmann, Franz Josef (1997): ,Das Zitat in der französischen Lexikografie – Geschichte und Gegenwart', in: Maria Lieber/Willi Hirdt (Hrsg.), *Kunst und Kommunikation: Betrachtungen zum Medium Sprache in der Romania; Festschrift zum 60. Geburtstag von Richard Baum*, Tübingen: Stauffenburg, 173-189.

Hausmann, Franz Josef/Margaret Cop (1985): ,Short History of English-German Lexicography', in: Karl Hyldgaard-Jensen/Arne Zettersten (eds.): *Symposium on Lexicography II*, Tübingen: Niemeyer, 183-197.

Hausmann, Franz Josef/Reinhold Werner (1991): ,Spezifische Bauteile und Strukturen zweisprachiger Wörterbücher', in: Franz Josef Hausmann/Oskar Reichmann/Herbert Ernst Wiegand/Ladislav Zgusta (eds), *Wörterbücher. Dictionaries. Dictionnaires.* Berlin/New York: Walter de Gruyter, 2729-2769.

Hausmann, Franz Josef/Herbert Ernst Wiegand (1989): ,Component Parts and Structures of General Monolingual Dictionaries: A Survey', in: Franz Josef Hausmann/Oskar Reichmann/Herbert Ernst Wiegand/Ladislav Zgusta (eds), *Wörterbücher. Dictionaries. Dictionnaires.* Berlin/New York: Walter de Gruyter, 328-360.

Hausser, Roland (1999): *Foundations of Computational Linguistics. Man-Machine Communication in Natural Language*, Berlin/Heidelberg: Springer.

Heath, David/Thomas Herbst (1985): ,Wer weiß schon, was im Wörterbuch steht? Plädoyer für mehr Wörterbucharbeit im Englischunterricht', *Die Neueren Sprachen 84.6*, 580-595.

Heath, David/Thomas Herbst (1994): ,Enzyklopädische Lernerwörterbücher', *Fremdsprachen Lehren und Lernen* 23, 149-63.

Heath, David/Thomas Herbst/Richard Kucharek (1989a): *Dictionary Techniques. Praktische Wörterbucharbeit mit dem DCE. Workbook*, München: Langenscheidt-Longman.

Heath, David/Thomas Herbst/Richard Kucharek (1989b): *Dictionary Techniques. Praktische Wörterbucharbeit mit dem DCE. Lehrerhandreichungen*, München: Langenscheidt-Longman.

Heath, David/Thomas Herbst/Richard Kucharek/Brigitta Mittmann (1997): *Dictionary Skills. Das Workbook zum DCE,* München: Langenscheidt-Longman.

Heid Ulrich/Wolfgang Worsch/Stefan Evert/Vincent Docherty/ Matthias Wermke (2000): ,Computational linguistic tools for semi-automatic corpus-based updating of dictionaries', *Proceedings of the Ninth EURALEX International Congress/1*, Stuttgart: Universität Stuttgart, 183-195.

Helbig, Gerhard (1992): *Probleme der Valenz- und Kasustheorie*, Tübingen: Niemeyer.

Hemforth, Barbara/Strube, Gerhard (1999): ,Syntaktische Struktur und Sprachperzeption', in: Friederici, Angela (Hrsg.): *Sprachrezeption*, Göttingen: Hogrefe, 243-270.

Herbst, Thomas (1984a): ,Adjective complementation: a valency approach to making EFL dictionaries', *Applied Linguistics 5*, 1-11.

Herbst, Thomas (1984b): ,Bemerkungen zu den Patternsystemen des Advanced Learner's Dictionary und des Dictionary of Contemporary English', in: Dieter Götz/Thomas Herbst (Hrsg.): *Theoretische und praktische Probleme der Lexikographie*, München: Hueber, 139-165.

Herbst, Thomas (1985a): ,Von Fehlern, die vermeidbar wären. Ein weiteres Argument für mehr Wörterbucharbeit im Englischunterricht', in: Ekkehard Zöfgen (Hrsg.), *Wörterbücher und ihre Didaktik,* Bielefelder Beiträge zur Sprachlehrforschung 14.1/2, 236-48 (erschienen 1987).

Herbst, Thomas (1985b): ‚Drei einsprachige Wörterbücher des Jahres 1983', in: *Die Neueren Sprachen* 84.6, 669-86.

Herbst, Thomas (1986): ‚Defining with a controlled defining vocabulary in foreign learners' dictionaries', in: *Lexicographica* 2, 101-119.

Herbst, Thomas (1990): ‚Dictionaries for foreign language teaching: English', in: Franz Josef Hausmann/Oskar Reichmann/Herbert Ernst Wiegand/Ladislav Zgusta (eds), *Wörterbücher. Dictionaries. Dictionnaires.* Berlin/New York: Walter de Gruyter, 1379-1385

Herbst, Thomas (1991a): ‚Ausspracheangaben in englischen Wörterbüchern – kein Raum für Innovation?', *Lexicographica* 7, 1991: 169-181.

Herbst, Thomas (1991b): ‚Neutralisation als Kriterium zur Bestimmung der Standardsprache', *Zeitschrift für Anglistik und Amerikanistik XXXIV* _, 200-208.

Herbst, Thomas (1994): *Linguistische Aspekte der Synchronisation von Fernsehserien. Phonetik, Textlinguistik, Übersetzungstheorie*, Tübingen: Niemeyer.

Herbst, Thomas (1996a): ‚What are collocations: *sandy beaches* or *false teeth*?', *English Studies 77/4*, 379-393.

Herbst, Thomas (1996b): ‚On the way to the perfect learners' dictionary: a first comparison of OALD5, LDOCE3, COBUILD2 and CIDE', *International Journal of Lexicography 9.4,* 321-357 (+ Appendix)

Herbst Thomas (1996c): ‚Why dubbing is impossible', in: Christine Heiss/Rosa Maria Bollettieri Bosinelli (Hrsg.): *Traduzione multimediale per il cinema la televisione e la scena*, Forli: Biblioteca della Scuola Superiore di Lingue Moderne per Interpreti e Traduttori, 97-114.

Herbst, Thomas (1998): ‚Langenscheidts Großwörterbuch Deutsch als Fremdsprache und die britische Lernerlexikografie', in: Herbert Ernst Wiegand (Hrsg.): *Perspektiven der pädagogischen Lexikographie des Deutschen*, Tübingen: Niemeyer, 20-33.

Herbst, Thomas (1999a): ‚English Valency Structures – A first sketch'. *Erfurter Electronic Studies in English* 6, (http://webdoc.gwdg.de/edoc/ia/eese/artic99/herbst/6_99.html)

Herbst, Thomas (1999b): ‚Valency between syntax and lexicology.' In: Falkner W. & H.-J. Schmid (Hrsg.), *Words, Lexemes, Concepts – Approaches to the Lexicon. Studies in Honour of Leonhard Lipka*. Tübingen: Narr, 167-173.

Herbst, Thomas (2003): ‚Was soll zum Beispiel eine obligatorische Ergänzung sein? Oder ein zweivalentes Verb? – Zur Interdependenz valenzpolitischer Festlegungen' in: Alan Cornell/Klaus Fischer/Ian Roe (Hrsg.), Valency in Pratrice – Valenz in der Praxis. Frankfurt a. M.: Lang.

Herbst, Thomas/Gabriele Stein (1987): ‚Dictionary-using skills: a plea for a new orientation in language teaching', in: Anthony Cowie (ed.): *The Dictionary and the Language Learner,* 115-127.

Heringer, Hans Jürgen/Bruno Strecker/Rainer Wimmer (1980): *Syntax*, München: Fink (UTB).

Heuberger, Reinhard (2000): *Monolingual Dictionaries for Foreign Language Learners of English: A Constructive Evaluation of the State-of-the-art Reference Works in Book Form and on CD-ROM*, Wien: Braumüller.

Hönig, Hans G./Paul Kußmaul (²1984): *Strategie der Übersetzung*, Tübingen: Narr.

Hornby, Albert S. (²1975): *A Guide to Patterns and Usage in English*, London: O.U.P.

Huber, Anna (1987): ‚Kritiker und Konkurrenten, erste Mitarbeiter und Fortsetzer der Brüder Grimm am Deutschen Wörterbuch', in: Joachim Dückert (Hg.), *Das Grimmsche Wörterbuch – Untersuchungen zur lexikographischen Methodologie*, Stuttgart: Hirzel.

Hudson, Richard (1997): ‚Syntax without functional categories', *UCL Working Papers in Liguisties 9,* 1-29.

Huddelston, Rodney (2002): ‚The clause complements', in: Rodney Huddleston/Geoffrey K. Pullum (eds.), *The Cambridge Grammar of the English Language*, Cambridge: CUP (Chapter 4).

Hupka, Werner (1984): ‚Wort und Bild. Die Illustrationen in einsprachigen französischen Wörterbüchern.' in: Dieter Götz/Thomas Herbst (Hrsg.) *Theoretische und praktische Probleme der Lexikographie*, München: Hueber, 166-207

Hupka, Werner (1989a): *Wort und Bild. Die Illustrationen in Wörterbüchern und Enzyklopädien*, Tübingen: Niemeyer.

Hupka, Werner (1989b): ‚Die Bebilderung und sonstige Formen der Veranschaulichung im allgemeinen einsprachigen Wörterbüchern' in: Franz Josef Hausmann/Oskar Reichmann/Herbert Ernst Wiegand/Ladislav Zgusta (eds), *Wörterbücher. Dictionaries. Dictionnaires.* Berlin/New York: Walter de Gruyter, 704- 726.

Ickler, Theodor (2001): *Regelungsgewalt. Hintergründe der Rechtschreibreform*, St. Goar: Leibniz Verlag.

Ilson, Robert (1986): ‚British and American lexicography', in: Robert Ilson (ed.): *Lexicography. An emerging international profession*, Manchester: Manchester University Press, 51-71.

Ilson, Robert (1999): ‚The treatment of meaning in learners' dictionaries – and others', in: Thomas Herbst/Kerstin Popp (Hrsg.), *The Perfect Learners' Dictionary?*, Tübingen : Niemeyer, 71-79.

Jehle, Günter (1990): *Das englische und das französische Lernerwörterbuch in der Rezension. Theorie und Praxis der Wörterbuchkritik*, Tübingen: Niemeyer.

Johansson, Stig (1992): ‚The cloning of Brown', in: Mackie W. A./ T. K. McAuley/ C. Simmons, *For Henry Kucera: Studies in Slavic Philology and Computational Linguistics*, Ann Arbor: Michigan Slavic Publications, 203-215.

Kipfer, Barbara A.(1984): ‚Methods of ordering senses within entries', in: R.R.K. Hartmann (Hrsg.): *LEXeter ‚83 proceedings*, Tübingen: Niemeyer, 101-108.

Kirkness, Alan (1980): *Geschichte des Deutschen Wörterbuchs 1838-1863. (Dokumente zu den Lexikographen Grimm. Mit einem Beitrag von Ludwig Denecke.)*, Stuttgart: Hirzel.

Kjellmer, Göran (1991): ‚A mint of phrases', in: Karin Aijmer/Bengt Altenberg (eds.): *English Corpus Linguistics*, London/New York: Longman, 111-127.

Klappenbach Ruth (1980): *Studien zur modernen deutschen Lexikographie*, Amsterdam: Benjamins.

Klosa, Annette (2001): ‚Qualitätskriterien der CD-ROM-Publikation von Wörterbüchern', in: Ingrid Lemberg/Bernhard Schröder/Angelika Storrer (Hg.), *Chancen und Perspektiven computergestützter Lexikographie*, Tübingen: Niemeyer, 93-101.

Klotz, Michael (1994): ‚Rezension: *Longman Language Activator*', *Zeitschrift für Anglistik und Amerikanistik* 42/4, 381-383.

Klotz, Michael (1995): ‚Rezension: PONS Bildwörterbuch Deutsch – Englisch – Französisch – Spanisch', *Zeitschrift für Anglistik und Amerikanistik* XLIII/3, 268-271.

Klotz, Michael (1996): ‚Rezension: DUDEN Oxford Bildwörterbuch Deutsch und Englisch', *Zeitschrift für Anglistik und Amerikanistik*, XLIV/4, 358-62.

Klotz, Michael (1999): ‚Word complementation in English learners' dictionaries – a quantitative study of CIDE, COBUILD2, LDOCE3 and OALD5' in: Thomas Herbst/Kerstin Popp (Hrsg.): *The Perfect Learners' Dictionary (?)*, Tübingen: Niemeyer, 33-43.

Klotz, Michael (2000): *Grammatik und Lexik. Studien zur Syntagmatik englischer Verben.*, Tübingen: Stauffenburg.

Klotz Michael (2001): ‚Valenzinformation im monolingualen englischen Lernerwörterbuch und im bilingualen Wörterbuch englisch-deutsch'. *Zeitschrift für angewandte Linguistik* 35, 61-79.

Klotz Michael (2003): ‚Rezension: „Crowther J. et al., *Oxford Collocations Dictionary for Students of English*"' *International Journal of Lexicography* 16/1, 57-61.

König, Werner (1978): *dtv-Atlas zur deutschen Sprache*, München: dtv.

Koller, Werner (1983): *Einführung in die Übersetzungswissenschaft*, Heidelberg: Quelle und Meyer (UTB).

Krishnamurthy, Ramesh (1987): ‚The Process of Compilation', in: John Sinclair (ed.): *Looking Up. An account of the COBUILD Project in lexical computing*, London/Glasgow: Collins, 62-85.

Kromann, Hans-Peder/Theis Reiiber/Poul Rosbach (1991): ‚Principles of Bilingual Lexicography', in: Franz Josef Hausmann/Oskar Reichmann/Herbert Ernst Wiegand/Ladislav Zgusta (eds), *Wörterbücher. Dictionaries. Dictionnaires.* Berlin/New York: Walter de Gruyter, 2711-2728.

Kühn, Peter (1985): ‚Gegenwartsbezogene Synonymenwörterbücher des Deutschen: Konzept und Aufbau', *Lexicographica* 1, 51-82.

Kühn, Peter (1989a): ‚Schulwörterbücher sind lexikographische Langeweil-Bestseller oder Warum eine Wörterbuchkultur in Deutschland nicht in Gang kommt', in: Herbert Ernst Wiegand (Hrsg.): *Wörterbücher in der Diskussion*, Tübingen: Niemeyer, 111-132.

Kühn, Peter (1989b): ‚Typologie der Wörterbücher nach Benutzungsmöglichkeiten' in: Franz Josef Hausmann/Oskar Reichmann/Herbert Ernst Wiegand/Ladislav Zgusta (eds), *Wörterbücher. Dictionaries. Dictionnaires.* Berlin/New York: Walter de Gruyter, 111-127.

Kühn, Peter (1998): ‚Langenscheidts Großwörterbuch Deutsch als Fremdsprache und die deutschen Wörterbücher', in: Herbert Ernst Wiegand (Hrsg.): *Perspektiven der pädagogischen Lexikographie des Deutschen*, Tübingen: Niemeyer, 34-60.

Kühn, Peter/Ulrich Püschel (1990a): ‚Die deutsche Lexikographie vom 17. Jahrhundert bis zu den Brüdern Grimm ausschließlich' in: Franz Josef Hausmann/Oskar Reichmann/Herbert Ernst Wiegand/Ladislav Zgusta (eds), *Wörterbücher. Dictionaries. Dictionnaires.* Band 2. Berlin/New York: Walter de Gruyter, 2049-2077.

Kühn, Peter/Ulrich Püschel (1990b): ‚Die deutsche Lexikographie von den Brüdern Grimm bis Trübner' in: Franz Josef Hausmann/Oskar Reichmann/Herbert Ernst Wiegand/Ladislav Zgusta (eds), *Wörterbücher. Dictionaries. Dictionnaires.* Band 2. Berlin/New York: Walter de Gruyter, 2078-2100.

Landau, Sidney (1989): *Dictionaries. The Art and Craft of Lexicography*, Cambridge: Cambridge University Press.

Leech, Geoffrey ([2]1981): *Semantics*, Harmondsworth: Penguin.

Leech, Geoffrey (1983): *Principles of Pragmatics*, London/New York: Longman.

Leech, Geoffrey/Steven Fligelstone (1992): ‚Computers and Corpus Analysis', in: Christopher S. Butler (ed.): *Computers and Written Texts*, Oxford: Blackwell, 115-140.

Leech, Geoffrey & Hilary Nesi (1999): ‚Moving towards perfection: the learners' (electronic) dictionary of the future', in: Thomas Herbst/Kerstin Popp (Hrsg.), *The Perfect Learners' Dictionary?*, Tübingen: Niemeyer, 295-306.

Leisi, Ernst ([4]1971): *Der Wortinhalt*, Heidelberg: UTB.

Leisi, Ernst (1973): *Praxis der englischen Semantik*, Heidelberg: Carl Winter.

Lyons, John (1977): *Semantics. 2 volumes*, Cambridge: C.U.P.

Mair, Christian (1997): *Einführung in die Anglistische Sprachwissenschaft*. Darmstadt: Wissenschaftliche Buchgesellschaft.

Marello, Carla (1990): ‚The thesaurus', in: Franz Josef Hausmann/ Oskar Reichmann/ Herbert Ernst Wiegand/ Ladislav Zgusta (eds), *Wörterbücher. Dictionaries. Dictionnaires. Band 2.*, Berlin/New York: Walter des Gruyter, 1083-1094.

Matthews, Peter (1993): *Grammatical theory in the United States from Bloomfield to Chomsky*, Cambridge: C.U.P.

Mattheier, Klaus J. (1980): *Pragmatik und Soziologie der Dialekte*, Heidelberg: Quelle und Meyer (UTB).

Mittmann, Brigitta (1999): ‚The treatment of collocations in OALD5, LDOCE3, COBUILD2 and CIDE', in: Thomas Herbst/Kerstin Popp (Hrsg.): *The Perfect Learners' Dictionary (?)*, Tübingen: Niemeyer, 101-111.

Mittmann, Brigitta (erscheint demnächst): *Prefabs im britischen und amerikanischen Englisch* (Arbeitstitel), Tübingen: Narr.

Moon, Rosamund (1987): ‚The Analysis of Meaning' in: John Sinclair (ed.) *Looking Up. An account of the COBUILD Project in lexical computing*, London/Glasgow: Collins, 86-103.

Moon, Rosamund (1999): ‚Needles and haystacks, idioms and corpora: Gaining insights into idioms, using corpus analysis', in: Thomas Herbst/Kerstin Popp (Hrsg.): *The Perfect Learners' Dictionary (?)*, Tübingen: Niemeyer, 265-281.

Morrissey, Robert & Claude Del Vigna (1985): ‚A large natural language data base – American and French research on The Treasury of the French Language', in: Allen R. F. (ed.), *The International Conference on Data Bases in the Humanities and Social Sciences 1983*, Osprey/Florida: Paradigm Press, 17-21.

Müller, Wolfgang (1998): ‚Möglichkeiten und Perspektiven für die Arbeit mit Synonymiken und Antonymiken', *Lexicographica* 14, 54-67.

Müllich, Harald (1990): *„Die Definition ist blöd". Herübersetzen mit dem einsprachigen Wörterbuch. Das französische und das englische Lernerwörterbuch in der Hand der deutschen Schüler.* Tübingen: Niemeyer.

Murray, James (1900): *The Evolution of English Lexicography* (The Romanes Lecture), Oxford: Clarendon. *(http://dictionary.oed.com/public/archive/Romanes/Romanes_index.htm)*

Nation, I.S.P. (2001): *Learning Vocabulary in Another Language*, Cambridge: Cambridge University Press.

Nesi, Hilary (1996): ‚Review article: For future reference: Current English learner's dictionaries in electronic form', *System* 24/4, 537-546.

Nesi, Hilary (1999): ‚A user's guide to electronic dictionaries for language learners', *International Journal of Lexicography* 12/1, 55-66.

Noelle-Neumann, Elisabeth/Renate Köcher (2002): *Allensbacher Jahrbuch der Demoskopie 1998-2002.*, Band 11: Balkon des Jahrhunderts, München: K.G. Saur, Verlag Demoskopie Allensbach am Bodensee.

Osselton, Noel Edward (1989): ‚The History of Academic Dictionary Criticism With Reference to Major Dictionaries', in: Franz Josef Hausmann/Oskar Reichmann/Herbert Ernst Wiegand/Ladislav Zgusta (eds), *Wörterbücher. Dictionaries. Dictionnaires.* Berlin/New York: Walter de Gruyter, 225-230.

Pilch, Herbert (1966): ‚Das Lautsystem der hochdeutschen Umgangssprache', *Zeitschrift für Mundartforschung 33*, 247-266.

Pusch, Luise F. (1984): *Das Deutsche als Männersprache*, Frankfurt: Suhrkamp.

Püschel, Ulrich (1986): ,Vom Nutzen synonymisch und sachlich gegliederter Wörterbücher des Deutschen: Überlegungen zu ausgewählten historischen Beispielen', *Lexicographica* 2, 223-243.

Quirk, Randolph (²1968a): *The Use of English*, London/Harlow: Longman, Green & Co.

Quirk, Randolph (1968b): ,The survey of English usage', in: Randolph Quirk (ed.) *Essays on the English Language. Medieval and Modern*, London: Longman, 70-87.

Quirk, Randolph (1986): ,Opening remarks', in: Robert Ilson (ed.): *Lexicography. An emerging international profession*, Manchester: Manchester University Press, 1-6.

Quirk, Randolph/Sidney Greenbaum/Geoffrey Leech/Jan Svartvik (1972): *A Grammar of Contemporary English*, London/New York: Longman.

Quirk, Randolph/Sidney Greenbaum/Geoffrey Leech/Jan Svartvik (1985): *A Comprehensive Grammar of the English Language*, London/New York: Longman.

Reichmann, Oskar (1990a): ,Das onomasiologische Wörterbuch: ein Überblick', in: Franz Josef Hausmann/ Oskar Reichmann/ Herbert Ernst Wiegand/ Ladislav Zgusta (eds), *Wörterbücher. Dictionaries. Dictionnaires*, Berlin/New York: Walter de Gruyter, 1057-1067.

Reichmann Oskar (1990b): ,Formen und Probleme der Datenerhebung I: Synchronische und diachronische historische Wörterbücher', in: Franz Josef Hausmann/ Oskar Reichmann/ Herbert Ernst Wiegand/ Ladislav Zgusta (eds), *Wörterbücher. Dictionaries. Dictionnaires*, Berlin/New York: Walter de Gruyter, 1588-1611.

Reiß, Katharina/Hans J. Vermeer (1984): *Grundlegung einer allgemeinen Translationstheorie*, Tübingen: Niemeyer.

Renouf A. (1987): ,Corpus Development', in: John Sinclair (ed.): *Looking Up. An account of the COBUILD Project in lexical computing*, London/Glasgow: Collins, 1-40.

Renouf, Antoinette/John McH. Sinclair (1991): ,Collocational frameworks in English', in: Karin Aijmer/Bengt Altenberg (eds.): *English Corpus Linguistics*, London/New York: Longman, 128-143.

Rey, Alain (1986): ,Training lexicographers: some problems', in: Robert Ilson (ed.): *Lexicography. An emerging international profession*, Manchester: Manchester University Press, 93-100.

Rey, Alain (1990): ,La lexicographie française depuis Littré' in: Franz Josef Hausmann/Oskar Reichmann/Herbert Ernst Wiegand/Ladislav Zgusta (eds), *Wörterbücher. Dictionaries. Dictionnaires.* Band 2. Berlin/New York: Walter de Gruyter, 1818-1843.

Rickheit, Gert/Hans Strohner (1993): *Grundlagen der kognitiven Sprachverarbeitung*, Tübingen/Basel: Francke (UTB).

Rickheit, Gert/Hans Strohner (1999): ,Textverarbeitung: Von der Proposition zur Situation', in: Angela D. Friederici (Hrsg.): *Sprachrezeption*, Göttingen: Hogrefe, 271-306.

Rothe, Ulrike (2001): *Das einsprachige Wörterbuch in seinem soziokulturellen Kontext*, Tübingen: Niemeyer.

Sager, Juan C. (1982): ,Terminological thesaurus: a more appropriate designation or a deprecated synonym?', *Lebende Sprachen: Zeitschrift für Fremde Sprachen in Wissenschaft und Praxis* 27/1, 6-7.

Salerno L. (1999): ,Grammatical information in the bilingual dictionary. A study of five Italian-French dictionaries', *International Journal of Lexicography* 12/3, 209-222.

Saussure, Ferdinand de (1913/1960): *Cours de Linguistique Générale* (hrsg. von C. Bally und A. Sechehaye), Paris: Payot.

Schaeder Burkhard (1990): ,Quantitative Datenerhebung', in: Franz Josef Hausmann/ Oskar Reichmann/ Herbert Ernst Wiegand/ Ladislav Zgusta (eds), *Wörterbücher. Dictionaries. Dictionnaires*, Berlin/New York: Walter de Gruyter, 1638-1645.

Schafroth, Elmar/Ekkehard Zöfgen (1998): ‚Langenscheitds Großwörterbuch Deutsch als Fremdsprache und die deutsche Lernerlexikographie‘, in: Herbert Ernst Wiegand (Hrsg.): *Perspektiven der pädagogischen Lexikographie des Deutschen*, Tübingen: Niemeyer, 3-19.

Schemann, Hans (1991): ‚Die Phraseologie im Zweisprachigen Wörterbuch‘, in: Franz Josef Hausmann/ Oskar Reichmann/ Herbert Ernst Wiegand/ Ladislav Zgusta (eds), *Wörterbücher. Dictionaries. Dictionnaires*, Berlin/New York: Walter de Gruyter, 2789-2794.

Schierholz, Stefan (1996): ‚Grammatische Information zu Substantiven in einsprachigen deutschen Wörterbüchern‘, in: Herbert Ernst Wiegand (Hrsg.): *Wörterbücher in der Diskussion II*, Tübingen: Niemeyer, 140-203.

Schneider, Edgar (1988a): *Variabilität, Polysemie und Unschärfe der Wortbedeutung. Band 1. Theoretische und methodische Grundlagen*, Tübingen: Niemeyer.

Schneider, Edgar (1988b): ‚On polysemy in English, considering *consider*‘, in: Werner Hüllen/Rainer Schulz (Hrsg.): *Understanding the Lexicon: Meaning, Sense and World Knowledge in Lexical Semantics*, Tübingen: Niemeyer, 157-169.

Schneider, Klaus P. (1993): ‚Wörterbucharbeit als Lernprozeß‘, in: Wolfgang Börner/Klaus Vogel (Hrsg.): *Wortschatz und Fremdsprachenerwerb*, 87-109.

Schnell, Martin (erscheint demnächst): ‚Zum Problem der Äquivalenz in zweisprachigen juristischen Fachwörterbüchern Englisch-Deutsch/Deutsch-Englisch, in: T. Herbst/G. Lorenz/B. Mittmann/ M. Schnell (Hrsg.): *Lexikografie, ihre Basis- und Nachbarwissenschaften*, Tübingen: Niemeyer.

Schnorr, Veronika (1986): ‚Translational Equivalent and/or Explanation? The Perennial Problem of Equivalence‘, *Lexicographica* 2, 53-60.

Scholze-Stubenrecht, Werner (1990): ‚Das Bildwörterbuch‘, in: Franz Josef Hausmann/Oskar Reichmann/Herbert Ernst Wiegand/Ladislav Zgusta (eds), *Wörterbücher. Dictionaries. Dictionnaires.* Berlin/New York: Walter de Gruyter, 1103-1111.

Sinclair, John (1966): ‚Beginning the study of lexis‘, in: C.E. Bazell/J.C. Catford/M.A.K. Halliday/R.H. Robins (eds.): *In Memory of J R Firth*, London: Longmans, Green & Co, 410-430.

Sinclair, John (1987a): ‚Grammar in the Dictionary‘, in: John Sinclair (ed.): *Looking Up. An account of the COBUILD Project in lexical computing*, London/Glasgow: Collins, 62-85.

Sinclair, John (1987b): ‚The Nature of the Evidence‘, in: John Sinclair (ed.): *Looking Up. An account of the COBUILD Project in lexical computing*, London/Glasgow: Collins, 150-159.

Sinclair John (1991): *Corpus Concordance Collocation*, Oxford: O.U.P.

Sinclair John (1996): ‚The empty lexicon‘, *International Journal of Corpus Linguistics* 1/1, 99-119.

Sinclair John (1998): ‚The lexical item‘, in: Edda Weigand (ed.): *Contrastive Lexical Semantics,* Amsterdam/Philadelphia: Benjamins, 1-24.

Snell-Hornby, Mary (1986): ‚Übersetzen, Sprache, Kultur‘, in: Mary Snell-Hornby (Hrsg.): *Übersetzungswissenschaft. Eine Neuorientierung*, Tübingen: Francke (UTB)

Söll, Ludwig (1973): ‚Besprechung: *Trésor de la Langue Francaise, publié sous la direction de Paul Imbs*‘, *Zeitschrift für französische Sprache und Literatur* 83/4, 355-363.

Söll, Ludwig/Franz Josef Hausmann ($^{3}$1985): *Gesprochenes und geschriebenes Französisch*, Berlin: Erich Schmidt Verlag.

Stackmann, Karl (1998): ‚Über das Wörterbuch der Brüder Grimm‘, In: Karl Stackmann, *Philologie und Lexikographie – Kleinere Schriften II*, herausgegeben von Jens Haustein, Göttingen: Vandenhoeck & Ruprecht, 210-232.

Stark, M.P. (1990): *Dictionary Workbooks. A Critical Evaluation of Dictionary Workbooks for the Foreign Language Learner*, Exeter: University of Exeter Press.

Starnes, de Witt T./Gertrude E. Noyes (1991): *The English Dictionary from Cawdrey to Johnson 1604-1755 (new edition with an introduction and a select bibliography by Gabriele Stein)*, Amsterdam/Philadelphia: Benjamins.

Stein, Gabriele (1979): ,The Best of British and American Lexicography', *Dictionaries* 1, 1-23.

Stein, Gabriele (1984): *The English Dictionary: Past, Present and Future*. Exeter.

Stein, Gabriele (1985a): *The English Dictionary before Cawdrey*, Tübingen: Niemeyer.

Stein, Gabriele (1985b): ,English-German/German-English Lexicography: Its early beginnings', *Lexicographica* 1, 134-164.

Stein, Gabriele (1991): ,Illustrations in Dictionaries', *International Journal of Lexicography 4/2*, 99-127.

Stein, Gabriele (1999): ,Exemplification in EFL dictionaries', in: Thomas Herbst/Kerstin Popp (Hrsg.): *The Perfect Learners' Dictionary (?)*, Tübingen: Niemeyer, 45-70.

Stein, Gabriele (2002): *Developing Your English Vocabulary. A Systematic New Approach*, Tübingen: Stauffenburg.

Storrer, Angelika (1998): ,Hypermedia-Wörterbücher: Perspektiven für eine neue Generation elektronischer Wörterbücher', in: Herbert Ernst Wiegand (Hg.), *Studien zur neuhochdeutschen Lexikographie* Bd. II, Tübingen: Niemeyer, 106-131.

Storrer Angelika (2001): ,Digitale Wörterbücher als Hypertexte', in: Ingrid Lemberg, Bernhard Schröder & Angelika Storrer (Hg.), *Chancen und Perspektiven computergestützter Lexikographie*, Tübingen: Niemeyer, 53-69.

Svensén, Bo (1993): *Practical Lexicography*, Oxford/New York: O.U.P.

Taylor, John R. (1989): *Linguistic Categorization. Prototypes in Linguistic Theory*, Oxford: Clarendon Press.

Tomaszczyk, Jerzy (1979): ,Dictionaries: users and uses', in: *Glottodidactica,* 12.1979, 103-119.

Tono, Yukio (2001): *Research on dictionary use in the context of foreign language learning*, Tübingen: Niemeyer.

Trench, Richard ($^2$1860): *On some Deficiencies in our English Dictionaries, being the sustenance of two papers read before the Philological Society, Nov. 5 and Nov. 19 1857*, London: Parker & Son. (http://dictionary.oed.com/public/archive/Deficiencies/Deficiencies_index.htm)

Ullmann, Stephen (1972): *Semantics. An Introduction to the Science of Meaning,* Oxford: Blackwell.

von Polenz, Peter (1967): ,Fremdwort und Lehnwort sprachwissenschaftlich betrachtet', *Muttersprache* 77, 65-80.

Wells, John (1982): *Accents of English 2, The British Isles*, Cambridge: C.U.P.

Werner, Reinhold (1983): ,Das Bild im Wörterbuch. Funktionen der Illustration in spanischen Wörterbüchern', *Linguistik und Didaktik* 49/50, 62-94.

Werner, Reinhold (1984): ,Semasiologische und enzyklopädische Definition im Wörterbuch', in Dieter Götz/Thomas Herbst, *Theoretische und praktische Probleme der Lexikographie*, München: Hueber, 382-407.

Werner, Reinhold (1989): ,Probleme der Anordnung der Definition im allgemeinen einsprachigen Wörterbuch', in: Franz Josef Hausmann/Oskar Reichmann/Herbert Ernst Wiegand/Ladislav Zgusta (eds), *Wörterbücher. Dictionaries. Dictionnaires.* Berlin/New York: Walter de Gruyter, 371-409.

Werner, Reinhold (1991): ,Die Markierungen im zweisprachigen Wörterbuch', in: Franz Josef Hausmann/Oskar Reichmann/Herbert Ernst Wiegand/Ladislav Zgusta (eds), *Wörterbücher. Dictionaries. Dictionnaires.* Berlin/New York: Walter de Gruyter, 2796-2803.

West, Michael (1953): *A General Service List of English Words*, London: Longmans, Green and Co.

Whitcut, Janet (1984): ‚Sexism in dictionaries‘, in: R.R.K. Hartmann (Hrsg.): *LEXeter ‚83 proceedings*, Tübingen: Niemeyer, 141-144.

Wiegand, Herbert Ernst (1985): ‚Eine neue Auffasung der sog. lexikographischen Definition‘, in: Karl Hyldgaard-Jensen/Arne Zettersten (eds.): *Symposium on Lexicography II*, Tübingen: Niemeyer, 15-100.

Wiegand, Herbert Ernst (1987): ‚Zur handlungstheoretischen Grundlegung der Wörterbuchbenutzungsforschung‘, *Lexicographica 3,* 178-227.

Wiegand, Herbert Ernst (1989a): ‚Der Begriff der Mikrostruktur : Geschichte, Probleme, Perspektiven‘, in: Franz Josef Hausmann/Oskar Reichmann/Herbert Ernst Wiegand/Ladislav Zgusta (eds), *Wörterbücher. Dictionaries. Dictionnaires.* Berlin/New York: Walter de Gruyter, 409-452.

Wiegand, Herbert Ernst (1989b): ‚Aspekte der Makrostruktur im allgemeinen einsprachigen Wörterbuch: alphabetische Anordnungsformen und ihre Probleme‘ , in: Franz Josef Hausmann/Oskar Reichmann/Herbert Ernst Wiegand/Ladislav Zgusta (eds), *Wörterbücher. Dictionaries. Dictionnaires.* Berlin/New York: Walter de Gruyter, 371-409.

Wiegand, Herbert Ernst (1990): ‚Die deutsche Lexikographie der Gegenwart‘ in: Franz Josef Hausmann/Oskar Reichmann/Herbert Ernst Wiegand/Ladislav Zgusta (eds), *Wörterbücher. Dictionaries. Dictionnaires.* Band 2. Berlin/New York: Walter de Gruyter, 2100-2246.

Wiegand, Herbert Ernst (1998a): ‚Lexikographische Textverdichtung‘ in: Arne Zettersten/Viggo Hjørnager Pedersen/Jens Erik Mogensen (eds.): *Symposium on Lexicography VIII. Proceedings of the Eight International Symposium on Lexicography May 2-4, 1996 at the University of Copenhagen*, Tübingen: Niemeyer 1-35.

Wiegand, Herbert Ernst (1998b): *Wörterbuchbenutzungsforschung. Untersuchungen zur Theorie, Geschichte, Kritik und Automatisierung der Lexikographie*, 1. Teilband, Berlin/New York: Walter de Gruyter.

Wiegand, Herbert Ernst (1998c): ‚Altes und Neues zur Makrostruktur alphabetischer Printwörterbücher‘, in: Herbert Ernst Wiegand (Hrsg.): *Wörterbücher in der Diskussion III*, Tübingen: Niemeyer, 348-372.

Wilss, Wolfram (1977): *Übersetzungswissenschaft. Probleme und Methoden*, Stuttgart: Klett.

Wittgenstein, Ludwig (1984): *Tractatus logico-philosophicus, Tagebücher 1914-1916. Philosophische Untersuchungen*, Frankfurt: Suhrkamp [Erstdruck der *Philosophischen Untersuchungen* 1953, Oxford: Blackwell]

Wolski, Werner (1989): ‚Das Lemma und die verschiedenen Lemmatypen‘, WDD 360-371.

Zgusta, Ladislav (1971) *Manual of Lexicography*. The Hague/Paris: Mouton.

Zöfgen, Ekkehard (1985): ‚Zur Einführung: Wörterbuchdidaktik in Theorie und Praxis‘, in: Ekkehard Zöfgen (Hrsg.): *Wörterbücher und ihre Didaktik.* Bielefelder Beiträge zur Sprachlehrforschung 14.1/2, 3-9 (erschienen 1987).

Zöfgen, Ekkehard (1994): *Lernerwörterbücher in Theorie und Praxis. Ein Beitrag zur Metalexikographie mit besonderer Berücksichtigung des Französischen.* Tübingen: Niemeyer.